近藤潤三

ドイツ・デモクラシーの焦点

木鐸社

目次

序章　ドイツ現代政治と本書の視座 …………………… 7
　1. 本書の主眼 ………………………………………… 7
　2. 本書の構成 ………………………………………… 11
　3. 本書の位置 ………………………………………… 18

第1部　ドイツ現代政治の変容

第1章　ドイツにおける社会民主党の危機
　　　　　　―― SPDの党首交代に即して ……………… 26
　はじめに …………………………………………………… 26
　1．近年のSPD党首交代の特徴 ………………………… 28
　2．ドイツ統一後のSPD歴代党首 ……………………… 32
　3．SPDにおける党首交代の分析 ……………………… 51
　　(1) 路線対立の激化 …………………………………… 53
　　(2) 党員の社会的構成の変化 ………………………… 58
　4．国民政党の危機 ……………………………………… 64
　結び ………………………………………………………… 81

第2章　ドイツ社会国家の再編と「月曜デモ」
　　　　　　――政治的対抗軸の変容 …………………… 87
　はじめに …………………………………………………… 87
　1．ハルツⅣ法の要点と成立過程 ……………………… 90
　2．月曜デモの経過 ……………………………………… 94
　　(1) 失業手当Ⅱと名称問題 …………………………… 94
　　(2) 月曜デモの経過 …………………………………… 100
　　(3) 世論調査からみた月曜デモ ……………………… 116
　3．月曜デモ参加者のプロフィル ……………………… 120
　　(1) 年齢，学歴，職業 ………………………………… 121
　　(2) 政治的傾向 ………………………………………… 124
　　(3) 脱物質主義 ………………………………………… 127

4．月曜デモの要因と注目点 ……………………………… 130
　　結び …………………………………………………………… 138

第3章　過去の克服をめぐる政治力学
　　　　　　　　　　　―エティンガー失言問題を例に ……… 144
　はじめに ………………………………………………………… 144
　1．失言問題の発端と概略 ……………………………………… 145
　2．批判の噴出とエティンガーの退却 ……………………… 149
　3．エティンガーの謝罪表明 ………………………………… 156
　4．再起の模索 ………………………………………………… 160
　5．政治過程の注目点 ………………………………………… 166
　6．失言問題の顚末とプチ・ナショナリズム―結びに代えて …… 176

第4章　モスク建設紛争と地域政治―移民問題の政治過程 …… 189
　はじめに―モスク建設紛争への視点 ………………………… 189
　1．移民をめぐる最近の紛争 ………………………………… 195
　2．ケルンにおけるモスク建設紛争の前史 ………………… 198
　3．モスク建設紛争の拡大と政治化 ………………………… 206
　4．モスク建設をめぐる政治的配置とその変化 …………… 211
　5．CDUの分裂とイスラム化反対会議の失敗 ……………… 218
　6．モスク建設紛争の政治過程とその特徴―結びに代えて …… 223

　　　　　　第2部　現代ドイツの過激派問題

第5章　現代ドイツの右翼問題―1992年秋の時点で ………… 232
　はじめに ………………………………………………………… 233
　1．右翼勢力の現状 …………………………………………… 236
　　(1) 右翼政党・団体の概観 ………………………………… 236
　　(2) スキンヘッド ……………………………………………… 252
　2．旧東ドイツ地域の青年層 ………………………………… 256
　　(1) 主要問題への青年層の態度 …………………………… 256
　　(2) 青年層の心理構造 ……………………………………… 263

3．右翼政党支持の構造 …………………………………………………… 267
　　(1) ドイツ政治の長期トレンドと抗議票 ……………………………… 267
　　(2) 右翼政党支持者のプロフィル ……………………………………… 270
　　(3) 右翼政党支持の心理 ………………………………………………… 275
　4．ドイツ政治右傾化の見通し …………………………………………… 287
　結び …………………………………………………………………………… 299

第6章　統一ドイツの排外暴力と政治不信
　　　　　　　　　　　―ロストックからメルンまで …………… 302
　はじめに ……………………………………………………………………… 303
　1．ロストック事件後の社会的状況 ……………………………………… 305
　2．政党と政治家の反応 …………………………………………………… 312
　3．世論調査に表れた一般市民の意識 …………………………………… 318
　4．排外暴力に対する抗議行動 …………………………………………… 322
　5．メルン事件の衝撃と政治不信の拡大 ………………………………… 325
　6．政治的取り組みの本格化―極右団体の禁止 ……………………… 333
　　(1) 民族主義戦線（NF） ………………………………………………… 335
　　(2) ドイツの選択（DA） ………………………………………………… 336
　　(3) 民族的攻勢（NO） …………………………………………………… 336
　結び …………………………………………………………………………… 340

第7章　現代ドイツの極左勢力の動向―自律派を中心に ………………… 343
　はじめに ……………………………………………………………………… 343
　1．極左勢力の現況 ………………………………………………………… 345
　2．自律派の形成と発展 …………………………………………………… 353
　3．自律派のイデオロギー的傾向と組織構造 …………………………… 363
　　(1) イデオロギー的傾向 ………………………………………………… 363
　　(2) 組織構造と出版・コミュニケーション活動 ……………………… 367
　　(3) 自律派の規模と社会的特性 ………………………………………… 372
　4．自律派の活動領域 ……………………………………………………… 375
　　(1) 反ファシズム・反人種主義 ………………………………………… 377
　　(2) 反帝国主義・反植民地主義 ………………………………………… 383

(3) 構造変革に対する闘争 ……………………………………………… 386
　　　(4) 反原発闘争 …………………………………………………………… 388
　結び ……………………………………………………………………………… 391
終章　ドイツ現代政治研究の課題 ……………………………………………… 395
　1．現代政治研究と現代史 …………………………………………………… 395
　2．ドイツ現代政治研究の課題と研究手法 ………………………………… 401

　あとがき ………………………………………………………………………… 407

　索引 ……………………………………………………………………………… 412

序章　ドイツ現代政治と本書の視座

1. 本書の主眼

　2010年，ドイツでは東西の分断に終止符が打たれ，夢想すらできなかった統一が成就して20周年を迎えた。ドイツ統一は冷戦の終結を象徴する世界史的出来事であり，当時は国内は感激に包まれたが，その時の興奮は20年後の今日では完全に冷却し，まるで一時の気迷いだったかのような空気さえ漂っている。同様に，東ドイツ（DDR）の消滅の起爆剤になったのが，国内各地で起こった独裁体制に反対する市民の運動であり，その震源になったのがライプツィヒで始まった「月曜デモ」だったことは今も記憶に刻まれている。けれども，ドイツで初めての市民革命を無血で成功させた誇りや輝きは，20年後の今日では跡形もなく消え失せ，痕跡を見出すのが困難なほどだといってよい。それどころか，東ドイツを懐かしむいわゆる「オスタルギー」が浸透するとともに，依然として埋まらない経済格差などを背景にして，不満や怨嗟の声が東ドイツ地域で高まっている。またそれと歩調を合わせるかのように，東ドイツの全域に監視網を張り巡らせ，巨大な抑圧装置として機能した国家保安省（通称シュタージ）の復権の動きさえ表面化してきている[1]。

　一方，同じ2010年にはH. ケーラー大統領が任期途中で辞任するという戦後史上初めての出来事があった。後任の大統領にはニーダーザクセン州の首

---

(1) その動向に関しては，拙著『東ドイツ（DDR）の実像』木鐸社，2010年，終章参照。

相を務めていた Ch. ヴルフが選出されたが，彼は就任演説でドイツを「多色の共和国」と呼び，移民に対する統合努力の呼びかけとともにその受け入れと異なる文化への寛容を国民に求めた．さらにドイツ統一 20 周年の記念式典の演説では「イスラムはドイツの一部である」と明言し，移民国になっているドイツの現状と移民国としての将来像に目を開くことを訴えた[2]．キリスト教民主同盟（CDU）所属のこのヴルフの呼びかけに冷水を浴びせるかのように，他方では，2010 年夏以降，ドイツ国内で激しい論戦が燃え上がった．これに点火したのは，社会民主党（SPD）所属でベルリン市財務相からドイツ連銀の理事に転じた Th. ザラツィンであり，新著で移民の受け入れによりドイツが文化的に自滅する危険を唱えたのである．その著書『自壊するドイツ』が瞬く間に 100 万部を超す驚異的ベストセラーになり，反響が大きかったのは，移民国としてのドイツという自己理解が確立しておらず，重大な亀裂が潜在していることを明るみに出した[3]．そうした現状を踏まえれば，論戦の渦中の 10 月 11 日付『フランクフルター・アルゲマイネ』紙上で U. ラッシェが戦後史を振り返りつつドイツを「意思に反した移民国」と呼んだのは適切な表現だったといってよい．これらの例から浮かび上がるように，統一 20 年後のドイツは，依然として解消しない東西間の軋轢を踏まえて統一を実質化するという大きな課題を抱え，同時に，移民国に照応した政策転換と国民的アイデンティティの再構築という試練に晒されているといえよう．

　本書で論じるのはそうした困難に直面している現代ドイツである．巨視的にみると，統一以後のドイツでは様々なレベルで大きな変化が現れており，

---

(2) Antrittsrede von Bundespräsident Christian Wulff — Ansprache nach der Vereidigung im Deutschen Bundestag vom 2.7.2010; Rede von Bundespräsident Christian Wulff zum 20.Jahrestag der Deutschen Einheit vom 3.10.2010. 因みに，ヴルフは州首相だった当時，ドイツで初めてトルコ系のイスラム女性を州政府の閣僚に起用している．

(3) Thilo Sarrazin, Deutschland schafft sich ab, München 2010. なお 2011 年 3 月に移民問題を所管する連邦内相に就任したばかりの H.-P フリードリヒ（CSU）が，「イスラムがドイツの一部だということは歴史によって証明された事実ではない」と発言し，物議を醸したことも注目に値しよう．Süddeutsche Zeitung vom 4.3.2011.

それまでの時代の単なる延長ではなく，明確に区別される一つの時期であることが鮮明になっている。このことは，ドイツ統一が重大な出来事である以上，統一以前と以後の時期が区分されるのは当然という常識的な意味でいっているだけではない。第二次世界大戦後の西ドイツに限っていえば，その主要な特徴になるのが経済の繁栄と民主主義の定着の二つであることに恐らく異論はないであろう。しかし，統一後にはまさにその二つに顕著な変化が見られるのであり，ドイツ統一はその意味で転換点になっているのである。

　まず経済面では，冷戦終結と共産圏の事実上の消滅という激動を背景にしてグローバルな競争が強まる一方，マルク消滅に象徴される EU 統合の進展の中で，ドイツでは失業率の高止まりに見られるように経済の低迷が続き，右肩上がりの時代が終焉したことが実感されるようになった。またそれに伴い，西ドイツに繁栄をもたらし，国民の自信と誇りを回復するのに貢献した社会的市場経済にも翳りが濃くなり，社会国家の縮小と貧困問題の拡大につれて将来への不安が立ちこめるようになった。他方，政治面ではサクセス・ストーリーが語られた政党政治からの有権者の離反が進み，政治倦厭の広がりとともに政党国家的民主主義の機能不全が問題視されるに至った。従来は広範な支持に支えられていた国民政党の基盤が脆くなり，事実上の 5 党制が現出したのはその結果にほかならない。キリスト教民主同盟（CDU）・キリスト教社会同盟（CSU）と社会民主党（SPD）の異例とも映る大連立によるメルケル政権が 2005 年に誕生したのは決して偶然ではないのである。さらに外交・安全保障面でも注目すべき変化が現れている。なによりも国際政治におけるドイツのプレゼンスが強まり，かつては論争的な表現だった「普通の国」が今では自明になっている点にその変化は集約されよう。このことの例証になるのは，国際貢献の名目でのドイツ連邦軍の国外における活動であろう。統一以前は連邦軍の活動領域は NATO 域内に厳しく制限されていたのに，今日ではボスニア，コソボ，アフガニスタンをはじめとする世界各地にドイツ連邦軍の部隊が駐留し，国連平和維持活動のような国際的枠組みの中で大きな責任を担うようになっている。実際，2011 年 2 月までに連邦軍兵士として海外に駐留した経験のある者は総計で約 30 万人にも達しているのである[4]。

---

(4) Hauke Friederichs, Alleingelassen mit dem Krieg, in: Die Zeit vom 7.3.2011. そ

しかしながら，本書で目指すのは，これらの変化を中心とした統一以後のドイツ現代史と現代政治の概説的な叙述ではない。むしろ本書の主眼は，主要なトピックに焦点を絞り，それを切り口にしてドイツ現代政治の理解を深めることにある。統一以後のドイツ現代史については著者なりの整理をした『統一ドイツの政治的展開』と題した一書を公刊したことがあり[5]，その書といわば対をなすものとして，本書ではいくつかのトピックから現代ドイツにアプローチすることを試みている。無論，重要なトピックは多数存在するから，どれに着眼してメスを入れるかという選択は著者の判断によるのはいうまでもない。また，その選択の際に著者の選好や偏見が作用していることや，論究自体に視界の狭さや能力の限界が露呈する結果になっているのは当然のことといえよう。ただ後述するように，著者としてはドイツ現代政治の文脈を見据えた上で特定のトピックを主題化しているつもりであり，決して興味の赴くままに考察対象を切り取ってきたわけではない。本書で扱う主題のそれぞれが，現代ドイツに関心のある者にとって忽せにできない重みを有しているのは，その表れと見做せよう。

著者は長らく移民政策の諸問題と消滅した東ドイツの実像に重心をおいて研究してきたが，本書に収めたのはそれと並行して取り組んだ研究の産物である。移民問題などの場合とは違い，必ずしも最初から明確な構想に基づいて進めてきた研究とはいえないとしても，改めて振り返ると，ドイツ政治の大枠についての基本的認識とそれを踏まえた一定の関心が大筋として持続していたことに思い至る。有権者の政党離れをはじめとする政党政治の変調や，格差を中心とした社会国家改革を巡る軋轢などには日頃から資料や文献を集めて注意を払っていたが，そうして暖めていた関心が具体的な事件や出来事に触発されて個々の論文の形になったわけである。そのことは各々の主題の究明に当たって時事問題とも呼べるその時々の話題が糸口とされていることや，新聞や雑誌の記事が多用されていることからも看取されよう。ここに収めた論考はそのようにして出来上がったものであり，いずれも既に公

の一方で，軍事技術の高度化と財政の逼迫のためドイツでは徴兵制の廃止が決定している。松井健・土佐茂生「消えゆく欧州徴兵制」2010 年 11 月 12 日付『朝日新聞』

(5) 拙著『統一ドイツの政治的展開』木鐸社，2004 年。

表済みのものばかりである。それぞれの章について以下で簡単に主題を解説し，本書の概要を説明しておくことにしよう。

2. 本書の構成

個々の論考を本書では大きく2部に分けて収載した。まず，「第1部　ドイツ現代政治の変容」について述べよう。

第1部では4つのトピックに焦点を絞り，それらから現代ドイツ政治の変容にアプローチしている。すなわち，戦後ドイツ政治の牽引車だった社会民主党（SPD）の危機という政党政治の難局，福祉国家のドイツ版といえる社会国家の再編ないし縮小をめぐる新たな対抗軸と勢力配置，戦後ドイツの良心が問われるナチズムの過去の克服にかかわる政治力学，移民問題の一環としてのモスク建設紛争を中心にした地域政治の4つである。またその際，とくに政治過程の分析に重点をおき，それぞれのトピックを巡る政治的背景や政治力学の相違にも照明を当てている。というのは，位相を異にする政治問題が同時的に噴出しているのが現代ドイツ政治の現実であり，総体的把握を試みるためにはひとまず性質の違う主要なトピックないし政治領域を検討しておくことが不可欠な条件になると考えるからである。例えば社会国家の縮小は戦後ドイツの国家目標に関わるのでイデオロギー・ポリティックスの側面があるものの，基本的にはインタレスト・ポリティックスの範疇に属すると考えてよいが，生活空間に聳えるモスクの是非を巡る紛争は主として多文化もしくは主導文化という文化的なレベルの問題であり，集合的帰属が問われる点でアイデンティティ・ポリティックスのそれに属しているといえよう。さらに過去一般ではなくナチズムを指称する用語として意味内容が固まっている過去の克服はいわゆる記憶のポリティックスの領野のテーマといえるが，ドイツではそれが格別の政治的重みを有していることは周知のところであろう。もちろん，ジェンダーや環境などの問題を想起すれば明白になるように，これら以外にも本来なら考察を加えるべき重要なテーマはいくつも存在している。ここでは主要と思われる上記の4つのトピックに限定した上で，それぞれに異なった政治の展開が見出されることを確認することに狙いがある。このことは，言葉を換えれば，政党の布置や政治的陣営の配置図からだけでは生きた政治の展開が十分には説明できず，それらに照準を定める手法には明らかな限界があることを含意している。とはいえ他方で，政党

に視点を据えるアプローチには限界があるとしても，政党政治そのものを分析の対象とすることは依然として重要な課題であるといえよう。民主主義の成熟や安定を測るうえで政党政治の構造や変容が政治研究の枢要なテーマになるのは改めて指摘するまでもないからである。そうした見方に立ち，本書では社会民主党に的を絞りつつ，ドイツに限らず西欧全般で顕在化している国民政党の危機と呼ばれる現象の一端についても論及している。

長い歴史を誇る社会民主党が陥っている近年の危機を第1部の最初の章で俎上に載せているのは，このような観点からである。ここではこのテーマをこのところ頻繁になった党首交代を糸口にして考察している。戦後の西ドイツの繁栄と政治的安定は，マルクス主義と絶縁し，社会改革の党となった社会民主党の貢献によるところが大きい。もしマルクス主義に固着したままだったら，選挙で厚い壁に阻まれて政権交代は起こらなかっただろうし，その場合には政治的緊張感が欠落してCDU・CSUの現代的大衆政党への脱皮も中途半端に終わっただろうと考えられるからである。しかし，改良主義政党への変身を遂げたものの，冷戦の終結，グローバル化，産業構造の転換など内外の環境変化の波に洗われ，社会民主党も大きく変容してきている。とりわけ社会民主党が推進力だった社会国家を改造するという不可避の課題を背負い，労働組合との摩擦を引き起こしつつ既存の利害構造の再編成に踏み出したことによって党内対立が激化し，混迷を深めている。その危機的な様相は，例えば党員数が2008年に遂に逆転し，キリスト教民主同盟の後塵を拝するに至った点に如実に表れている。そうした現状について様々な側面から検討を加え，社会民主党だけでなく，統一ドイツの政党政治そのものの変化を描き出すのが第1章の課題である。

第2章の主題は，この問題と関連させつつ，近年の最大のテーマである社会国家縮小の政治過程を分析することにある。失われた10年が語られたわが国に似て，統一後のドイツでも経済の長期的停滞を打開し，産業の国際競争力を強化することが失業問題を克服するためにも喫緊の課題となった。2002年にハルツ委員会が労働市場・社会政策の抜本的改革のための報告書を提出したのは，そうした背景からである。しかし，シュレーダー政権がその実施に向け，いわゆるハルツ改革を推進するようになってから，ドイツ政治の勢力配置図が大きく変容するに至った。というのは，社会民主党は野党であり最大のライバルでもあるCDU・CSUから非公式の協力を取り付ける

一方，伝統的な支持基盤である労働組合との亀裂を深めながら，ハルツ改革を強行したからである。ハルツ改革の内容については今ではわが国でもいくつかの文献があるが[6]，この章ではハルツ改革の中身の評価ではなく，その頂点に位置するハルツⅣ法の制定に反対する「月曜デモ」に焦点を当てている。そして不利益分配の政治が本格化する中で小規模ながら社会民主党の分裂が起こり，今日の左翼党につながる勢力が拡大したことを明らかにするとともに，雇用不安・格差拡大・貧困層の堆積などを背景にして，CDU・CSU対SPDという国民政党を主軸にした従来の保革対立とは異なる新しい対抗関係が形成されたことを確認している。もちろん，従来の対立が解消したわけではないので，このことは対抗関係が重層化したことを含意している。同時に，そうした重層的対抗関係の形成という視点は，メルケル政権という2005年の国民政党の大連立が実質的には唯一の残された選択肢になったことを説明する鍵にもなるといえよう[7]。

一方，戦後のドイツが抱え，粘り強く取り組んできた主要課題として，一般に過去の克服と呼び慣わされている問題があるのは周知の通りである。東ドイツにおける独裁と抑圧の実態が暴かれた統一後には，克服すべき過去としてナチスだけでなく東ドイツの共産主義支配が加わったのは「自由で民主的な基本秩序の擁護」を謳う基本法の精神に照らせば当然だった。第3章では，このうちで「公衆の議論の極めて敏感な主題であり続け」ているナチスの過去に絡む出来事に視線を注いでいる[8]。すなわち，歴史の偽造との非難すら浴びた2007年の重大な舌禍事件に的を絞り，そうしたスキャンダルに

---

(6) 代表的な文献として，労働政策研究・研修機構『ドイツにおける労働市場改革』（労働政策研究報告書No.69, 2006年）だけを挙げておく。

(7) なお，社会国家縮小をめぐる政治力学については，拙稿「現代ドイツの社会国家改革とSPDの危機」『ドイツ研究』44号，2010年で論及しており，一方，月曜デモに関しては，街頭政治と捉える観点から，拙稿「戦後ドイツの街頭政治について」『社会科学論集』44号，2006年で戦後史上の位置づけを試みている。

(8) ユルゲン・コッカ，松葉正文・山井敏章訳『市民社会と独裁制』岩波書店，2011年，99頁。歴史家論争やゴールドハーゲン論争のように，ナチスを巡る論争が学界レベルで終始しないのは，それが公衆の「敏感な主題」である表れといえる。ナチズム論争史については，ヴォルフガング・ヴィッパーマン，林功三・柴田敬二訳『議論された過去』未来社，2005年が詳しい。

もかかわらずポストにとどまることに成功した現職の州首相エティンガーの失言問題とその顛末が主題に据えられている。そして，強弁から撤回を経てポスト維持に成功するまでの政治力学を分析することによって，過去の克服についてはユダヤ系団体が重要な役割を演じることに注目すると同時に，他方で，ナチスの過去の風化ともいうべき，記憶のポリティックスに関わる看過しがたい変化が生じていることを明らかにしている。同時にこの点を明確にするために，統一したドイツの「普通の国」への変貌，プチ・ナショナリズムの浸透などが近年のドイツに見られることを指摘し，それらが変化の底流になっていることに論及している。

　続く第4章では，ドイツにおける移民問題に焦点を絞り，これをモスク建設を巡る紛争に即して考察している。イスラムに関わる問題は，ムスリム女性のスカーフ着用の是非，学校における宗教教育でのイスラムの扱い，イスラム主義団体によるテロの脅威など様々な形で表面化しているが，近年ではモスクの建設ラッシュともいうべき傾向が見られ，各地で紛争が多発している。とりわけケルンでの紛争が注目を浴びていることに鑑み，この章ではローカルな文脈に沿いつつ，ケルンでのモスク紛争の発生と拡大の過程を追跡している。2005年に発足したメルケル政権は，前年に移民法が成立したことを受けて移民の「統合」を旗印に掲げ，統合サミットや統合講座などの施策を推進している。それだけにこの紛争で特徴的なのは，住民の間に地域社会の「異邦化」への不安が潜在し，それを背景にして右翼団体が主要なアクターとして登場してきていることであろう。この連関については，隣国スイスで右翼政党として知られる国民党の呼びかけに基づき，2009年11月29日に実施された国民投票で，モスクの一部であるミナレットの建設禁止が政府の反対の訴えにもかかわらず決定され，西欧諸国に波紋を広げたことが想起される。そこではなによりも政府・主要政党と一般の国民との疎隔が注目されるが，スケールは違うにせよケルンで見出されるのもこれに類似した現象といってよい。そうした点も踏まえ，地域政治のレベルに照準を定めることによって，この章ではイスラム問題もしくはより広くいってアイデンティティ・ポリティックスに特有な政治的配置が存在することを明確にし，多数のムスリムを含む移民問題の政治が通常のインタレスト・ポリティックスとは位相を異にしていることを浮き彫りにしている。

　次に，「第2部　現代ドイツの過激派問題」について。

第2部では近年は下火になったために緊迫感や注目度が下がっている感のある過激派を扱っている。ここに収めた論文はいずれもやや古いものばかりであり，発表後に新たな研究も数多く現れている。しかし，現代のドイツ政治を考察するという本書の目的に照らした場合，今でも意義を失っていないと考えて収録することにした。というのは，左右両翼の過激派問題の構造は基本的にそれほど変わってはいないからである。むしろ本書のように1990年代前半の右翼の活動実態を分析することによって，その運動形態や政治的主張，さらには一般市民の不満を引き寄せて集票するという右翼のパターンの一貫性が確認可能になるという利点があり，長いスパンで考察する際に役立つと考えている。

　このような理由を記すとき，念頭にあるのは現代のポピュリズムと呼ばれる現象である。執筆時点ではすでにルペンの率いるフランスの国民戦線が注目を集めていたが，まだオランダ，デンマーク，オーストリアなど西欧全般の問題としては受け止められておらず，そのためにポピュリズムが国民動員の新しい政治様式として研究の主題とされることは少なかった。それと対比すると，小泉劇場政治を経験したことによってわが国でもメディア政治を含めポピュリズムに対する関心が一気に高まったといってよい。同時に，他の先進国に続いてわが国においても少子・高齢化の行方が憂慮されるようになる一方で，雇用が不安定化し格差が拡大していくのを背景にして，単純労働者を含む移民受け入れの是非が政治的アジェンダとして浮上するのに伴い，西欧各国で移民排斥を唱える右翼ポピュリズムの高まりに注目が集まるようにもなっている。例えば最近出版された河原祐馬ほか編『移民と政治　ナショナル・ポピュリズムの国際比較』（昭和堂，2011年）はそうした研究動向を代表する著作であろう[9]。

　これと基本的に同じ視点から，第5章では右翼の問題を論じている。対象に据えられているのは，ドイツ統一から間もない1992年前後の時期である。著者は当時の首都ボンに滞在していて，右翼の突出を目の当たりにして

---

(9) 欧米の研究文献は枚挙に暇がないが，なかでも早い時期から右翼ポピュリズムに取り組んだH.-G. ベッツの一連の著作が特筆に値しよう。Hans-Georg Betz, Radical Right Wing Populism in Western Europe, Basingstoke 1994. また，わが国では山口定・高橋進編『ヨーロッパ新右翼』朝日新聞，1998年がある。

短期間で執筆したものだが、そのことによる制約や欠陥があるのは承知しつつも、逆に現地で様々な情報を得る利点を活かした論考であることから、当時の世論調査をはじめとして、一般の研究書では用いられていない資料を駆使した分析をしている点に特色がある。ただ、当時からすでに過激主義（極右）と表現するか、それとも急進主義（急進右翼）と規定するかを巡る議論があり、それらと並んで右翼ポピュリズムや新右翼などの呼称も使われていたが、この用語問題は基本的な性格づけに関わり迷路に入り込む可能性があるので踏み込まなかったことを断っておきたい。その代わりに著者としては便宜上急進主義を広くとり、そのうちで明確に憲法的価値を否定し、政治的暴力を肯定する部分を過激主義として扱うことにした。いずれにしてもこの章は、モダンとポスト・モダン、1968年の文化革命への対抗運動、ポスト産業社会、脱物質主義などの理論的枠組みが使われている現在からみると不足な面が多々あるのは否定できない。しかし、善と悪および友と敵の二分法、少数の明快な争点、エスタブリッシュメントに対する挑戦、抗議票の引き寄せなど実質的に右翼の側のポピュリズムについて分析を試みている点に意義があろう。また次章と併せ、ドイツ統一直後の国内の雰囲気を伝えておくことにもこの章の狙いがある。

　第6章では野火のように広がった排外暴力に光を当てている。統一以降、ドイツでは排外暴力事件が急激に増大したが、同時に凶悪性の度も強まった。この章はメルンで起こったトルコ人住宅放火による3人のトルコ女性の焼死が与えた衝撃を受けて書いたものである。この焼殺事件の後にも基本法の庇護権条項改正が山場を迎えた1993年5月29日深夜にゾーリンゲンで5人が死亡するトルコ人住宅放火事件が発生し、再び社会を震撼させた。この事件に関しては、犯人の裁判も含めて野中恵子が著書『ゾーリンゲンの悲劇』（三一書房、1996年）で詳しく追跡している。2010年9月に『ツァイト』紙は統一以後の右翼暴力の犠牲者を詳細に調査したJ. ラートケたちのドキュメンテーションを公表したが、それによれば、排外暴力以外をも含む死者の数は137人に達し、政府機関が発表する総計の約3倍に上るという[10]。これに照らすと、本章で扱ったのは初期局面ということになるが、ロ

---

(10) Johannes Radke u.a., 137 Schicksale, in: Die Zeit vom 16.9.2010. なお、その概要として、Frank Jansen u.a., Eine furchtbare Bilanz, in: Die Zeit vom 16.9.2010 が

ストックで燃え盛った排外暴力がメルンに至るまで拡大していく様子と狼狽した政府や社会の対応の記録と考えてもらえばよいと思う。また，1996年にドイツの極右に関する大部なハンドブックが公刊されたので，今では本書で目を向けた団体や人物に関する情報をそれによって補えることも付け加えておこう[11]。

　一方，政治的暴力というと右翼のみが思い浮かべられやすいが，現実にはドイツでは極左集団による暴力事件が少なくない。2011年4月15日付『ヴェルト』紙は政治的動機をもつ犯罪に関する連邦内務省の発表を報じているが，それによれば2010年に起きた警察官に対する政治的犯罪2,900件のうち約半数が極左勢力によるものだったのである。ここに登場する極左を論じるのが第7章である。ドイツで極左というと，映画化されたりしたことが手伝い，一般には一連の要人殺害で知られる赤軍派（RAF）を想起するのが通例であろう。しかし，1977年のいわゆる「ドイツの秋」の主役として赤軍派が戦後史に名を刻印していても，実際には極左勢力は赤軍派を含む種々のグループから成り立っているのであり，また，赤軍派が解体した後も存在しつづけている。反原発の立場から再処理された核燃料の輸送阻止を掲げた実力闘争に度々姿を現し，本書第4章で論じた2008年のモスク建設反対派の集会を妨害する場面に登場したのは，極左のうちで今日も活動している自律派と呼ばれるグループであり，2011年2月にはドレスデンでネオナチ団体のデモを阻むために街頭で暴力沙汰を演じた[12]。2007年6月にバルト海に面するハイリゲンダムで開かれた先進国サミットの際，開催阻止の名目でロストックで430人の警察官を含む1000人が負傷する大規模な騒乱が起こったが，その中心になったのも自律派である[13]。このようにしばしば騒乱

　ある。
(11) Jens Mecklenburg, hrsg., Handbuch deutscher Rechtsextremismus, Berlin 1996. 併せて，拙稿「統一ドイツの右翼団体と極右犯罪の現状－連邦憲法擁護庁と連邦刑事庁の年次報告書をもとに」『社会科学論集』35号，1996年参照。
(12) モスク建設紛争の際の騒乱と同じく，ドレスデンでも目撃者は警官だけでも82人が負傷した暴力沙汰を「市街戦」と表現している。Frankfurter Allgemeine Zeitung vom 19.2.2011.
(13) Der Spiegel vom 2.6.2007. その存在感の大きさから，当時，自律派の「ルネッサンス」が注目されたが，冷静な検討を加えたK. D. ホフマンは，「目下のところ没落もルネッサンスも語りえない」としている。一方，『シュピーゲル』

の主役になる自律派は，極左勢力のうちで主要な位置を占めている。また例えばシュレーダー政権で副首相兼外相の要職にあり，同盟90・緑の党の実力者だったJ. フィッシャーや，同政権で環境相を務め，現在も同盟90・緑の党の指導者の一人として活躍しているJ. トリティンがいずれも極左勢力の別個のグループ出身であることは比較的よく知られている。それどころか，文化革命ともいえる1968年世代の運動を極左の立場で担った経歴を彼らは自負しているほどである。そのため，68年と緑の党に関するわが国における近年の研究でも[14]，1960年代後半に高揚し，同党の源流になった議会外反対派（APO）の解体と関連づける形で極左集団に論及している。しかしこの章は緑の党に密着した考察を目指すものではないので，同党に流れ込んだ潮流という角度から極左勢力を論じることはしない。むしろ現在も活動を続けている事実を踏まえ，右翼と並んでドイツ社会に実在する反民主主義勢力という問題意識に立って，自律派に焦点を絞りつつ極左勢力の実態を解明することに主眼がある。

3. 本書の位置

　以上で本書の概略を簡単に説明してきた。それを見渡せば明らかなように，本書で検討のメスを入れているのがいずれも現代ドイツにとっての主要なテーマであることについては大方の納得が得られるであろう。しかし個々のテーマが重要であることと，現代政治の総体的把握へのそれらの貢献とは同じではない。実際，各章の主題がどのような位置を占め，総体的把握にいかなる形で寄与するのかについては最低限度の説明をしておくことが必要とされよう。そうでない限り，それらの間に必ずしも内在的な連関は存在せず，むしろそれぞれが独立した主題であるかのように映るのは避けられまい。それだけにここで改めて強調しておきたいと思うのは，焦点に据えた個

への寄稿でF. ヴァルターは，「我々は，そして社会的抗議の専門的研究者もまた，いわゆる自律派については僅かしか知らない」ことを改めて確認している。Karsten Dustin Hoffmann, Renaissance der Autonomen?, in: Polizeispiegel, H.1, 2008, S.20; Franz Walter, Der Autonome, das unbekannte Wesen, in: Der Spiegel vom 9.6.2007.

(14) 井関正久『ドイツを変えた68年運動』白水社，2005年，西田慎『ドイツ・エコロジー政党の誕生』昭和堂，2009年。

別のテーマを個人的な関心や選好に応じて脈絡なしに任意に切り取ってきたわけではないことである。この点を明示する意味で，本書の背後にある現代政治についての著者なりの理解を示し，各章の位相ともいうべきものに言及しておきたい。

　一般的にいって，ドイツに限らず一国の政治が多次元から成り立っていることは指摘するまでもないことであろう。政治が多面的にみえ，錯綜した様相を呈するのはそのためである。このことの一端は，例えば五十嵐暁郎が近著『日本政治論』で時間軸に沿いつつ戦後日本政治の重心を「ハイ・ポリティックス」，「インタレスト・ポリティックス」，「ライブリー・ポリティックス」，「グローバリゼーション・ポリティックス」の順に4つに区分していることにも示されている[15]。この4区分は理論的に整理されているとはいえないが，それを一つの手掛かりにし，時間軸ではなく現代政治の立体像に組み替えて政治の3次元として再構成してみるならば，おおまかに次のような図を描くことができよう。一つは国家や支配体制の正統性を中心にした理念やイデオロギーが問われる次元であり，これが上部に位置する。憲法に明文化された規範や価値，社会主義や自由主義のような国家イデオロギー，さらに国家目標といわれるものなどもこれに含まれる。そしてこれらに重心が置かれた場合，ハイ・ポリティックスが演じられる。次の中間部は狭い意味での政治体制に相当する次元であり，政治経済システムを骨格にして多様なサブシステムを包括する領域である。この広大な中間部は官僚制や政党制をはじめとして，政治的な入力と出力の回路を支える様々な制度とアクターとしての組織や集団から成り立ち，通常はインタレストを中心とした紛争と調整の政治，すなわちインタレスト・ポリティックスが演じられる。例えば先進諸国の福祉国家はその一面であり，それ自体がさらに福祉レジームと雇用レジームと呼ばれる複数の制度の束からなる下位システムによって構成されている。最後の次元である底部は，このシステムの存立基盤である政治的共同体ないし政治社会の次元であり，政治面からとらえた生活世界と言い換えてもよい。この生活世界は，国家的境界によって外部から区切られる一方で，内側ではコミュニケーションを梃子にし，集団として共有された文化，記憶，心性，共属感情や，ローカルからナショナルなレベルまでの重層的なア

---

(15)　五十嵐暁郎『日本政治論』岩波書店，2010年，第1章参照。

イデンティティを主要な紐帯にし，差異と多様性を含みつつ緩やかに一体化している。この次元で展開されるのは物質的価値よりは「生」と「生活」の質に関わる多彩なライブリー・ポリティックであり，政治経済システムとその制度に対しては市民運動や住民運動のような運動として現れることが多い。しかし，文化や共属感情の面に焦点が当たるときには排除と包摂が争点になり，アイデンティティ・ポリティックスとして現出する[16]。これに加え，国境を超える多様な相互作用が3つの次元のすべてに影響することも忘れてはならない。例えば冷戦終結で高まったグローバリゼーションの波は競争圧力を高めて企業体制や雇用レジームのような制度自体に広く作用し，インタレストを媒介にして政治経済システムを変容させるが，他方では，移民を中心とした人の移動を引き起こし，異文化の定着を促進することにより，基底にある政治的共同体にも広範囲にわたる影響を及ぼすのである。

　ここでは単純化して3次元ないし3層に図式化してみたが，これを土台にしてドイツ政治の全体像という大局的な観点に立って考えれば，本書で取り上げたテーマの大まかな位置や，相互間の一定の関連が浮かび上がるはずである。試みに第1章から順に簡単なキーワードに要点を集約してみるなら，国民政党の衰退，福祉国家の危機，プチ・ナショナリズムの浸透，移民と異文化の受け入れをめぐる亀裂，ポピュリズムへの傾斜，民主主義に対する左からの反抗というように並ぶことになる。それゆえ，これらはいずれも，政党制の変容，インタレストを巡る対抗関係の変化，プチ・ナショナリズムというアイデンティティの新たな形成，ポピュリズムという政治的統合様式の出現，極左という民主主義的正統性への挑戦などとして位置づけることができ，前述の3つの次元に整理することが可能になる。この意味で，本書に収めた各章のテーマは，メディアや時論を注視しつつドイツ政治の展開を追いかけるなかで強まった著者自身の関心に応じて主題化されたのは当然としても，決して任意に選んだトピックに照明を当てているのではなく，立体像に関する一定の考慮に基づいて主題として設定されていることを確認しておきたい。

---

(16) ここで主に参考にしたのは，山口定『政治体制』東京大学出版会，1989年，新川敏光ほか『比較政治経済学』有斐閣，2004年，待鳥聡史ほか『比較政治制度論』有斐閣，2008年である。

それはともあれ，統一から20年になる今日のドイツでは，東西に分断されていた時代に見られなかった現象を含め，インタレスト，運動，ナショナル・アイデンティティ，記憶，正統性など，それぞれ異なる次元に属す様々な領域で重要な争点が表面化している。また，これに伴って政治の重層性が一段と鮮明になると同時に，他面ではマスメディアの政治的影響力が増すのに応じて，ポピュリズムという政治的動員の新たな様式が広がりつつあるのも見逃せない。このような展開が目立つのは，西ドイツに限れば，東西対立の下で国際的条件に緊縛されていたことの裏返しという面が濃厚といってよいように思われる。なぜなら，統一を果たして束縛の緩んだ今日とは異なり，冷戦構造を所与として受け入れ，西側統合の路線をとることにより，かえって民主主義の構築と経済成長に専念でき，同時にそれを国民が肯定していたという意味で暗黙の国民的コンセンサスが存在したといえるからである。しばしば西ドイツの40年がサクセス・ストーリーとして描かれ，それを疑問視する声がほとんど聞かれないことや，消滅した東ドイツとの関係では西ドイツが敗者に対する勝者のように輝かしく想起されるのはそのためである[17]。もちろん，ボン・デモクラシーの安定と世界有数の経済大国という地位に到達するまでの道程は決して平坦ではなく，多大の労力を要したことを軽視してはならないが，国際環境によって進路の大枠が決定づけられ，選択の余地が狭かったことと，それに関して国民の大多数の合意が存在していた事実はやはり重要であろう[18]。

　統一以前のこうした構造的条件を念頭に置くと，ドイツの場合，統一が冷戦終結と同時だったという一体性や，経済大国を包み込んだグローバル化がEU統合に伴うヨーロッパ化と並行している二重性が際立っている。この点は，冷戦終結まで西ドイツと類似した構造的条件に制約されていたわが国と

---

(17) 無論，そうした見方には異論がある。その一例として，Edgar Wolfrum, Von der improvisierten zur geglückten Demokratie, Bonn 2009 参照。
(18) この問題に関しては，市民社会の成熟ないし「市民化」という視座から戦後ドイツ史を通観したK.ヤーラウシュの研究が貴重である。Konrad Jarausch, Die Umkehr: Deutsche Wandlungen 1945-1995, München 2004. なお，西ドイツに比べ一貫してソ連に依存した東ドイツでは国際的制約は遥かに強く，そのためにヴェーラーは東ドイツを「ソ連帝国の属州」と呼んでいるほどである。Hans-Ulrich Wehler, Deutsche Gesellschaftsgeschichte, Bd.5, München 2008, S.339, 356.

対比した場合，特に顕著なドイツの特徴といえよう。このような変動の中で経済成長が鈍化し，右肩上がりの成長神話が崩壊したことは，生活実態でも国民心理の面でも影響が大きかった。これに伴い，統一以前から揺らぎが指摘されていた社会国家の改造が本格化して社会の亀裂が拡大しつつあるが，その一方では，統一したドイツは経済大国に見合う国際的役割の遂行を求められ，冷戦期に活動領域が厳しく制約されていた連邦軍が世界各地に展開して政治大国化してきている。これらの事実は，統一を境にしてドイツを支えてきた主要な存立条件が大きく変わり，いわばドイツ政治の骨組みの組み替えとそれに対応した合意の再形成ともいうべき困難な課題が生じたことをよく示す事例といえよう。首都機能が1999年にボンからベルリンに移ったのを受け，統一の時点まで遡ってドイツはベルリン共和国とも呼ばれるが，この呼称の変化には単なる印象論の域を超えた真実性が備わっているのである[19]。

このように考えるなら，ドイツ現代政治を立体的に把握するためには，統一以前の時期をも視野に入れ，現代史の展開にも視界を拡大することが求められよう。また他方では，上記のように，多次元にわたる様々な領域で顕在化している論点になお検討の鋤を入れることが必要になるであろう。このように巨大な課題は，無論，一人の手によって対処しうるものではなく，多くの協力に俟つところが大きい。現にそうした取り組みは多方面で推し進められている。若干の例を挙げれば，政党研究ではF. ヴァルターを中心とするゲッティンゲン大学のグループが代表的であり，右翼問題ではW. ハイトマイヤーの率いるビーレフェルト大学のグループ，移民政策に関わる領域ではM. ボンメスなどのオスナブリュック大学のグループの仕事が貴重であろう。

ベルリンの壁崩壊から20年を隔てた2009年にポツダム大学の歴史家M. グァテマカーは主要な出来事を鳥瞰した上で，「ベルリン共和国の20年の中間決算は全体として黒字である」と総括し，さらに「1998年と2005年の政権交代を通じてベルリン共和国は新たな政党政治的条件のもとでも民主主義の最終試験に合格できた」と記している[20]。確かにこの評価は，ここ20

---

(19) Manfred Görtemaker, Die Berliner Republik: Wiedervereinigung und Neuorientierung, Berlin 2009, S.8f.
(20) Ibid., S.182f.

年間にドイツが直面した試練の重さを考慮するなら，率直な感想としては大筋で同感できるし，多くの市民の実感にも近いといえよう。けれども，ゲァテマカー自身が行った検討はまだ浅くて十分とは言えないし，彼の視線が届いている範囲が限られていることも含めると，このように無条件に総合的かつ断定的な結論を下すのが時期尚早であるのは否定しがたいといわねばならない。さらに彼のいう決算や最終試験の判定基準が不明確であるのに加え，着実に進みつつある今日の研究状況に照らした場合にも，やはり拙速との感を拭うことはできない。なによりも現代ドイツに見出される何重もの亀裂を見据えた場合，成果の事例を並べるだけではなく，どこに失敗や歪みがあり，どのような主要課題が今後に残されているのかを示すことが最低限必要とされるからである。その意味では，より広範な研究を土台にして，彼が将来いかなる最終決算を提示するのかがむしろ重要になるといえよう。

　そうした点に留意しつつ，翻って本書の意義に目を向けると，取り上げているトピックが限られていて，いくつもの主要問題が未解明のまま残されていることに照らしただけでも，本書が大きな対象に迫る小さな一歩でしかなく，射程範囲が狭いのは明瞭といわねばならない。換言すれば，本書に収めた各章が，重要ではあっても断面を照射するにとどまっていて，総合的評価を行う地点にまで達していないことは否定すべくもないのである。それゆえ，本書を手に取る際に，前述した3次元の図にこだわる必要はないし，各章に重要度の面で優劣の差はないと考えていただいて差し支えない。同様に，相互の関連を度外視してそれぞれの章の考察が完結していると見做してもとくに問題は生じない。ゲァテマカーのように，主要な論点の表層をなぞって急いで総括的な判断を下すのではなく，反対に，各々のトピックから今日のドイツ政治の様々な次元ないし側面に接近するのが本書の狙いであり，単純な図式には収まりきらない多様な現実と変化する姿が確認されれば，ひとまず本書の目的は達せられたことになるであろう。

第 1 部

ドイツ現代政治の変容

第1章　ドイツにおける社会民主党の危機

― SPD の党首交代に即して ―

はじめに

　統一後のドイツでは様々なレベルで変化が生じている。経済面では統一後の早い時期から産業立地の再構築が叫ばれるようになり，経済の停滞と慢性化した高失業率に苦しんできたことは周知の事実であろう。これにより，右肩上がりの時代に終止符が打たれたことが鮮明になったが，ドイツが「ヨーロッパの病人」とすら呼ばれるようになったことは，統一以前の西ドイツが繁栄を謳歌し，社会的市場経済の成功に自信と誇りを強めていただけに，際立った変化だったといえよう。一方，政治の世界に目を向けると，「普通の国」となったドイツが国際社会で大きな役割を演じるようになったことや，国籍法の改正や移民法の制定によって新しいタイプの移民国へ大きく舵を切ったことなどが大きな変化として挙げられよう。しかし，ここで光を当てたいと思うのは，ドイツでこのところ盛んに論じられている国民政党の危機，なかでも社会民主党（SPD）のそれである。というのは，党員数の減少や得票率の低下のような国民政党に共通する危機と並んで，グローバル化のなかで福祉国家を改造する課題に直面した社会民主主義政党の危機が SPD のそれに重なっているからである。

　SPD の危機に注目する記事や論説は，2008年秋の現在，枚挙に暇がないほどである。一例として週刊紙『ツァイト』をみると，SPD に関する一連の報道が「SPD の危機」という共通項で括られており，『シュピーゲル』誌，『フランクフルター・アルゲマイネ』紙，『ジュートドイッチェ』紙など代表的な新聞や週刊誌の記事にもサブタイトルとして「SPD の危機」という表

現が頻繁に使われている。主要な雑誌でも状況は類似しており，そのことは例えば『ドイツ・国際政治雑誌』2008 年 8 月号には「SPD の危機」という副題をつけたナハトヴェイの論文が掲載されているのをみれば分かる。しかし，SPD 危機論は 2008 年に突如として持ち上がったのではない。邦訳のある『ドイツ社会民主党の戦後史』の著者としてわが国でも著名な政治学者のレッシェは，2003 年に「没落過程にある社会民主主義者？」と題した論文を同じ雑誌に公表している。また翌 2004 年には同じく政治学者のユンが『社会・経済・政治』誌に「危機の中の社会民主主義」という論文を掲載している。したがって，SPD の危機に関する議論は数年来続いているといってよく，2007 年 43 号の『シュピーゲル』誌が SOS を発して沈没しかかった難破船に SPD を見立てた図を表紙にして特集したように，このところ高まっているのである。

　ここでわが国を振り返ると，SPD に関しては他の先進諸国に劣らない長い研究の蓄積がある。そればかりか，戦後革新勢力の主要なモデルに位置づけられたところから，同党は熱い関心の対象であり続けてきた。そのことは保守政党である CDU・CSU や自由主義政党の FDP に関する研究が乏しいこととのコントラストによっても間接的に証明されよう。しかしマルクス主義を標榜していた時期の SPD についてはよく知られていても，1959 年のゴーデスベルク綱領でそれと絶縁してからの同党の歩みに関しては必ずしも十分に研究されているとはいえない。このことは戦後ドイツ史の大きな転換点であるドイツ統一以降についてとりわけ当てはまる。これを境にして SPD の変化が顕著になり，とくに 1998 年にシュレーダーが政権を奪取してからはそれまでの「自分自身と調和せず，自分自身を疎む政党」[1]に変わってきているが，そうした変化の検証なくしては近年の SPD の危機は理解できないにもかかわらず，検討はこれまでのところ手薄であるように思われる。

　もっとも，ここでは SPD の危機の本質論や原因論に深く分け入るのではなく，その予備作業として，危機といわれる事態を文字通り危機として捉えるためのいくつかの症候の確認を行うにとどめたい。その際，焦点に据えるのは，SPD における近年の度重なる党首交代劇である。そこには SPD が抱えている問題が集約されており，いわば戦略高地の位置を占めていると考

---

(1) Franz Walter, Auf dem Weg nach nirgendwo, in: Der Spiegel vom 11.6.2008.

られるからである。なお，便宜上，国民政党の危機に関わる現象とSPDのそれに関するものを区別して考察を進めるが，無論，両者が交錯していることは改めて指摘するまでもないであろう。

1. 近年のSPD党首交代の特徴

2005年9月11日にわが国では総選挙が実施され，郵政改革を単一争点化することによって小泉政権を支える与党の自民党・公明党が圧勝した。その後，2006年には小泉首相の自民党総裁としての任期切れを受けた総裁選を経て安倍政権が誕生したが，翌年には首相ポストの放棄という事態が起こった。続く福田政権も2008年8月にまたもや首相が政権を投げ出し，政界の異変が国民に強く印象づけられることになった。

わが国の総選挙から1週間後の9月18日，ドイツでも連邦議会選挙が実施された。結果はCDU・CSUの優勢が確実視されていた予測と大きく異なり，同党とSPDが僅差の得票率で並ぶことになった。その上，両党とも前回より得票率を減らしただけでなく，その傾向が止まらないところから，両党のいずれも選挙の勝利者ではなく，むしろ両者とも敗北したと評された。そうした結果を踏まえ，いわゆる信号連立やジャマイカ連立などの数あわせを巡る長い駆け引きが行われた末，ようやく成立したのが，CDUのメルケルを首相に戴く両党の連立政権である。その特徴は，大連立という戦後ドイツでは異例の政権構成である点，またこれまでで唯一のキージンガー大連立政権とは異なり，敗者の大連立という性格が色濃い点にある[2]。これらの点から，メルケル大連立政権は緊急避難的な色彩が濃厚で長期化することは考えにくい異例の政権だといえよう。

異例さは政権に見られるだけではない。連邦議会選挙の直後，シュレーダー首相はSPDの得票率がCSUを除いたCDUのそれを上回ったことを理由にして政権を続投する意欲を示したが，そうした流動的な状況下でSPD党首としてシュレーダーと二人三脚を組んできたミュンテフェリングが2005年10月31日に人事問題での失敗を理由にして突如退陣を表明したのである。

---

(2) 野田昌吾「2005年ドイツ連邦議会選挙とメルケル大連合政権の成立」『法学雑誌』53巻2号，2006年参照。

ミュンテフェリングの後任に選ばれたのは，ブランデンブルク州首相のプラツェクだった。州首相に就任して日が浅く，連邦レベルの政治的経験も知名度も低い彼については難局を乗り切る政治的力量は未知数に近かったといわねばならない。しかしその証明をする時間すら得ないまま，翌年4月に健康上の理由で彼は党首を辞任した。健康が出処進退の口実として用いられるのはどこでも見られるが，プラツェクの場合も真偽のほどは明らかではない。ともあれ，SPDは半年もたたないうちに改めて党首選びを行わねばならなくなったのである。

　プラツェクの辞任を受け，急遽党首に就任したのは，ラインラント＝ファルツ州首相ベックだった。彼は党歴も長く，州首相としての手腕も実証されていたからである。しかし大連立の下でメルケルが内政面の懸案の実務的処理を進める一方，外交舞台で活躍して国民の信頼感を集めたのに比べ，SPDの政治家は主導権を発揮する機会が少なく，党内には不満が鬱積した。また世論調査でも支持率は著しく低迷したから，指導力を示せないベックの求心力は低下した。こうした状況で彼は2009年の選挙での首相候補をシュタインマイヤー外相と争ったものの断念せざるを得ず，同時に党首のポストも投げ出した。こうしてSPDではベックの後継にミュンテフェリングが返り咲くという前例のない事態となったのである。

　このように2005年の連邦議会選挙以降で数えてもSPD党首は2008年末までで4人目となる。しかも一人は復活である。140年の長い伝統を誇るSPDの党史を振り返れば無論のこと，先進国政治を見渡した場合でも，こうした事態はいささか異常という印象を与えるであろう。異常という表現が強すぎるなら，異例と言い換えることもできよう。そうした異例な状況は2005年以降にだけ見られるのであろうか。ここではわが国との対比のため，便宜的に2005年を起点にとったが，しかし，時間幅を広げればその異例さはより鮮明になる。2008年9月7日にAP通信は「SPDの指導危機」と題したクロノロジーを配信しているが，そこではシュレーダーが党首ポストを明け渡した2004年が始点とされている。一方，翌日の『フランクフルター・アルゲマイネ』紙ではM. ザッターが1998年のシュレーダー政権の成立から間もなく10周年になることを指摘しつつ，「9年間に6人の党首」という見出しでSPDの異常な事態を報じている。たしかにここ10年ほどの間に6人の党首の交代が相次いだことは，注目に値する出来事であるのは間違いな

い。とくに 16 年にも及んだコール政権下で野党に甘んじていた SPD がシュレーダーの政権奪取によって久々に政権に復帰し、それ以来、大連立も含めて与党の座にあることを考慮すれば、1998 年で区切ってみることに理由がないわけではない。例えば SPD 幹部会が 2008 年 9 月に『多くを達成し、多くの課題がある』と題する冊子を作成し、これに「連邦政府での 10 年間の SPD 政治」という副題をつけてその成果と残された課題を整理しているのは、そうした観点からである[3]。けれども 1998 年の政権参加を指標にとるのではなく、ドイツ現代史の大きな転換点である、ドイツ統一が成就した 1990 年を境にすると、統一後の変化がより鮮やかに浮かび上がるように思われる。それゆえ、ひとまず戦後の SPD の歴代党首を振り返りつつ、統一後の党首の交代劇の特徴を洗い出してみよう。

　表 1 − 1 に掲げたのは、戦後 SPD の歴代党首とその在任期間である。敗戦直後の占領下のドイツでは占領地区にそれぞれ SPD の組織が再建され、ロンドンに亡命していた幹部も帰国したので、一体としての SPD の組織は存在しなかった。とりわけソ連占領地区では SPD は共産党に強制的に統合されて社会主義統一党が創設され、SPD 党首だったグローテヴォールが東ドイツの初代首相に就任したが、ここではそうした複雑な背景は捨象してある[4]。また、比較対照のために、戦後間もなく設立された主要な政党の歴代党首の顔触れと在任期間も併せて示してある。

　表 1 − 1 を全体として眺めるなら、ドイツ（統一以前は西ドイツ）では概して党首の交代が少なく、在任期間が長いことが特色として浮かび上がる。CDU では戦後の党首は 7 人を数えるのみであり、CSU でも 1 人多いだけである。これに比べて党首の入れ代わりが多いといえる FDP では 12 人であり、2 度のミュンテフェリングを重複して数えなければ SPD ではこれを僅かに下回って 11 人になる。戦争終結から 60 年以上が経過し、戦後と呼ばれる時代が長期に及んでいることを考慮すると、交代が比較的頻繁な SPD で

---

(3) SPD-Parteivorstand, Viel erreicht, viel zu tun, Berlin 2008. 同書の 6 頁以下では成果が 10 点に要約され、それぞれがデータで詳しく説明されているが、それらが誇示される分だけ党内の混乱が際立つのは皮肉というほかない。
(4) 戦後の SPD の再建に関しては、ズザンヌ・ミラー、河野裕康訳『戦後ドイツ社会民主党史』ありえす書房、1987 年、第 1 章のほか、安野正明『戦後ドイツ社会民主党史研究序説』ミネルヴァ書房、2004 年、第 1 章が詳しい。

表1-1 戦後の主要政党の党首と在任期間

SPD		CDU	
シューマッヒャー	1946-1952	アデナウアー	1946-1966
オレンハウアー	1952-1963	エアハルト	1966-1967
ブラント	1964-1987	キージンガー	1967-1971
フォーゲル	1987-1991	バルツェル	1971-1973
エングホルム	1991-1993	コール	1973-1998
シャーピング	1993-1995	ショイブレ	1998-2000
ラフォンテーヌ	1995-1999	メルケル	2000-
シュレーダー	1999-2004		
ミュンテフェリング	2004-2005		
プラツェク	2005-2006		
ベック	2006-2008		
ミュンテフェリング	2008-		

CSU		FDP	
ミュラー	1946-1949	ホイス	1948-1949
エーアルト	1949-1955	ブリュヒャー	1949-1954
ザイデル	1955-1961	デーラー	1954-1957
シュトラウス	1961-1988	マイヤー	1957-1960
ヴァイゲル	1988-1999	メンデ	1960-1968
シュトイバー	1999-2007	シェール	1968-1974
フーバー	2007-2008	ゲンシャー	1974-1985
ゼーホーファー	2008-	バンゲマン	1985-1988
		ラムスドルフ	1988-1993
		キンケル	1993-1995
		ゲアハルト	1995-2001
		ヴェスターヴェレ	2001-

(出典) 著者作成

あれFDPであれ，単純計算で平均して5年以上の在任になるから，党首職は安定度が高かったように見えるであろう。

ところが，SPDに限っていえば，それは仮象にすぎないといわなくてはならない。表1－1のSPDのリストを一瞥すれば，1990年のドイツ統一を境にして大きな変化が生じていることが一目瞭然となるからである。ドイツ統一までの40年以上に亘る期間には党首は僅か4人しか存在しなかった。その点で実はSPDはCDUやCSUに類似していたのである。けれども，これに対して統一後は20年にも満たない間に，1991年まで党首の座にあったフォーゲルを除いても8人もの党首が登場したことになる。ブラントの在任期間が極めて長かったことを考慮に入れなければならないとしても，単純平均では統一以前に党首は10年以上在任したのに対し，統一後の平均在任期

間は2年強と一気に短くなっているのが印象的ですらあるといえよう。この点に照らせば、SPDの内紛を特集した『シュピーゲル』誌2008年38号が「SPDと同じくらい熱心に王のドラマを生産しているのはシェークスピアだけである」と揶揄しているのは、あながち的外れとはいえないであろう[5]。

2．ドイツ統一後のSPD歴代党首

それでは何故統一後に党首の交代が頻繁に起こるようになったのであろうか。ここではとりあえずその経緯などについて順を追いつつ眺めてみよう[6]。

(1) エングホルム

ドイツ統一後、1990年に実施された最初の連邦議会選挙でSPDの首相候補として前面に立ったのは、党首のフォーゲルではなく、ザールラント州首相のラフォンテーヌだった。党の「管理者」と呼ばれ、実直で勤勉だが人間的な輝きの乏しいフォーゲルは有権者を引き寄せる首相候補としては不適格であり[7]、若くて情熱に満ち、弁舌の才のあるラフォンテーヌがSPDの首相候補に選ばれたのである。けれども、ラフォンテーヌは速やかなドイツ統一の実現に反対したことや、SPDの支持母体である労働組合との間に軋轢があったため、統一ボーナスを受け取ったコールに惨敗した。このため、本命とみられていた彼に代わり、フォーゲルの後継者として白羽の矢がたったのは、「ブラントの孫」と呼ばれる政治家世代の一人で、当時シュレスヴィヒ゠ホルシュタイン州首相を務めていたエングホルムだった。「ブラントの

---

(5) Der Spiegel, Nr.38, 2008, S.21. なお、ミュンテフェリングの党首返り咲きを正式決定した党大会の様子につき、拙稿「2008年10月のSPD臨時党大会を傍聴して」『社会科学論集』47号、2009年参照。

(6) 以下の各党首の略伝については、Anne-Kathrin Oeltzen und Daniela Forkmann, Charismatiker, Kärrner und Hedonisten, in: Daniela Forkmann und Michael Schlieben, hrsg., Die Parteivorsitzenden in der Bundesrepublik Deutschland, Wiesbaden 2005, S.90ff. と同書に収録されている Kurzbiographien der im Buch untersuchten Parteivorsitzenden および Franz Walter, Die SPD: Vom Proletariat zur neuen Mitte, Berlin 2002 のほか、歴代党首を論評している、Michael Schlieben und Ludwig Greven, Der schwierigste Job im ganzen Land, in: Die Zeit vom 8.9.2008 を適宜参照した。

(7) Walter, Die SPD, op.cit., S.219.

孫」という表現は人口に膾炙しているが，実はブラント自身が使ったものであり，党首や首相候補になったフォーゲルやラウを貶める意図が込められていた。その点を踏まえ，アデナウアー時代の豊かさに包まれて育ったという共通の成長期を重視するなら，「エアハルトの子供」と呼ぶほうが適切だとヴァルターは述べている[8]。そうした意味での「ブラントの孫」のうちで最年長のエングホルムが党首に担ぎ出されたのは，1988年に同州の州議会選挙でスキャンダルにまみれたバルシェルのCDU政権を破り，それまでのすべての州議会選挙でSPDが達成した最高の54.8%の得票率を記録したことに加え，腐敗に立ち向かう清新さと調和を重んじる温厚さのイメージが定着していたためだった。

しかしながら，州都キールにとどまることが多く，ボンでの党首としての職務に不熱心だったことに見られるように，エングホルムには長い伝統のある大政党SPDを率いる党首に必要な野心と熱意が希薄だった。そのうえ，党首就任と同時に彼は歴史的転換期に特有な大波に呑み込まれた。湾岸戦争での対応をめぐり，統一を果たしたドイツはより大きな国際的責任を引き受け，連邦軍を派遣すべきかどうかが党内で激しく対立する争点になったからである。これにはユーゴ解体に伴う戦争にドイツがどのように対処するかという難問が続いた。冷戦終結に伴う国際情勢の激変に加え，統一に伴うドイツの役割の見直しという重い課題のためコール政権も揺らいだが，野党のSPDも安泰ではなかったのである[9]。

そうした対立が解けないうちに，バルシェル事件を巡るスキャンダルにエングホルム本人が関与していた疑惑が持ち上がった。これは一般に引出し事件と呼ばれているが，調査の過程で偽証したことを認め，その責任を取ってエングホルムは1993年5月3日に党首と州首相を辞任した。彼にもしコールのような強靭さがあったなら，非難の嵐にも持ちこたえられただろうと評されるように，権力に執着しない性格は苦境での弱さとして表れたのである[10]。

---

(8) Ibid., S.221.
(9) ハンス・カール・ルップ，深谷満雄・山本淳訳『現代ドイツ政治史』彩流社，2002年，458頁以下参照。
(10) 引出し事件に関しては，拙著『統一ドイツの変容』木鐸社，1998年，248頁，権力への淡白さについては，Oeltzen u.a., op.cit., S.93参照。

たしかにエングホルムは彼以後の党首のように党内対立の結果，退陣を余儀なくされたのではなく，その点では注目に値しよう。けれども，清新さをアピールして党首の座に就いた政治家が自らスキャンダルに関わっていたこと，しかも長い SPD の歴史の中でそうした不祥事で党首が辞任したのは初めてだったので，波紋は大きかった。実際，スキャンダル絡みの汚名にまみれた引退は SPD の信用を傷つけ，支持率の急落を招くことになったのである。そのため，信頼回復のための起死回生の策として長老格の政治家が協議して考え出したのが，史上最初の党員投票による党首選出という方法だった。また後任の州首相にドイツで初めて女性のジモーニスが起用されたのも，同じ狙いからだったと考えてよい。

(2) シャーピング

このような経緯で実施されたにしても，本来，党員投票は重要な意義を有するものだった。というのは，アレマンたちが指摘するように，「SPD は 1990 年代の党改革によって直接民主主義的要素を決定過程の構成部分にし，それによって党下部の参加可能性が拡大した」[11] が，1993 年の党員投票はSPD における一連の組織改革の起点であるだけでなく，頂点でもあったからである。けれども，ドイツ史上最初であり注目を浴びたにもかかわらず，党員投票自体は盛り上がりに欠け，かえって不活発な党員が多いことが期せずして浮かび上がる結果になった。実際，末端の地域組織では SPD 主催の集会など党の催しに参加するのは党員の 10% 程度といわれており，地域レベルの会議などは党員集会というよりは活動家の集まりになっているのが実情だったが[12]，そうした実態を踏まえ，活性化の狙いも込めて行われたにも

---

(11) Ulrich von Alemann und Thelse Godewerth, Die Parteiorganisation der SPD. Erfolgreiches Scheitern?, in: Josef Schmid und Udo Zolleis, hrsg., Zwischen Anarchie und Strategie, Wiesbaden 2005, S.160.

(12) Peter Lösche, Die SPD in den 90er-Jahren, in: Wichard Woyke, hrsg., Parteien und Parteiensystem in Deutschland, Schwalbach 2003, S.16. この点は現在もそれほど違わない。Christoph Seils, Abschied von der Volkspartei, in: Die Zeit vom 28. 7.2008. なお，主要政党の党員の活動実態に関する興味深い調査結果が次の報告書に収録されている。Roberto Heinrich, Malte Lübker und Heiko Biehl, Parteimitglieder im Vergleich: Partizipation und Repräsentation, Potsdam 2002, S.29ff.

かかわらず，党員投票は期待されたほどの参加を得られず，投票率は56.7%に終わったのである。投票の結果，最大の支持を受けたのは，ラウなどが推したラインラント＝ファルツ州首相のシャーピングだった。彼の対抗馬だったのは，いずれも若き日に青年組織ユーゾー（JUSO）の委員長を務めた経歴のあるシュレーダーとヴィーチョレク＝ツォイルであり，それぞれ33.2%と26.5%の得票率だった。シャーピングは40.3%の得票を獲得し，これら両名を斥けて党首に就任したのである[13]。また翌年には連邦議会選挙が予定されていたので，党員投票は事実上SPDの首相候補選びという役割を果たした。

シャーピングが党首になった1993年は，統一によるブームが跡形もなく消え，ドイツ経済がマイナス成長を記録した年だった。また排外暴力事件が頻発し，人権を尊重するドイツの民主主義の真価が問われた年でもあった[14]。社会的市場経済の成功に自信を深めていたドイツが経済的苦境に陥り，失業率が急上昇していく状況は，政権の失政を攻撃し，オルタナティブとしてのSPDの存在をクローズアップする好機だった。しかし前任のエングホルムと違い政権奪還への意欲を有してはいたものの，党内右派に属すシャーピングは産業立地の再構築の掛け声に野党として応え，コール政権に挑戦できる建設的なプランを提起することができなかった。それは産業立地論の焦点に労働コストを高める社会保障制度の見直しというテーマが据えられていたために，これに踏み込めば支持母体である労働組合との関係が悪化せざるを得なかったからである。それに加え，州首相に就任して1期目でまだ日が浅く，しかも連邦議会に議員として所属したこともないため，経験不足も否めなかった。その結果，経済情勢が悪化していたにもかかわらず，シャーピングは経済に強いCDU・CSU，福祉に強いSPDという国民の間に定着した構図に縛られ，苦境に立つコール政権に代わる信頼感と迫力を印象づけることができなかった。こうして1994年の連邦議会選挙でコールに勝利を許したばかりでなく，党内で求心力を失っていったのである。

---

(13) 党員投票の詳細なデータは次の文書に収載されている。SPD-Parteivorstand, Abteilung I, Mitgliederbefragung SPD-Parteivorsitz: Erste Ergebnisse, Bonn, 18.6. 1993.
(14) この当時のドイツ国内の状況に関しては，本書第5章参照。

党員投票で直接に党員によって選ばれ，強いリーダーになることができたはずのシャーピングが政権を奪取できず，弱い党首に甘んじて指導力を発揮できなかったことは，党内で彼に対する不満を募らせた。その結果として起こったのが，世論にアピールする力があり，一度は首相候補にもなったラフォンテーヌによる反乱である。エングホルムが登場したときから彼は党首の座を窺っていたが，党内にくすぶる不満を引き寄せ，1995年の党大会で一気にシャーピングを追い落とす挙に出たのである[15]。

　11月16日のマンハイム党大会では党首の選出が予定されていたが，ラフォンテーヌは当日まで出馬を公言していなかった。しかし大会の場で現職のシャーピングに挑戦する決意を電撃的に表明し，投票で彼を打ち破ったのである。党首選挙に出馬した現職が挑戦者に屈するのはSPD党史上初めての出来事であるが，敗れた党首が初めての党員投票で選出された人物であることを考慮に入れると，この出来事は二重に特筆に値しよう。ラフォンテーヌの出馬は周到に準備された計画によるのではなく，即興性が強いといわれるが，いずれにしてもそうした顚末はシャーピングを支持した者の間に怨念を残す結果になった。個性の強いラフォンテーヌには熱烈な支持者と並んで体質的に嫌う者も多いが，この交代劇で彼が党内に強固な敵を作ったのは間違いないであろう[16]。

(3) ラフォンテーヌ

　ブラントの直系を自任し，左派の期待を集めるラフォンテーヌがこうしていよいよSPD党首の座に上り詰めた。

　ラフォンテーヌがSPDの采配を振るうに至った頃，ドイツ経済の停滞が色濃くなり，失業率が高まる中で，コール政権は産業立地の再構築に向け，労働組合との協議の場を設定しようと試みた。それが最初の「雇用のための同盟」であり，提唱されたのは1995年末のことだった。しかし当初は協議に前向きで，雇用を守るためには賃上げや時短も断念する用意があるとみられた労働組合は，結局は既得権を守ることを優先し，政労使で話し合う「雇用のための同盟」は構想倒れに終わった。むしろ労働側は1996年に病欠

---

(15) Franz Walter, Beck in der Scharping-Falle, in: Der Spiegel vom 2.3.2008.
(16) Hans Georg Lehmann, Deutschland-Chronik 1945 bis 2000, Bonn 2000, S.456.

時の賃金カットに反対する大規模なデモを組織したことに見られるように，コール政権との対決姿勢を強めたのである[17]。これに応じ，ラフォンテーヌ党首が率いる SPD も労働者の既得権を見直す政権の動きを阻止することに力を傾注した。その場合，連邦議会で劣勢な SPD の武器になったのは連邦参議院だった。というのは，SPD 系の州がそこでは優位を占め，連邦議会とのねじれが存在したからである。「改革の停滞」という言葉がドイツ語協会によって年の言葉に選ばれたのは 1997 年のことだったが，その原因の一つはラフォンテーヌの妨害戦術にあったといえよう。

　無論，そうした戦術には SPD 党内で異論が存在した。産業立地の再構築はどの政党が政権の座にあっても避けて通れない重要課題であり，労働側の既得権を擁護するだけでは統治責任は担えず，政権に就くことは覚束ないと考えられたからである。こうした立場を打ち出したのはニーダーザクセン州首相のシュレーダーをはじめとする SPD のモダナイザーだった。1998 年には連邦議会選挙が予定されており，党首のラフォンテーヌは首相候補になる意欲を示していたが，党内には路線上の対立ばかりでなく，彼に対する反感も根強く存在していた。それらを結集したのが国民的に人気のあるシュレーダーであり，コールに勝てる首相候補として，党首のラフォンテーヌを斥けてその座を射止めたのである。もちろん，その過程で彼の実績が大きく影響したのは指摘するまでもない。1998 年 3 月 1 日にシュレーダーの膝元のニーダーザクセン州で行われた州議会選挙で SPD が大勝し，1990 年に CDU のアルブレヒト政権を倒してからの連勝記録を伸ばしただけでなく，緑の党との初期の連立を解消して SPD 単独政権を維持したが，そうした成功がシュレーダーの手腕の証明と見做されたのである。

　こうして SPD は 1998 年の連邦議会選挙にシュレーダーとラフォンテーヌの二頭立てで臨んだが，キーワードになった革新と公正がどのようにして統一可能なのかは不明なままだった。またこれに対応して選挙に勝利した場合にどの政党と連立を組むかという問題も決着がついていなかった。選挙が SPD の記録的な勝利に終わり，大差をつけられて惨敗したコール政権に幕が下ろされたのは周知の通りである。しかしシュレーダー政権が発足すると，首相と党首の抜き差しならない対立が生じるのに時間はかからなかっ

---

(17) 前掲拙著 35 頁以下参照。

た。1999 年に公表されて不評だったイギリス首相ブレアとシュレーダーの共同文書に示されているように，産業立地の再構築に向けてシュレーダーは市場を重視し小さな政府の方向に舵を切ることを目指したが，これに対してケインズ主義的手法を重んじるラフォンテーヌは大きな政府の堅持を試み，その限りで労働組合に近い党内の伝統主義派と一致していた。そのため，1999 年になるとことあるごとに両者は衝突を繰り返した[18]。そして同年 3 月 11 日に至ると，ラフォンテーヌはシュレーダー政権で就いていた財務相のポストとともに SPD 党首の座からも降りることを伝える手紙をシュレーダーに送りつけたのである。このような形の党首辞任は前代未聞であり，政治的逃亡だとも評されたが，彼は政治の第一線から退き，いわば外野席からシュレーダー政権に対して辛辣な攻撃を浴びせるようになるのである。

(4) シュレーダー

　ラフォンテーヌの辞任を受け，暫定的に党首となったのはシュレーダーであり，4 月 12 日にボンで開催された党大会で正式に党首に選出された。シュレーダー政権は発足してすぐにコール政権による「改悪」と見做された解雇保護の緩和，賃金継続支払いの縮減，悪天候手当の廃止などを旧に復すとともに，使用者側・労働側と政府の協議の機関として，コール政権で失敗した「雇用のための同盟」を設置した。また当初の目玉政策として，移民国への転換の柱となるべき国籍法の改正を目指した。しかし「雇用のための同盟」は間もなく活動を停止し，事実上失敗に終わった。その原因は，使用者側，労働側の双方が産業立地の再構築のために既得権を見直し，労働市場政策や社会保障政策を是正する必要を認めながらも，具体的問題で歩み寄ることができなかったところにあった。そうした困難の代表例としてはリースター労相が中心になって進めた年金改革が挙げられよう[19]。年金改革はドイツ社会

---

(18) SPD 内部におけるモダナイザーなどの勢力配置に関しては，西田慎「シュレーダー社会民主党のジレンマ」『ドイツ研究』31 号，2000 年のほか，近藤正基『現代ドイツにおける福祉国家の政治』京都大学大学院法学研究科博士論文，2008 年，第 3 章での精緻な分析が役立つ。

(19) 年金改革については，近藤正基「大連立国家の変容―現代ドイツにおける年金縮減改革の政治過程 (1)(2)(3)」『法学論叢』159 巻 3 号，160 巻 2 号，161 巻 3 号，2006・2007 年参照。

の高齢化を見据えれば不可避のテーマだったが，痛みを伴うだけに簡単には譲歩できない問題であり，労使の利害が激しく対立した。その結果，年金改革は個人積立年金の部分的導入など一定の成果はあったものの，不十分な形で終わった。同様に，鳴り物入りで開始された国籍法改正は，ドイツ人の枠を拡大する点で画期的な内容を含んでいたものの，それだけに抵抗も強く，野党は反対署名運動を展開して圧力を強めた。その結果，当初は制限のなかった多重国籍は条件付きで容認され，帰化の要件の緩和も限定される形で落着した[20]。

　このようにシュレーダーの初期の改革政策が中途半端に終わった原因の一つは，連邦議会選挙での勝利に反して，政権が発足してからの州議会選挙でSPDが連敗し，連邦参議院で野党が優勢になったことにある。また他面で，「モダナイザーであるシュレーダーが党首として社会国家の守り手になった」と批評されるように，党内基盤が弱いシュレーダーとしては党内世論の融和を図り，譲歩を迫られたことも無視できない。もちろん，より広い文脈でみれば，連邦議会選挙でSPDに勝利をもたらした要因の一つでもある「社会国家信仰のルネッサンス」と呼ばれる社会的気流が漂っていたことを忘れてはならない[21]。そのため，シュレーダー政権はスタートから一貫性を欠いた政策と苦しい政権運営が続き，失業者数を減らすという公約も達成が困難になった。こうした状況で迎えた2002年の連邦議会選挙では，イラク戦争への反対の表明とドイツ東部で生じた洪水への迅速な対策による一時的な政権浮揚効果に助けられて薄氷を踏む勝利を得た[22]。とくに連邦議会選挙での後者の効果は重要であり，東ドイツ地域で民主社会党（PDS）が失速し，事実上連邦議会から姿を消したために，シュレーダー赤緑政権がかろうじて過半数を制することが可能になったのであった。

　2期目のシュレーダー政権が直ちに取り組んだのは，同年春に設置された

---

(20) 国籍法改正に関しては，佐井達史「外国人政策の新展開―ドイツ国籍法改正を手掛かりに」『ドイツ研究』35号，2002年参照。

(21) この言葉はアレンスバッハ研究所のR. ケッヒャーの造語である。拙著『統一ドイツの政治的展開』木鐸社，2004年，85頁。ヴァルターも1996年末以降の状況を特徴づけるのにこの語を用いている。Walter, Die SPD, op.cit., S.248.

(22) 横井正信「シュレーダー政権の改革政策と2002年連邦議会選挙」『福井大学教育地域科学部紀要』59号，2003年参照。

ハルツ委員会の報告書に基づく労働市場・社会政策の改革だった。「雇用のための同盟」とは違い、シュレーダーに近い顔ぶれが集められた同委員会では既存の利害関係にとらわれない議論が重ねられた。そして社会国家の改造に向けた大胆なプランが策定され、連邦議会選挙直前の8月に提言が公表された。この委員会の設置と提言は選挙対策の一環だったが、瓦解が避けられないと思われていた政権の継続が決まると、それに基づいてシュレーダーはハルツⅠからⅣまでの法案を纏め、次々と立法化して在来の社会国家の根本的改革を推進したのである。これらはハルツ改革と総称され、翌年3月に政策パッケージとして提示された、連邦制改革など幅広い分野にわたるアジェンダ2010の改革プランとともに内政上の最大の焦点になった[23]。政権2期目のシュレーダーは、「危機管理者としての積極的役割に立ち返り、政治的改革計画を党外でも党内的にも貫徹する」姿勢を見せたのである[24]。

　これらの改革の始動に伴い、利害対立の構図が変わり、政治的配置が大きく様変わりしたのは当然だった。一つは、シュレーダーは市場の重視という点では野党のCDU・CSUと大筋で一致できたから、非公式の協力を取り付けつつ改革を進めたことである。無論、建設的野党の方向をとっても政権奪還を目指す立場は変わらなかったから、CDU・CSUとの交渉は順調には進まず、その駆け引きは「改革ポーカー」と命名されて失笑を買った。もう一つは、その裏返しであるが、シュレーダーがSPD内の伝統的な社会民主主義派や労働組合勢力との対立を深めたことである。とりわけ重大な衝突を引き起こしたのは、失業扶助と社会扶助を合体して根本的に改めることを骨子とするハルツⅣ法だった。2004年にSPDから左派の一部が離党し、「労働と社会的公正のための選挙オルタナティブ（WASG）」を結成したことや、同年夏に東独地域を中心にして「月曜デモ」の波状的な抗議運動が巻き起こり、地域レベルで労働組合員が参加していたことは、SPD内部の亀裂の

---

(23) これらの改革の内容と立法過程については、横井正信「第2次シュレーダー政権と『アジェンダ2010』(1)(2)」『福井大学教育地域科学部紀要』60・61号、2004・2005年が詳しい。

(24) Uwe Jun, Sozialdemokratie in der Krise: Die SPD auf der Suche nach einer neuen Identität, in: Gesellschaft-Wirtschaft-Politik, H.3, 2004, S.329. ユンのこの論文は、2期目に入ったシュレーダー政権の変容を早期に捉えた優れた論考である。

深さや労働組合との対立の激しさを示していた[25]。この点に関しては，SPD左派の闘将シュライナーが 2008 年 1 月 5 日付『フランクフルター・アルゲマイネ』紙に寄稿した長い論説が参考になる。彼はそのなかで，「シュレーダーの年月に党指導部は本来の社会民主主義的改良主義と袂を分かち，アジェンダ 2010 とハルツ IV 法で進歩的，解放的な改革政策から訣別した」として，これを「脱社会民主主義化」と呼ぶ一方，「我々自身の党の中の改良主義の墓掘人に対抗することは SPD 内の我々社会民主主義者の義務である。ベーベル，シューマッヒャー，ブラントの遺産が問われているのである」という宣戦布告で論説を結んでいる。また翌 2009 年 3 月 16 日付同紙に掲載されたインタビューでもやはり彼は自分自身を「アジェンダ 2010 とハルツ IV 法の断乎たる敵」だと宣言している[26]。これと同じ口調で SPD の青年組織ユーゾー（JUSO）の幹部も「SPD は決して社会民主主義的ではない」と公言していることにも見られるように[27]，シュレーダー政権の当時に党内対立は調停不可能なところまで深化したのである。

　もっとも，言辞の激烈さにもかかわらず，党内対立には踏み越えられない一線が存在していたことを見過ごしてはならない。シュレーダーを攻撃して政権崩壊にまで追い込めば，彼に代わるリーダーを欠く SPD の選挙での勝利は覚束ず，CDU・CSU に政権を明け渡すことになるのが確実視されたからである。その意味で攻撃には最初から限界があり，そうした党内事情を知悉していたシュレーダーは，退陣をほのめかして敵対する陣営に圧力をかけつつ改革政策を進めたが，そのことが敵意を怨念に作り変え，火種を残す結果になったことを忘れてはならないであろう。

　このような難問に加え，シュレーダーの率いる SPD はバーデン＝ヴュルテンベルク，ニーダーザクセン，ハンブルク，バイエルンなどの州議会選挙

---

(25) 本書第 2 章参照。WASG の成立の経緯に関しては，Oliver Nachtwey, Im Westen was Neues, in: Tim Spier u.a., hrsg., Die Linkspartei, Wiesbaden 2007, S.155ff.

(26) Ottmar Schreiner, Gegen die Entsozialdemokratisierung, in: Frankfurter Allgemeine Zeitung vom 5.1.2008; ders., Nein zu Rot-Rot im Bund ist falsch, in: Frankfurter Allgemeine Zeitung vom 16.3.2009.

(27) Sebastian Christ, Die Jusos – eine zerrüttete Jugend, in: Stern vom 17.6.2008. なお，ハルツ改革などの政治過程に関しては，Christine Trampusch, Sozialpolitik in Post-Hartz Germany, 2005 の優れた分析が有益である。

で連続的に大敗を喫した。それには改革政策の不評ばかりでなく，結束を失い，進路が判然としなくなった SPD に対する不信感が影響していた。それだけではない。後述するように，SPD では離党者の波が止まらず，規模が縮小し続けていたが，アジェンダ 2010 をめぐる党内対立の激化に伴い，その波が一段と水嵩を増したのである。すなわち，選挙の年を除き 1990 年から 2002 年までは年平均で 2.9% の党員が失われていたが，アジェンダ 2010 以降は 5.5% にまで上昇したのである。こうして国民政党としての SPD の存亡の危機さえ話題に上るようになり，「SPD の融解過程」[28] に注目が集まる中で，党内の危機感が強まった。そのため，シュレーダーは自身が SPD の混迷のシンボルになっていたところから，党内の混乱を和らげ，政党としての一体性を維持するために，党内各派で人望のあるミュンテフェリングに党首の座を譲って党務を託し，自らは首相として政務に専念するという名目で 2004 年 3 月 21 日に党首を退いたのである。

(5) ミュンテフェリング

ミュンテフェリングの党首就任でさしあたり注目されるのは，次の 2 点である。一つは，これまで見てきたすべての党首と違い，彼には州首相の経歴がないことである。連邦制の国であるドイツでは州の自立性が強く，そこでの首相としての経験は政治家のキャリアにおいて重要な意味を持つ。壁ができた当時の西ベルリン市長だったブラント以降 SPD のすべての歴代党首に州首相のキャリアがあるのは，ドイツの指導的政治家の育成・訓練システムに照らすと，決して偶然ではない。「宰相ヴィリィ・ブラント，ヘルムート・シュミット，ゲアハルト・シュレーダーはいずれも最初はベルリン，ハンブルク，ニーダーザクセンで世に認められた」としつつ，『シュピーゲル』のベテラン記者シュヴェニッケが「SPD では未来はほとんどいつも州から来る」と述べているのは，その意味で的を射た指摘なのである[29]。また党首就任の時点で 1940 年生まれのミュンテフェリングは既に 64 歳に達していただけでなく，1939 年生まれで 1 歳違いのエングホルムを除けば 1947 年生ま

---

(28) Oliver Nachtwey, In der Mitte gähnt der Abgrund: Die Krise der SPD, in: Blätter für deutsche und internationale Politik, H.8, 2008, S.58.
(29) Christoph Schwennicke, Müntes Erben, in: Der Spiegel, Nr.39, 2008, S.68.

れのシャーピング，1943年生まれのラフォンテーヌ，1944年生まれのシュレーダーなど前任者の誰よりも年長だった。その点で，シュレーダー政権の成立で指導的政治家が一挙に若返り，世代交代が起こったことを思うと，ミュンテフェリングの登板は流れに逆行するものだったということができる[30]。これらの点には党首へのミュンテフェリングの起用が通常の交代ではなく，手詰まり状態を打開するための窮余の策だったことが映し出されているといえよう。

　元来，ミュンテフェリングは「党の活動家の古くからの社会民主主義的魂を体現する」人物であり，「ルール地域に草の根を張った社会民主党の伝統主義者」だった[31]。その意味で，シュレーダーのようなモダナイザーには属していないところから，彼の登場に対する左派からの抵抗も少なかった。しかし新設の幹事長ポストに1999年12月に就くと，「事実上，党務担当の党首として活動した」と評されるように[32]，首相かつ党首であるシュレーダーをよく支え，離反する動きを見せることはなかった。この点は正式に党首に就任してからも変わらず，そこにSPDに対する彼の忠誠が表れていた。実際，ハルツ改革とアジェンダ2010への反対から左派の一部が離党するなど党内対立が激化する中で，シュレーダーに対する造反の動きを封じこめ，辛うじて結束を守るのに彼は大きく貢献した。メディア宰相とも呼ばれたシュレーダーが人目を惹きつけるパフォーマンスで強い存在感を示したのに反し，党務を預かるミュンテフェリングは地味な役回りに徹したのである。スーパー・ミニスターと呼ばれたクレメント経済・労働相がハルツ改革に対する非難と攻撃の矢面に立ち，シュレーダーに対する風圧を軽減する一方，ミュンテフェリングはSPDの分裂を最小限に抑え，シュレーダーが改革政治に邁進することを可能にしたのであり，その点でハルツ改革とアジェンダ2010の政治はシュレーダーを含む3者の合作だったと評しえよう[33]。連邦大統領になったラウの後を受けてモダナイザーのクレメントはノルトライン＝

---

(30) Christoph Seils, Wähler gewöhnen sich schnell, in: Die Zeit vom 20.8.2008.
(31) Schlieben u.a., op.cit.; Lösche, op.cit., S.11.
(32) Lösche, op.cit., S.14.
(33) このうちでクレメントが党内左派を挑発する行動で2008年に除名寸前の窮地に立たされてもアジェンダ2010の旗を守ったことにつき，Severin Weiland, Wie Clement die Agenda 2010 verteidigt, in: Der Spiegel vom 24.9.2008参照。

ヴェストファーレン州の州首相に就任し，本来は伝統主義的な立場のミュンテフェリングは州組織の委員長になって主導権をめぐる暗闘を繰り広げたから，シュレーダーの改革政策で両者が協力したのは不思議な巡りあわせというほかない。またこの点を念頭に置くなら，シュレーダーと訣別した後のラフォンテーヌが「ミュンテフェリングはアジェンダ2010，年金カット，連邦軍の戦闘派遣に転向した」として，彼の変節を攻撃したのも不思議ではない[34]。いずれにせよ，ブラント，シュミット，ヴェーナーの有名なトロイカが「不信，人間関係の冷たさ，あからさまなルサンチマン」に彩られていたことを思えば[35]，シュミット首相とブラント党首の冷ややかな関係とは異なる協力関係がシュレーダーとミュンテフェリングの間には形成されたのであり，後述するベック退陣の際にミュンテフェリングがシュレーダー派に数えられたのはそのコロラリーにほかならなかった。

　ところで，シュレーダーの改革政治に対する国民の理解は乏しく，そのため支持は広がらなかった。それどころか，その改革は福祉縮減に狙いを定めており，ワークフェアの名の下に失業者を締め付け，貧困層に対する公的援助を削減することに主眼があると受け取られたので，不信や反感が広がり，世論調査でのSPDの支持率は低下し続けた。SPDの低迷はとりわけ州議会選挙での連敗で明瞭であり，なかでも2005年5月にルール工業地帯を抱えるノルトライン゠ヴェストファーレン州でリュトガース率いるCDUに喫した敗北はショックが大きかった。なぜなら，同州は人口でドイツ最大であるというだけでなく，39年来SPDが政権を担ってきた文字通りの牙城であり，1980年から1990年までは3度にわたりラウの指導下で議会の絶対多数を占めさえしたからである。2006年に予定されていた連邦議会選挙が異例の手続きによる解散で繰り上げられ，2005年9月に実施されることになったのは，この惨敗の結果である。このように党勢の衰退を止められず，敗北を重ねたという苦い事実に照らせば，党首を引きずりおろす動きが生じても不思議ではないし，実際，事態を放置すればそうなる公算が大きかったであ

---

(34) Majid Sattar, Leise Sohlen, klare Kanten, in: Frankfurter Allgemeine Zeitung vom 14.11.2007; Oskar Lafontaine, Die SPD ist keine Volkspartei mehr, in: Die Zeit vom 16.8.2009.
(35) Walter, Die SPD, op.cit., S.217.

ろう。この観点から眺めれば，シュレーダーたちが連邦議会選挙を前倒ししたのは，そうした動きが出るのを見越し，選挙戦になだれこむことで造反の機先を制するという計算が働いていたと推察される。

2005年9月18日に行われた連邦議会選挙は，事前の大方の予想ではCDU・CSUの圧勝に終わるはずだった。しかし税制改革でフラット税制を唱えるキルヒホフを前面に立てたCDU・CSUは，あからさまな金持ち優遇という批判を浴びるなどの失策があり，他方で，SPDはシュレーダーがハルツ改革を見直し公正を重視する姿勢を示した効果で支持が上向いた。そのため，選挙結果は得票率で大差はつかず，逆に僅差で両党が並ぶという予想外の結果になった[36]。従来，精度の高い予想をしてきた世論調査の専門家の間から，有権者の計算不可能性という嘆息が洩れたのも理解できなくはない[37]。こうして政権作りに向けた連立交渉が始まり，いわゆるジャマイカ連立などの論議を経て，メルケルを首班とするCDU・CSUとSPDの大連立で大枠が固まった。連立政権がスタートするには連立協定の締結のほか，閣僚ポストの各党への配分，そのポストへの適任者の配置などが必要とされる。その面で10月末には情勢はいまだ流動的だったが，突如10月31日にミュンテフェリングは11月に予定された党大会で党首選挙には出馬しない意向を表明し，退陣することを公表したのである。彼は連立交渉の結果，SPD側の重鎮としてメルケル政権の副首相兼労働社会相として入閣したが，その一方で，政権発足と前後して浮上した人事問題で党内左派に敗北した。党首を支える幹事長としてミュンテフェリングがヴァッサーヘーフェルを推したにもかかわらず，幹部会がこれを拒否し，左派のナーレスを党大会に推すことを決定した[38]。これをミュンテフェリングが自分に対する不信任と受け取り，彼の辞任の直接的契機になったのである。

---

(36) 横井正信「景気・雇用対策サミットから大連立へ（II）」『福井大学教育地域科学部紀要』63号，2007年参照。選挙の詳しい分析としては，Aus Politik und Zeitgeschichte, 51-52/2005 および Zeitschrift für Parlamentsfragen, H.3, 2006 所載の論文が役立つ。

(37) Viola Neu, Die neue Unberechenbarkeit der Wähler, in: Politische Studien, H.417, 2008.

(38) Die Welt vom 1.11.2005. ヴァッサーヘーフェルがミュンテフェリングの側近であることについては，Der Spiegel vom 15.9.2008 参照。

無論，一部で指摘されたように，幹事長人事での屈服それ自体が退陣の本当の理由ではなかったであろう。むしろシュレーダー政権の終焉が確定した新たな局面での政治的見通しが彼の決断を促したと推察される。すなわち，シュレーダー政権下で改革政策に不満を蓄積してきた左派が，連邦議会選挙でのSPDの不振を背景に巻き返しに出て，シュレーダーと一体と見做されるようになっていたミュンテフェリングでは政党としてのSPDの結束を維持するのが困難だと判断したことが，頂点から身を退く結果につながったと考えるのが自然であろう。シュレーダーやラフォンテーヌのように個性が強く，自己の主張を強引に押し通そうとする政治家タイプとは違い，ミュンテフェリングは党への忠誠と結束や規律を重んじる古いタイプの政党人なのであり，しばしば彼が「党の兵士」あるいは「組織とアパラートの政治家」[39]と呼ばれるのには十分な理由が存在するのである。

(6) プラツェク

既述のように，ミュンテフェリングの後任として新たにSPD党首に就任したのはブランデンブルク州首相のプラツェクだった。ミュンテフェリングが退陣の意向を表明した翌日，緊急幹部会が開かれたが，その直後に彼は党大会での立候補を表明し，11月15日にカールスルーエで開かれた党大会の席で党首に選出された。投票結果は515票のうちの512票，99.4%という高い支持率であり，これは戦後SPDの初代党首シューマッヒャーの245票中244票に次ぐ記録だった。一方，争点になった幹事長にはナーレスが就任を辞退し，33歳の若手のハイルが起用された。しかし彼は左派に属し，前党首を辞任に追い込んだ一人だったため，得票率は61.7%に過ぎず，改めてしこりが顕在化した。

プラツェクの特色として指摘できるのは，メルケルと同じく東独の出身だったことであり，二つの国民政党のトップがいずれも東独出身者で占められることになった。また彼は1953年生まれであり，SPDでは初めて50年代生まれの指導者が誕生した。ミュンテフェリングの登場で逆行したことは先に指摘したが，ここで再び若返りが実現したといえよう。

この2点からも明らかなように，政治家としてのプラツェクは，「1970年

---

(39) Frankfurter Allgemeine Zeitung vom 18.8.2008; Oeltzen u.a., op.cit., S.117.

代のSPDの綱領的論争によって特徴付けられるブラントの孫」には属さない。党内的にはプログラム重視というよりはプラグマティックなネッツヴェルカーと呼ばれる緩やかなグループに属しており，そのために彼には戦略的ビジョンが希薄だといわれている[40]。

政治歴の面では，DDR末期の1988年に環境運動の市民団体の創設メンバーに名を連ねたことがプラツェクの政治家への起点になっている。彼はベルリンの壁が崩壊した後に設立された円卓会議の一員になり，続いて1990年2月から短期間モドロウ政権の無任所相になった。SPDに彼が正式に入党したのは1995年のことだから，東独地域で人気のあった同州のシュトルペ前首相に引き立てられて頭角を現したものの，党歴が浅いことは否定できない。それゆえ，政治的経験は豊富とは言えず，とくに党務の経験は乏しかったから，その力量には未知数の部分が大きかったのが事実だった。2005年の連邦議会選挙の前後に主要政党で将来指導的地位に就く可能性のある政治家は誰かが話題になったが，プラツェクは名前があがる程度で知名度も決して高くはなかったのである。その点で，なるほど将来のSPDの有望株の一人に数えられていたにせよ，2005年の時点ではきわめて異例な起用だったといわねばならず，そうしたプラツェクに大政党の舵取りが託されたことは，それだけ党内の混迷が深かったことを証明している。というのは，党内の亀裂が深まった結果，有力な指導者はいずれもそれぞれの立場のために結束の維持には適任とはいえなくなり，党派的に無色の人物が必要とされたからである。その意味で，政治的実績が乏しく，指導力の不確かなプラツェクの登場は，ナハトヴェイが指摘するように，「大連立に対処し，同時に社会民主主義の境界線を引ける温和な調停者」を必要とした党内力学からは理解できるものの，やはり異例の出来事だったといわねばならないであろう。それだけではない。その彼は聴覚障害とそれに続く循環器障害の治療を理由にして翌2006年4月10日に党首を辞任したのである。病気は政治家の出処進退の際の理由にしばしば使われるし，州首相の職は続けたから，辞任理由が

---

(40) Oliver Nachtwey, Seid leistungsfähig und mehret Euch!, in: Blätter für deutsche und internationale Politik, H.3, 2006, S.274. ネッツヴェルカーについては，ゼーハイマー・クライスや議会左派などの党内派閥と並んで，SPDの公式文書といえる次の冊子に簡単な解説がある。SPD-Parteivorstand, hrsg., Kleines SPD-ABC, Berlin o.J. S.22.

どこまで真実だったのかは判然としない。確かなのは、戦後SPDの歴代党首で病気治療を理由に退任したケースは見当たらず、また半年に満たない短い在任期間も前例がないという点で、プラツェクの退陣がやはり異例だということである。

(7) ベック

　プラツェクの辞任を受け、暫定的に党首の役を務めることになったのが、ラインラント＝ファルツ州首相のベックである。1972年に23歳でSPDに入党し、SPD党首の職務に専念するため1994年に州首相を辞したシャーピングを受け継いだベックは2005年11月に初めて副党首に選出された。コール元首相の膝元である同州では翌2006年4月に州議会選挙が行われたが、そこでSPDは絶対多数を占め、長期に及んだFDPとの連立を解消できた。この時点でSPDが単独で政権を握っていたのは同州だけであり、その勝利はベックの地方政治家としての手腕と人気を証明していたが、それにとどまらず、SPDに大きな希望を抱かせるものだった。というのは、州レベルの選挙では敗北が続き、牙城だったノルトライン＝ヴェストファーレン州での2005年5月の州議会選挙でもSPDは苦杯を嘗めていたからである。その敗北が連邦議会選挙の前倒しにつながったことは既に触れたが、ベックはそうした党勢の衰退に終止符を打つ力量があると期待されたのである。『シュテルン』2006年17号が「最後の人」というタイトルでベックに関する長大な記事を掲載し、同じく同誌に載った分析が「SPDの最後の予備兵」と題していたのは、このような実情を正確に表現していたといえよう[41]。

　そうした期待を担って2006年5月14日のベルリン党大会でベックは正式に党首に選出された。しかし期待が失望に代わるまでに時間はかからなかった。外交舞台で脚光を浴び、内政面でも堅実に懸案を処理して安定感を増し、期待も高まるメルケルに対し、SPDは主導権を発揮するチャンスが少なく、あたかもCDU・CSUのジュニア・パートナーのような地位に落ち込んだ。それにもかかわらずベックは指導力を発揮せず、地元では人気があっ

---

(41) Andreas Hoidn-Borchers und Franziska Reich, Der letzte Mann, in: Stern, Nr.17, 2006, S.20ff.; Florian Güssgen, Der letzte Reservist der SPD, in: Stern vom 10.4.2006. なお、Tagesschau vom 8.9.2008 参照。

ても連邦レベルでは存在感は希薄なままだった。

　2007年になると，アジェンダ2010に集約されるシュレーダーの改革路線を守ろうとするミュンテフェリング副首相とベックとの主導権争いが表面化し，中間派で強固な党内基盤を持たないベックはナーレスを筆頭とする党内左派に軸足を移すようになった[42]。そのため両者の間のこの闘争は熾烈化したが，ベックの勝利で一応は決着した。ミュンテフェリングは重病の妻の看護を理由に2007年11月に閣僚を辞任し，政治の第一線から引退したのである。デュカースが指摘するように，たとえ名目ではあっても，妻の重病を理由とする要職辞任は「男性の政治家にとって前例のない行為」であり，それが問題視されなかったことと併せ，それ自体としては注目に値する。というのは，「影響力の大きい地位にありながら，私生活・感情生活の価値を引き上げる男性のモデルが成功モデルになりつつある」ことが看取され[43]，ドイツ社会の変化が感じられるからである。

　けれども，党内紛争はミュンテフェリング退陣によってかえって激化した。そして2008年になると，翌年に連邦議会選挙が迫ってきたこと，にもかかわらず世論調査でSPDの支持率が20%程度にまで落ち込んで著しく低迷していることなどから，ベックを引きずり落とす党内クーデタの噂が絶えない状況が現出した[44]。とりわけ焦点になったのは，連邦議会選挙での首相候補問題であり，比較的国民的人気が高く右派の推すシュタインマイヤー外相との確執が公然化した。同時に旧東独の独裁政党SEDの系譜を引く民主社会党（PDS）とSPD脱党グループが中心となった「労働と社会的公正のための選挙オルタナティブ（WASG）」が2007年に合体して誕生した左翼党の躍進が目覚しく，左翼党との提携を模索するイプズィランティが率いるヘッセン州のSPDの動きに触発され，同党との関係について党内世論が分裂したことも難題になった。この問題は，2008年1月27日のヘッセン州議会選挙でCDUとSPDに差がつかず，イプズィランティが左翼党の寛容の下に政権を握ろうとしたために発生し，その是非の決定をベックが州組織に

---

(42) Franz Walter, Gierig nach Beck, in: Die Zeit vom 9.10.2007.
(43) Tanja Dückers, Die Aufwertung des Gefühlslebens, in: Die Zeit vom 10.9.2008.
(44) Christoph Seils, Wie stürzt man einen Vorsitzenden?, in: Die Zeit vom 23.6.2008. 既に2007年秋にはベックに退陣を迫る論調が高まっていた。Thorsten Denkler, Kurt, go home, in: Süddeutsche Zeitung vom 3.9.2007.

委ねて事実上容認したところから深刻な党内紛争を招いた。シュレーダー政権の重鎮で権限の大きさからスーパー・ミニスターと呼ばれたクレメントがこれに激しく反撥し，除名問題にまで発展したのはその一環にほかならず，他の問題も重なって結局翌 2008 年 11 月に彼は 40 年近くの長きにわたって政治的故郷としてきた SPD と訣別するに至った[45]。左翼党の躍進の背景には社会国家の堅持を望み，一層の改革を拒否する世論の一種の左旋回があるが[46]，歴史学界の重鎮であるヴェーラーとヴィンクラーがクレメントと同一線上で 2007 年夏に相次いで SPD の左傾を戒めたのは，SPD で左派が優位に立つことに対する強い危機感に発していたといえよう[47]。

　そうした中で 2008 年 9 月 7 日に開かれた幹部会の席上，ベックは首相候補レースを降りることを表明した。このこと自体にはそれほど意外性はなく，時期がやや早かったという程度の問題だといえたが，現職の州首相でもある党首のベックが州首相の経験はもとより連邦議会議員の経歴すら持たないシュタインマイヤーに屈したことは，やはり特筆に値する事実であろう。他面，ベックが同時に党首も辞任する決意を伝えたことは，予想外だったために驚きをもって迎えられた。首相候補にならなくても党首の座にとどまりうることは，ブラントが党首だった時代を見ただけでも多くの例があるからである。また後任の党首として，妻の死去で政治活動を再開したばかりのミュンテフェリングが返り咲く方針が決定されたことも，併せて世人を驚嘆させた。権力闘争による党首の辞任は珍しくないにしても，元党首の再登板は戦後史上前例がなく，ほかの主要政党でも同種の事例は見当たらないからである。その意味で，ここにも SPD を巡る状況の異例さを見て取ることが

---

(45) Severin Weiland, Wie Clement die Agenda 2010 verteidigt, in: Der Spiegel vom 24.9.2008.
(46) Thomas Petersen, Der Zauberklang des Sozialismus, in: Frankfurter Allgemeine Zeitung vom 18.7.2007; Georg Paul Hefty, Eine gesamtlinke Mehrheit, in: Frankfurter Allgemeine Zeitung vom 19.7.2007; Renate Köcher, Die Sogwirkung der Linkspartei, in: Frankfurter Allgemeine Zeitung vom 20.2.2008.
(47) Hans-Ulrich Wehler, Aus Weimar lernen, in: Die Zeit, Nr.28, 2007; Heinrich August Winkler, Gelassen bleiben, Genossen!, in: Die Zeit, Nr.29, 2007. 左翼党の党勢については，Der Spiegel, Nr.21, 2008, S.23 に掲げられた各州での勢力を示す地図が参考になる。

できよう。

3．SPD における党首交代の分析

　以上で 1990 年のドイツ統一後の SPD の歴代党首の顔ぶれを一瞥し，それぞれの就任と退陣の経緯を簡単に辿ってきた。このようにして 20 年足らずの期間を振り返ると，やはり異例な事態の連続という印象を拭うことはできないであろう。とりわけ統一以前の 40 年以上の期間と対比した場合にその感は一層深くなる。そうした実感はドイツの中高年以上の普通の市民が広く抱いているが，SPD の支持者やとくに党員にとってはひとしお重いものであろう。けれども，それだけに最初に留意しなければならないのは，異例という語や，あるいは異常という表現を使うことには実は問題がある点である。異例には通例が，異常には正常もしくは通常が対応するが，統一以前を正常，通例と呼ぶことは適切とはいえない。また，正常を規範的な意味で正しい状態と考えるならば，ますますこれらの表現を用いることには疑問が多くなる。実際，40 年以上の期間に僅か 4 人しか党首が存在しないことこそ異常だと呼ぶことも必ずしも失当とはいえないのであり，その意味では統一後の時期のほうが正常だといえなくもない。例えば W. メルケルが連邦議会選挙の投票率が 1970 年代に 90% を上回ったことを異例と見做し，その後に低下したことを「正常化過程」と呼んでいるのは，こうした観点からである[48]。この例に照らせば明らかなように，異例などの表現には，統一以前の SPD の成長を続けた日々や安定していた状態を懐かしむ感情が込められており，そうした感情に引きずられると，危機といわれる今日の SPD の実情を正視することが妨げられ，表層だけにしか目が向けられなくなる危険に陥るかもしれないのである。

　それはさておき，ドイツ統一後の SPD では何故党首の交代が頻繁に生じるようになったのであろうか。それを正常と見るか異例と考えるかはともかく，この問いは考察に値する重要な問題であろう。同時にまたそれは，多くの市民が曖昧な形ではあっても疑問に感じている問題でもある。

　この疑問に答えようとする場合，主要政党の党首とその政治指導に主題を

---

(48) Wolfgang Merkel, Der Parteienverächter, in: WZB-Mitteilungen, Nr.124, 2009, S.16.

絞ったフォークマンたちの著作がある意味でヒントを与えてくれる。その中でフォークマンたちは人物，制度，環境の3つに分析視点を据えることを提唱し，同書に収められた論考でレッシェはこれに権力手段を加えるべきだとしている。テーマ自体は目新しいものの，アプローチに関わるこうした主張にはとくに斬新な面があるとは思われない。むしろ肝要なのは，検討の結果，後者が指摘するように，一般化可能な「政党指導の物理学」や「権力の力学」を党首について見出すことはできないという結論に至っていることであろう[49]。実際，エルツェンたちが強調するとおり，「SPD党首の人柄，指導のリソース，指導スタイルが極めて多様であるだけでなく，個々の党首の党指導への影響力および党内の競合する権力集団のそれもまた大いに異なっていた」ことは否定できない事実なのである[50]。

とはいえ，このような議論に導かれてすべてを個別ケースの問題に解消するのではなく，統一以前の時期をも射程に収めつつ，統一以後のSPDにおける党首交代を掘り下げて考察していくなら，いくつかの原因が存在することに思い至るのも確かである。無論，原因は一つではないし，表層のものから深層のもの，長期的なものから短期的なものまで幅広く存在している。また主要な原因がケースによって異なるのも軽視できない事実である。その上，全体的に見てラフォンテーヌの辞任の頃から党内の対立が色濃くなってきており，その面から見れば，時期によっても主たる原因に相違が見られるといえよう。

こうした点に留意しながら，考えられる原因を大摑みに整理するなら，さしあたり次のものが挙げられよう。

(1) 路線対立の激化，政党としてのアイデンティティの揺らぎ
(2) 党員の社会的構成の変化，高学歴層の進出に伴う個人主義化の波
(3) 得票率の低減をはじめとする国民政党の危機，カルテル政党への政党類型のシフト
(4) メディア政治の浸透，政治的パフォーマンスとポピュリズムの拡大

---

(49) Daniela Forkmann und Michael Schlieben, Politische Führung und Parteivorsitzende, in: dies., hrsg, op.cit., S.11ff.; Peter Lösche, Politische Führung und Parteivorsitzende, in: ibid., S.350f.
(50) Oeltzen u.a., op.cit., S.117.

傾向
(5) ステーツマン型政治家からポリティシャン型政治家への変化，党首の威信の低下

以下ではこれらの諸点のうち最初の3点に絞って検討するが，全般的背景として，ドイツ統一前後の大きな変化を想起しておくことが重要であろう。それは，ポスト冷戦，ポスト産業社会，グローバル化，高学歴化，情報化などの言葉で表現される経済・社会構造や生活様式・価値観の重大な変化が20世紀末に近づくにつれて起こり，政治に対するそれらの影響が時間の経過とともに顕著になったことである。とくにグローバル化の中でマイナス成長を経験したことに見られるように，ドイツ経済が長く停滞したことは重要であり，右肩上がりの時代の終焉を国民に実感させた。これにより不利益分配の政治の時代が始まり，負担の他者への転嫁と自己防衛をめぐる抗争とともに生活不安が社会に立ち込めるようになった。個人主義化の波を高めた社会構造や価値観の変化は参加要求と並んで自己主張を強め，政治に対する不満を高めたが，その一方で，経済の停滞を打開できず，トンネルからの出口を見出せない政治に対する苛立ちは政治倦厭を社会に定着させたのである。このような基調の変化を著者は不機嫌の政治の開幕と表現したことがあるが[51]，いずれにせよ，SPDにおける党首の度重なる交代を分析する際にもそうした変化が底流に存在することを常に念頭に置くことが肝要だと考えられる。

それでは上記の5点のうち，とりわけ重要だと思われる最初の3つの論点について検討を加えよう。

(1) 路線対立の激化

まず党内の路線対立に目を向けると，最大の対立点になったのは，高失業率に示される経済の停滞を打開し，産業立地の再構築にどのように取り組むか，換言すれば，経済のグローバル競争が強まるなかでドイツ産業に勝ち抜く体力をいかにして回復させるかというテーマである。

この問題はシャーピングに対する党内クーデタの際にも現れていた。1990

---

(51) 前掲拙著『統一ドイツの政治的展開』197頁以下。なお，前掲拙著『統一ドイツの変容』第2章も併せて参照。

年代半ばには産業立地ドイツの再構築は，労使，官民を問わず高唱されるテーマになっていたからである。しかし，それが尖鋭化したのは，シュレーダーとラフォンテーヌの権力闘争においてだった。1998 年の連邦議会選挙でコールが敗北したのは，長期政権に対する飽き以外に，大量の失業者を半減させるという公約の達成の見込みが立たなくなったことに主因があった。1994 年の連邦議会選挙でコールに挑戦したシャーピングは産業立地再構築に向けた新たなビジョンを提起できずに挫折したが，辛勝したコールも「雇用のための同盟」設置などを試みて問題解決に着手しようとしたものの，成功しなかったのである。そのため，SPD 主導政権に代わってからもこの問題が最大の課題であり，選挙スローガンに表れているように，シュレーダーは雇用政策や福祉政策の面で労働側の既得権に切り込むことも辞さない「革新」を目指し，一方，ラフォンテーヌは改革を進める際にも「公正」の確保を重視したのであった。けれども，後者が敗退し，第一線から姿を消した 1999 年には「雇用のための同盟」が存続していたように，シュレーダーはまだ社会国家の抜本的な改造には着手していなかった。彼がそれを本格化させるのは，2002 年の連邦議会選挙で辛うじて生き残り，ハルツ改革に政権の存亡を賭けるようになってからである。

　シュレーダーの改革政策の基調は，盟友ブレアのそれと同じく，「ウェルフェアからワークフェアへ」のシフトにあったといってよい。それを典型的に示すのは，失業問題の対策として，失業者に対して失業手当を給付することよりも職業訓練を優先し，労働市場への参加意欲を刺激することに舵を切ったことであろう。しかし，1999 年に公表したブレアとの共同文書で党内から強い反撃を浴びたのに加え，大きな期待を寄せた「雇用のための同盟」の頓挫で労働組合の協力を取り付けることを諦めたシュレーダーは，ハルツ改革の推進に当たって野党になった CDU・CSU の非公式の協力を重視するようになった。党内の左派勢力ばかりでなく，それを支える労働組合とも政策面で溝が深まる反面で，CDU・CSU との政策的距離が縮小していたからである。当時，不正献金疑惑事件で大きな打撃を被り，コールのみならずその後継者のショイブレも党首の座から退いた CDU では，党勢立て直しのために女性，東ドイツ出身，プロテスタントという従来では予想もできなかったメルケルを新党首に据えて人事を刷新するとともに新自由主義的傾向

を強めていたが[52],グローバル競争による圧力に対処しつつ産業立地の強化策を模索するシュレーダー政権との政策的開きが想像以上に縮まっていたのである。M. グァテマカーがいう通り,「1998年以降の赤緑連立政権にとって社会国家はドイツの政治的経済的アイデンティティの本質的構成要素を形作っていた」のは間違いない。また,それゆえにこそ,「ヘルムート・コールの下の連邦政府は社会国家性という地盤を捨て去ったという政府に向けられた非難が1998年の連邦議会選挙でのSPDの勝利に決定的に寄与した」のであった[53]。そうだとすれば,個人の自助努力に重心を置き,それに対する援助に力点をシフトしつつ,全体として政府の役割を縮小するシュレーダーの改革政策が,社会国家の建設と拡充の中心的担い手だったSPDの根本的転換を意味したのは当然であろう。この転換については,「社会民主主義のキリスト教民主主義化」だと一部で評されたが[54],それは決して的外れではなかった。同様に,「シュレーダーのアジェンダの政治はこの国の歴史における,とりわけ自分自身の党の歴史における切れ目を印した」という評価も必ずしも誇張とはいえない[55]。事実,企業の競争力強化を優先し,負担となる社会保障関連コストの軽減を図る政策は,低賃金雇用を拡大し,貧富の格差を放置する一方で,労働側の既得権を削り取るところに重心が置かれていた。シュレーダー政権から労働組合が離反し,IGメタルやVer.diなど主要な産別労組が抵抗勢力に変わっていったのは当然の成り行きだったのであり[56],2009年になってもメーデーにSPDが招待されず,連邦議会選挙でも推薦が凍結されていることに見られるように,両者の冷却した関係が継続している[57]。

そうだとするなら,こうしたシュレーダーの改革政策がSPD内で激しい

---

(52) Manfred Görtemaker, Die Berliner Republik, Berlin 2009, S.126f.
(53) Ibid., S.157.
(54) Martin Seeleib-Kaiser, Ende oder Neubeginn der Sozialdemokratie, ZeS-Arbeitspapier 16/2001, S.23.
(55) Franz Walter, So kommen die Sozialdemokraten endlich aus der Krise, in: Der Spiegel vom 17.6.2008.
(56) シュレーダー政権期の労働組合の動向に関しては,近藤,前掲博士論文,第6章の分析を参照。
(57) Detlef Esslinger, „Seit an Seit" — das war einmal, in: Süddeutsche Zeitung vom 19.8.2009.

路線対立を招いたのは必然だったといえよう。労働組合と組んだ伝統主義派は，ラフォンテーヌのような公正重視のグループと共に，シュレーダーを筆頭とするモダナイザーと激突し，2004年にはその一部が離党するという小分裂の事態にすら至った。他方，モダナイザーは要職を占めてはいても党内で多数を制してはいなかったから，本格的な分裂を回避し，抵抗を和らげなければならなかった。シュレーダーが党首の座をミュンテフェリングに譲り，規律と結束の確保を託したのは，そうしたモダナイザーの譲歩の一環であると同時に，足元を固め政権を維持するための緊急避難的方策でもあったのである。

　この点を踏まえたとき，思い出されるのは，政権を獲得した当時にシュレーダーが「新しい中道」を標榜した事実である。それは一見すると支持を拡げるための当座の選挙戦術のようにも思われた。しかし実際には単なる戦術の域にとどまらなかった。それはSPDに対し，従来のように労働者層に依拠するのではなく，ポスト産業社会の現実に適応し，その中で拡大する新たな階層の要求に応えることを迫るものであり，また同時に，「貧しい人々の党」というSPDの伝統的な自己理解を打破し，軸足を移すことを要求するものだったのである。すなわち，シュレーダーの改革政策は，社会国家の改造だけでなく，それを担うSPDのアイデンティティの改革をも含意していたのであり，伝統主義派とモダナイザーとに勢力配置が分岐し，対立の構図が鮮明になった結果，SPDの基本的性格が曖昧になり，アイデンティティが大きく揺らぐようになったのである[58]。

　ハルツ改革とアジェンダ2010をめぐる党内対立は，しかしミュンテフェリングが党首に就任してからも鎮静しなかった。彼が人事問題を理由に退陣

---

(58) この点に関しては，次の論考が傾聴に値する。Christoph Seils, Das sozialdemokratische Dilemma, in: Die Zeit vom 8.9.2008; Brigitte Fehrle, Die alten Lieder singen, in: Die Zeit, Nr.26, 2008. SPDのアイデンティティ喪失は長老のエプラーが既に指摘しているが，揺さぶりをかける意図からとりわけ強調しているのは，左翼党の党首ラフォンテーヌである。一例として，『シュピーゲル』誌のインタビューで彼は「SPDはアイデンティティを喪失した」と断言し，「SPDが社会民主主義の政党であることを否定するのか」との問いに，「その通り。Sの字は社会国家解体ではなく，社会的公正を表す。私の理解ではSPDは以前からもはや社会民主主義的ではない」と応じている。Der Spiegel, Nr.35, 2008, S.30.

した背景には，シュレーダーと二人三脚を組んだことへの強い反撥が存在したのである。病気治療の名目で辞任した後継のプラツェクは別にして，ベックの辞任についても，メルケル政権が事実上継承したアジェンダ2010の路線から離れ，マスメディアでも「左傾」が指摘されるようになったベックに対するモダナイザーの巻き返しが主因だった。党内基盤の脆弱なベックは左派への依存を深めたが，シュレーダー直系のシュタインマイヤー外相を前面に立ててモダナイザーは執拗に反撃を続け，メルケルに政権運営の主導権を奪われて支持率低迷に苦しむベックを最終的に党首の座から追い落とすことに成功したのである。シュタインマイヤーの首相候補決定とミュンテフェリングの党首返り咲きを報じたマスメディアが「シュレーダー派の復帰」としてこれを捉え，同時に「シュレーダーなしではシュタインマイヤーは考えられない」と指摘したのは決して間違っていなかった[59]。それどころか，『シュピーゲル』誌2008年38号は表紙に「シュレーダーのカムバック　過去への前進」という特集のタイトルを掲げ，ミュンテフェリングとシュタインマイヤーの後景にシュレーダーの大きな影を描いた図を載せているほどである。そうした事実を考えれば，主導権を握ったモダナイザーがすぐにアジェンダ2010の終わりを告知したのは，党内融和を少しでも回復する意図から出ていたのは明白であろう[60]。なぜなら，その一方でシュタインマイヤーはアジェンダ2010を継承すべき「ドイツのための歴史的転轍」と呼び，本心を洩らしていたからである[61]。ベックの退陣より半年ほど前にSPD内の対立を論じたミールケたちは，「SPD指導部内の現在の紛争状態はSPDの気の進まないパラダイム転換以上のものを示している」とし，「党の綱領上の立場に関してシュレーダーが徹底的に論議を拒否した結果として，今やSPDが原則的議論を強いられている」点に混迷の原因があると指摘したが[62]，シュタインマイヤーなどの発言を見る限り，必要とされる「原則的議論」は

---

(59) Die Welt vom 11.und 13.9.2008. シュタインマイヤーやシュタインブリュックなどを指す「シュレーダー派」という表現は2007年に既に使われている。Stefan Dietrich, Die Schröderianer, in: Frankfurter Allgemeine Zeitung vom 3.9.2007.
(60) Frankfurter Allgemeine Zeitung vom 16.9.2008; Die Zeit vom 19.9.2008.
(61) Süddeutsche Zeitung vom 18.9.2008.
(62) Gerd Mielke und Ulrich Eith, Im Versuchslabor, in: Blätter für deutsche und internationale Politik, H.4, 2008, S.101.

再び先送りされる公算が大きいといえよう。

(2) 党員の社会的構成の変化

次に党員の高学歴化などに目を向けよう。

ドイツの産業化の中で成立し，成長してきた SPD の基盤になってきたのは，労働者層であり，彼らが形成しているミリューだった。ポスト産業社会の到来が語られた 1980 年代まで SPD は結党以来，一貫して労働者の経済的利害だけではなく，労働者の生活世界を体現してきたのである。しかし高度成長が終盤に近づいていた 1960 年代末にブラントが率いる社民・リベラル政権が成立し，「より多くの民主主義を」のスローガンを掲げると，議会外反対派（APO）の運動の流れを汲む 1968 年世代の青年たちが大量に入党するに至った。これにより SPD の党員は 1960 年の 65 万人から 1975 年に 100 万人を超える水準にまで増大し，年齢的に若返ると同時に高学歴化した。なぜなら，新規に入党した青年のなかには大学生や大学卒業者が多く含まれていたからである。同じ頃，68 年世代の影響を受けてフェミニズムの運動も高揚を呈するようになっていた。なかでもかねてから問題視されていた刑法 218 条の堕胎禁止の撤廃が焦点になり，堕胎経験のある 400 人近い女性が連名で週刊誌にアピールを公表するなどメディアを利用した前例のない運動を展開し，その流れで SPD に加入する女性が多数に上った。例えば B. ヘッカーのまとめでは，SPD における女性党員の比率は 1970 年には 17.4% だったが，1980 年になると 23.1% に増大し，2000 年には 29.4% にまで上昇している。またクォータ制導入の効果も手伝い，SPD 所属の連邦議会議員の場合，女性比率は 1987 年から 1990 年までの第 11 立法期に 16.1% だったのが，2005 年に始まる第 16 立法期には 35.6% に達している[63]。

このような変化は，当然ながら，労働者ミリューに依拠していた党の社会的基盤の拡散を促進した。高学歴の青年層は党内組織であるユーゾー（JUSO）を中心にして影響力を強め，一方，女性は 1973 年に党内に創設された社会民主主義女性活動連盟（ASF）に結集して発言力を強めた。SPD 内部のこうした動きに触発され，労働者ミリューを土台にして被用者問題活動

---

(63) Beate Hoecker, 50 Jahre Frauen in der Politik: späte Erfolge, aber nicht am Ziel, in: Aus Politik und Zeitgeschichte, 24-25/2008, S.13f.

連盟（AfA）が同じ年にブラントに並ぶ実力者ヴェーナーの主導で設立されたが，その動機が，党内における労働者の主軸的地位が脅かされるという懸念にあったことは見やすいところであろう[64]。実際，労働者ミリューの優位は1970年代のSPDではもはや自明ではなくなったのであり，ヴァルターの言葉を借りれば，「労働者階級からのSPDの遊離」が進み，「ラサールからブラントまでのSPDにとって構成的であったものの多くがもはや当てはまらない」時代を迎えたのである[65]。

こうしたSPDの変化をヴァルターは「不均質化」と規定し，1970年代以降3段階を経て進行したと指摘しており，他方でヘルンレは，「若くなり，脱プロレタリア化し，高学歴化し，イデオロギー化した」と述べているが，いずれも至当な表現であろう[66]。周知のように，1966年の大連立で政権参加し，1969年から首相の座を得たSPDはこれにより活性化し，1972年の連邦議会選挙ではCDU・CSUを上回る得票を獲得するに至った。しかし，その裏側では，社会的基盤の拡散が進行し，とりわけ現実主義者のシュミットが政権に就いてからは党内の対立が顕在化した。1982年に彼がFDPの離反だけではなく，党内勢力に足元をすくわれて政権の座から転落したのはその結果であり，野党になるとすぐにSPDが政権当時の政策を大幅に変更したのは，対立がそれだけ深かったことを表している[67]。2度のオイル・ショックを経た1980年代のドイツでは失業問題が大きくなる一方，ポスト産業社会化の進展に伴い，脱物質主義化や新しい政治の潮流が台頭したが，SPDの内部では労働者は雇用問題を重視したのに反し，高学歴層は女性問題や環境問題に関心を向け，同時に前者が重んじる結束や規律よりも，個人主義的な価値観や生活様式を優先したのであった[68]。1989年に策定されたベルリン

---

(64) ペーター・レッシェ／フランツ・ヴァルター，岡田浩平訳『ドイツ社会民主党の戦後史』三元社，1996年，483頁。
(65) Franz Walter, Eine Volkspartei implodiert, in: Der Spiegel vom 4.6.2008.
(66) Franz Walter, Im Herbst der Volksparteien, Bielefeld 2009, S.76f.; Uwe Jun, Sozialdemokratische Partei Deutschlands, in: Frank Decker und Viola Neu, hrsg., Handbuch der deutschen Parteien, Wiesbaden 2007, S.384 より引用。
(67) Walter, Die SPD, op.cit., S.215f.
(68) レッシェほか，前掲書163頁以下，300頁以下，およびハインリヒ・アウグスト・ヴィンクラー，後藤俊明ほか訳『自由と統一への長い道 II』昭和堂，2008年，333頁以下参照。

綱領が両者の折衷といわれ，明確なコンセプトを欠落していると評されるのは，こうした背景があるからにほかならない。1959年のゴーデスベルク綱領はSPD史上重要な画期になったが，それに代わったベルリン綱領が多年にわたる党内論議を経て策定されたにもかかわらず，意義が低いままに終わったこともこの点から説明されよう。実際，同綱領は社会主義の崩壊，ドイツ統一，グローバル化など激動の時代によって「追い越され，党内ですら急速に忘れ去られた」のである[69]。

1970年代に顕在化したSPDの社会的基盤の拡散は，ポスト産業社会の様相が濃厚になり，他方で経済のグローバル化が急速に進んだ1990年代になると，党内に深刻な軋轢を生じさせるようになった。前者はサービス化や情報化に伴い産業構造を転換させて工業労働者の規模そのものを縮小させ，代わって新中間層を拡大した。他方，後者は国内外を問わず競争を激しくし，連帯よりは自助と自己責任のモラルを強めたからである。こうした経済と社会の構造変動を受け，SPDが幅広い支持に立つ国民政党にとどまろうとするならば労働者ミリューに安住しているだけでは済まなくなったのは当然だった。ドイツ産業の国際競争力の回復を目指し，シュレーダーが新しい中道を標榜し，公正だけではなく革新をも重視する姿勢を打ち出して1998年の連邦議会選挙に臨んだのは，拡大しつつある新中間層にSPDの重心をシフトする戦略に基づいていたが，この時点ではその選挙戦略は大きな成功を収めた。SPDはCDU・CSUに対して1972年にブラントが達成した0.9%を上回る5.8%の得票差をつけて圧勝したのである。この戦略は有権者レベルでは労働者と新中間層の二つの大きな集団を引き寄せたことを意味するが，党内的にはそれは二つの勢力の微妙で不確実な提携に依拠していた。すなわち，「中位的所得階層のモダナイザーないし改革擁護者と中間層・下層の社会国家守護者との不均質な同盟」がそれである[70]。そして経済の低迷を打開

---

(69) Walter, Die SPD, op.cit., S.217.
(70) Jun, op.cit., S.389. なお，SPDを含む政党の社会的基盤を巡り，伝統的な階級や階層に代えて社会道徳的ミリューに着目するアプローチが広がっている。その概略については，Gero Neugebauer, Politische Milieus in Deutschland, Bonn 2007が役立つ。安井宏樹「社会民主主義政党のイノベーション－ドイツを中心に」山口二郎ほか編『市民社会民主主義への挑戦』所収，日本経済評論社，2005年，70頁以下に簡単な紹介がある。

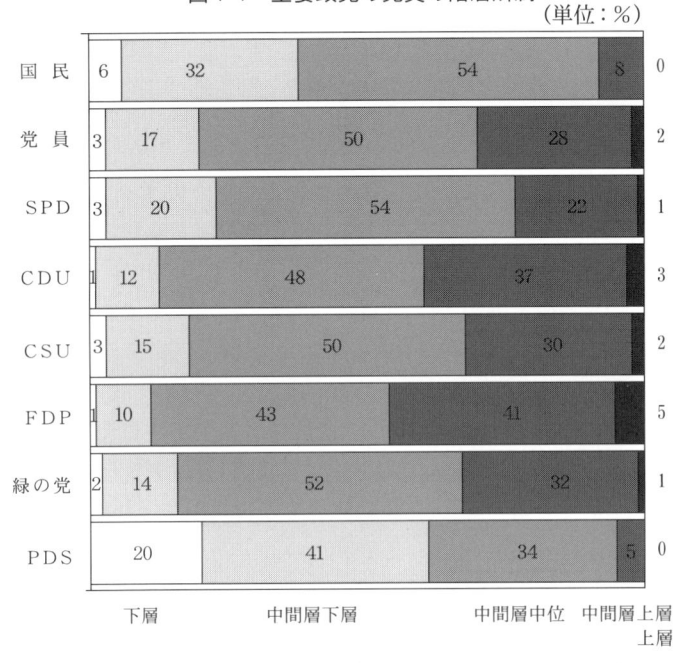

図 1-1 主要政党の党員の階層所属
(単位：%)

	下層	中間層下層	中間層中位	中間層上層	上層
国民	6	32	54	8	0
党員	3	17	50	28	2
SPD	3	20	54	22	1
CDU	1	12	48	37	3
CSU	3	15	50	30	2
FDP	1	10	43	41	5
緑の党	2	14	52	32	1
PDS	20	41	34	5	0

(出典) Roberto Heinrich, Malte Lübker und Heiko Biehl, Parteimitglieder im Vergleich: Partizipation und Repräsentation, Potsdam 2002, S. 10.

するためにシュレーダーがハルツ改革とアジェンダ2010で改革政策を本格化させたとき，党内のこの同盟が崩壊し，激しい対立が生じたのである。

この対立に伴って「貧しい人々の党」というSPDのアイデンティティが曖昧化したことは上述したが，微妙な同盟の崩壊を含め，そこには党員の社会的構成の変化が反映されていた。まず階層所属で見ると，図1－1が示すように，国民全体とSPD党員のそれとの乖離が明白になる。数値はいずれも主観的な自己評価を表しているが，中位中間層では国民と党員は同率であるものの，上位中間層では8%と22%となる一方，下位中間層で32%と20%であることに見られるように，全体として党員の階層的構成の重心は国民のそれより高いところにある。

職業面から見たSPD党員の構成についても同様の特徴が指摘できる。表1－2には国民全体とSPD党員の職業面の分布が示されている。労働者は

僅かに 8% を占めるだけであり，党内で少数派であるだけでなく，国民での比率に比べても小さいのが目立っている。これに対し，国民で 6% でしかない官吏・公務員が SPD では 23% にも達している。レッシェは党員とりわけ活動家での公務員の高い比率によって「官僚的行動様式と態度が SPD で固定化されている」と指摘してそのマイナス面に注目しているが[71]，公務員と並んで年金生活者が大きな比率を占めていることを踏まえるなら，いずれにしても SPD はかつてのように労働者が政治的故郷と感じる政党ではなく，むしろ公務員と年金生活者の政党に変わっているというべきであろう。

　このことは，戦後史の中での SPD の歩みに関するシェーンホーフェンの指摘に重ねると一段と重要性が増す。彼によれば，党員が急増した 1960 年代末から 1970 年代初期に SPD の「国民政党への本格的突破」が起こり，それとともに時代に適合した「党のプロフィルの変化」も生じた。というのは，この時期に「プロレタリアート」との訣別が進行する一方，「連邦共和国の国民の職業構造への SPD 党員の社会的近似」が見られるようになったからである。なによりもそのことを端的に示すのが，党内での労働者の比率の連続的低下と並び，従来は低かった官吏などの比率の上昇だった[72]。こ

表 1-2　職業面からみた主要政党の党員　　　（単位：％）

	国民	党員	SPD	CDU	CSU	FDP	緑の党	PDS
労働者	14	6	8	3	7	2	4	4
職員	20	14	15	15	15	17	17	7
補助的職業	n. e.	1	0	1	1	1	1	0
官吏・公務	6	20	23	18	20	20	37	6
自営	3	8	4	10	11	15	9	3
農業	1	2	0	3	4	1	1	0
自由業	1	3	2	4	3	7	6	1
失業者	7	4	5	2	2	3	6	6
職業訓練中	4	2	2	2	2	3	6	0
専業主婦	13	5	5	5	5	4	5	0
年金生活者	30	34	34	34	29	25	5	71
その他	n. e.	2	2	3	3	2	4	2
合計	100	100	100	100	100	100	100	100

（出典）Heinrich, u. a., op. cit., S. 12.

(71) Lösche, op.cit., S.18.
(72) Klaus Schönhoven, Sozialdemokratie im Wandel: Selbstverständnis und Sozialstruktur der SPD in den sechziger und frühen siebziger Jahren, in: Arnd Bauerkämper u.a., hrsg., Doppelte Zeitgeschichte, Bonn 1998, S.160,165.

の点に照らすとき，近年のSPDで公務員の比率が過大になっている事実は，1970年前後の時期に実現した「社会的近似」が再び失われつつあることを物語るものといえよう。

ところで，これらの相違は学歴とも連動している。改めて指摘するまでもなく，高位の階層所属や官吏・公務員の高比率は高学歴との相関が大きいからである。図1−2に掲げられているのは，国民と主要政党の党員の学歴である。最終学歴が大学であるのは，国民全体では9%にとどまるが，SPDでは33%にも達している。これに対し，基幹学校で終わっているのは国民では50%に及ぶが，SPD党員では37%であり，大学ほどではなくてもやはり落差は大きいといわねばならない。つまり，今日のSPDでは高学歴者が主流となる傾向が見出されるのであり，階層所属も含めれば，たとえSPDが「貧しい人々の党」を標榜しても，党員自身は大部分が「貧しい人々」には属していないのである。この意味で，1世紀以上に亙ってSPDを「非特権層の党」というオーラが包んできたが，現実は「上昇成功者の党」であり，SPDの党員は社会の下位の3分の1とほとんど関係を持っていないという

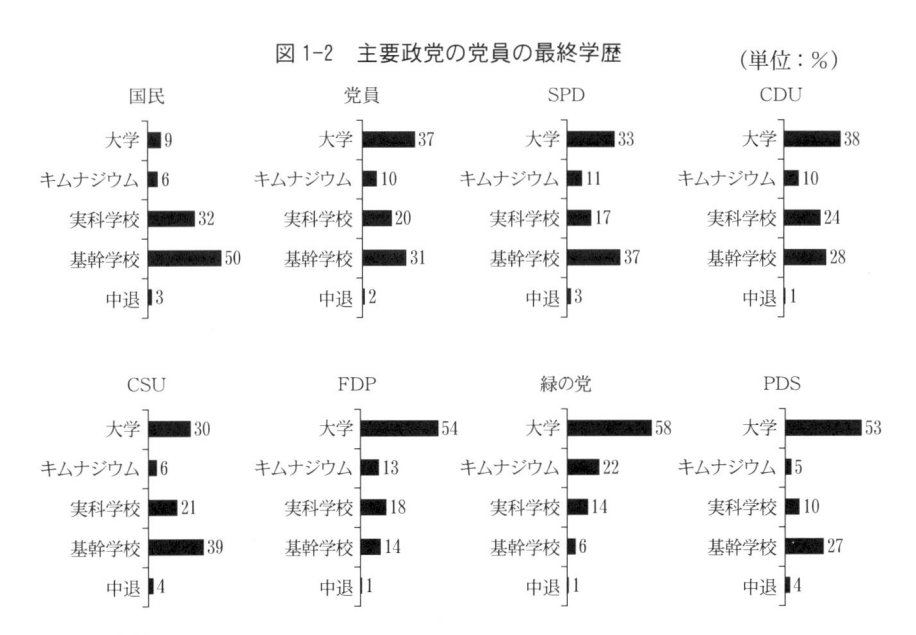

図1-2 主要政党の党員の最終学歴 (単位：%)

	国民	党員	SPD	CDU
大学	9	37	33	38
ギムナジウム	6	10	11	10
実科学校	32	20	17	24
基幹学校	50	31	37	28
中退	3	2	3	1

	CSU	FDP	緑の党	PDS
大学	30	54	58	53
ギムナジウム	6	13	22	5
実科学校	21	18	14	10
基幹学校	39	14	6	27
中退	4	1	1	4

(出典) Heinrich u. a., op. cit., S. 17.

ヴァルターの指摘は重要である[73]。実際，この不合致の事実は，SPD がやせ細りつつある労働者ミリューにもはや埋め込まれてはいないことを明示しているのであり，「貧しい人々の党」という自己イメージやそれに基づくアイデンティティと政党としての SPD の現実との乖離が隠蔽不可能な地点に達していることを示しているといわねばならない。その意味で，1990 年代に顕在化し，世紀転換前後から激化した党内対立は党員の社会的構成の変化につれて蓄積された積年の矛盾の噴出として理解しうるのであり，党員投票によるシャーピングの担ぎ出しと彼に対するクーデタをはじめ，それ以後のラフォンテーヌやシュレーダーの党首辞任などはその文脈に位置づけることができるのである。

次は国民政党の危機に関する議論に絡めて SPD の問題を検討するところまで来た。しばしば話題に上る国民政党の危機は，しかし SPD に限らず，CDU・CSU にも関わるテーマであるのはいうまでもない。また，最近になって初めてそれが生起したのでもない。例えば 1995 年にフェーンとレッシェは『国民政党の将来』と題した小著で既にこの問題に取り組んでおり，さらにレッシェは 1999 年の小著で，「ここ 50 年を回顧すると政党，政党システム，政党国家のサクセス・ストーリーを語りうる」としながら，現状における政党国家の危機の問題として国民政党のそれを取り上げているのである[74]。そこで，以下では SPD だけではなく，CDU・CSU にも射程を延ばしつつ考察を進めることにし，テーマが広がることを考慮して，節を改めて論じることにしよう。

4. 国民政党の危機

近年，SPD に関し，国民政党としての資格を問う議論がマスメディアで盛んになっている。ARD のターゲスシャウは 2007 年 10 月 28 日にベックとミュンテフェリングとの党内闘争を「いかにして SPD は国民政党にとどまろうとしているか」という見出しで報じたほか，2008 年 9 月 8 日には左派

---

(73) Franz Walter, Warum Beck gegen Lafontaine keine Chance hat, in: Der Spiegel vom 20.6.2007. さらに，ders., Haben Sie Profil? Bleiben Sie bloß weg!, in: Der Spiegel vom 6.3.2007 参照。
(74) Hans-Joachim Veen und Peter Lösche, Die Zukunft der Volksparteien, Sankt Augustin 1995; Peter Lösche, Parteienstaat in der Krise?, Bonn 1999.

の闘将シュライナーのインタビューを「SPD はもはや国民政党ではないのか」という見出しで伝えている。同様に，2008 年 3 月 4 日付『ターゲスシュピーゲル』紙は「SPD は国民政党としての資格が危ぶまれる」という見出しの記事を掲載し，5 月 25 日付『西ドイツ一般新聞（WAZ）』も「国民政党の没落」と題した記事を「SPD の危機」という副題をつけて載せている。これらに類した報道は多数に上るが，そうした論調が高まっているのは，SPD の支持率が 30% を大きく下回り，20% 前後にすら下落するという世論調査の結果が相次いでいるためである。実際，世論調査での SPD 支持率の低迷に関しては，例えば 2008 年 5 月のデータが「SPD 記録的低位に転落」(2008 年 6 月 4 日付『フランクフルター・アルゲマイネ』紙)，「SPD にとっての破局的な値」(2008 年 6 月 11 日付『ジュートドイッチェ』紙)，「SPD は生き残りのために戦う」(2008 年 6 月 7 日付『ヴェルト』紙) のような見出しで大々的に報じられているが，センセーショナルともいえる反響が生じたのは，戦後史上前例のない事態であることを思えば無理からぬ一面があるといえよう[75]。実際，一例として図 1 − 3 に掲げたアレンスバッハ研究所の調査結果をみると，2005 年 9 月の連邦議会選挙以降の SPD の支持率は 2007 年半ばから 20% 台で推移しているだけでなく，下降線が基調になっていることが歴然としている。また世論調査機関フォルサのデータはアレンスバッハ研究所のそれより深刻であり，これを伝える 2008 年 3 月 12 日と 8 月 13 日の『ジュートドイッチェ』紙の見出しがそれぞれ，「ベックの SPD はこのところ 20%」，「SPD は 20%」となっているように，現に 20% のラインにまで落ち込んだのである。もっとも，20% 台で支持率が推移するということであれば，シュレーダー政権下でも見られた現象であり，とりわけ連邦議会選挙に打って出た 2005 年には低迷していたから，ベックに至って初めて起こったわけではない。しかし，20% 前後という政党支持率の著しい低位はかつてなく，低い支持率のために来るべき選挙を戦えないという党内で高まった危機感が党首の威信を疑問視させただけでなく，求心力を奪ったことは否定で

---

(75) 世論調査での政党支持率に関しては，代表的なものに，Infratest dimap, Deutschland Trend の継続調査がある。なお，アレンスバッハ研究所の継続調査に基づくケッヒャーの論考は，SPD の支持率低迷を冷静に分析している。Renate Köcher, SPD im politischen Niemandsland, in: Frankfurter Allgemeine Zeitung vom 15.8.2007.

図1-3 世論調査でみる政党支持率

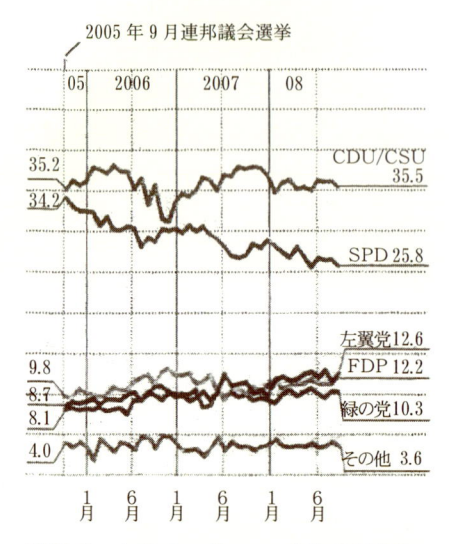

2005年9月連邦議会選挙

CDU/CSU 35.2 → 35.5
SPD 34.2 → 25.8
左翼党 12.6
FDP 9.8 → 12.2
緑の党 8.7 → 10.3
その他 4.0 → 3.6

(出典) Renate Köcher, Wasser auf die Mühleh der Linken, in: Frankfurter Allegemeine Zeitung vom 22.10.2008.

きない。この点で，SPDの党首の交代劇には国民政党としてのSPDの資格問題がリンクしているのである。

ところで，キルヒハイマーの造語になるキャッチ・オール・パーティという政党類型にはドイツでは国民政党という呼称が当てられている。歴史的にこれに先行するとされているのは，名望家政党，大衆統合政党である。これらの後に登場した国民政党につき，メルクマールと見做されているのは，シュミットの整理に従えば次の5つである[76]。

(1) 与党の場合はもちろん，野党の場合であっても得票率が政権獲得を射程に入れられる30%を超えること。

(2) 多様な社会階層から党員と有権者を動員すること。

(3) イデオロギー的に比較的曖昧で，多様な有権者集団に開かれた政治的綱領を有していること。

(4) 最大限可能な大量の有権者を獲得するという目標に党の政策を実質的にもシンボル面でも向けること。

(5) 組織構造面で「緩い結びつきのアナーキー」という形態であること。

最近の国民政党の危機をめぐるマスメディアの議論で代表的なのは，2007年7月1日付『フランクフルター・アルゲマイネ』紙に掲載された，ベテラ

---

(76) Manfred G. Schmidt, Volkspartei, in: ders., Wörterbuch zur Politik, Stuttgart 2004, S.769f. なお，キルヒハイマーの国民政党の定義とドイツにおけるそのサクセス・ストーリーを中心にしたヴィーゼンダールによる解説も参考になる。Elmar Wiesendahl, Volkspartei, in: Dieter Nohlen und Florian Grotz, hrsg., Kleines Lexikon der Politik, 4.Aufl., München 2007, S.614ff.

ン政治記者バナス執筆の「国民政党の危機」という記事であろう。これに続くのが，2008 年 6 月 28 日付『ジュートドイッチェ』紙の「国民政党の最後の戦い」と題した同紙を代表するコラムニスト，ブラントルによる論評であり，さらに 7 月 7 日付『シュピーゲル』誌にはグンケルとネレスの「国民なき国民政党」，7 月 28 日付『ツァイト』紙には「国民政党との訣別」というザイルスの論説が掲載されている。これらで焦点に据えられているのは，主として得票率の低減であり，党員数の減少も話題に加えられている。とくに 2008 年には最多の党員数を誇ってきた SPD が CDU・CSU に追い越されたというだけではなく，CDU の後塵を拝するまでに落ち込んだことがマスメディアの注目を集めた[77]。けれども，上記の国民政党のメルクマールに照らせば，最重要の指標だとはいえ，現在のところ SPD について問題になるのは第一の得票率という点に限られているというべきであろう。また，この点では CDU・CSU も国民政党の危機を免れているわけではないことにも留意する必要がある。実際，両党の得票率はこの 30 年間，明白な漸減傾向を示しているのである。

　これらの点をもう少し詳しく検討しよう。図 1 − 4 は連邦議会選挙の際の両党の得票率を合計した数値の推移を表している。また表 1 − 3 は 1976 年と 2005 年のそれぞれの政党の得票率を示している。前者からは，得票率の合計が 1976 年を頂点にして下降を続けていること，また後者からは，国民政党の一方の得票率が下がった場合，他方が受け皿になって増大する関係は存在せず，両党ともに得票率が低下してきていることが読み取れよう。同様の傾向はいくつかの州でも見出されるが，これらの動きは国民政党からの一般市民の離反，あるいはより限定するなら有権者の支持の流出と呼ぶことができよう。その際，流出した有権者の支持を受けとるようになったのは，新たに登場して今日の 5 党制に定着した緑の党と左翼党だった。1970 年代にシュミット政権が行った現実主義的な政策は，レーテ民主主義論や国家独占資本主義論などに込められた若い世代の変革への期待を裏切り，彼らの不満を土壌にしつつ，様々な潮流を糾合して緑の党が台頭した。他方，今世紀を迎えてからシュレーダー政権が進めたワークフェアを基調とする改革政策

---

(77) Frankfurter Allgemeine Zeitung vom 28.7.2008; Süddeutsche Zeitung vom 25.7.2008.

図 1-4 連邦議会選挙での国民政党の得票率合計

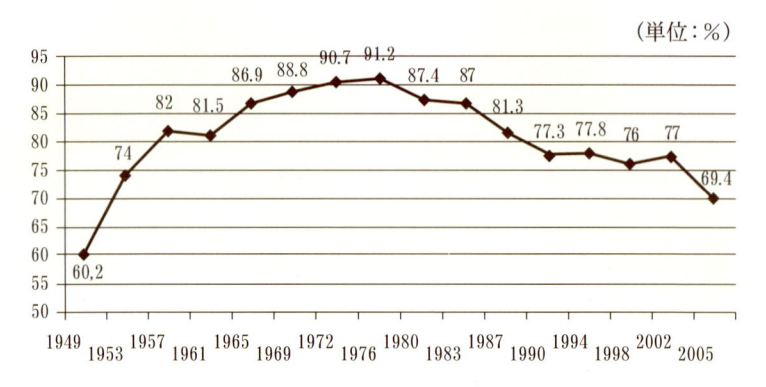

(単位:%)

[グラフ: 1949年 60.2, 1953年 74, 1957年 82, 1961年 81.5, 1965年 86.9, 1969年 88.8, 1972年 90.7, 1976年 91.2, 1980年 87.4, 1983年 87, 1987年 81.3, 1990年 77.3, 1994年 77.8, 1998年 76, 2002年 77, 2005年 69.4]

(出典) Heinrich Oberreuter, Haben die Volksparteien Zukunft? in: Politische Studien, H. 414, 2007, S. 20.

表 1-3 連邦議会選挙の得票率 (%)

連邦議会選挙		1976 年	2005 年
投票率		90.7	77.0
得票率合計		91.2	69.4
絶対得票率	SPD	38.3	26.2
	CDU	34.2	21.2
	CSU	9.6	5.6
	合計	82.1	53.0

(出典) Oberreuter, op. cit., S. 21.

は,従来の社会国家が提供した安心と安全を脅かされた人々の反撥を買い,その支持は左翼党に向かった。2002年の連邦議会選挙で重大な敗北を喫した民主社会党(PDS)は生き残りの模索を続け,ハルツ改革に対する抗議の機運を追い風にして,2005年選挙でのWASGとの協力を左翼党への合体につなげることで起死回生を果たしたのである[78]。

---

(78) Florian Hartleb und Franz Egon Rode, Populismus und Kleinparteien: Das Beispiel der Linkspartei.PDS und der WASG, in: Uwe Jun u.a., hrsg., Kleine Parteien im Aufwind, Frankfurt a.M. 2006, S.161ff. 因みに,ナハトヴェイとシュピアは,左翼党の台頭はシュレーダー政権以降のSPDの戦略上・綱領上の転換を背景にしてのみ理解できることを強調しているが,この見方をボーゼムは「シュレーダーが左翼党創設の父である」という一語に要約しており,ゲァテマカーによると,SPD左派のシュライナーもハルツIV法を「左翼党の出生証明書」と呼んでいる。Oliver Nachtwey und Tim Spier, Günstige Gelegenheit? : Die sozialen und politischen Entstehungshintergründe der Linkspartei, in: Spier u.a., hrsg., op.cit., S.13ff.; Guido Bohsem, Rot-rotes Schisma, in: Süddeutsche Zeitung

これらの変化と並行して，国民政党では党員数の減少とその結果である党員の高齢化が顕著になっている。まず所属政党を問わず党員全体に関していえば，1980年には政党に加入資格のある国民のうちの4％がいずれかの政党に所属していた。しかしその比率は2005年末には2％に半減しており，党員の規模そのものの縮小が際立っている[79]。

　同時に，国民政党とりわけSPDで党員の減少が著しいことも見逃せない。図1－5は主要な政党の党員数の変化を示している。2008年7月に発表された最新のデータによれば，同年6月30日の時点でCDUには530,755人の党員が所属しているが，一方SPDでは529,994人であり，遂に前者が後者を上回った。この逆転をヴァルターは「ドイツ政党史と産業社会的組織文化の長い節の終わり」と呼び，「社会民主主義の政党家族がブルジョアの対抗物に比べメンバーの数で遥かに上回り，堅固に構築された装置を有して高度に集権化されていることは，140年以上にわたって政党社会学の自然法則と見做されてきた」と感慨を込めて回顧している[80]。これと歩調を揃えてナハトヴェイも逆転の日を「ドイツの政党史の画期的な日付」として位置づけると同時に，「SPDの自己理解にとってシンボリックな意義」を有していると述べている。彼によれば，「SPDは貧しい人々，労働者層，それどころか国民の広範な大衆の政党として自己理解してきたが，それが過去のものになった」ことを逆転が象徴しているからである[81]。

　このような見方にたてば，歴史的ともいうべきこの逆転が注目を集め，「政党の危機」（『シュピーゲル』）「国民なき国民政党」（『ジュートドイッチェ』），「党員減退」（『フランクフルター・アルゲマイネ』および『フォー

---

vom 12.3.2008; Görtemaker, op.cit., S.166. なお，ダウゼントの論考は左翼党の分析として出色のものといえる。Peter Dausend, Warum die Linke nicht mehr verschwinden wird, in: Die Welt vom 22.2.2008.

(79) Oskar Niedermayer, Perspektiven für die Mitgliederpartei, in: Friedrich-Ebert-Stiftung, hrsg., Die Zukunft der Mitgliederpartei in Europa, Berlin 2007, S.5.

(80) Franz Walter, Proletarier aller Länder？ wo seid ihr?, in: Süddeutsche Zeitung vom 1.7.2008. ヴァルターはさらに党員数の逆転について，「ベーベルからブラントまでの時代には社会民主主義者の誰一人としてこのような展開がありうるとは思わなかっただろう」と述べている。Franz Walter, Wie die Schrumpf-SPD sich neu erfinden kann, in: Der Spiegel vom 25.7.2008.

(81) Nachtwey, In der Mitte gähnt der Abgrund, op.cit., S.58.

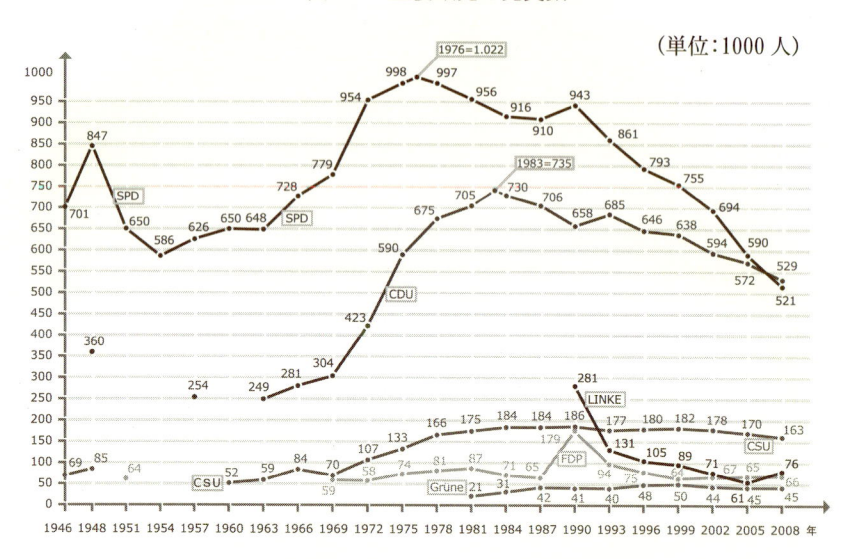

図1-5 主要政党の党員数

(単位:1000人)

(出典) Bundeszentrale für politische Bildung, Mitgliederentwicklung der Parteien.

クス』)などの見出しをつけて大きく取り上げられたのは当然だった。なかでも 2008 年 6 月 30 日付『ジュートドイッチェ』紙でヘルが「SPD は党員の減退を止めることができない。その理由はとりわけ労働市場改革に対する不満にある」と明快に断じているのが注目される。この説明がどこまで正当なのかはともかく，CDU 幹事長ポファラは逆転が正式に確認された 7 月 27 日を「歴史的な日」と呼んで喜びを隠さなかった。けれども，長期的に見ると，逆転をもたらした党員減少のトレンドは CDU にも現出している事実を軽視することはできない。それどころか，1990 年に 94 万 3 千人の党員を数えた SPD で減少の速度が速く，2005 年に 60 万人の大台を割り込んだものの，CDU が 1990 年に 79 万人を擁していた事実に照らせば，同党でも党員の喪失はやはり大幅だといわねばならない。この事実を踏まえれば，「いかにして政党は後進を無愛想な扱いで追い払っているか」という論説でポファラを戒めた 2008 年 7 月 26 日付『ヴェルト』紙上のノイマンの警告や 7 月 28 日付『フランクフルター・アルゲマイネ』紙でのバナスのそれは当を得

ているといえよう[82]。

　それはともあれ，SPD で起こっている党員の減少がドラマティックともいえる出来事であることは，頂点の時期と対比すると鮮明になる。1976 年に SPD は 102 万人もの党員を擁していたが，それは赤子を含め当時の西ドイツの国民の 60 人に 1 人が SPD の党員証を持っていたことを意味する。しかし，ドイツ統一によって総人口が増大したにもかかわらず，党員数は近年では半減に近い水準に下落し，党員証を有する市民の比率は 200 人に 1 人という状態に変わったのである[83]。この点を考慮するなら，2009 年 6 月 8 日の『ツァイト』紙上で C. ザイルスが SPD を論じた際に「一つの国民政党の融解」という見出しをつけ，同じく 9 月 6 日に『フランクフルター・アルゲマイネ』紙で V. ツァストロウが「SPD は小政党になりつつある」と論じつつ，見出しを「一つの国民政党のためのレクイエム」としたのは必ずしも誇張とはいえないであろう。

　ところで，いうまでもなく党員の増減は入党と離党によって生じるが，死亡による減少を別にすれば，離党者の増大と並んで，若者の入党が少ないことが党員の減少の直接の原因になっている。SPD の場合，2008 年の時点では毎月 3,000 人が失われているが，そのうち 2,000 人は離党が理由であり，1,000 人が死亡によるものである。他方，新規の入党者は 1,000 人であり，35 歳以下はそのなかの 500 人とされている。さらに入党者には地域的な偏りがあり，バナスが伝えるところでは，地区組織の 20% ではここ 5 年間で新たに受け入れた党員は皆無だったという[84]。

　注目されている SPD の党員数の減少でとくに重視されているのは離党問題だが，これに関しては一例としてシュレスヴィヒ＝ホルシュタイン州の人口 1,500 人ほどの村についての『シュテルン』誌のルポが参考になる。それ

---

(82) CDU・CSU の問題に関しては，ヴァルターの一連の論考とケッヒャーのそれが参考になる。Franz Walter, Wozu noch CDU, in: Frankfurter Allgemeine Zeitung vom 26.2.2008; ders., Die Union wankt im Schatten der SPD, in: Der Spiegel vom 24.9.2008; Renate Köcher, Die CDU und die Jungwähler, in: Frankfurter Allgemeine Zeitung vom 25.7.2008.

(83) Nachtwey, In der Mitte gähnt der Abgrund, op.cit., S.58.

(84) ZDF-Heute vom 25.7.2008; Günter Bannas, Keiner will mehr Kassierer sein, in: Frankfurter Allgemeine Zeitung vom 1.7.2007.

によれば，2007年年頭に村には19人の党員がおり，彼らはゾツィファミーリエと呼ばれる古くからのSPD系の家族に属していた。しかし，ハルツ改革とアジェンダ2010に同調できず，党との溝を深めたのに加え，陳情をはねつける州都キールの幹部の権威主義に対立して，結局，2008年までに全員が離党した。こうして村では長く存在した社会民主主義家族は消滅したのである[85]。SPDでは近年末端の地区組織の合体が進み，その数が急速に減っているが，主要な原因はこのような党員の離党のために地区組織が単独では活動困難な状態に陥っていることにある。

　またこれに関連し，やはり同州の一つの村の有権者連合に関するZDFのルポも参照に値する。同州における2008年の自治体選挙の際，国民政党から立つ候補者が減少し，代わってローカルなテーマに取り組む有権者連合の候補者が増大した。すなわち，前回2003年の2,541人に比べ，2008年には有権者連合から3,119人が立つと同時に，住民2千人以下の300の自治体で政党は候補者擁立を見送り，有権者連合の候補だけが残ったのである。そこで聞かれたのは「政党政治は自治体の活動を妨げるだけである」という声や，「自治体のことに政治的に関わろうとする者はもはや政党に加入しようとは思わない」という声だった。そしてこれを伝えるクスケは地域では国民政党が「製造が打ち切られた古いモデル」になっていると指摘している[86]。このような傾向は，得票率の低減に関して触れた国民政党からの一般市民の離反の一面といえよう。

　この点との関連では，同年9月28日に実施されたバイエルンの州議会選挙が注目される。というのは，CSUの得票率激減と対照的に「自由な有権者」と称する団体が一挙に10%を上回る票を得て州議会への進出を果たしたからである。バイエルンに限らず，地域に密着する形で各地にいくつも形成されている「自由な有権者」は既成政党に飽きたらない市民イニシアティブの発展であることが多いといわれるが，バイエルンでは党首シュトイバーと対立してCSUを離れたパウリが一つの顔になっている事実が示すように

---

(85) Kilian Troiter, Wo es die SPD nicht mehr gibt, in: Stern vom 2.6.2008. 因みに，2008年半ばの調査ではSPD党員の3分の1が真剣に離党を考えているという。Focus vom 11.6.2008.
(86) Tobias Kuske, Wählergruppen im Aufwind, in: ZDF-Heute vom 25.5.2008.

保守色を帯びており，その性格は単純ではないように思われる[87]。しかしそれが既成政党に対する不満を糾合しているだけでなく，選挙でその受け皿になっているのは確かであり，その点で上記の有権者連合と共通面を有していることは間違いないであろう。因みに，シュレスヴィヒ゠ホルシュタイン州の自治体選挙の結果については 2008 年 5 月 26 日付の各紙が報じているが，『シュピーゲル』誌の見出しは「CDU と SPD にとっての重大な喪失」，『フランクフルター・アルゲマイネ』紙のそれは「CDU と SPD にとっての選挙完敗」だった。このようにいささか大仰な表現になったのは，CDU の得票率が前回の 50.8% から 38.6% に激減し，SPD のそれが 29.3% から 26.6% に落ち込んだためである。

　それはともあれ，昨今ではこのようにして地域社会に張られた国民政党の根が弱くなり，WASG の小分裂も含めて SPD では離党問題が深刻化してきているが，その一方で，地域レベルも含めて主要なポストを長く 1968 年世代が占め，しかも彼らが往々にして柔軟性を欠如しているために若手が活動する余地が乏しいだけでなく，党内で上昇する見込みが少ないことがかねてから問題点として指摘されている。この点についてはドイツ・ラジオの報道番組「背景」で 2008 年 8 月 11 日と 21 日にアドラーたちが各党に即して詳しく伝えている[88]。そこでも取り上げられているように，個人主義化による価値観の変化のなかで，規律に縛られることに対する嫌悪，政治活動に意義を見出しにくいこと，政党や党首に魅力が乏しいなどの一般的な要因のほかに，特に SPD では上記のような党内の実情が若者の入党を阻む一つの要因になっているのは間違いない。急進的な主張で党の指導部を攻撃し，かつては存在感と影響力の大きかった青年組織ユーゾーが 1974 年に 30 万人を上回るメンバーを抱えていたのに，30 年後には 5 万人を割り込むところまで低迷し，昔日の面影を完全に喪失したのは，若者の政党離れを象徴しているといえよう。

　他面，このように若手の党員の入党が少なくなり，その比率が下がってい

---

(87) Der Spiegel, Nr.39, 2008, S.29f. なお, Hans-Georg Wehling, Freie Wähler, in: Decker u.a., hrsg., op.cit., S.288ff. 参照。
(88) Sabine Adler und Frank Capellan, Nachwuchspolitiker in Union und SPD, in: Deutschlandfunk-Hintergrund vom 21.8.2008.

る背景には，党員のリクルートの主要な源泉だった社会団体とのパイプが細くなっている現実があるのも見逃せない。従来，労働組合は SPD の重要な人材供給源であり，所属の連邦議会議員でも組合員が占める比率は極めて大きかった。事実，ドイツ統一以前の時期には 90% を上回りさえしたのであり，そうした労働組合と SPD との濃密な関係を W. シュレーダーは「特権的パートナーシップ」と命名している[89]。もっとも，そのことは SPD と労働組合が一枚岩であることを意味するわけではない。それどころか，両者が様々な争点で度々対立したのが実相であり，両者の関係に焦点を当てたフリードリヒ・エーベルト財団の冊子のタイトル『不統一，それでも一致?』（2006 年）がそれを言い表している。いずれにせよ，雇用のための同盟の挫折に加え，ハルツ改革に抗議する月曜デモの高揚やそれに労働組合員が参加していた事実を見れば分かるように，とりわけシュレーダー政権期以降に両者の関係が悪化し，パイプに目詰まりが生じた。またこれまで福祉団体，スポーツ団体，学生団体，借家人団体，環境団体など様々な分野の社会団体が SPD の周囲に存在し，それらは「SPD が絶えず新たな党員を獲得する党の大動脈」の役割を担っていたが[90]，しばしば団体自体が衰退の徴候を示すと同時に，SPD との絆も弛緩する傾向にある。なかでも労働組合の人員縮小と関係悪化は顕著であり，若い党員の補給が滞るようになっている。1970年代半ばに 100 万人を超す党員を数えた SPD で離党者が入党者を上回る事態が続いているのは，そうした変化の帰結の一つにほかならない。このため，図 1 － 6 に掲げた一般市民のイメージに反して，元来，60 歳以上の高齢層の比率が群を抜いて高い左翼党を別にすれば，SPD をはじめとしてどの政党でも程度の差はあれ党員の高齢化が進行し，昨今では政党としての将来が憂慮されるまでになっているのが現実なのである。

　そうした憂慮がたんなる杞憂にとどまらないことは，具体的なデータが証明している。図 1 － 7 － 1 と 1 － 7 － 2 は 30 歳以下の党員の比率と 60 歳以上のそれを政党ごとに示したものである。FDP を除いて若者の比率が 6%

---

(89) Wolfgang Schroeder, SPD und Gewerkschaften: Vom Wandel einer privilegierten Partnerschaft, in: WSI-Mitteilungen, H.5, 2008, S.234. SPD と労働組合の関係の詳細に関しては，近藤，前掲博士論文 149 頁以下参照。
(90) Der Spiegel, Nr.43, 2007, S.28.

程度で低迷する反面，左翼党を除くすべての政党で高齢層の比率の上昇が顕著といえよう。その結果，クライナートによれば，1975年に35歳以下の党員が3分の1を占めていたSPDで2006年に60歳以上が43%に達し，同様にCDUでも2006年末に党員の平均年齢が56歳まで上昇している[91]。このため，例えばSPDについてレッシェは60歳以上の党員が半数に達する勢いであることを重視し，政党として「ばたばたと自然に死に絶える」可能性に言及しているほどである[92]。

図1-6　党員の平均年令（推定）

同盟90・緑の党　左翼党　FDP　SPD　CDU

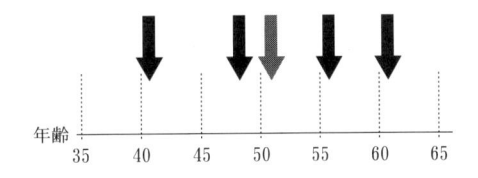

年齢　35　40　45　50　55　60　65

(注)「各党の党員は何歳くらいと思いますか」への回答。
(出典) Renate Köcher, Die CDU und die Jungwähler, in: Frankfurter Allgemeine Zeitung vom 25.6.2008.

このように高齢層の比率が拡大していることは，組織としての活動が不活発であることとも関連している。アレマンたちによれば，SPDの党員組織は5層から成り，上から幹部会員のような党の頂点部，議員のような公職就任者，専業の活動家，名誉職的活動家，一般党員という構成が見られる。このうち12500の地区組織で基盤活動を担い，SPDを支えているのは名誉職的活動家であるが，その比率は10%から20%程度にとどまる。そして圧倒的多数である一般党員では「活動水準は極めて低く，大抵は党費の支払いを越えない」のが実情なのである[93]。アレマンたちは1990年代に党組織の改革が進んだことを評価しながら，活動が低調なままである点に注目して，「成功した破綻」という矛盾した表現を使っているが，そうした見方が出てくるのも，高齢層が占める比率が大きくなっているところに主要な原因がある。なぜなら，そのために「SPDは非現代的な1970年代と1980年代に向く」構造が固定化し，その硬直が活動の不活発さを招いているからである。

また高齢層では党歴が長く，政党が政治的故郷となって政党アイデンティ

---

(91) Hubert Kleinert, Abstieg der Parteiendemokratie, in: Aus Politik und Zeitgeschichte, 35-36/2007, S.3. SPDにおける高齢化問題の詳細に関しては，Tobias Dürr, Viele SPD-Funktionäre sind zu alt, in: Die Tageszeitung vom 21.8.2008 参照。
(92) ZDF-Heute vom 25.7.2008.
(93) Alemann u.a., op.cit., S.162f.

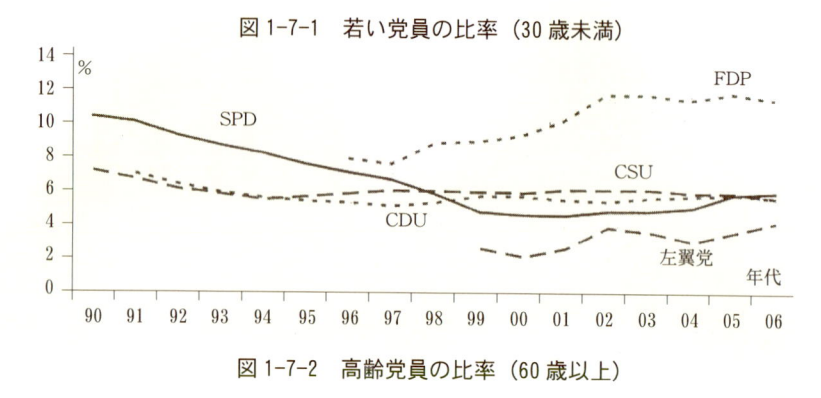

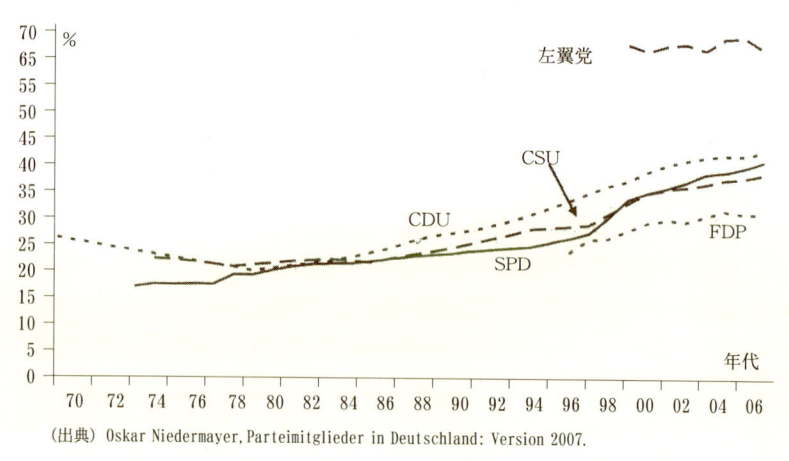

図 1-7-1 若い党員の比率（30 歳未満）

図 1-7-2 高齢党員の比率（60 歳以上）

(出典) Oskar Niedermayer, Parteimitglieder in Deutschland: Version 2007.

フィケーションが強固であるのに反し，簡単に入党と離党を行う若者ではアイデンティフィケーションが弱く，政党はホテルのように一時的に滞在する場になってきていることも指摘されている[94]。このような変化は有権者のレベルでも見出される。政党がかつて安住できた固定的支持層は縮小して，今日では選挙のたびに投票する政党を変更する浮動的な有権者が増大しており，投票所ではじめて票を投じる政党を決める有権者が増えているからで

---

(94) Heribert Prantl, Das letzte Gefecht der Volksparteien, in: Süddeutsche Zeitung vom 28.6.2008.

ある。事実,ヴェセルスが行っている継続調査からは,1980年代後半まで安定していた政党支持が流動化していることが読み取れ,2002年と2005年の連邦議会選挙の場合でみると,支持政党を変更した有権者は28%から34%に増加しており,棄権に回った者,棄権から投票に変わった者を加えると47%にも達している[95]。

もちろん,このような変化を強調して政党アイデンティフィケーションが消失したかのように考えるならば行き過ぎといわねばならないであろう。一例としてアイトの研究によれば,有権者の投票行動で依然として政党アイデンティフィケーションが重要なファクターになっていることが確認されている。すなわち,2005年の連邦議会選挙に即して観察するなら,西ドイツ地域では有権者の3分の2,東ドイツ地域では半数の投票行動で政党アイデンティフィケーションが依然として一定の影響を及ぼしていることが確かめられた。同様に,オーバーロイターに従うと,労働組合に組織されている労働者の60%はSPDに投票し,教会と強固に結ばれたカトリックの75%はCDU・CSUに票を投じたという[96]。これらの事実を踏まえれば,政党は全般的にアイデンティフィケーションの衰弱している有権者の間で辛うじて根を保ちながら,党員の高齢化と若者の不足という難問に直面しているといえるのである。

ところで,ここで瞥見した国民政党の危機は,国民政党がカルテル政党にシフトしつつあることの表れであるとも言い表せよう。カルテル政党という政党類型に関しては有力な批判が存在してまだ確立したとはいいがたいだけ

---

(95) Bernhard Weßels, Wählerwandel ? Wechselwahl, in: WZB-Mitteilungen, H.109, 2005, S.10f.; ders., Wechselwahlkämpfe, in: WZB-Mitteilungen, H.117, 2007, S.25. この点は多くの研究者により夙に指摘されていることである。近年の例として,Eckhard Jesse, Die Volksparteien in der Krise, in: Das Parlament vom 25.9.2006.

(96) Ulrich Eith, Parteibindungen in Deutschland, Berlin 2005, S.23; Heinrich Oberreuter, Haben die Volksparteien Zukunft?, in: Politische Studien, H.414, 2007, S.23. こうした認識ではホルトマンも一致している。Everhard Holtmann, Repräsentation des Volkes durch Volksparteien?, in: Eckhard Jesse und Roland Sturm, hrsg., Bilanz der Bundestagswahl 2005, Wiesbaden 2006, S.218. もちろん,オーバーロイターが同時に指摘するように,二つの国民政党を支える核心的な社会道徳的ミリューが縮小している事実を忘れてはならない。

でなく[97]，わが国では馴染みが薄いのが現実であろう。これを紹介した河崎健によれば，そのポイントは国家と政党の相互浸透にある[98]。すなわち，具体的には政党助成などの名目での政党に対する公的資金の提供，公職就任での政党による情実人事，政党間の競争関係の低減などがそのメルクマールになる。

これをドイツに当てはめれば，公的資金では政党助成制度が存在するのは周知の事実であろう。また政党間の競争に関しては，むしろ協調が目立つことはハルツ改革の一連の立法過程や移民法の成立過程などを追跡すれば明瞭になる[99]。さらに情実人事については，ショイヒが暴いたケルンの実例のほか，ブレーメンで発覚した事業団事件により政党関係者が公職人事を通じて利益を吸い上げるフィルツと呼ばれる構造とその実態が明るみに出ている[100]。隣国オーストリアでは国民党（ÖVP）と社会民主党（SPÖ）によって構築されたプロポルツが知られており，その腐敗が度々右傾化した自由党（FPÖ）の躍進を招いているが，政治スキャンダルを幾度も経験したドイツで国民の多くが政党は腐敗していると思っている主因はそこにある[101]。こうした事実に照らせば，カルテル政党とは，国家と社会の媒体である政党がその媒介機能を減退させ，公的領域に利害関係を張り巡らす一方で，社会から遊離したことを意味していると言い換えられよう。

この問題には拙著『統一ドイツの政治的展開』（木鐸社，2004年）で簡単に触れたことがあるが[102]，ヴァルターがかねてから重視し，繰り返し指摘している論点でもある。例えば彼は「国民政党の時代は確実に終焉した」として次のように述べている。ドイツ統一後に相当する「コール時代の後半期

---

(97) 批判の一例として，Thomas Poguntke, Zur empirischen Evidenz der Kartell-parteien-These, in: Zeitschrift für Parlamentsfragen, Jg.33, H.4, 2002 参照。
(98) 河崎健「包括政党・カルテル政党」加藤秀治郎編『西欧比較政治』所収，一芸社，2004年，149頁以下。
(99) 移民法の成立過程に関しては，拙著『移民国としてのドイツ』木鐸社，2007年，第3章参照。
(100) 前掲拙著『統一ドイツの変容』265, 267頁以下。
(101) 国際機関が実施した調査でドイツ国民が腐敗していると思っているのは，高い順に，民間企業，政党，メディアであり，他方，腐敗度が比較的低いとされるのは，警察，教育機関である。Die Welt vom 6.12.2007.
(102) 前掲拙著『統一ドイツの政治的展開』190頁以下。

にドイツ人は政党にウンザリしていたが，シュレーダーとフィッシャーの政権の終幕後にはそのような感情すら消失した。」政党がそうした状態に陥った原因は，「国家と社会とを媒介する」という，「そのために作り出された機能を疑問の余地なく政党がますます果たさなくなった」ことにある。「20世紀の最後の20年のうちに政党とその本来の担い手である階層との接合は緩んだ。政党は社会からますます疎隔し，同時に社会的なプレゼンスの喪失を，国家による気前の良い扶養と国家的・半国家的制度への強力な情実人事によって埋め合わせた。これによって国民からの距離は一層拡大し，最後には議会と政府のための政治的人材の選別と提示に役割を局限するようになったのである。」[103] ヴァルターはカルテル政党という概念の使用を避けるとともに，このような認識を「国民政党への弔鐘」と呼んでいるが[104]，国民政党が20世紀の最後の時期にカルテル政党に変貌したという議論が下敷きになっているのは明白であろう。理論的概念としてのカルテル政党の適否はともあれ，変化の記述には有用であり，それを照準点にしたとき，ドイツで国民政党が入り込んだ隘路が浮き彫りになるのである。

　ここで一瞥した国民政党の危機に照らせば，既述した政治倦厭が深まっているという議論が再燃しても不思議ではないであろう。この言葉はわが国の流行語大賞に相当する年の言葉に1992年に選ばれたが，もしドイツ語協会によってある言葉が2度選ばれることがあるとするなら，政治倦厭は間違いなく最も有望な候補であると2008年7月に『パーラメント』紙上でカイリッツは書いている[105]。もちろん，それは単なる印象論ではなく，国民政党を主柱とする政党国家の揺らぎを裏付ける調査を踏まえた指摘である。その調査とは，フリードリヒ・エーベルト財団の委託でPolis/Sinus研究所が行ったドイツ市民の民主主義に対する態度に関するものであり，同年6月に公表された調査結果は憂慮の念を強めることになった。実際，反響はかなり大きく，6月29日と翌日に主要なメディアは一斉に概要を報じたが，『シュ

---

(103) Franz Walter, Warum die Volksparteien ihr Volk verlieren, in: Der Spiegel vom 8.6.2008.
(104) Andrea Seibel, Franz Walter findet die SPD erbärmlich, in: Die Welt vom 9.7.2008.
(105) Susanne Kailitz, Demokratie ? Nein Danke?, in: Das Parlament vom 14./21.7. 2008.

ピーゲル』誌が「民主主義への信頼は消滅」との見出しで「恐るべき世論調査結果」と表現したのをはじめ、ドイツ第2テレビ（ZDF）は「システムへの疑念が広く拡大」、『ヴェルト』紙は「連邦共和国の市民は民主主義を疑問視」、『シュテルン』誌は「ドイツ人は民主主義にウンザリ」という見出しを付けたことに衝撃の一端が示されている。

　データの一部を紹介しておくと、回答者の32%は民主主義ではドイツが抱える諸問題は解決できないという見方であり、旧東ドイツ地域に限るとその比率は52%にも達する。またドイツで民主主義はうまく機能していないとする者は全体で37%、旧東ドイツ地域では61%にも上っている。さらに次の連邦議会選挙で棄権するかもしれないという答えも半数近い47%を記録している。こうした調査結果の要点を報告書は次の5点に纏めている。「ドイツ人の約3分の1は民主主義の問題解決能力に満足していない。ドイツ人の約4分の1は今日ある民主主義に距離をおき、関与することを望んでいない。東ドイツでは西ドイツよりも民主主義に対する距離が遥かに大きい。西ドイツの10人に3人、東ドイツの10人に6人は民主主義の機能を否定的に評価している。西ドイツの10人に2人、東ドイツの10人に4人は我々の社会秩序を支持するに値しないと思っている[106]。」この最後の点は、回答者の26%が社会で公正に処遇されていないと感じており、58%が人生の確固たる軌道を歩んでいると答えるのを留保していることによって説明されよう。調査を委託したエーベルト財団は、公表に当たり、「研究の中心的な成果は政治に対する市民の基本的な大きな距離を明示したことにある」とコメントしているが、そうした結論は他の調査からも導かれる。例えばライプツィヒ・マーケット研究所の調査では、民主主義の実効性を信じるのは60%、東ドイツ地域では44%であり、『ツァイト』紙でこれを取り上げたグレーフェンは「民主主義への失望」という見出しで、「所見は新しくないが、数字がドラマティックである」と記し、「自国を世界でもっとも安定した国の一つと見做し、ナチ独裁の後に作られた自由な政治的基本秩序を誇りとする国にとって、その値は憂慮の種以外の何物でもない」と述べている[107]。このよ

---

(106) Polis/Sinus, Persönliche Lebensumstände, Einstellungen zu Reformen, Potenziale der Demokratieentfremdung und Wahlverhalten, München 2008.
(107) Ludwig Greven, Enttäuscht von der Demokratie, in: Die Zeit vom 21.4.2008.

うな民主主義に対するネガティブな姿勢も広く政治倦厭に含めることができるが，いずれにせよ，上述した国民政党の危機は，政党に対する不信だけではなく，民主主義自体に対する疑念が広がる中で深まりつつあるといえるのである。

結び

以上でこのところ頻りに議論される SPD の危機について，党首交代劇に焦点を絞り込みつつ考察してきた。またその際，最初にドイツ統一以降に頻繁になった SPD の党首交代の経緯を確かめ，続いてその原因を重要と思われる 3 点に絞って検討してきた。最後にそこから何が見えてくるのかを手短に考えてみよう。

その手掛かりとして，まず，ベックの辞任表明の際に広く共有されたと考えられる感想ないし印象を代表するものとして，『ツァイト』紙上に掲載されたシュリーベンとグレーフェンの共同論文の一部を引用しよう。「SPD 党首の職はローマ法王に次ぐ最もすばらしい職である，こうフランツ・ミュンテフェリングは 2004 年に初めて党首に就任したときに語った。かつては事実その通りであった。ドイツの最も古く，最近まで最大だった政党の党首の座を長く特別なオーラが包んでいた。この職に就く者はそのことを大きな名誉と思い，歴史的責任を感じた。これに対応して，彼らはそのポストに長くとどまった。ヴィリィ・ブラントは 23 年間も SPD の党首だったのである。これと反対に今日ではドイツ社会民主主義者のトップの座は投売りポストになってしまった。SPD は 1946 年から 1991 年までに 4 人の党首を持った。しかし 2004 年以降には既に 5 人に上るのである[108]。」

ここに掲げた文章には，SPD の党首ポストが投売りの対象になってしまったことへの慨嘆や，かつては責任意識の強い優れた政治家が SPD を指導していたという懐旧の情が溢れているといって差し支えないであろう。実際，

因みに，ここで示したのと同様の結果は『ヴェルト』や『ツァイト』が報じている世論調査機関 Forsa や ZUMA の調査にも見出せる。Die Welt vom 25.9.2008; Die Zeit vom 19.11.2008. ただし，このような悲観論とは異なった理解のできる調査結果が存在することも見落とすべきではない。Katharina Schuler, Fast alles nur Demokraten, in: Die Zeit vom 25.9.2008.

(108) Schlieben u.a., op.cit.

ブラントが政権の座にあった当時を SPD の黄金時代として回顧する声がしばしば聞かれるが，確かに昨今の事態の推移を見守っていれば，そうした思いに囚われるのは理解できないわけではない。東方政策の成功でブラントがノーベル平和賞に輝き，党が結束していて党員数が増加しただけでなく，連邦議会選挙で遂に CDU・CSU を追い越した 1970 年代前半の上げ潮の時期と対比すれば，SPD が分極化して党内紛争が絶えず，選挙でも敗北が重なっている上に，党員の減少と党首の交代が続く今日は衰退との印象を拭えないし，指導的立場の政治家自体が信念やビジョンを感じさせず，全体的に小粒になったという感慨を免れないからである。けれども，このような見方では，現状を正さなければならない異常な状態と見做し，復すべき模範として過ぎ去った時代が位置づけられることになりやすいであろう。また，過去が正常であることが自明視されるために，現在の状態が何故引き起こされたのかに関する冷静な目が塞がれ，正確な診断が疎かにされる危険すら生じかねない。そうした陥穽を回避し，表層から核心に掘り下げる観点から，ドイツ統一後に顕著になったグローバル化やポスト産業社会化などの内外の環境の変化や，それらの政治に対する影響を視野に入れつつ，SPD における近年の党首交代劇が意味するものを簡潔に考察することにしよう。

　原因の 3 点目で国民政党の危機といわれるいくつかの現象を一瞥したが，それらを考慮すれば，今日，選挙での勝利を重視する政党で党首に託されるのは，何を措いても有権者を引き付け，自党への投票に動員する役割であろう。また，政党アイデンティフィケーションの希薄化に伴い得票率の低減に苦しむようになった国民政党でとくに党首の役割の重要性が大きくなったのは当然であろう。宣伝技術の投入などによって争点の人格化が進み，選挙戦のアメリカ化が進展すると同時に，マスメディアでの演出効果を計算にいれたパフォーマンスや政策的整合性のない甘い約束を振りまくポピュリズム的傾向がドイツでも観察されるようになったのは，政党と有権者との間に長く結ばれていた紐帯が脆くなり，それに代わる動員方法が模索されるに至ったところに原因がある。SPD を例にとれば，かつては強固な労働者ミリューを基盤にした社会民主主義家族が広範に存在したが，今日ではミリューの衰退とともに縮小し，これに依拠するだけでは選挙での勝利は覚束なくなったのであり，新中間層に主軸を移し，弱い支持層や浮動的な集団を引き寄せることが必要になったのである。

そうだとすれば，有権者にアピールする力が弱く，連邦議会選挙はもとより，州や自治体レベルの地方選挙で勝利をもたらさない党首に対して党内の求心力が働かず，政党を掌握することができなくなるのは避けがたいといわねばならない。さらに党内対立を緩和し，内向きになった政治的エネルギーを外に向けて誘導できないなら，政党の結束と規律は緩み，党首としての存在理由すら問われざるを得なくなるであろう。これに加え，メディアクラシーの進展に伴う党首と一般党員との関係の変化も見逃せない。今日ではマスメディアが発信する大量の情報が両者の間に介在し，一般党員はそれによって自党の動きを知るようになっており，党活動を通じたかつてのような経験の共有やそれに基づく一体感は希薄になってきているのである。それにとどまらない。ドイツでも「トークショーと騒々しいテレビの勝利の進軍」は政治をエンターテイメントならぬ「ポリテイメント」に変質させたといわれるが，それは否応なく党首を政治ショーのスターに仕立て上げ，刹那的な享楽の道具に変えつつあるのである[109]。これらの点から見れば，SPDにおける度重なる党首の交代は，危機的状況の中で党首の真価が問われる時代が到来したことを示しているだけではない。むしろそれ以上に，党首選出での高い支持にもかかわらず短期間で退陣するケースがしばしば見られた事実が教えるように，党首交代劇は，党首がいわば消耗品と化し，求められる役割を速やかに果たせなければすぐに取り替えられる過酷な時代を迎えたことを告げていると考えられる。つまり，極言するならば，党首はもはや信念やビジョンの吸引力で党員を引っ張る指導者ではなくなり，その反対に，カルテル政党論で示唆されているように，公職を利用して党員に便益を提供し，顧客である支持者にサービスを与えることを目的に事業の拡大を任されたマネージャーになっているといってよいであろう。

　一般論としていえば，SPDを含む国民政党の危機は，それを打開すべき党首の力量に対する期待を強める一方，メディア政治の展開によって政党を代表する顔としての党首の存在感が高まるから，本来ならば党首の指導力は強化されるはずであろう。この点では議院内閣制をとる先進諸国でリーダーへの権力集中傾向を指して「政治の大統領化」と呼ばれる現象が起こってい

---

(109) Kleinert, op.cit., S.7, 10f.; Oberreuter, op.cit., S.24f.

るのと事態は類似している[110]。ところが，とくにドイツ統一後のSPDでは，上述のように，強力なはずの党首がその座から簡単に転落する事例が相次いでいるのが現実なのである。これに照らすと，メディアの発達が今日に比べると隔世の感のある統一以前の時期に，しかも国民政党の危機がいまだ深刻とはいえず，党首に対する期待が肥大せずに済んだ時期にこそ比較的長く党首を務めることが可能だったという事実は逆説のようにも映る。けれども，まさにこの事実から，経済と社会の構造変動の影響を受け，党首を軸にして一体感と結束を保ってきたSPDがどこまで拡散し，明確に思えたアイデンティティがいかに揺らぐようになったかが読み取れよう。そうした事実を踏まえれば，SPDが近年，たんに苦境に立っているというにとどまらず，危機的な状況にあることは間違いない[111]。もちろん，長い党史を振り返れば，SPDには危機的な局面が何度もあり，分裂はもとより，激しい党内対立を幾度も経験してきたのは周知の通りである。しかし戦後に限れば，シュミット政権の崩壊前後を除くと，今日ほど党内対立が厳しかったことはなかったように思われる。その上，昨今では党首の退陣というかつてない現象が頻発しているのであり，分極化した党内での対立がいかに収拾困難に陥っているかが浮かび上がってこよう。そうした意味で，SPDの頻繁な党首交代劇を党首の座に就いた人物の能力不足など資質や力量の問題として捉えるのが論外であることは説明を要しないであろう。むしろそれは，党員の社会的構成や政党としての進路をはじめとして，統一以前の時期に比べたSPDの様々な

---

(110) 因みに，大統領化の指標としてポグントケたちが挙げるのは，執行部における指導力，党内の指導力，候補に集中した選挙過程の3つである。Thomas Poguntke and Paul Webb, The Presidentialization of Politics in Democratic Societies, in: dito, ed., The Presidentialization of Politics, Oxford 2005, p.19f. さらにわが国での小泉政治の研究なども参考になる。竹中治堅『首相支配』中公新書，2006年，237頁以下，内山融『小泉政権』中公新書，2007年，182頁以下。
(111) このようなSPDの危機に関し，SPDを「中道の政党」と規定した上でナハトヴェイは，成功をもたらした1970年代の「中道への開放」が「中道への志向」に変わり，左からの挑戦者の出現で本来の支持層を奪われ，「中道への歩みにつれてSPDが社会的行動半径を狭めている」ところに「危機の弁証法」があると指摘している。Nachtwey, In der Mitte gähnt der Abgrund, op.cit., S.66f. SPDの黄金時代に対する郷愁がみられず，傾聴に値する議論ではあるが，誇張や先走りの感も否めず，慎重な検証が必要とされよう。

レベルにわたる大きな変貌を映し出しているというべきなのである。

——— ◇ ——— ◇ ——— ◇ ———

　ところで，2008年12月になって秋のSPD党首交代とその政治的効果に関わる報道に接したので，参考までに記しておきたい。
　まず，ベックの党首辞任に関してである。辞任から4カ月近くが経過した2008年12月下旬になって辞任に至った内幕が新聞で報じられた。それによると，ベックの退陣は，これまで報道されていたように発表前夜に彼が一人で決断したのではなかった。そうではなく，その決定は3日前にボンのホテルで開かれた非公式の会合で下されたのであり，その協議の場には数人のSPD幹部が集まったという。会合に参加した人物と人数は残念ながら明らかになっていない。またその場にはベック本人も同席していたといわれる。他方，首相候補の座を巡ってシュタインマイヤー外相がベックと激しく争ったのは本文で説明した通りだが，これについても裏話がある。すなわち，実はその暗闘は世論の注目を引き寄せるための演出であって，前者が首相候補になることは初夏には既に決められていたというのである[112]。これらの報道のどこまでが真相なのかは判然としないにしても，新党首であれ首相候補であれ，SPDの正式の機関ではないばかりか，マスメディアにも隠された会合で重要な決定が行われたというのであれば，極めて興味深い報道であるのは間違いない。もしそれが真実なら，急逝した小渕首相の後任人事が公的役職とは関係なしに自民党の実力者による協議で決定され，密室政治という非難を浴びたわが国に類似した事例が開かれた政党を自認するSPDにおいても起こっていたことになるであろう。
　一方，長い党史上で前例のない返り咲きをミュンテフェリングが果したにもかかわらず，SPDの支持率が低迷したままである点については，2008年12月17日付『ジュートドイッチェ』紙が「SPDは深みに落ちたまま」という見出しで世論調査結果を伝えている。またSPDの支持率が上向かないばかりでなく，SPD支持層の間でも悲観的な見通しが濃厚であることを『フランクフルター・アルゲマイネ』紙への寄稿のなかでR.ケッヒャーが

---

(112) Peter Dausend und Bernd Ulrich, Mord ohne Mörder, in: Die Zeit vom 23.12.2008.; Daniel Friedrich Sturm, Kurt Becks Unglücksjahr, in: Die Welt vom 6.12.2008.

データを使って示している[113]。この点は党内抗争の余燼がくすぶり，亀裂が埋まっていないことを考えれば少しも不思議ではない。事実，10月にベルリンで開催された臨時党大会で正式にミュンテフェリングが党首に選出されたものの，前回2004年に党首に就任した際の得票率95%を10ポイントも割り込む85%の支持しか得られなかったのである。そればかりか，2009年の連邦議会選挙に向けて態勢を固めるための党大会であるにもかかわらず，その場の雰囲気には悲壮感すら漂っていたことも見落とすことはできない[114]。なお，アレンスバッハ研究所の調査に基づく上記の論考で，ケッヒャーは併せて競合相手であるはずのメルケルの人気がSPD側でも高いことなどをも指摘しており，大連立を組んではいるものの，本来は国民政党として対立しあうはずのCDUとSPDが，今では想像以上に近い位置に立っていることを示唆しているのも興味深い点であろう。

---

(113) Renate Köcher, Nach dem Sündenfall, in: Frankfurter Allgemeine Zeitung vom 17.12.2008.
(114) 前掲拙稿「2008年10月のSPD臨時党大会を傍聴して」309頁参照。

第2章　ドイツ社会国家の再編と「月曜デモ」

―政治的対抗軸の変容―

はじめに

　1998年に16年間続いたコール政権を破り，シュレーダー率いる政権がスタートした。社会民主党（SPD）と同盟90・緑の党の連立からなるこの赤緑政権は，脱原発，環境税の導入，男女同権の推進，同性婚の法的承認などいわゆる新しい政治のテーマでは成果を上げたが，失業者数が400万人前後のレベルで推移したことから明らかなように，最大の問題である雇用対策では見るべき成果を収められなかった。2002年の連邦議会選挙で勝利し，2期目を迎えることができたものの，SPDとキリスト教民主同盟（CDU）・キリスト教社会同盟（CSU）の得票が同率になったことに見られるように，薄氷を踏む勝利に終わったのは，経済・社会政策面で実績を積み上げることに失敗した結果にほかならなかった。このような背景から，2002年10月に第2次シュレーダー政権が再始動した時，経済・社会構造改革が最重要課題として前面に押し出されることになった。無論，それは，戦後ドイツの政治経済体制の骨格であり，幅広い合意に支えられてきた社会国家の再編と縮小を意味したから，多方面から激しい抵抗が起こるのは必至であり，舵取りを誤れば政権そのものが崩壊しかねないほどに困難なテーマであった。

　そうしたシナリオを視野に入れ，2002年の連邦議会選挙に向けた戦略として，シュレーダーは構造改革の青写真を作成する首相直属の委員会を同年に設置していた。またその委員長には，ニーダーサクセン州の州首相時代から良好な関係にあったフォルクスワーゲン社の労務担当重役だったP.ハルツを起用した。委員長の名をとって一般にハルツ委員会と呼ばれた同委員会

は，本来は同年春に発覚した連邦雇用庁のスキャンダルを契機にして機構改革を立案することを主たる任務としていたが，雇用庁の役割の見直しを進める中で当初の守備範囲を大きく踏み越え，選挙直前の8月に雇用対策のための提言を取りまとめて公表していた。そしてシュレーダーはそれを実行に移すことを選挙戦で公約していたので，選挙が終わると直ちに実施計画の策定に乗り出したのである。こうして2002年12月に成立したハルツⅠ法を皮切りに，ハルツⅡ法，ハルツⅢ法，ハルツⅣ法が次々に誕生したが，これらが番号を付けて呼ばれる理由の一つは，各法案に種々の対策がパッケージされていたことにある。もう一つの理由は，野党の同意を取り付けやすいか，あるいは野党の優勢な連邦参議院の同意を必要としない施策を組み合わせることによって，成立を見込める法案から順次立法化していく方針が選択されたことによる。

これらの立法は全体としてハルツ改革と呼ばれており，その主要部分は2003年3月にシュレーダーが打ち出した「アジェンダ2010」という名の包括的な経済・社会構造改革計画に組み込まれている[1]。これらによって戦後ドイツで充実のための努力が傾けられてきた生活保障のシステムの抜本的改革が目指されたのである。ライフサイクルに対応したリスクを社会化し，社会福祉だけではなく雇用関係をも包摂して市民生活の安定を図るこのシステムはドイツでは家父長主義的なニュアンスを避けるために福祉国家ではなく社会国家と呼んでいるが[2]，女性の社会進出や雇用の多様化などに伴い家族や労働の形態が変容して不適合が拡大すると同時に，他面で経済のグローバル競争に立ち向かう企業にとって高福祉・高負担の社会国家が重荷になってきたことから，抜本的な構造改革を求める圧力が高まっていたのである。

こうして開始された一連のハルツ改革のうち，もっとも激しい反発と抵抗を生んだのは，ハルツⅣ法だった。その重点は，従来の失業扶助と社会扶助を統合して失業手当Ⅱを創設するとともに，稼働能力のある者を社会扶助の対象から外す点にあった。すなわち，失業手当Ⅱを実質的に社会扶助

---

(1) ハルツ改革の概略については，名古道功「ドイツにおける労働市場改革立法」『労働法律旬報』1571号，2004年，18頁以下参照。
(2) 社会国家という呼称をはじめ，その優れた歴史的概観として，G.A. リッター，木谷勤ほか訳『社会国家:その成立と発展』晃洋書房，1993年参照。

の水準に引き下げる一方，これを一種の鞭にして失業者に対して就労へのインセンティブを強めることに狙いがあり，それによって財政的負担となっている失業者に対する給付を削減することが同法の目的だったといえよう。実際，2004年7月2日付『フランクフルター・アルゲマイネ』紙上でR.ゾルトが指摘したように，同法によって「1949年以降で最大の社会給付の削減」が実現されるはずだったのである。そのため，それまで享受していた既得権益を削られるところから，失業扶助を受給していた失業者の多い東ドイツ地域を中心に激しい反対運動が巻き起こったのは当然の結果だった。この反対運動は月曜日のデモを中心にして展開されたところから，間もなく「月曜デモ」と呼ばれるようになった。そして2004年8月から9月にかけてその運動はかなりの盛り上がりを見せたのである。こうした点から見て，月曜デモの核心は，巨視的に眺めれば，社会国家の縮小を巡る攻防にあったといって間違いないであろう[3]。

　ところで，著者は本章を執筆したのと同じ頃，戦後ドイツにおける街頭政治を鳥瞰し，その意義について簡単な考察を試みたことがある。しかしその際，個別の事例に即した検討の必要性を感じながらも，そこに踏み込むには至らなかった[4]。それゆえ，その欠落部分を埋める意味からも，本章で月曜デモを街頭政治の一例として分析することにしたい。これを代表的事例に選ぶのは，時間的に近く，印象がそれほど薄れていないことだけが理由ではない。重要なのは，むしろ，月曜デモについては新聞や雑誌での報道が比較的多いだけでなく，そのほかにも関係団体が作成した文書などをインターネット上で見ることが可能だからである。さらに「新しい社会運動」の研究者として知られるD.ルフトがアンケート調査を行っており，その貴重なデータの一部を利用できることも大きい。無論，社会国家の再編を巡る攻防が現代ドイツ政治の最重要のテーマであることが，これを検討対象とする最大の理

---

(3) 月曜デモの簡潔な紹介として，木戸衛一「ドイツで拡がる二重の亀裂」『技術と人間』2004年12月号がある。またその標的になったハルツIV法については，広報のために連邦経済労働省が冊子を作成している。**Bundesministerium für Wirtschaft und Arbeit, Hartz IV: Menschen in Arbeit bringen, Berlin 2004.**
(4) 拙稿「戦後ドイツの街頭政治について」『社会科学論集』44号，2006年。なお，運動面での諸理論の概略として，大畑裕嗣ほか編『社会運動の社会学』有斐閣，2004年が参考になる。

由であるのはいうまでもない。こうした関心に基づき，新聞報道などを使って，以下で注目を集めた月曜デモの輪郭を描いてみよう。

1. ハルツ IV 法の要点と成立過程

月曜デモが燃えさかっていた 2004 年 8 月にブランデンブルク州首相 M. プラツェク（SPD）は，月曜デモの原因がどこにあるのかについて語ったが，その見方は傾聴に値するものだった。彼によれば，原因はハルツ IV 法自体にあるのではなく，問題が多いにしても労働市場改革は単に何かが燃え上がるきっかけにすぎなかった。そして，その何かとは，「仕事があるにせよ，ないにせよ，東ドイツの人々が抱いている深い不満」だというのである[5]。後述するように，たしかに月曜デモの重心は東ドイツ地域にあったし，同地域の失業率が西の 2 倍を上回る水準で推移している事実に照らせば[6]，社会的抗議の運動が主に東ドイツで巻き起こったのは不思議ではない。実際，東西ドイツの間には失業に限らず，様々な面で生活格差が解消されていないのは否定しがたい現実といわねばならない。その意味で，東ドイツで抗議運動が全域に広がったこと，これに反して西ドイツ地域では盛り上がりに欠け，落差が顕著だったことは，ドイツ統一が依然として未完であることを証明しているといえよう。

しかしながら，プラツェクが指摘するように，たとえ「きっかけ」にすぎないとしても，なぜそれがハルツ IV 法でなくてはならなかったのかという点は，やはり問われなくてはならないであろう。別言すれば，同じハルツ改革の一部であっても，ハルツ I 法やハルツ II 法ではどうして大規模な反対運動が起こらなかったのかという疑問である。これに答えるためにはハルツ IV 法の要点と成立経過に簡単に言及しておくことが不可欠であろう。

上記のように，2002 年連邦議会選挙を視野に入れてシュレーダーが設置したハルツ委員会は選挙直前に報告書を提出したが，そこでの提言の中心点の一つが失業扶助と社会扶助の統合だった。社会扶助はわが国の生活保護に相当する制度であり，運用面には両国間でかなりの相違があるものの，制度

---

(5) Die Welt vom 24.8.2004.
(6) Bundesministerium für Wirtschaft und Arbeit, Wirtschaftsdaten neue Bundesländer, Stand: Okt.2005, S.2.

の骨格は類似している。これに対し,ドイツに特有の失業扶助は,失業手当の給付期間が満了した後に求職者が受け取る給付金であり,労働意欲のある失業者を労働市場にとどめておくための仕組みだった。けれども,表2-1に明らかなように,失業扶助の実態をみると,ドイツ経済の停滞を反映して,1995年を起点とした場合に受給者数も給付総額も増大傾向に歯止めがかからない状態が続いていた。しかも,失業手当と異なり,失業扶助は保険料ではなく租税を財源としていたところから,東ドイツ地域の経済再建という重い課題を抱えて連邦財政の累積赤字が膨らんでいた状況では,財政的にも大きな負担にならざるをえなかったのである。

そうした苦境を打開するため,ハルツ委員会の報告書では二つの扶助を合体して創設される失業手当Ⅱの給付額を社会扶助相当額にまで引き下げることが提言されていた。けれども,間近の選挙を乗り切る意図から,シュレーダーの率いるSPDの選挙綱領ではこの点は削除された。しかしながら,連邦議会選挙で辛うじてシュレーダー政権が生き延びることになり,アジェンダ2010で構造改革の輪郭を示す段階に至ると,アイヒェル蔵相やクレメント経済相の主張を容れてシュレーダーはハルツ委員会の提言を復活させることを決意した。すなわち,失業扶助を社会扶助の水準に引き下げて両者を

表2-1 失業手当・失業扶養・社会扶助の受給者数と給付額
(単位:人数は1000人,金額は100万ユーロ)

年	失業手当 人数	費用	失業扶助 人数	費用	社会扶助(全体) 総費用	社会扶助(生計扶助) 人数	費用	社会扶助(特別扶助) 人数	費用
1995	1780	24644	982	10486	26669.4	2516	7395.8	1485	17064.5
1996	1989	28455	1104	12386	25457.6	2695	7744.2	1409	15532.0
1997	2155	30283	1354	14315	22776.3	2893	8249.9	1411	12458.1
1998	1987	27010	1504	15562	23031.1	2879	8632.4	1378	12487.6
1999	1829	24862	1495	15580	22978.5	2792	8299.2	1402	12934.0
2000	1695	23610	1457	13161	23319.0	2677	8136.4	1459	13542.4
2001	1725	24620	1477	12777	23941.6	2699	8079.8	1498	14272.8
2002	1899	27007	1692	14756	24652.4	2757	8264.6	1559	14824.4
2003	1914	29048	2005	16533	25590.2	2811	8255.3	1611	15773.3
2004	1845	29072	2202	18758					

(出典) Bundesministerium für Gesundheit und soziale Sicherung, Statistisches Taschenbuch 2005, Bonn 2005, Tab. 8, 14 u. 8, 16より作成。

失業手当IIに統合するとともに、失業手当Iに名称が変わる従来の失業手当の支給期間も最長で12カ月に短縮するという厳しい方針を打ち出したのである[7]。これがそのまま実現すれば、社会扶助を受給している者のうち稼働能力のある者は失業手当IIに移り、受給者の数が膨らむ一方、これまで失業扶助を受けていた者や、とりわけ社会扶助と失業扶助を併せて受給していた者に大きな影響が生じることになる。しかも他方では、失業者に対して再就職の努力が義務づけられ、職業紹介機関で提示される仕事を正当な理由なしに拒否した場合、失業手当IIの支給額を減額する形でペナルティを強めることが計画されていた。そしてK.-R. コルテの指摘によれば、こうした改革によって直接的に甚大な影響を受ける者の3分の2を占めているのが、膨大な失業者を抱える東ドイツ地域の市民だったのである[8]。

　長らく「貧しい人々の党」を自認し、労働者ミリューに根を張ったSPDは労働組合との蜜月関係を維持してきた。それはSPDの創建以来の伝統だったといってもよい。もっとも、このことはSPDが常に労働運動の政治的代表部の役割を引き受けたことを意味しない。とりわけ国民政党に脱皮してからのSPDは一定の距離と自立性を保ち、労働組合に全面的に依存してはいなかったし、また高学歴者や年金生活者など不均質な人々から党員が構成されている以上、労働組合と一体化することは不可能だったからである。その意味でSPDと労働組合との間にはしばしば軋轢が生じたが、ハルツ改革の場合も同様だった。労働者全体の利益代表を自認する労働側が失業者に厳しい改革に反発したのは当然であり、ドイツ労働総同盟（DGB）委員長のM.ゾンマーは即座に反対の声を上げた。けれども、失業扶助を改編して給付額を引き下げることや、再就職への刺激を強めて受給者の努力を促し、従わない者には給付を保障しないなどの点では、政権与党だけではなく、野党のCDU・CSUなども基本的に同一の立場だったから、流れを変えることはできなかった。

　2003年8月13日に連邦政府はハルツIV法案を閣議決定し、9月に連邦議会に提出した。法案では支給期間が短縮された失業手当Iの期限が来た後、

---

(7) 横井正信「第2次シュレーダー政権とアジェンダ2010 (II)」『福井大学教育地域科学部紀要』61号、2005年、73頁参照。
(8) Die Welt vom 24.8.2004.

失業手当IIに移行する際，2年間に限って割増額を付加すること，失業手当IIの支給額には暖房手当や住居手当を積み増すことなどが盛り込まれていたので，経済界は改革が不十分だと批判した。またCDU・CSUも失業手当IIの支給額を現行の社会扶助のレベルに下げるだけでは失業者の再就職を促進できないとし，低賃金雇用を同時に拡充することが必要だと主張した。一方，再編後もこれまでどおり自治体が社会扶助を所管することになっていたが，稼働能力のある受給者が失業手当IIに移ることによって有資格者が減少するものの，それに伴う税収配分の見直しによってかえって負担増加になることを懸念し，各州からも同様の不信感が表明された。そのため，両院協議会が開かれ，この場で調整が進められた結果，12月に妥協点に達し，ハルツIV法案は同月半ばに成立したのである[9]。

ところが，その後に行われたモデル・ケースでの試算では自治体の負担は軽減されず，かえって増加することが明らかになった。このため，自治体側からハルツIV法の修正要求が噴き出した。政府はこれに応えて譲歩案を作成したものの，自治体側の疑念は消えず，これに同調する野党も反対したので，再び両院協議会が開かれることになった。

もちろん，ハルツIV法の基本線にはCDU・CSUも同意していたから交渉は決裂には至らず，対立は連邦がより大きな負担を引き受ける形で収拾された。そして両院協議会でのこの合意に基づいて修正案はまず連邦議会で圧倒的多数で可決された。けれども，7月9日の連邦参議院では修正案は可決され成立に至ったものの，これまでにない異変が生じた。それは採決にあたってベルリンを含む東ドイツ地域のすべての州が，SPD主導かCDU主導かという政権構成の違いを超えて，修正案に反対もしくは棄権したことである。連邦と州では政権与党が同一であっても，州には固有の利害が存在するので，法案採決の際に同じ行動を取らないことはしばしば見られる現象である。けれども，東部州という共通項で括られる今回の事態は極めて異例であり，『シュピーゲル』はこれに注目して「東部の大連立」と命名しているほどである[10]。とはいえ，東ドイツ諸州のそうした行動は予見されたことであり，例えばザクセン州首相ミルブラート（CDU）はハルツIV法の審議の最

---

(9) 横井，前掲論文 (II) 77頁以下。
(10) Der Spiegel, Nr.32, 2004, S.17.

初から、東ドイツ地域には失業者を吸収できるだけの十分な雇用が存在しないことを強調し、たとえ失業手当の給付額の削減やその他のペナルティを科して再就職への圧力を強めたとしても、受け皿が欠如している以上、失敗に終わると警告していたのであった。もっとも彼の場合、発言を額面どおり受け取るのではなく、9月に予定されていたザクセン州議会選挙への思惑が込められていたことを見落としてはならない。いずれにせよ、連邦参議院での採決を通じて東西ドイツの亀裂が鮮明になったのは看過できない事実といえよう。『ヴェルト』紙上でP. ダウゼントはこの点を注視しつつ、次のように書いている。「壁の崩壊から15年後に東西ドイツの新たな分裂が迫っているのだろうか。7月初めにハルツ IV 法についての連邦参議院での採決が初めてかつてのドイツ内部国境の線に沿った結果になったとき、この危険は目に見えるものになった。西ドイツ人は一致して賛成票を投じ、東ドイツ人は同じく一致して拒否したのである[11]。」

このようにして法案の成立過程で東西ドイツの対立があぶり出されたのに続いて、東ドイツ地域を中心にした月曜デモが巻き起こり、ハルツ IV 法に対する反対行動が盛り上がっていくことになるのである。

2. 月曜デモの経過

(1) 失業手当 II と名称問題

それでは、以上のような経緯で成立したハルツ IV 法が施行されたとき、これまでの失業扶助受給者の生計はどの程度まで逼迫するのだろうか。月曜デモの経過を跡付ける前に、モデル・ケースについての試算を紹介しておこう。この法律によって広がった不安や怒りの理由を確認しておくことが、月曜デモのエネルギーの大きさを理解するのに不可欠だと思われるからである。

従来の失業扶助は、失業前の職で得ていた実質賃金に応じて異なり、子供を扶養している場合は前職の賃金の57%、いない場合は53%とされていた。また受給期間が延びるのに応じて給付金は減額され、毎年3%ずつ逓減する

---

(11) Die Welt vom 24.8.2004; Gunhild Lütge, Populismus pur, in: Die Zeit, Nr.32, 2004.

形になっていた。これに対し，新設される失業手当Ⅱでは給付額は一律であり，基準額は西ドイツ地域で345ユーロ，東ドイツ地域で331ユーロと定められていた[12]。それゆえ，基準額だけで測るなら，失業前に2,000ユーロの賃金を得ていた者にとって所得代替率は約17%に急減し，1,500ユーロだった場合でも約23%まで落ち込むことになる。このように計画に従えば所得代替率の落ち込みが大幅であり，所得比例から最低生活保障への原則の転換に照らせば予定される失業手当Ⅱが従来の失業扶助の再編の域を超え，基本的な性格が異なることに注目する必要がある。

　こうした基準額に加え，計画では18歳以上のパートナーがある場合には基準額の90%が加算される。また，18歳未満の就学中の子供には基準額の80%，14歳未満の子供には60%が社会手当としてこれに追加される。これらの負担は連邦政府の財源から賄われるが，その他に自治体の負担で住居費と暖房費が補助される。そして「一つの手からの補助」の原則の下に連邦雇用エージェンシーと自治体が運営主体として「協同体」を設置し，受給者はその窓口で給付金を受け取ることになる。

　それでは具体的なケースで給付額はどれほどになるのだろうか。住居費の補助などを除き，夫婦と子供2人の世帯に当てはめた場合，どの程度の収入になるかを試算したのが表2－2である。稼働能力のない障害者を抱えているケースですら，計画通りならば，家計収入は月額1,174ユーロにしかならず，社会的文化的な最低生活費という失業手当Ⅱの建前に反して，生活が窮迫せざるをえないのは多言を要しないであろう。基準額が物価水準を考慮して幾分高めに設定されている西ドイツでも事情は同様である。例えば失業している25歳のシングル・マザーと6歳の娘の世帯では，母親が失業手当Ⅱとして受け取る345ユーロと娘に社会手当として給付される207ユーロのほかに，単身養育加算として追加される124ユーロを足しても合計676ユーロにとどまり，これで生計を維持するのは不可能に近いといわねばならない。さらに忘れてはならない変更点は，失業手当の受給期間満了後，生活費を得る目処のない者すべてが有資格者だった従来の失業扶助と異なり，失業

---

(12) その詳細に関しては，布川日佐史「ドイツにおけるワークフェアの展開」『海外社会保障研究』147号，2004年，50頁の一覧表のほか，労働政策研究・研修機構『フランス・ドイツにおける雇用政策の改革』2004年，73頁以下参照。

表 2-2　失業手当Ⅱのモデル・ケース

ケースⅠ（東ドイツ）	ケースⅡ（西ドイツ）
父親（45歳，失業中），母親（41歳，失業中） 長女（20歳，重度障害者） 長男（17歳，就学中） 　父親　　311ユーロ（失業手当Ⅱ） 　母親　　311ユーロ（失業手当Ⅱ） 　長女　　276ユーロ（基礎保護） 　長男　　276ユーロ（社会手当） 　　合計　　1174ユーロ	母親（25歳，シングルマザー，失業中） 娘（6歳） 　母親　　345ユーロ（失業手当Ⅱ） 　娘　　　207ユーロ（社会手当） 　単身養育加算　124ユーロ 　　合計　　676ユーロ

（出典）ドイツ社会法典研究会訳『社会法典第2編（求職者に対する基礎保障）』・第12編（社会扶助）』
　　　　（厚生労働科学研究費補助金「生活保護における自立支援プログラムの検討」『平成17年度中間報告書』）2005年，104頁。

　手当Ⅱを申請する場合にはミーンズ・テストを受けなければならなくなることである。しかも，その審査基準はこれまでよりも厳しくなり，例えば失業扶助ではパートナーの所得は失業扶助給付相当額まで控除されていたが，新しい失業手当Ⅱでは収入として認定され，資産や貯金についても扱いが厳格になった。その結果，これまで失業扶助を受けていた者のうちで失業手当Ⅱの受給資格を失う者が少なくないと見られており，その数を50万人とする推定も出ているほどである。

　それはさておき，『シュピーゲル』の記事によれば，こうしたハルツⅣ法の施行を見越して失業者の間でこれまでは条件が悪く魅力がなかった仕事に就く者が増大した。なかでも増加が顕著なのは，パートタイムや派遣労働のような不安定雇用の形態で就労する者だった。その理由について，時間当たり6ユーロの賃金を得る東ドイツの男性派遣労働者は，失業手当Ⅱの「331ユーロでは生活できない」からだと語り，派遣労働でも「ハルツⅣ法よりはずっとましだ」と述べている。また時間当たり5.9ユーロのパート労働に就いた東ドイツの女性は，「新しいハルツⅣ法を考えると，賃金がどんなに安くてもどの仕事でもほとんどが割があう」と就職に応じた動機を明かしている。この意味では，ハルツⅣ法が失業者に再就職を促す効果があったのは間違いなかったといえよう。こうした事実を踏まえ，記事ではハルツ改革の狙いは，「職に就くことが常に引き合うほどに失業を魅力のないものに作りかえる」ことにあると断定しているが，その見方は正鵠を射ているといってよい。実際，それは，M.ガイスたちが指摘するように，「社会的零落への

政治的ロードマップ」として受け取られたのである[13]。

　ところで，このように苛酷ともいえる内容のハルツ IV 法をはじめとして，アジェンダ 2010 の改革をシュレーダー政権が強引に推進したのは，高止まりした失業率に示される経済の停滞と拡大基調の財政赤字が映し出す財政の逼迫を打開するためだった。けれども，肥大しすぎた社会国家の改造に理解を示す人々であっても，生活の安心を支えてきた社会保障の縮小の影響が身辺に及べば，痛みを強いる政権に対して批判的になり，あるいは反対に回るようになるのは避けられなかった。7 月 3 日付『フランクフルター・ルントシャウ』紙は政党支持などに関する世論調査の結果を伝えているが，見出しを「SPD はもはや社会的公正の政党とは見做されていない」とし，支持率についても「これまでで最低の支持率」で「記録的な低さ」だと報じているのは[14]，ハルツ改革の当然の帰結であった。事実，SPD の支持率は 2002 年の連邦議会選挙で得た 38.5% から 15.5% も下がって 23% にまで低下し，最大野党 CDU・CSU が得た 45% の半分のレベルに落ち込んだのである。

　世論調査結果のそうした報道は 7 月 12 日発行の『シュピーゲル』でも行われており，そこでは「急降下過程にある SPD」や「記録的な低位のなかの首相」などの見出しが躍っている[15]。SPD 支持率のこのような低落は，しかし，この時期に始まったのではなく，シュレーダー政権の 1 期目から既に見られた傾向だが，アジェンダ 2010 の具体化とともに加速したのは間違いない。特に長らく協力関係を維持してきた労働組合が，経済・社会政策について政労使で協議する「雇用のための同盟」が行き詰まったのち，改革政策

---

(13) Der Spiegel, Nr.36, 2004, S.84; Matthias Geis u.a., Im Sommer des Unmuts, in: Die Zeit, Nr.34,2004. このようなハルツ IV 法は『シュテルン』誌で M. グリルが評したように一種の上からの「社会革命」であり，それに対して厳しい批判が繰り広げられたのは多言を要しないが，ここでは 2 つだけを挙げるにとどめよう。Stern, Nr. 29, 2004; Christoph Butterwegge, Mit Hartz IV wird nicht nur die Wohlstandkluft zwischen West und Ost tiefer, sondern auch die zwischen oben und unten, in: Frankfurter Rundschau vom 31.8.2004; Michael Heinrich, Agenda 2010 und Hartz IV: Vom rot-grünen Neoliberalismus zum Protest, in: Prokla, H.136, 2004. また，ハルツ改革の全般的意義に関しては，一例として，Hartmut Seifert, Was bringt die Hartz-Gesetze? in: Aus Politik und Zeitgeschichte, B16, 2005 参照。

(14) Frankfurter Rundschau vom 3.7.2004.

(15) Der Spiegel, Nr.29,2004,S.30.

に反対する動きをするようになって急落に弾みがついた[16]。実際、アジェンダ 2010 の関連法案が審議に入った段階から、既得権益を脅かされる人々を代表する形でドイツ労働総同盟（DGB）がイニシアティブをとり、大規模な反対行動を展開した。2003 年 11 月 3 日には 10 万人がベルリンで反対デモを行ったし、翌 2004 年 4 月 3 日には再び総数で 50 万人が全国各地で反対デモに結集したのである[17]。世論調査に見られる国民の SPD 離れはアジェンダ 2010 に対する不満を反映していたから、この抗議行動が世論を背にしていたのは確かであり、そうした場合には DBG が高い動員力を発揮できることが証明される形になった。けれども他面では、その行動が反復されず、散発的に終わったのも事実であり、その意味では単なる意思表明の域を出なかったのも否定できない。このため、DGB が組織した行動は政府や与野党にハルツ改革の撤回を迫るほどの圧力にはなりえなかった。

これに対し、上記のような内容のハルツ IV 法が成立した直後から、これに反対する運動が始められたが、それは多数の市民を引き付けた上に、波状的に繰り返された点で明らかに異なっていた。この反対行動は毎週月曜に行われたところから「月曜デモ」と名乗ったが、無論、その呼称がベルリンの壁を崩壊させた東ドイツの市民運動を真似ているのは指摘するまでもない。この呼称は、デモを呼びかけたグループが、ハルツ改革を強行するシュレーダー政権に対する反対を SED 独裁に対する抵抗になぞらえる意図から使用したものと思われる。そしてマスメディアもその呼び方で大々的に報道したので、一般的に使われるようにもなった。

しかしながら、この呼称については批判が少なくなかった。かつての月曜デモは、東ドイツの民主化を目指し、独裁体制を崩壊に導いたところから栄光に彩られた名称として記憶にとどめられているが、今回の月曜デモにそうした輝かしさがあるかどうかが問われたからである。その点からすれば、ハルツ改革を推進する政権側から批判を受けたのは当然であろう。例えばノルトライン＝ヴェストファーレン州首相のポストから請われて内閣に横滑りした W. クレメント経済相は名実ともにシュレーダー政権の重鎮だが、『ライ

---

(16)「雇用のための同盟」に関しては、拙著『統一ドイツの政治的展開』木鐸社、2004 年 86 頁以下参照。
(17) Frankfurter Allgemeine Zeitung vom 5.4.2004.

プツィヒ民衆新聞』紙上で彼は今回のデモを「月曜デモと比較することすら僭越であり，歴史的な月曜デモと，多数の東ドイツ人が見せた勇気に対する名誉毀損である」と反撃している。また与党である同盟 90・緑の党の代表 R. ビュティコーファーも改革の敵対者によって「月曜デモの名称が濫用されている」ことを「恥辱」と呼んで切り返している。東ドイツ地域の出身で同地域で信望の厚い M. シュトルペ（SPD）の場合はこれに比べると遥かに穏やかではあるが，それでも月曜デモを擁護する「フューラーのような牧師たちと DDR の平和革命の際の彼らの功績に対する深い敬意」を表明しながらも，「現在の問題状況は 1989 年の状況とは全く異なっており，比べることはできない」と述べて，月曜デモの僭称を批判している[18]。

　こうした批判に対し，月曜デモの名称の使用を正当だとする主張もあったが，その声は小さかったように感じられる。代表的なのは，シュトルペも引き合いに出している，ライプツィヒにあるニコライ教会の牧師 C. ヒューラーであろう。ニコライ教会は DDR を崩壊に導いた月曜デモの原点として知られ，不屈の抵抗を続けたヒューラーは高い尊敬を集める人物である。その彼は今回のデモそのものには参加しなかったけれども，それに理解を示し，「仕事は人間の尊厳である」というプレートを着けて精神的に支援したのである[19]。

　一方，デモ参加者の間では，当然ながら，月曜デモという名称は正当であり，1989 年の精神を継承しているという主張が見られた。そのことを象徴しているのは，「我々が人民だ」という 1989 年のシュプレヒコールが呼び覚まされ，再び唱和されたことであろう。例えば 8 月 9 日の西部ドイツ放送（WDR）によれば，同日のドルトムントでのデモの際，西ドイツ地域であっても参加者の一女性が「我々がここで月曜デモを名乗るのは完全に正当である」とし，「問題になっているのは人民であり，人民は既に十分に長くじっとしていたのだ」と主張している。このように運動の正統性に直結するところから，名称をめぐって既に亀裂が表れていたのである。

---

(18) Die Welt vom 7.8.2004.
(19) Süddeutsche Zeitung vom 10.8.2004.

(2) 月曜デモの経過

 それでは月曜デモはどのようにしてスタートし，どのような展開を辿ったのであろうか。各地の様子やそこでの経緯などを正確に跡付けるのは不可能であるし，資料集を作成することが目的ではないから必要でもないので，新聞報道や各種団体の発表などを利用しながら，以下では主要な動きだけを追いかけることにしよう。その際，月曜デモの展開過程に見出される特徴を明確化するために，一連の過程を便宜上3つの局面に区別して整理することにしたい。拡大局面，高揚局面，衰退局面がそれである。

ⅰ．拡大局面

 現在から振り返れば，月曜デモが始動する以前にその興隆を予兆するいくつかの変化が現れていた。なかでも重要なのは，東ドイツ地域で6月13日に行われた自治体選挙の結果であろう。この選挙ではSEDの後身であるPDSが票を伸ばしただけでなく，極右政党であるドイツ国家民主党（NPD）と共和党（REP）が大きく躍進し，各地で議席を獲得した反面，SPDとCDUの二つの国民政党が大幅に後退するというかつてない異変が生起したのである。これについて『シュピーゲル』は，「東部は険しいプロテストに回帰している。左の方向であれ右の方向であれ，有権者は国民政党から離反している」と指摘して注意を喚起し，その上でドレスデン工科大学の政治学者 W. パツェルトの解説を紹介している。それによれば，「欠乏の時代に入り，紛争は突如としてより多くの生産物の分配では解決できなくなっている。SPDによってなされる政治であれ，CDUによるそれであれ，人は政治全体に対して不満を抱いている。有権者は国民政党に背を向けているが，右へか左へかはどうでもよく，肝心なのは離反することなのである[20]。」

 こうした分析は極論であり，正鵠を射ているとはいいがたい。しかし，東ドイツ地域では不満が募り，プロテストの心理が強まっていたことが確認できればここでは十分であろう。月曜デモは瞬く間に各地に伝播していったが，それが可能だったのは，そうした心理的土壌が存在していたからであった。月曜デモが始まったばかりの8月5日の時点で『フランクフルター・アルゲマイネ』紙は，ハルツ改革に絡めつつ，「世論調査は人々の不安の高ま

---

(20) Der Spiegel, Nr.26, 2004, S.30.

りを確認している」と報じるとともに，それを「ポピュリストのための弾薬」だと呼んだが[21]，このような懸念が表明されるほどに不満が既に蓄積されていたのである。

　まず月曜デモの発足について述べよう。この点に関しては実は意外に情報が少ない。7月26日にマグデブルクで始まったという点では衆目はほぼ一致しているが，月曜デモの名称で報道されるようになるのはその時点ではなく，8月9日のデモからだと見て間違いない。ここでは8月10日付『ヴェルト』紙に掲載されたこの問題に関する比較的詳しい記事に主として依拠することにしたい[22]。

　記事を執筆したヤン・リューベルによれば，最初にアピールを行ったのは42歳になる失業中のセールスマン，アンドレアス・エアホルトという無名の人物だった。彼は長期失業者の一人で，1998年以来職がなかった。仕事探しに奔走しても成果がなく，毎月500ユーロの支給を受けて生計を立てていたが，最低限度の暮らしだった。けれども，ハルツIV法が施行されればこの金額すら削られ，月額200ユーロ弱の収入になると予想された。こうした事情から，マグデブルクで「ハルツIVに終わりを」というアピールを発し，抗議行動を呼びかけたのだった。ところが反響は予想を遥かに上回り，マグデブルクのドーム広場に最初は600人，翌週の8月2日には6千人もの人が集まった。また，この日にデモは同じザクセン＝アンハルト州のデサウにも広がり，1,500人が市中を行進して気勢を上げた。デモでは「ハルツと貧困に反対」，「我々は人民であってハルツの奴隷ではない」などと記したプラカードが掲げられた。またデモの最後には参加者が一斉に「我々が人民だ」と叫び，その光景は「DDRを終焉に導いた月曜デモを思い起こさせるものだった」と報道されている。こうして共鳴の輪が瞬時に広がるとともに，エアホルトは一躍有名人になり，月曜デモの創始者として知れ渡るようになった。彼にはかつてSEDから文句が多い人物だとして除名された前歴があり，2000年にはCDUに入党したものの，東ドイツ出身の党首メルケルに失望して2002年に離党している。その点からみても，彼の行動には特別な政治的背景はないようである。しかしその一方で，8月4日付『フランク

---

(21) Frankfurter Allgemeine Zeitung vom 5.8.2004.
(22) Die Welt vom 10.8.2004.

フルター・アルゲマイネ』紙では3日のデモには労働組合による参加への呼びかけがあったことが指摘されており[23]、スタート段階で既に月曜デモが単純な自然発生的運動ではなかったことが察知できる。

　いずれにせよ、8月初めには既にデモの拡大が十分に予想された。例えば8月7日の『ヴェルト』紙によれば、SPD党首ミュンテフェリングは「ハルツ法に反対する大衆的抗議の熱い秋」について語り、それを回避するために失業手当IIの訂正を考慮していることを示唆した。しかし、同じ記事には8月9日にマグデブルクだけでなく、ベルリン、ハンブルク、ライプツィヒなどでもデモが計画されていることが報じられており、抗議行動に弾みがついていたのは明白だった[24]。それどころか、事態は予想を越えた急展開を見せ、月曜デモは瞬く間に多数の都市に広がったのである。

　こうして迎えた8月9日には各地で月曜デモが盛り上がった。8月10日の『ターゲスシャウ』の報道によると、起点になったマグデブルクでは警察発表で1万2千人が参加し、「ハルツIVは困窮、貧困と同義だ」などのシュプレヒコールを叫んだ。SED独裁を倒した月曜デモの震源地ライプツィヒでは、ニコライ教会で「ハルツIVとアジェンダ2010をやめよ、労働、正義、連帯のために」という標語で集会が催され、続いて1万人のデモが行われた。またアッシャースレーベンで5千人、デサウ、ハレ、ロストックで3千人、ゲラとドレスデンでは1,500人が市中をデモした。ブランデンブルク州の小さな町ゼンフテンベルクでは1,000人の参加者があり、この町が人口に照らすと最大規模になった。8月10日付『ターゲスシュピーゲル』紙によると、同様に小規模な町ヴィッテンベルゲで500人、ユターボークで200人がデモを行い、「ハルツは決定事項、これには復讐あるのみ」、「我々が求めるのはハルツIV法ではなく仕事だ」と叫んだという。ベルリンでも予想されていたものの、アレクサンダー広場に集まったのは警察発表で150人、アジェンダ2010反対同盟という名の主催者のそれでは500人にとどまった。

---

(23) Frankfurter Allgemeine Zeitung vom 4.8.2004.
(24) Die Welt vom 7.8.2004. なお、月曜デモ参加者の人数については新聞報道などでも必ずしも一致していないが、基本的に出典を記している記事による。なお、毎回の各地での月曜デモ参加者数の一覧が次の資料に載せられている。Randzone, Teilnehmer und Termine Montagsdemonstrationen, 2004.; Winston Smith, Überblick über mehr als 2 Monate Montagsdemos. Okt.2004.

因みに，デモに先立つ集会ではPDS所属の自治体議員が演説し，党首L. ビスキィが15年前のDDR指導部に反対する集会の平行現象だとして月曜デモを擁護するとともに，「人を街頭へ駆り立てているのは出口のなさ」であると断じてシュレーダー政権の失政を攻撃したのも注目に値しよう。この日のデモについてDGBザクセン＝アンハルト州支部長U. ゲプハルトが，「ハルツIV法に対する抵抗はダイナミズムを得つつある」と総括し，「気分は爆発寸前」だから，「統治者が助言に耳を傾けないなら，街頭からの圧力が高まるだけだ」と警告したのは，運動が上昇気流に乗っていたことをよく物語っている[25]。

このようにデモが高揚したのはいずれも東ドイツの都市だったが，これと対照的に西ドイツ地域ではあまり活発化せず，この点に着目したマスメディアで西では「微弱」だと報じられた。事実，最大の州ノルトライン＝ヴェストファーレン州でみると，ドルトムント，ゲルゼンキルヘン，ケルンで数百人規模にとどまり，大都市ハンブルクですら僅かだったと伝えられている。ただこのように小規模ではあっても，重要な一面が現れていた点を見逃すことはできない。例えば8月9日の西部ドイツ放送（WDR）によると，ドルトムントで月曜デモの発起人になったのは，パウシュという政治的背景のない失業した医療技術者だったが，彼に協力する形で月曜デモに寄与したのは様々な団体に所属する活動家たちだった。反グローバリズムの団体アタック，国政レベルで与党である同市の緑の党，SPD脱党グループが結成した「労働と社会的公正のための選挙オルタナティブ（WASG）」，炭鉱・化学・エネルギー産業労組（IG BCE），サービス産業労組（Ver.di）などがそれである。この点は西ドイツ全般に関する『ターゲスシャウ』の報道でも確認されており，東ドイツ地域ではPDSが，西ドイツ地域では労組のほかにアタック，WASGが早い段階で登場し，共闘態勢を形成しつつあったのは注目に値しよう。

このような展開に直面して，シュレーダー政権周辺には強い危機感が漲った。その代表例はSPD連邦議会副院内総務G. エアラーであろう。彼は「統一から15年になる新連邦州では信頼の危機が迫っている」と警鐘を鳴らし，政権だけではなく，すべての政党にとっての「本当に深刻な事態」だと指摘

---

(25) Süddeutsche Zeitung vom 11.8.2004.

して，緊迫した状況を放置してはならないと訴えた[26]。ミュンテフェリングがデモの翌日に，子供のための預金を給付に当たって審査する保有資産に含めるのを改めるなど改善の意向を表明したのも，同じ認識に基づいていたといってよい。その他にも政権周辺から柔軟姿勢を求める声が公然化したが，それらは広く危機感が共有されていたことを証明している。シュレーダー後の SPD 指導者として有望視されるブランデンブルク州首相 M. プラツェクは，とくに 9 月 19 日に予定されている州議会選挙への影響を計算に入れつつ，月曜デモを攻撃する者を批判した。すなわち，彼は，「ひとは苦境に陥ったら，そのことを表現できなければならない」と述べ，ハルツ IV 法は西ドイツの実情には合致していても，東ドイツでは行き過ぎであると明言したのである。これと同様に SPD 幹部会員 N. アネンも強硬姿勢を崩さないクレメント経済相を公然と批判し，その改革は「誠実な政治ではない」と言い切って，見直しを要求した。また，連邦議会議長の要職にある東ドイツ出身の W. ティールゼが，シュレーダーを支えるべき SPD 副党首でありながら，「抗議の背後には統一以降の悲痛な経験がある」と述べて月曜デモに理解を示し，DDR 時代の市民運動家で CDU の連邦議会議員に転じた V. レングスドルフから反撃を浴びる一幕もあった。けれども，事態のこのような緊迫にもかかわらず，政府がみせた反応は，ハルツ改革に対する理解を深めるために広報活動を強化するという決定だけだった[27]。

　こうして変化の徴候が現れたものの，大きな動きのないまま月曜デモは回を重ねた。そして参加者がますます増大し，デモが行われる都市も増えて，東ドイツでは全域に広がった。8 月 16 日の月曜デモを『ジュートドイッチェ』紙が「東部における民衆の怒り」という見出しで報じているのを見ただけでも，事態の深刻さが推し量れよう[28]。この日，東ドイツ地域では 9 万人以上が街頭に出てハルツ IV 法と社会保障制度の解体に反対して気勢を上げた。主要な都市ごとに参加者数を挙げると，ベルリンで 1 万 5 千人，ライプツィヒで 2 万人，マグデブルクで 1 万 3 千人，ハレで 5,500 人，ケムニッツとロストックでそれぞれ 5 千人，デサウで 4,500 人，ゲラで 4 千人を数え

---

(26) Süddeutsche Zeitung vom 10.8.2004.
(27) Stern vom 10.8.2004; Tagesschau vom 10.8.2004.
(28) Süddeutsche Zeitung vom 17.8.2004.

た。これと対照的に西ドイツ地域では依然として盛り上がりに欠け,『ジュートドイッチェ』紙は「西部では大抵の人は家に留まった」ので,「抗議は西部では一定の限度内にあった」と記している。事実,警察発表では西ドイツ地域全体で参加者は6千人程度にとどまった。最大のデュッセルドルフで600人,続くザールブリュッケンで500人であり,その他にボーフムで400人,ハンブルクとカッセルで各々300人の参加があった。

月曜デモの拡大傾向と東高西低とも言うべき顕著な温度差はその後も継続した。また政府の頑強な姿勢にも変化の気配は見られなかった。それどころか,シュレーダーはむしろ挑戦的態度を強めさえした。彼はハルツ改革の修正に応じるつもりはないと言明する一方で,月曜デモに便乗して政府批判を繰り返していると PDS と CDU・CSU に反撃し,氷炭相いれないはずの両党が実は共同して改革を阻む人民戦線を組んでいると逆襲したのである。

このようにシュレーダーが強気の態度に出たのは余裕の表れではなく,むしろ窮地に追い込まれつつあるという意識の裏返しだったと見做すべきであろう。事実,月曜デモの規模は8月23日を経て8月30日に頂点に達し,参加者は19万人に達した。またこれに合わせて野党だけではなく与党内部からもハルツ改革の軌道修正を求める声が強まり,政府はますます苦境に立たされたのであった。

ⅱ. 高揚局面

こうして月曜デモは拡大局面から高揚局面に入っていった。

上記のように,デモによる圧力が強まり,政権周辺からも修正要求が高まったが,そうした状況で,いくつかの新たな動きが顕在化した。第1は,最大野党 CDU・CSU から政権批判を控える動きが出てきたことである。

同党は連邦参議院での優位を利用して政権を揺さぶる戦術を続け,その協力をとりつけるためにシュレーダー政権は譲歩を重ねてきた。このことはハルツ改革にも当てはまり,とくに連邦参議院の同意を必要とする法案の立法化に当たっては野党の主張も組み入れられていたのである。そうした背景からハルツ改革は与野党の合作として捉えられ,CDU・CSU も広い意味で共同責任を負っていたのであり,ハルツ改革の挫折は同党も決して望んではいなかった。それだけではない。W. ハルバウアーが指摘するように,「もし首相が大衆運動の圧力に屈して退陣すれば,次の CDU 政権が社会保障の解体

をさらに推し進めるのは一層困難になるだろう」という計算も当然ながら働いていた[29]。8月16日が過ぎ，月曜デモが一段と拡大する様相が濃くなると，CDU幹事長 V. カウダーは，首相が事は既に決着して変えられないといっているのは正しいとし，必要なのは改革の内容と意義を国民によく説明することだと述べたが，そうしたシュレーダー援護の真意はこのような文脈で理解すべきであろう。同様に CDU 所属のハンブルク市長（州首相）O. ボイストも CDU・CSU 内部から出ているハルツ改革批判について全く理解できないと切り捨て，ハルツ改革の「法律は正しいし，必要である」と公言した。さらに党首メルケルは CDU 幹部会の名で「東部宣言」を発表し，「新連邦州の人々は見捨てられてはいない」ことを訴える一方，クレメントが計画している1ユーロ・ジョブを「ドラマティックな誤り」であり，代わりに低賃金労働に対する賃金コスト補助を導入すべきだとして，部分的修正の必要を唱えたのであった[30]。このクレメント批判は言辞としては厳しいが，ハルツ改革の本体に及ぶものではなく，むしろ基本的な賛意が埋め込まれている点に注意する必要があろう。

　第2は，ハルツ改革に批判的だったドイツ労働総同盟（DGB）が，8月19日に幹部会と地区委員長会議を開き，今後も引き続き月曜デモへのアピールを中心に立って行わないと決定したことである。その理由説明で DGB 委員長 M. ゾンマーは，月曜デモがますます政治的に濫用されており，ハルツIV 法のどの点が具体的に改正されるべきかという点が軽視されていることを挙げた。月曜デモに反対しないが支持もせず，距離を置くという一種の中立宣言ともいえるこの決定は，シュレーダー政権と正面から対決することを避けると同時に，下部からの突き上げを配慮し，組合活動家が月曜デモの担い手になることを黙認せざるをえない DGB の苦しい立場を表しているが，その底流には，2003年後半からの協約自治の縮小と事業所レベルの共同決定拡充を唱える経済界からの攻勢に対し，弱体化しつつある DGB にとっては，これを守るには SPD の協力が不可欠だとする思惑があったと考えられる[31]。金属労組委員長ペータースが『シュピーゲル』のインタビューで語っ

---

(29) Werner Halbauer, Montagsdemos: Wir kommen wieder, in: Linksruck, Nr.186, 2004.
(30) Die Welt vom 19.8.2004.
(31) この問題については，藤内和公「協約自治制限立法の動き」『海外労働事情』

た,「我々は違う政治を望んでいるが，別の政権を望んではいない」という言葉は，そうした事情を雄弁に物語っている[32]。また8月17日付『ジュートドイッチェ』紙では，最低賃金制度が存在しないドイツで政府が政令でこれを定めるなら，それと引き換えにサービス産業労組と金属労組がハルツⅣ法に対する反対の取りやめを考慮していることが報じられており，ハルツ改革で守勢に立たされている労働側が反対運動を労働者に有利な条件を引き出すための取引材料にしようとしていたことが明るみに出ている。

　ともあれ，所属組合の下部組織や活動家が月曜デモを支援するのは容認しても，頂上団体であるDGBが組織としてハルツ改革に反対する運動の担い手にはならないことが固まったのは，シュレーダー政権にとって好材料になった。事実，例えばDBGベルリン・ブランデンブルク支部では，支部長B. リスマンがDGBが主導する全国的行動は考慮の余地があるとしても，それ以外の抗議の形態は直ぐに分解してしまうとして，月曜デモへの参加拒否の方針を理由づけたのである[33]。もっとも他方には，DGBザクセン＝アンハルト州支部長U. ゲプハルトのように，金属労組の一員であり，かつSPD党員であるにもかかわらず，月曜デモを支援し自ら参加した者も存在した。さらに炭鉱・化学・エネルギー労組委員長H. シュモルトは，政府がなぜ柔軟に改正に応じられないのか理解できないと述べ，ハルツ改革は完成品ではないとの認識に立って，失業手当Ⅰの支給期間を労働市場情勢に関連づけて延長するなどいくつかの具体的な提案を行い，政権批判の姿勢を明確にした[34]。このように労働組合の内側には複雑な動きが見られ，規律と統一性の欠如が露呈していたが，不協和音を響かせながらも組織全体としては表面上は月曜デモに対して距離を保ったのである。

　第3は，シュレーダー批判を繰り返していた元SPD党首O. ラフォンテーヌが，SPD党員でありながら公然と月曜デモに肩入れしたことである。周知のように，ラフォンテーヌは1999年3月に政策的対立からシュレーダーとの権力闘争を演じた末，党首と蔵相のポストを投げ出した。その後，彼

1570号，2004年，26頁以下，竹内治彦「賃金協約を柱としたコーポラティズムは行き詰まるのか?」『労働調査』2004年1月号，28頁以下参照。
(32) Der Spiegel, Nr.35, 2004, S.28.
(33) Berliner Zeitung vom 10.8.2004.
(34) Die Welt vom 19.und 31.8.2004.

は左派色を強めるとともに，シュレーダー批判者に転じたが，依然としてSPD 党内の一部に根強い支持者をもっていた。そうしたラフォンテーヌが 8 月 30 日にライプツィヒの月曜デモに参加し，シュレーダーを激しく攻撃する演説を行ったのである。ラフォンテーヌがデモに加わることが報道されると，直ぐに SPD 指導部は反応した。例えば党首ミュンテフェリングは，「何年も彼は茂みにこもって我々を批判し，多額の金を稼いだ分厚い本で自分の伝説を作り上げた」として敵意を露わにし，「彼自身はいつも善人で他者は愚か者なのだ」と述べて激烈な個人攻撃を行った。またザクセン州 SPD 支部長 T. ユルクは，「1999 年に責任を放棄したような人物からザクセン人が教えてもらうようなことは何もない」と語り，連邦議会 SPD 副院内総務 M. ミュラーは，月曜デモへの登場はラフォンテーヌの「売名の企て」であり，ドイツ統一に冷淡だった彼の過去に照らすと文字通り茶番だと痛撃した[35]。SPD 幹部のこうした憤激に見られるように，ラフォンテーヌが月曜デモに与したことは SPD を中心にかなりの反響を巻き起こした。

　ラフォンテーヌの登場は月曜デモの関係者の間にも複雑な波紋を広げた。というのは，それによって本来政党を超えているはずの月曜デモに政党色が否応なく付着することになるからである。ラフォンテーヌをデモに招請したのは，ライプツィヒの行動同盟「社会保障解体を止め，社会的公正を」と称する団体だったが，関係者の合意を得ないまま独断で招待したために紛争が生じた。なかでもライプツィヒ月曜デモの発起人である W. ヘルビッヒは「抗議行動の分裂」を危惧し，招請を政党政治のための月曜デモの「道具化の試み」だと非難した。「抗議行動はハルツ IV 法で苦しみが増す人によるものでなければならず，政治家のためのプラットホームとして利用されてはならない」と唱えたことにみられるように，彼は月曜デモの超党派性を重視したのであり，政党や政治家による引き回しと主導権争いを避ける立場からラフォンテーヌに断念するよう呼びかけた[36]。そのため，様々な団体を糾合した月曜デモの協力関係は崩れかけたが，協議の結果，ラフォンテーヌの演説が予定される 8 月 30 日のデモには行動同盟が責任をもち，次の 9 月 6 日の

---

(35) Süddeutsche Zeitung vom 19.8.2004; Die Welt vom 19.und 20.8.2004; Der Spiegel, Nr.34, 2004, S.25.
(36) Die Welt vom 19.8.2004.

月曜デモにはヘルビッヒがメンバーである社会フォーラムが責任を引き受ける形でひとまず決着した。こうした中，8月23日のライプツィヒの月曜デモは予定通り行われたが，参加者は警察発表で1万6千人であり，前回より4千人も少なかった。このように減少に転じたのは，内紛の影響を抜きにしては説明できないと思われる。

運動に綻びが見られたのはライプツィヒだけではなかった。ベルリンでは亀裂はより深く，かつ公然化した。同市での8月23日の月曜デモは二つに分裂して行われるに至ったからである。亀裂が生じたのは，アタックの代表が直前の会合で，月曜デモに加わっている団体である「2010反対月曜」同盟を毛沢東・スターリン主義的セクトだと決めつけたうえで，協力は不可能だと主張し，これに対して同盟が月曜デモの分裂策動を行っているとアタックとPDSに応酬したからだった。その結果，「アジェンダ2010に反対するベルリン月曜デモ」同盟という主催団体の名称で一つのデモがアレクサンダー広場からSPD本部のあるヴィルヘルムシュトラーセに行進した。そして4,500人が加わったこのデモの側から「ベルリン月曜デモの公然たる分裂」という非難を浴びながら，連立与党である緑の党の本部まで行くもう一つの抗議デモは「2010反対月曜」同盟によって組織され，1,500人が参加したのである[37]。前者にはサービス産業労組，金属労組，PDSなどの多数のメンバーが参加していたが，二つのデモを合わせても参加者数は主催者発表で1万2千人であり，1万5千人だった前週より落ち込んだのは明らかだった。

このようにベルリンとライプツィヒでは超党派性の建前が揺らぎ，分裂の動きが表面化したが，報道を見る限り，二つの都市を除くと月曜デモはなお勢いを保っていた。8月23日には全国で少なくとも7万人が月曜デモに参加したからである。これは前週よりも2万人の減少だった。最多だったのは，減少が見られたライプツィヒの1万6千人であり，その他に多かったのはマグデブルクの8千人（前週1万3千人），ハレ5千人，ケムニッツ4千人，ロストックとコトブス3千人などだった。また西ドイツ地域で少ないのは変わらず，ミュンヘンやフランクフルトでも参加者数は千人に満たなかった。

8月23日にはこうして分裂と停滞の兆候が一部に表れていたものの，全体としてまだうねりは続いていた。そして8月30日には主催者発表による

---

(37) Die Welt vom 24.8.2004.

と全国で19万人が月曜デモに参加し，最高潮を迎えたのである。もっとも，警察発表では前回と同じ7万人だったから，この数字に依拠した場合には8月16日が頂点ということになろう。しかし，今では数字を確かめることはできないし，ここでは大量の参加者があり，高揚局面が継続していたという事実が確認されればひとまず十分であろう。

　それはともあれ，これまでどおり最大規模になったのはライプツィヒであり，主催者発表で6万5千人，警察発表でも2万5千人が抗議行動に参加した。またベルリンで2万1千人，マグデブルク8千人，ケムニッツ6千人，ドレスデン5,500人，ロストック，ハレ，ツヴィカウでそれぞれ5千人が参加した。一方，西ドイツ地域ではケルンとドルトムントで1,500人，フランクフルトとニュルンベルクで1,000人，ハンブルク900人，ミュンヘンでは600人が市内を行進した。警察発表で200人とされるミュンヘンのデモでは，「賃金強奪と社会的強奪に抵抗を」，「シュレーダーのアジェンダ2010を止めよ」など経済・社会構造改革に関わるスローガンが見られたが，それらと並んで，「政治家よ，自分で選挙し自分で支払え」など政治不信を表すものも目についた。また続く集会でも「政府に対する信頼の破綻」が語られた。この点について『ジュートドイッチェ』紙の記事は，「ミュンヘンの月曜デモの抗議はもはやハルツIV法にだけ向けられているのではない」と指摘して注意を喚起しているが[38]，他の都市でどのような形で政治不信が表明されていたかは明らかではない。

　ところで，この日の最大の注目点は，論議を呼んだラフォンテーヌのライプツィヒでの登場だった。彼の到着が大歓声で迎えられた反面，卵が投げ付けられ，ブーイングが起こったことが亀裂の存在を物語っている。もっとも，いくつかの報道を見ても，注目度の高さの割りには彼の短い演説にとくに目新しい点は見当たらない。彼は「我々が人民だ」という周知のスローガンを繰り返すとともに，「我々は一つの民族である。だから全員が社会国家の金庫に払い込まなければならない。とくに高額所得者がそうせねばならない」と主張して富を占有する富裕層への反感を煽った。またシュレーダーに対する敵意を込めて，赤緑政権の「改革政策は普通の人の生活状態を悪化させる以外の何物でもない」し，「上層の1万人は，自分たちにかかる税金を

---

(38) Süddeutsche Zeitung vom 31.8.2004.

引き下げてますます豊かになっているが，その一方で彼らは庶民に水を飲んで暮らせと説教しているのだ」と断じ，弱肉強食の論理が政治路線になっている現実を激しい口調で攻撃したのである[39]。

ライプツィヒで続けられる月曜デモへのラフォンテーヌの登場には過敏ともいえる反響があり，とりわけ SPD 内部から痛烈な批判の矢が放たれた。例えば地元のライプツィヒ市長ティーフェンゼー（SPD）は，ラフォンテーヌが「あからさまなポピュリズム」を実行しており，「人々の心配と不安を自分の舞台に利用している」と指弾した。SPD ニーダーザクセン州支部長のユトナーは，少し前まで「ラフォンテーヌが我々と一緒に失業扶助と社会扶助の合体を宣伝していたことに彼は沈黙している」と裏話を明かし[40]，信頼性に欠ける人物の発言を真面目に受け取る必要はなく，無視すべきであると公言した。さらに SPD 右派の中心であるゼーハイマー・クライスの代表ヒュープナーは「党を傷つけるどの党員にも当てはめられる規準がラフォンテーヌにも適用されねばならない」として彼の除名を主張し，SPD 青年部（JUSO）の指導者で左派を代表するナーレスも，ラフォンテーヌが党内で改革に真剣に取り組んでいないとした上で，SPD にとどまるか離党するかを決断すべきだと勧告した[41]。

ところで，ラフォンテーヌの演説やこれへの批判以上に重要なのは，ラフォンテーヌが月曜デモに登場したという事実そのものであろう。この点に着目した『ヴェルト』紙の記者は，これまでの月曜デモは「操舵輪のない船」同然であり，参加者の誰もどこに向かうか分からなかったと評する一方，ラフォンテーヌの出現で「月曜デモは顔を，指導的人物を手に入れるのだろうか」と問い，性格変化を問題にしている。そしてラフォンテーヌ周辺が，「社会的抗議の新しいスーパー・スターになる」ことを本人は意図していないと語っているとしながら，「護民官の役割」を彼が演じたのは確かであるとして，月曜デモが発起人たちの排してきた党派色を帯びたのは否定できないと論評している[42]。いかに著名な人物とはいえ，ラフォンテーヌ一人

---

(39) Die Welt vom 31.8.2004; Tagesschau vom 31.8.2004.
(40) 因みに，ラフォンテーヌが社会給付の削減を主張した発言の抜粋が『シュピーゲル』に掲載されている。Der Spiegel, Nr.36, 2004, S.26.
(41) Süddeutsche Zeitung vom 31.8.2004.
(42) Die Welt vom 31.8.2004.

の登場だけで月曜デモの変質をいうのは誇張の感を免れないであろう。しかし他面で，反響が大きかった点から，8月30日を境に月曜デモが外部からはラフォンテーヌと二重写しで見られるようになったのは間違いなく，その意味では変化を指摘するのも誤りとまでは言い切れない。

　それはともあれ，8月30日にデモが最高潮を迎えたのを受け，強硬姿勢を崩さなかったシュレーダー政権でも憂慮の念が強まった。そしてシュレーダー自ら同日に月曜デモの関係者に対話を呼びかけ，「デモの合図のホイッスルで対話を妨げない」ように要請する一方[43]，密かに検討されていた緊急の対応策を素早く閣議決定し，抗議運動の鎮静化に動き出した。デモの翌々日に発表されたハルツIV法の修正案がそれである[44]。その骨子は，失業手当IIの受給者の子供についての所得控除額を引き上げること，定期預金の非課税限度額を引き下げず，4,100ユーロに据え置くこと，長期失業者には原則として最初の月から失業手当IIを支給することなどである。また，これらの修正で連邦政府には2億ユーロの追加的負担が生じるが，そのうち1億ユーロは不評を買っていた「自分雇用者」への支出を削減して捻出するものとされた。これに対し，経済界からは軟化を批判する声が上がり，これ以上の譲歩は容認できず，改革の後退，停止，希釈，ジグザグは許されないとする警告が発せられた。さらにこれに応える形でSPD党首ミュンテフェリングも連立与党は改革を実行する決意であることを表明し，更なる譲歩があり得ないことを確約した。こうして2005年1月の施行を目前にして，今回の部分的改訂が最終であることが強調され，2日間の閣議での集中討議の結果を踏まえ，9月3日にシュレーダーが記者会見の席でこの点を確言したのである[45]。

iii．衰退局面

　このようにして政府の硬い姿勢ばかりでなく，時間的制約の面からもハルツIV法の更なる修正の余地がもはや存在しないことが明確になると，月曜デモの側でも勢いが弱まった。こうして局面が代わり，月曜デモは高揚局面

---

(43) Süddeutsche Zeitung vom 31.8.2004.
(44) Die Welt vom 1.9.2004.
(45) Die Welt vom 4.9.2004.

から衰退局面に移っていく。そのことは参加者数の減少にはっきりと表れていた。9月6日の月曜デモを報じた『ターゲスシャウ』は冒頭でそのことを指摘し,「なるほど何万もの人が連邦政府の労働市場改革に抗議したが,その数は多くの都市で先週に比べて50%少なかった」と伝えている[46]。因みに,主要都市での参加者数は当初の主催者発表によると次のとおりだった。ベルリン3万人,ライプツィヒ2万人,マグデブルク7千人,ロストック4千人,ケムニッツ5,500人,エアフルト5千人,デサウ4千人,ツヴィカウ3千人などであり,総計で15万9千人になる。これは前回に比べると3万人少ない。しかし,これらの数字は一部で主催者によって直ぐに訂正され,ベルリンは1万2千人,マグデブルクは3千人などに改められたから,主催者の集計でも総数は前回をかなり下回る結果になったと思われる。

　ところで,参加者数の減少と並び,この日の月曜デモで注目されるのは,前回に続いて著名な政治家が登場したことである。ドイツ統一当時,これに冷淡だったラフォンテーヌは東ドイツ地域で最も嫌われた政治家だったが,逆に一貫して東ドイツで高い人気を誇るPDS元党首G.ギジが月曜デモの原点の地マグデブルク,デサウ,ヘットシュテットの3つの都市で演説したのである。彼は失業手当IIは東ドイツ人の名誉を傷つけるものであるとし,失業扶助を廃止しながら所得税の最高税率を引き下げるのは許しがたいなどと訴えたが,演説内容にとくに新しい点は見出せない。一方,同じザクセン＝アンハルト州のハレでは,主催団体である社会フォーラムがSPD左派の連邦議会議員O.シュライナーを月曜デモに招致した。かつてSPD事務局長を務めた彼はシュレーダー反対派の急先鋒として知られ,ハルツ改革は「社会民主主義の歴史的核心に敵対する政策」だとしてハルツIV法の採決で反対票を投じた12人の与党議員の一人である[47]。しかし,彼の登場はギジほどにはマスメディアの注目を集めず,その発言や招致の経緯などについての報道はされなかった。

　さらにもう一点も追加しておく必要がある。それはベルリンで警官隊との衝突が起こったことである。ベルリンでの月曜デモは抗議の標的であるSPD本部が終点だったが,そこに到達した際,参加者の中からビン,ペン

---

(46) Tagesschau vom 7.9.2004.
(47) Der Spiegel, Nr.33, 2004, S.23.

キ，卵などが投げつけられ，これを制止しようとした警官隊との衝突に発展したのである。もちろん，参加者全体が騒乱に加わった訳ではなく，逮捕されたのも5人だけだったので，小規模な小競り合いというのが正確であろう。また，報道にはないものの，ビンなどを投げたのが月曜デモに入り込んだ極左グループだった可能性も排除できない。しかし，この可能性を考慮に加えても，それまで暴力的な行動が見られなかった月曜デモに一部ではあれ過激化する徴候が表れたことは留意すべきであろう。

ともあれ，9月になると，当初は無名の発起人が束ねていた運動の前面に政治家が登場するようになり，過激化の徴候も見出されるようになったが，月曜デモの規模そのものは縮小の一途を辿った。9月6日の参加者総数は訂正される前の主催者の発表で16万人を数えたのに，同じ当初の集計で見ても，9月13日には10万2千人，9月20日には6万2千人，9月27日には4万8千人になったのである。9月14日付『ジュートドイッチェ』紙は「抗議の波は明らかに頂点を過ぎた」と記し，28日付の同紙の記事には「月曜デモからデモする人が去りつつある」という見出しが付けられているが，その中にある，「火花は飛び散らなかった」というアタック代表の言葉が事態の推移をよく物語っている[48]。実際，8月に20万人近くの市民が参加していたことと対比すれば，月曜デモが勢いを喪失し，収束に向かっていたのは明白であろう。

参加者の減少に伴い，マスメディアによる報道も乏しくなった。そのうちで9月20日の月曜デモを報じている『ターゲスシャウ』によると，この日のドレスデンのデモにサービス産業労組委員長 F. ブジルスケが姿を現し，「抗議は禁治産宣告の不安のために社会の真っ只中から生じた」ものであり，「民衆の運動」であるとその正当性を力説した[49]。けれども組合員数では金属労組を凌ぐドイツ最大の産業労組の指導者であっても，もはやほとんど反響を呼び起こさず，まして衰勢をくい止めることはできなかった。東ドイツ地域で運動がこのように下降に転じたとすれば，西ドイツ地域で高揚するはずがなかった。同じ『ターゲスシャウ』の報道では，「西ドイツでも抗議に対する関心は減退している」として主要都市での参加者数を伝えているが，

---

(48) Süddeutsche Zeitung vom 14. u.28.9.2004.
(49) Tagesschau vom 20.9.2004.

実際，その数は微々たるものだった。すなわち，ケルンとデュッセルドルフで 100 人，ドルトムントとゲルゼンキルヘンで 200 人を数えたにすぎなかった。こうして 1 カ月前の高揚期には東西ドイツの落差が際立ったものの，この時期には既に相違は希薄に感じられるようになったのである。

　こうして一時は 20 万人近くが参加して盛り上がった月曜デモは 9 月以降は下降線を辿った。もちろん，そのことは月曜デモが消滅したことを意味しない。事実，規模は縮小したにせよ，10 月にも各地でデモは行われた。主催者発表では 10 月 4 日に 3 万 7 千人，中旬の 18 日に 1 万 7 千人，11 月 1 日に 1 万 1 千人，この年の最後の 12 月 27 日には 3,800 人の参加が記録されている。こうした流れで見ると，月曜ではなく 10 月 2 日の土曜に全国から集結してベルリンで行われたデモは，事実上月曜デモの掉尾を飾るものとして位置づけられよう。この日が選ばれた理由は定かでないが，翌日が統一記念日に当たっており，デモが東西ドイツの亀裂を表現するところから，これにぶつける意図があったのは確実であろう。ドイツ通信社（dpa）の配信によると，この日，全国から 97 台のバスで首都に集結した人々を含む 5 万人がアレクサンダー広場まで市内を行進した。このデモには PDS 党首 L. ビスキィが先頭に立ち，ベルリン選出の連邦議会議員 P. パウ，ベルリン支部長 L. リービッヒなど PDS の主要な政治家が参加したのが注目点になった。また人数と組織性の有無は不明であるが，労働組合ではサービス産業労組，金属労組，教育・科学労組（GEW）のメンバーなども参加していた。一方，通過点となったウンター・デン・リンデンで警官隊にビンやペンキが投げつけられて小競り合いとなり，6 人が逮捕されたが，このグループは極左団体の関係者だとされている[50]。

　ともあれ，一時は高揚した月曜デモは秋には失速していき，この例に見られるとおり，その過程で PDS が前面に立つに至った。そして党派的には無色の状態から出発した月曜デモは，このように政党色を深める形で事実上の終結を迎えたのであった。W. ハルバウアーが 10 月に執筆した論説に「ハルツ IV 法に対する抗議の中間決算」という副題をつけながらも，表題を「我々は再び来る」としてひとまず幕を引くことを宣言し，月曜デモの総括を試みたのは，この意味で正しい直感に基づいていたといえよう。また既に 8 月上

---

(50) Der Tagesspiegel vom 4.10.2004; Frankfurter Rundschau vom 4.10.2004.

旬に『シュピーゲル』は，月曜デモという「煽り立てられたパニックで主として利益を得るのはPDSである」と指摘したが[51]，この予想が的中したことも併せて記憶にとどめられるべきであろう。PDSの戦略責任者によれば，「ハルツⅣ法に対する闘争は連邦政党としてのPDSの存亡をかけた戦い」であり[52]，『フランクフルター・アルゲマイネ』紙上でR. ケッヒャーが指摘したように，その過程でPDSは「抗議運動としてのルネッサンス」を遂げたのである[53]。

(3) 世論調査から見た月曜デモ

　それでは，こうして収束した月曜デモを普通の市民はどのような思いで眺めていたのであろうか。多数の人々が月曜デモに参加したといっても，東西ドイツの人口全体から見れば一握りに過ぎないから，社会の中での月曜デモの浸透度を把握するためにはこの点の検討が必要とされよう。ここではこれをインフラテストと選挙研究グループの二つの機関が行った世論調査を手掛かりにして瞥見したい。

　調査結果を見る場合，あらかじめ注意する必要があるのは，結果が常に東西に区別して整理されてはいないことである。とくにインフラテストのそれでは区別されたケースが少なく，データを解釈する際に慎重さを要する。被調査者の数は，インフラテストでは西ドイツ地域700人，東ドイツ地域300人だが，選挙研究グループのそれは毎回全体で1200人前後としているものの，東西の人数は公表されていない。この面でも人口のバランスとの対応関係に若干の疑問が残る。

　これらの点に留意した上で結果を見ると，6月末から7月初旬にかけての調査では，世論が分裂している様子が浮かび上がる。シュレーダー政権の改革全般に関するインフラテストの調査では，改革は行き過ぎとする意見が43%，もっと大きな改革のダイナミズムを求める意見は41%になり，報告書

---

(51) Der Spiegel, Nr.33, 2004, S.22.
(52) Der Spiegel, Nr.36, 2004, S.23.
(53) Renate Köcher, Die Renaissance der PDS als Protestbewegung, in: Frankfurter Allgemeine Zeitung vom 18.8.2004. この点につき，K. ハルトゥンクも「ハルツⅣの夏は遂にPDSを人民と融合させた」と指摘している。Klaus Hartung, Die Treuhänder der Volkswut, in: Die Zeit, Nr.36, 2004.

では「連邦政府の改革政策はドイツを二つの陣営に引き裂いた」と指摘されている[54]。選挙研究グループの調査でも同様の結果がでており，失業手当IIへの再編を正しいとする意見は52%，正しくないとするのは42%で拮抗状態が確認された[55]。設問が同一ではないことを勘案しても，シュレーダーの改革政策に対しては反対意見が広く存在する一方で，賛同する声もそれに劣らず存在していることが読み取れよう。

　月曜デモの始動から間もない8月3日と4日に行われたインフラテストの調査からは，ハルツIV法が国民の最大の関心事となったことが分かる。これをトップに挙げるのは44%であり，2位の失業・労働市場13%，3位の年金政策・高齢者保護6%を大きく引き離した。とくに東ドイツ地域では69%に達し，強い関心を引き付けていたことが窺える（図2−1参照）。こうした点から報告書には，「ハルツIV法はドイツ人の半数以上を不安がらせている」というコメントが記されている。ただこの時点では賛否は問われていないので，関心の方向は定かではない[56]。

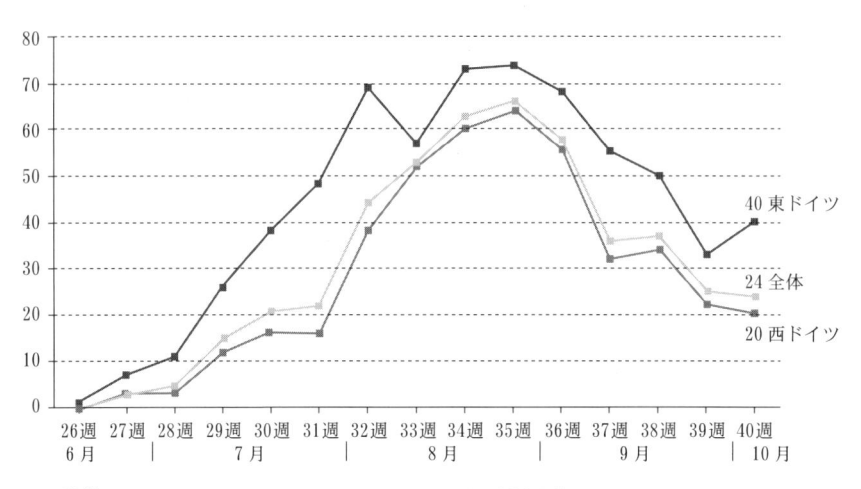

図 2-1　ハルツIV法への関心度

(出典) Infratest dimap, Deutschland Trend, Ausgabe vom Okt. 2004, S. 11.

---

(54) Infratest dimap, Deutschland Trend, Ausgabe vom Juli 2004, S.2.
(55) Forschungsgruppe Wahlen, Politbarometer vom Juli 2004.
(56) Infratest dimap, Deutschland Trend, Ausgabe vom Aug.2004, S.2f.

これに反し，8月末になると月曜デモの高揚を反映して調査も綿密になっている。インフラテストの調査では，東西ドイツでハルツIV法への関心が一段と強まったことが明白になったことから，報告書は「ハルツIVの政治的アジェンダが支配的である」と注記するとともに，数カ月で政治的焦点に浮上したことを「異例の発展」と評している。しかしそれだけではなく，調査結果では同時に対極的な見方が生じた様子が浮き彫りになっている。例えば「ハルツIV法は西ドイツにとっては受け入れられるが，東ドイツには過大なまでに厳しい」という意見に対する賛否は，全体では賛成35%，反対55%になり，反対が優勢だった。けれども東西を区別すると，西では賛成28%，反対62%であるのに対し，東では賛成64%，反対29%であり，完全に相反する結果になった[57]。

　一方，選挙研究グループの調査では，「失業扶助と社会扶助の合体によって失業者に対する給付を削減するのは正しいと思いますか」という設問が提示された。それに対する回答は，西では「はい」が49%，「いいえ」が44%で拮抗していたのに，東ではそれぞれ35%と58%になり，ここでも顕著な落差が表れた。また月曜デモの評価についても問われたが，被調査者全体では「好ましい」が59%，「好ましくない」が26%だったのに対して，東ドイツだけで見た場合には前者が73%，後者が15%であり，西ドイツ地域に比べて遥かに多くの市民が肯定的に評価していることが明らかになっている[58]。逆にいえば，西ではハルツ改革を前向きに受け止める人が比較的多く，東でポジティブに見られている月曜デモについても冷ややかな見方をする市民が少なくなかったのであり，東西ドイツの間には目に見えないギャップが存在していたのである。

　月曜デモが下降線を辿っていた9月末の調査を見ると，ハルツIV法の重要度が急落していることが分かる。インフラテストの調査結果ではハルツIV法は依然として最重要テーマであるものの，これを重要とするのは24%にまで後退したからである。そしてブランデンブルク州とザクセン州の州議

---

(57) Infratest dimap, Deutschland Trend, Ausgabe vom Sept.2004, S.3f.
(58) Forschungsgruppe Wahlen, Politbarometer vom Aug.2004.『ツァイト』紙の委託で世論調査機関フォルサが8月に実施した調査でも同様の結果になった。Viel Angst und wenig Ahnung, in: Die Zeit, Nr.36, 2004.

会選挙が 16%, ノルトライン = ヴェストファーレン州の自治体選挙が 14%, 失業が 9% というように, 2 カ月弱前とは様相が一変したのである。この点について報告書は,「ハルツ IV 法は他の内政上のテーマと重なり合った」と記し, もはや突出したテーマではなくなったことに注目している。そして「ハルツ IV 法の労働市場改革に対するここ数週間の関心の低下が SPD にとって有利な政治的気流の根拠である」と指摘し, この変化によってシュレーダー政権が苦境を脱しつつあることを示唆している[59]。選挙研究グループの調査結果も大筋は同一といってよい。そこではハルツ改革ではなく, アジェンダ 2010 に焦点が当てられているが, 労働市場, 年金, 税制などの「決定された改革措置に対する支持が数カ月来増大した後, 今初めて多数派になった」ことにレポートは着目している。そして,「今年の 2 月には被調査者の 35% しかこれらの措置を正しいと思わず, 55% は正しくないという意見だったのに, 全般的賛成を言う者が今では 48% であり, 納得できないとする者は 45% である」と賛否が逆転した点に注意を促している[60]。

ところで, 10 月になると, インフラテストでも選挙研究グループの調査でも, もはやハルツ改革は調査項目にすらのぼらなくなった。月曜デモの失速と関心の低下は並行して進んだが, 扱いのそうした変更はこの変化に符合している。一時は最大の国民的関心事になり, 世論調査の主要テーマにも位置づけられたハルツ改革は, それに反対する月曜デモの衰退とともに世論調査の項目からも姿を消したのである。

とはいえ, 抗議行動が熱いエネルギーに満たされて活発に展開されていた頃, 世論調査によって月曜デモの主要な特徴が浮き彫りにされたことには重要な意義がある。その第 1 は, デモの熱気から想像されるほどにはハルツ改革に対する反対姿勢が社会に広く根を張っていたといえず, むしろ世論は賛否がほぼ二分された状態だった事実が明らかになった点である。このことは, 言葉をかえれば, デモで唱和された「我々が人民だ」という 1989 年のスローガンが, 2004 年の時点では半分の真実しか表現していなかったことを意味しているといってよい。

第 2 は, 東西間のギャップが数字で確認されたことである。月曜デモの展

---

(59) Infratest dimap, Deutschland Trend, Ausgabe vom Okt.2004, S.11f.
(60) Forschungsgruppe Wahlen, Politbarometer vom Sept.2004.

開過程から，西ドイツ地域で共感の輪に広がりがないことは誰の目にも明瞭になっていた。けれども，失業率の高さに2倍の開きがあるにせよ，ハルツ改革は東西で一様に実施されて痛みを引き起こすにもかかわらず，西にはこれを受け入れる姿勢が広範に存在する事実が確かめられた意義は大きい。デモの経過を追跡する中で，月曜デモが西ドイツ地域で低調だったことは繰り返し指摘したが，その背後には予想を上回る東西間の大きなギャップが存在していたのである。ドイツ統一までの長い分断の時代を想起するなら，こうしたギャップの根底に市場経済と自己責任の原則に対する態度の相違が横たわっていることは容易に推察できよう。この角度から眺めれば，統一から10年以上が経過しても東西格差が解消されない中で，分断期に定着した価値観や生活態度の相違がハルツ改革を契機に表面化したことを世論調査は示しているといえよう。

3．月曜デモ参加者のプロフィル

　以上で見たように，月曜デモは参加者の多さに加え，多数の都市で行われたのでマスメディアでも関心を集め，その経過について詳しい報道も行われた。けれども，その反面では，報道の断片性が目についただけではなく，表面的な報道が繰り返されているという印象を否めなかった。すなわち，どのようなプロフィルの持ち主が主体になっているか，ハルツⅣ法の内容と作用について参加者がどの程度知っているか，彼らの政治的傾向はどうかなど，重要な側面が欠落していたのである。例えば，J. リューベルは月曜デモ参加者の不均質さを強調し，「Uバーンで物言わずに向かい合って座っている人の誰でも」参加する可能性があると評したが[61]，一定の主張を掲げた運動である以上，そこまで雑多ないし多様だったとは考えにくい。ともあれ，ベルリン社会科学研究センターが9月になってアンケート調査に乗り出したが，そのプロジェクトが組まれたのは，こうした事情が背景になっていたと忖度される。

　同センターの調査は150の都市で6万人が参加してデモが行われた9月13日に実施された。調査が行われたのは，ベルリン，ドルトムント，ライプツィヒ，マグデブルクの4都市であり，用意された1600部の調査票のう

---

(61) Die Welt vom 10.8.2004.

ち，1150部が参加者に配付された。またベルリンとマグデブルクではアンケート調査のほかに367人に対してインタビューも行われた。ルフトは被調査者のアンケートへの協力姿勢は驚くほど高かったことを指摘し，49%の調査票が郵便で返送され，回収されたと述べている[62]。それではこの調査から，どのような参加者像が浮かび上がってくるのであろうか。

　調査結果を瞥見するのに先立ち，参加者の動機に関して一言しておくのがよいであろう。一般論として，ハルツIV法に対する抗議行動には，4つの参加の動機が考えられる。1つは，自分自身が当事者であり，改革によって自分の利益が損なわれるために，既得権益を守りたいという動機である。次は，身近な関係者に影響を受ける者があり，貧窮に転落するのを座視できないという思いである。第3は，経済の停滞で再就職が困難であるにもかかわらず，失業者を困窮に突き落とす点で，この改革を公正に反する不当なもの，許容しがたいものと見做す一種の正義感である。最後は，東西ドイツの間に依然として存在する格差や，あるいは国民に痛みを押し付けるだけで成果の乏しい政権もしくは政党政治に対する怒りから，適当な機会があれば政権批判の行動に加わりたいという動機である。月曜デモの参加者はこれらの動機のいずれかから行動に起ち上がったと考えてよいが，ルフトたちのアンケート調査ではこの点の解明につながる設問はほとんど行われておらず，動機に関しては間接的に推し量ることしかできないという問題点が残されている。

(1) 年齢，学歴，職業

　さて，調査票が渡された1,150人のデモ参加者のうちで女性が占める比率は3分の1だった。また年齢は国民の平均よりかなり高い点に特色があった。これを示すのが，図2－2である。反戦デモの場合は国民平均よりも参加者の年齢が低いところに特徴があり，平和に対する理想主義的な希求や軍事力ないし軍事的価値に対する嫌悪感が青年層で強いことを示している。し

---

(62) Dieter Rucht und Mundo Yang, Wer demonstriert gegen Hartz IV ? in: WZB-Mitteilungen, H.105, 2004. 管見の限りではこれ以外に月曜デモに関する調査は行われていないので，以下ではもっぱらこの調査報告に依拠する。従って，以下の記述はその摘要である。

図2-2　デモ参加者の年齢構成

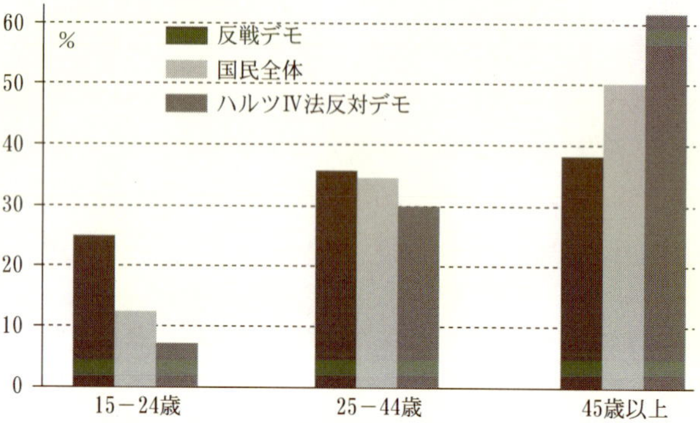

（出典）Dieter Rucht und Mundo Yang, Wer demonstriert gegen Hartz IV ? in: WZB-Mitteilungen, H. 106, 2004, S. 51.

かし，これと対照的にハルツIV法反対デモでは45歳以上が60％を上回っているのが際立っている。このことは，ハルツIV法の場合，労働市場への統合や適応が難しく，失業扶助に依存せざるをえない中高年層が多数反対デモに加わっていたことを表しており，ハルツ改革がこの年代の失業者にとって特に深刻であり，失業扶助の実質的切り下げがこの層を直撃するものだったことを暗示している。逆にいえば，若年層には再就職のチャンスがある程度開かれており，あるいは適応への柔軟性が相対的に高いために，抗議行動への動機が弱かったともいえよう。これと並び，65歳以上の高齢層が約10％に上っていたことも明らかになっているが，この層にとっては実際には失業扶助と社会扶助の合体による給付の減額は直接的には関係がなかった。この点を考慮すれば，高齢層の参加は上記の4つの動機のうち，当事者のそれを除く3つのうちのいずれかから発していたといってよいが，それらの動機で高齢者が参加者の10％を占めた事実は，軽視しがたい意味を有している。

　デモ参加者の学歴が国民平均よりかなり高いのも注目される。大学もしくは専門大学修了者の比率は約47％であり，21％の国民平均よりも2倍以上も高い。これに対応して，回答者のかなりの部分は高い技能レベルの職業で働いているか，以前に働いていたと答えている。しかし，実際の職業地位の点では国民平均にほぼ照応しており，そのことは職員または労働者がデモ参加

者の中心になっており，官吏が少ないことに示されている。つまり，デモ参加者の間では，学歴と現在の職業地位の間のギャップが大きいのが特徴になっているといえよう。

　抗議デモがハルツⅣ法によって直接に不利益を被る人々を主体としているのか，それともそのグループに限られない広範な人々によって担われているのかという問題については，調査から明快な答えを引き出すのは難しい。この改革で直撃される失業者は回答者の中では43％を占めているが，その反面で年金生活者も18％に上っており，想像以上にその比率が高いからである。

　一方，表2−3から窺えるように，国民全体での構成比に照らすと，失業扶助の受給者が社会扶助や失業手当の受給者よりもデモ参加者で高い比率を占めているが，この点は改革の中心に据えられているのが失業扶助の廃止であり，このカテゴリーの集団が当事者の中核であることから説明できよう。また回答者の87％が家族もしくは身近な人が直撃されると答えていることは，自分自身が失業扶助や社会扶助の受給者でなくても，改革の影響を間接的に受ける人々が多数存在することを表している。同時に，そうした影響範囲の広さが当事者ではない人々を動かし，その割合がデモ参加者の6割近くにも達した理由だと考えてよいであろう。

　ところで，月曜デモが盛り上がったのは，ハルツⅣ法についての情報不足や誤解が大きな原因だったと指摘されることが度々あり，とりわけ政権側からそうした見方が強調されたが，この点の真偽はどうだろうか。果たして認識不足が月曜デモを大きくした主要な原因だったのだろうか。

　これを調べるために調査では二つの設問が用意された。一つはどの政党がハルツⅣ法を成立させたのかという問いであるが，すべての政党について

表2-3　月曜デモ参加者の構成　　　　　　　　（単位：％）

	ベルリン	ドルトムント	ライプツィヒ	マグデブルグ	全体
失業手当	8.3	10.7	11.5	10.2	9.7
失業扶助	25.0	30.8	39.6	31.8	30.3
社会扶助	3.3	3.0	2.1	1.5	2.5
給付なし	63.4	55.6	46.9	56.6	57.5
全　体	100	100.1	100.1	100.1	100

(出典) Rucht, u. a., op. cit., S. 52.

正しく答えられたのはデモ参加者の 53% にとどまった。その他の回答者の誤認では FDP についての誤りが多く，39% は FDP が連邦議会の表決でハルツ IV 法に賛成しなかったと思い込んでいた。また 16% は CDU・CSU が反対したと誤認していた。

　もう一つは，ハルツ IV 法で住居費と暖房費の補助が加算されるかどうかという問いであり，これについては 4 分の 3 強の回答者が正しく答えた。けれども他面で，4 分の 1 はその費用が失業手当 II の枠組みで給付されることについて知らないか誤解していた。

　デモ参加者の大多数がシュレーダー政権が進めるアジェンダ 2010 の改革路線に反対し，とりわけハルツ IV 法に反対していたのは当然だった。回答者の 4 分の 3 以上はアジェンダ 2010 は間違っているとしたが，しかし 8% は正しいとの意見であり，少数ながらアジェンダ 2010 の支持者が含まれていたことは注目に値する。これに反し，ハルツ IV 法については，72% はたとえ大幅な修正を加えても改革を受け入れることはできないという立場であり，反対姿勢が強硬なことが読み取れる。この点は国民全体の意見の分布と明確に異なっていた。選挙研究グループが定期的に実施し公表するポリトバロメーターによれば，月曜デモが最高潮に達した 8 月末の調査結果では，回答者の 46% がハルツ IV 法の改革内容を「正しい」もしくは「どちらかといえば正しい」と答えていたのが実態だからである[63]。この事実に照らしただけでも，月曜デモが国民の多数の見方を反映し，幅広い支持を基づいていたとはいえないことが明白になろう。

(2) 政治的傾向

　ハルツ IV 法に対する厳しい拒否姿勢の前では，同法に基本的に賛成する主要政党の立場の相違は霞まざるをえないであろう。2002 年の連邦議会選挙で 5% の壁を超えられず小選挙区の 2 議席しかない PDS を除けば，デモ参加者の眼には，どの政党もこのテーマについて納得のいく立場をとっているとは映らなかった。その一方で，ハルツ改革に反対している PDS の姿勢を西ドイツ地域の回答者の 27% が，そして東ドイツ地域では遥かに多い 43% が「良い」または「非常に良い」と評価した。西ドイツ地域では選挙でほと

---

(63) Politbarometer vom Aug.2004.

んど支持を得られない PDS が，特定の争点ではあっても一定の共感を得たことは特筆に値しよう。

ところで，ハルツ IV 法の問題は，失業率が東ドイツ地域では西ドイツの2倍を上回り，東西間の格差が依然として埋まらないところから，西から東への財政移転問題と重なっていた。ルフトらが月曜デモ参加者でこの点について調べるため，「西は東に十分な支援をしている」という命題についての賛否を問うたところ，「その通り」とするのは西ドイツ地域では29%だったが，東ドイツ地域では僅か15%でしかなかった。また，それを否定するのは前者で17%，後者で36%であり，同じ月曜デモに参加していても東西の落差が底流に存在することが浮き彫りになった。因みに，この点は世論調査機関の手によって継続的に調査されており，月曜デモが頂点に達した2004年8月の選挙研究グループのそれでは次のような結果が出た。すなわち，被調査者全体では東ドイツはあまりにも多額の金を得ているという意見は32%だったが，東ドイツではたった3%にすぎなかった。反対にあまりにも僅かな金しか投入されていないとする者は，全体では12%にとどまるが，東ドイツでは33%を占めた。一方，財政移転の規模は適度だとする意見は全体で40%，東ドイツで48%であり，この点では差が比較的小さいという結果になった[64]。これらの結果を全体的に見れば，月曜デモの参加者よりも国民全体の場合に東西間のギャップは一段と大きくなるといってよく，その限りで月曜デモ参加者の間では共通項が存在していたといえよう。

次に月曜デモ参加者の政党支持と投票行動に目を向けよう。

一般にドイツの世論調査では，仮に次の日曜に連邦議会選挙が行われる場合，どの政党に投票するかと設問して政党支持率とその変化を測っている。月曜デモの参加者について，この点の調査結果と2002年連邦議会選挙での投票行動を比較してみると，顕著な差異が浮かび上がってくる。連邦議会選挙の時点ではまだハルツ改革はスタートしておらず，その時には西ドイツ地域の参加者の28%は SPD に投票した。しかし，改革が進み，ハルツ IV 法に焦点が当たった2004年9月の調査時点では SPD の支持率はわずか1.9%にまで落ち込んだのである。東ドイツ地域でも同様であり，21%が選挙で SPD に投票したデモ参加者のうち，SPD を支持すると答えたのは0.7%でしかな

---

(64) Ibid.

かった。東ドイツ地域では緑の党の支持率は従来からとるに足りないレベルだったが，西ドイツ地域では連邦議会選挙の折りに21%あった月曜デモ参加者からの支持は，2004年になると4.1%にまで下がったのである。

シュレーダー政権を支える与党の支持率がこのように激減したとすれば，与党から流出した政党支持は野党の側に流れ込んだのであろうか。二つの国民政党の間で有権者が移動するという以前は実在した関係は近年では薄れているが，月曜デモ参加者にもこの動きが見出せる。与党の場合より小幅とはいえ，CDU・CSUも連邦議会選挙で得た西での5.2%を守れず，支持率は1.9%に下降した。また東でも7.2%から1.5%に落ち込んだ。こうして月曜デモの参加者の間では二つの国民政党がほとんどゼロに近いところまで支持を失ったのが注目点になっている。

これに対し，支持を拡大したのはPDSである。月曜デモ参加者の間では連邦議会選挙の際に同党は西ドイツ地域で11%の得票率だったが，2004年の世論調査では3倍増して33%にまで上昇した。同じく東ドイツ地域でも支持を伸ばしたが，もともと44%という高水準だったため，5ポイント増の49%に伸びたにとどまった。いずれにせよ，西で3分の1，東で半数がPDSを支持する状況がハルツ改革に伴って生じたのは重要な変化だといわねばならない。

なお，ハルツ改革が進行する中，東ドイツ地域の州議会選挙で極右に位置付けられるNPDが不満票や抗議票をさらう形で躍進して注目を浴びたが，月曜デモ参加者でも同党は支持を拡大したのだろうか。調査結果を見る限り，二つの国民政党から離反したデモ参加者の政党支持はPDSに流れはしたが，NPDには向かわなかったといってよい。連邦議会選挙ではNPDは西の参加者で0.3%，東で0.8%の得票を手にしたが，2004年9月の時点ではそれぞれ2.8%と3.1%の支持率であった。たしかにNPDは東西とも支持を増やしているものの，その伸びはそれほど大きいとはいえない。このように国民政党から離れた政党支持が主としてPDSに向かい，NPDには僅かしか流れなかったのは，月曜デモ参加者の間に左翼志向という自己理解が根強くあり，それが極右に行くのをブロックしたためだと考えてよいであろう。

この点に関連し，調査では月曜デモ参加者の全般的な政治的態度を調べるために，「民主主義は最良の国家形態である」という命題に対する賛否の度

合いを 5 ポイントで測る従来の方法がとられた[65]。これに対する回答を概括すれば，肯定する者は西のドルトムントで 78% だったが，東の都市では 57% から 60% で明瞭な開きがあった。調査地点になった 4 つの都市のうちでベルリンは東西が合体していて調査不可能であるため，被調査者が成長したのが東西のどちら側かで区別して整理した場合でも，西ドイツ地域で成長した者では 68% であるのに東ドイツでは 58% であり，落差の存在が確認された。

同様に社会主義の評価も設問に加えられた。従来行われている「社会主義はまずく実行されたが良い理念である」という命題への賛否を見ると，賛成するのはマグデブルクが最高で 70% だった。一方，最低はドルトムントで 58% だった。東西で比べても，東で高く，西で低いのは，民主主義に関する上記の結果と正反対であり，東西の市民全般の場合と同じく，月曜デモ参加者でも西ドイツ地域では東ドイツ地域より民主主義に対する信頼度が高く，社会主義への共感度が低いことが確かめられた。

(3) 脱物質主義

ところで，月曜デモ参加者の価値志向を調べるために，さらに 4 つの項目に関する評価も問われた。その項目とは，安寧秩序，政治的決定への市民の影響力，物価上昇，自由な意見表明の権利の擁護である。これらを重要なものから順に並べるのが他の調査でも採用されている方法であり，これにより物質主義志向と脱物質主義志向のどちらに重心があるのかが判別されるのである。

ハルツ IV 法については，失業扶助と社会扶助の統合を中心としている点で典型的な再分配の問題であり，そうした性質から，月曜デモ参加者では物質主義志向が強いというのが大方の推測だといえよう。しかし，調査結果はこれに反するものになった。すなわち，図 2 - 3 に見るように，国民全体における物質主義と脱物質主義の分布と対比すると，デモ参加者では西ドイツでも東ドイツでも脱物質主義志向の市民が優勢であり，国民全体に占める比率を大きく上回っていたのが現実だった。この点から，再分配が焦点に据え

---

(65) 東ドイツ地域での民主主義と社会主義に関する調査は以前から行われている。その特徴などに関しては，拙著『統一ドイツの変容』木鐸社，1998 年，107，142 頁以下参照。

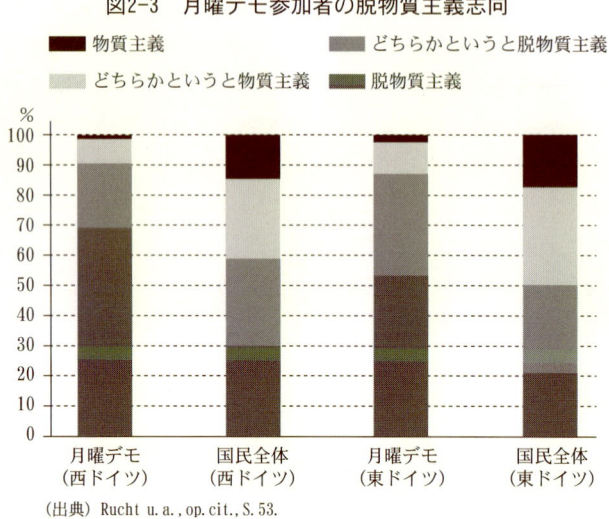

図2-3　月曜デモ参加者の脱物質主義志向

■ 物質主義　　　　　　　■ どちらかというと脱物質主義
■ どちらかというと物質主義　■ 脱物質主義

(出典) Rucht u. a., op. cit., S. 53.

　られていても，月曜デモの参加者の間では決定への市民の影響力や反対意見の自由な表明などの脱物質主義的価値が重視されていたといえよう。つまり，ハルツ IV 法に対する反対意思が共通の場合でも，デモに加わるか否かの決断の場面で物質主義は不参加に，そして脱物質主義は参加へと傾いていたのである。
　この点は，デモ参加者に何らかの政治組織や社会団体で活動している者が比較的多く含まれていることと重なっている。調査によれば，回答者の約3分の1が何らかの組織で活動していると答えている。この点から，そうした活動経験がデモへの参加とそこでの意思表示につながっていたことが読み取れる。他方，ハルツ IV 法によって直接に影響を被る当事者の間では，組織に属して活動している者の比率は23%だったが，直接的影響を受けない者では42%でこれを上回った。この数字からも，積極的な組織活動とデモへの参加との密接な関連が看取できよう。さらに，直接的利害関係のないテーマであってもデモに参加して意思表示をする場合，何らかの組織に所属し，そこで活動することが行動への重要なバネになることや，行動に積極的で脱物質主義志向が強いのは月曜デモ参加者の平均的学歴が比較的高いからであることも推察できる。

ところで，参加者の間では左翼という自己理解が濃厚だったことも忘れてはならない。直線上に右に5つの目盛りを印し，左側にも同じく目盛りを5つ印して回答者に自分の位置を測らせる一般的な方法で左翼性と右翼性の濃淡が測られたが，その結果を概括すると，月曜デモ参加者では左翼性が顕著だった。例えばベルリンでは83%が自己を左翼に位置づけて突出していた。しかしドルトムントでも69%と高く，ライプツィヒで65%，マグデブルクでは54%になった。

　他方，自己を明確に右翼に位置付けるのはライプツィヒで2.7%，ベルリンではほとんどゼロだった。また，どちらかといえば右翼として位置づける回答と併せても，最高のライプツィヒで12.3%，最低のベルリンで3.8%にすぎず，全体として左翼性が際立つ結果になった。左翼の概念は依然として有用ではあるにしても内実が曖昧だが，これをさしあたり公正と同義だと解すれば，月曜デモ参加者にとっては公正を掘り崩すハルツ改革は許容できず，自己と直接的な関係がない場合でも左翼という自己理解に基づいて抗議デモに参加することになったと考えられる。

　以上で月曜デモ参加者に関するルフトたちのアンケート調査に依拠して，そのプロフィルを様々な角度からスケッチしてきた。これを要約すれば，ルフトとともに次のようにいえよう。典型的な月曜デモ参加者は，東の出身であり，男性で，年齢は50歳から55歳までである。雇用については不安定な状態にあるか失業しているが，学歴は比較的高い。彼は既成政党に背を向け，PDSに傾斜している。しかし，一般に考えられているように，デモ参加者の間では極右政党への明瞭な転向は認められない。むしろ参加者は明確に左翼的であり，脱物質主義志向を有している。彼は社会主義をまずく実行されたが本来は良い理念だと見做している[66]。簡単にいえば，月曜デモの中核に位置していたのは，このようなプロフィルを有する集団であり，これを取り巻く形でその周辺に女性や高齢者，物質主義志向の人々など多様なカテゴリーの集団が存在していた。月曜デモは均質とは呼べないこれらの集団を引き寄せることで成り立っていたのであり，ハルツ改革による既得権益侵害に対する怒りと不満をエネルギー源にしていただけではなく，社会的公正のような基本的価値の空洞化に対する憂慮や憤りをもバネにして盛り上がりを

---

(66) Rucht u.a., op.cit., S.54.

見せたのである。

4. 月曜デモの要因と注目点

　以上で2004年夏から秋にかけて東ドイツ地域を中心に広がった月曜デモの概要を展開過程と参加者のプロフィルに即して検討してきた。最後にそれが盛り上がり，やがて衰退した原因や，若干の注目点について考えよう。

　上述のように，2003年12月に成立したハルツⅣ法の修正が翌2004年7月に連邦議会と連邦参議院で行われたが，その時点で同時に2000年以降難航してきた移民法がようやく成立した。ハルツⅣ法も移民法も難産だった点では同じだが，しかし成立過程は著しく異なっていた。移民法については反対する大衆運動が起こらず，その限りでいわば国民的合意の下に誕生したといえるからである。それにもかかわらず，成立までに紆余曲折したのは，国籍法改正の場合と同様に，移民に対して公式に開国し，国民の枠を広げるという国民国家の基本に関わる重大なテーマであったため，開国の形態や方法を巡る対立が生じたためだった。さらに，この対立に政権戦略を背景にした与野党の攻防が重なったことから事態が紛糾し，成立までに4年を要する異例の経過を辿る結果になった[67]。

　これと対比すると，ハルツⅣ法が難産だった点では共通していても，成立直後から激しい反対運動に直面したのが大きく相違している。そうした違いが生じたのは何故だろうか。

　この点を考えるとき，念頭に置く必要があるのは，ドイツ統一から10年以上たっても東西ドイツの格差が解消されず，高い失業率に象徴されるように，生活条件が東ドイツ地域で劣っている点である。事実，連邦政府のデータで見ても，2004年の西に対する東の実績は，労働生産性で74.2%，住民一人当たりのGDPで67.2%，賃金で81.4%などとなっている[68]。このように格差が厳然と残っていたため，東ドイツではCDUやSPDのような国民政党が不信の対象とされていまだに強固な基盤を形成できないままであり，民主主義や市場経済の原則に対する信頼感も西ドイツに比べて明らかに低い状態が続いている。それだけではない。近年ではDDR時代を懐かしみ，そこに

---

(67) 拙著『移民国としてのドイツ』木鐸社，2007年，第3章参照。
(68) Bundesministerium für Wirtschaft und Arbeit, op.cit., S.3,8.

優れた面があったとする「オスタルギー」が強まる傾向にあり，DDR の「現実に存在する社会主義」は失敗したけれども，社会主義自体は優れた理念であるとする人々も少なくない状況になっている。かつての独裁政党 SED の後身である PDS が東ドイツ地域の利益を代弁する地域政党に面目を塗り替え，強固な基盤と勢力を維持しているのは，こうした状況の反映にほかならない。このような統一の現実を踏まえることが，月曜デモを眺める際に必要な前提となる。

　この点を考慮したうえで，月曜デモが拡大した原因として最初に指摘できるのは，ハルツ IV 法による直接的影響を受ける失業者が東ドイツ地域に偏っていたことである。この点はハルツ IV 法が施行された 2005 年 1 月時点の連邦雇用エージェンシーの統計に明瞭に示されている。それによれば，各州の失業手当 II と稼働能力のない者もしくは世帯構成員が受ける社会手当の受給者の比率は表 2 − 4 のとおりだった。州によるばらつきが著しいが，それと並んで顕著なのは，東ドイツ地域が西ドイツ地域の 2 倍以上に達している点であろう。そうした問題に加え，既述のとおり，最低生活保障を基本とするこの法律が施行されると失業前の収入に応じて異なっていた失業扶助の基準額が一律になる上，その給付額は西ドイツで 345 ユーロ，東ドイツで 331 ユーロとされたので，住宅費や暖房費の補助などを加えても失業者の世帯では生活が極めて厳しい状態に陥るのは必至だった。職種や雇用条件を問わない再就職への事実上の強制ばかりか，失業扶助と社会扶助の合体によってこのように重大な影響を受ける失業者が東ドイツ地域に多数存在したことから，ハルツ IV 法に抗議する運動が東ドイツで拡大したのは当然であり，この面では月曜デモは差し当たり再分配を巡る運動として捉えられよう。つまり月曜デモとは不利益分配の政治の一環といえるのである。

　第 2 は，参加者からも明らかなように，必ずしも自分自身が不利益を受けない人々が少なからずデモに加わっていた点である。その原因としては，まずもって，月曜デモを東西間の不平等に対する抗議や政権に対するその他の不満を表明する場に使うという動機が考えられよう。年金にせよ家族政策にせよ，再分配に関わる不満の材料はいくらも存在したからである。しかし，それならばハルツ改革だけではなく，他のテーマでも抗議行動への参加がありえたはずであろう。その意味で，月曜デモで直接的な利害関係をもたない市民の参加が比較的多く見られたのは，ハルツ IV 法で失業者が直面する苦

表 2-4 州別にみた失業手当 II と社会手当の受給者比率（2005 年 1 月現在）
(単位：％)

西ドイツ地域	5.6
東ドイツ地域	11.3
全国	6.8
メクレンブルク＝フォアポンマーン	13.4
ザクセン＝アンハルト	12.7
ブレーメン	12.6
ベルリン	12.5
ブランデンブルク	10.7
ザクセン	10.3
ハンブルク	9.3
テューリンゲン	9.1
シュレスヴィヒ＝ホルシュタイン	7.3
ノルトライン＝ヴェストファーレン	7.3
ニーダーザクセン	6.8
ザールラント	6.5
ヘッセン	5.6
ラインラント＝ファルツ	4.6
バーデン＝ヴュルテンベルク	3.6
バイエルン	3.2

境が，賃上げや労働条件改善のための闘争の域を超えた人権侵害であり，最低限度の生活の保障を崩すハルツ IV 法は本質的に人権問題だという認識があったからだと考えられる。換言すれば，ハルツ IV 法は不利益分配の次元に終始するのではなく，戦後ドイツで構築され，憲法的理念にもなった社会国家の根幹を損なう政策と見做されたといえよう。月曜デモに参加した人々の学歴が比較的高いことや，年金生活者が多く含まれていたことは，おそらくこの点から説明できよう。

　第 3 に，たとえ生活窮迫への不安と怒りや，人権侵害に対する憤激があったとしても，それが大衆デモに発展するには一定の政治的条件が存在することも見落とせない。ハルツ IV 法の場合でいえば，連邦議会にはこれに正面から反対する政党が実際上存在しなかったことが重要であろう。与党としてシュレーダー政権を支えるのは左翼に位置づけられるはずの SPD と同盟 90・緑の党であり，党内に反対するグループがあったものの，多くは政権維持を優先し改革路線に封じ込められた。他方，政治的駆け引きの材料に利用する場合を除けば，市場原理を重視する野党の CDU・CSU や FDP が反対に回ることは期待できなかった。確かに反対の立場をとる PDS の議員もいたものの，2002 年の連邦議会選挙で 5％ の壁を超えられなかったために小選挙区で獲得した僅か 2 議席だけで，存在しないのも同然だった。こうしてハルツ IV 法に反対する勢力が議会に見出せず，怒りや不満を政治的に代弁する道が塞がれていたことが，デモの拡大を招く結果になったのであった。つまり，月曜デモが街頭政治として突出したのは，反対意思を吸い上げる回路が存在しないという政治的閉塞に主要な原因があったと考えられるのである。

　このようにハルツ改革に不安や不満を抱き，あるいは不正と感じる市民が

広く存在するのに，他面ではその伝声管となる政党が議会レベルで不在という二つの条件が月曜デモを説明する鍵になる。それでは，このような政治的機会構造の下で出発した月曜デモはどのような限界にぶつかり，いかなる原因で衰退したのだろうか。

この面に視線を転じると，最初に浮かび上がるのは，運動が西ドイツ地域で広がらず，全国的な抗議運動に発展するのに限界があった事実であろう。月曜デモが西ドイツ地域で低調なまま終わったのは，失業扶助に依存する失業者が少なかったことからある程度まで説明できよう。しかし，それだけではやはり十分ではなく，世論の支持が概して乏しかったことにも原因があったことを看過してはならない。この点については世論調査のデータを使って詳述した。実際，8月31日付『ヴェルト』紙の「西での不快の念」と題したコメントでC.ホーエンタールが指摘するように，西ドイツ地域では統一以降の東ドイツ地域に対する巨額の財政移転が成果を生まず，東から感謝もされていないことに対する不満が根強く，それが月曜デモに対する共感を阻むにとどまらず，反感さえ生み出したのであった[69]。この事実は世論調査機関EMNIDの調査を報じた9月3日付の同紙でも確認されている。それによれば，西ドイツ市民の52%が年間800億ユーロに達する東ドイツへの財政移転を多すぎると感じ，同時に3分の1が東ドイツの人々に西への感謝の気持ちがないことを苦々しく思っていたのであった[70]。こうした心理が西ドイツ地域で広く形成されていた結果，月曜デモは西ドイツで盛り上がらず，事実上東ドイツ地域の運動に終始するという限界を帯びざるを得なかった。その意味で，8月18日付『ターゲスツァイトゥンク』紙が「月曜デモが東の現象から東西ドイツの運動になる」か否かに焦点を合わせ，「東の問題」という壁を超えられるかどうかに注目したのは炯眼といえるのであり[71]，結果から見れば，月曜デモはこの壁に阻まれることになったのである。

このことは，第2に，運動が1989年の運動を模して月曜デモと名乗り，「我々が人民だ」というスローガンを掲げたことの問題点とも関連している。1989年の月曜デモの場合，SEDの独裁に対して人民の名前で抵抗すること

---

(69) Die Welt vom 31.8.2004.
(70) Die Welt vom 3.9.2004.
(71) Die Tageszeitung vom 18.8.2004.

は説得力があり，共鳴の輪も広がったが，2004年には民主的に選ばれた政権が標的だったから，対抗図式が根本的に相異していた[72]。また「人民」の名前を用いることについても，核心に再分配ないし不利益分配の問題がある以上，月曜デモの側の主張に必ずしも普遍性はなく，高額所得者や安定した職を有する人々から自分も人民だと反論されれば弁明が苦しくなる構造が存在していた。事実，社会国家の危機の一因が過度の寛大さにあるという認識は広く浸透しており，自助のモラルを害する行き過ぎた恩恵を是正する必要に関しては幅広い一致が形成されていたのである[73]。官吏の81%，自営業者の54%，職員層の48%がハルツIV法の改革に賛成していたという『ツァイト』紙の報道はその表れであり，この立場から見れば，M.ガイスがいうように，「我々が人民だ」というスローガンが「1989年の秋へのパロディー」としか映らなかったのは当然だったといえよう[74]。デモが月曜デモと名乗った当初に，それを僭称だとして批判する声が上がったことは既に触れたが，その批判は決して的外れではなかった。一般論として働く者には誰でも失業のリスクが付きまとうといえるものの，程度差がきわめて大きく，その意味でデモへの参加や支持が期待された働く者は「人民」のように均質ではなかったのである。

　この面から眺めると，月曜デモは輝かしく記憶されている1989年の成功例に安直に依拠し，訴える内容を普遍化するのを怠ったといわねばならない。実際，ハルツ改革で縮小が進められている社会国家は，本来，予想される主要なリスクに備えて人間らしい最低限度の生活を保障するシステムであり，軽量化に賛成する者でも，この一線を踏み越えた縮小は社会国家の破壊だとして起ち上がることが期待しえた。各種の世論調査から明らかなように，戦後に形成された社会国家に関する合意はひび割れていても，決して崩れ去ってはいないからである[75]。このことは「社会国家解体」という言葉

---

(72) 1989年の月曜デモについては，雪山伸一『ドイツ統一』朝日新聞社，1993年，48頁以下参照．
(73) 例えば『シュピーゲル』は，「国家財政で支えられた寛大さ」を指摘しつつ，「かつてドイツ福祉国家の成果として讃えられたものが今ではドイツ病の構成要素になっている」と記している．Der Spiegel, Nr.34, 2004, S.27f.
(74) Matthias Geis, Wir sind kein Volk, in: Die Zeit, Nr.36, 2004.
(75) Edeltraud Roller, Erosion des sozialstaatlichen Konsenses und die Entstehung

が政敵を攻撃するスローガンとして使われていたことによっても証明されよう。その点を見据えるなら，運動の発展には分配問題から人権問題に次元を移し替え，既得権益固守の印象を払拭して，一部の人の問題からあらゆる人に関わる普遍的な問題に位相を転換する戦略が必要とされた。これは社会運動論でいうフレーミングに当たり，適切なフレーミングによって合意の動員や行為の動員の道が開かれ，同調者を参加者に，敵対者を傍観者に変えることも可能になる。けれども，月曜デモはそうした戦略を欠落したまま，ハルツ改革の総体を否定する立場を前面に押し出したのであり，その点に運動が広がらなかった一因があったといえよう。1989年のスローガンは様々な立場の市民を束ねるには手っ取り早い手段になったが，戦略の開発を阻害した点で縛りになった面も存在したのである。

　さらに第3点として，月曜デモが街頭での大衆行動という古典的な抗議形態を一歩も出なかったことも運動の衰退原因として指摘できる。近年の反グローバリズムの運動や環境保護運動などでは，グリーンピースに代表されるように，ロビー活動を行う一方で，メディアの注目を引くスペクタクルを演じるケースが増えている。他方，新しい社会運動が台頭する過程では，都市再開発に反対して建物占拠などの実力行使を行ったり，投書や意見広告，イベント，座り込みなどの様々な戦術が開発されてきた[76]。そうした行動形態の成果については，たしかに一致した評価は難しい。けれども，各種の市民イニシアティブが発展し，草の根で行動する市民が増大している今日，メディアを引き付ける手法を工夫し，それを利用して運動の興隆を図るのは，一つの戦略として重要性を増している。実際，メディアクラシーすら語られる時代を迎えていることを考えれば，マスメディアの役割を計算に入れた運動形態を考案することが必要であり，少なくとも街頭での集会やデモだけを抗議行動の唯一の形態とする必然性が希薄になっているのは確かであ

---

　　einer neuen Konfliktlinie in Deutschland, in: Aus Politik und Zeitgeschichte, B29, 2002, S.13ff.; Statistisches Bundesamt, hrsg., Datenreport 2004, Bonn 2004, S.653ff.; Elmar Wiesendahl, Parteien und die Politik der Zumutungen, in: Aus Politik und Zeitgeschichte, B40, 2004, S.19f.
(76)　この点については，井関正久『ドイツを変えた68年運動』白水社，2005年，81，97頁参照。

ろう[77]。1989年の月曜デモの場合にはメディアは体制側に独占されていたし、また例えばSEDの地方支部やシュタージの建物の占拠のような挑発的行動をはじめ警官隊との小競り合いすら弾圧への口実を与える危険があったので、古典的な抗議形態を厳守することは戦略的にも不可欠だった。しかし2004年に対峙したのは選挙で選ばれた政権であり、1989年とは条件が全く異なっていたから、それに固執すべき理由はもはや存在しなかった。その意味で、「人民」を中心に据えたスローガンと同様に、ここでも1989年の経験は呪縛になったといえるであろう。つまり、メディア戦略を含む運動の現代化の努力が見出せなかったことも、急速な高揚にもかかわらず月曜デモが早期に頭打ちになった原因の一つに数えられるのである。

　もちろん、第4点として、月曜デモによる街頭からの圧力だけでは政権の頑強な姿勢を崩せなかったことも看過できない。確かにデモが拡大する局面では政権周辺から姿勢を軟化させ、譲歩に応じることを求める声も現れた。また8月30日にデモが頂点を迎えると、直後に部分的修正をする意向が表明された。この面だけを見れば月曜デモが一定の成果を収めたといえなくないが、しかしそれはハルツIV法の骨格に関わる改正には程遠く、その意味では攻勢をかわす便宜的な方策だったというべきであろう。実際、『シュピーゲル』が「鋼鉄の改革者」と評しているように[78]、シュレーダーは周辺からの声には従わず、改革の基本線での譲歩を拒否しつづけたのであり、その硬い姿勢を前にしてデモの参加者の間に消耗感が生じたのは当然だった。その一方で、そうした頑強な姿勢を打破するには、街頭からの圧力を一層強力にし、さらに政治過程につなげる上で巨大な組織を有する労働組合の参加が重要な条件になった。けれども、組合員の減少が続き、組織力が弱化しつつある労働組合にとっては、産業別労働協約の硬直性を批判し協約自治の改編を目指す使用者側からの攻勢に対する防戦がハルツ改革の阻止よりも優先する課題だった。サービス産業と製造業のように産業部門で事情が異なり、それを反映してハルツ改革への足並みが揃わない労働組合としては、一体性を保てる共通課題が重要であり、SPDとの正面衝突を避けてパイプを維持

---

(77) Anja Kruke und Reinhold Rünker, Sozialer Protest und Politik, in: Zeitschrift für sozialistische Politik und Wirtschaft, H.139, 2004, S.15f.
(78) Der Spiegel, Nr.46, 2004, S.24.

し，同時に労働組合に敵対的な CDU・CSU への政権交代を阻止するためにも，月曜デモを組織をあげて支援することはできなかった[79]。地域レベルでは労働組合が月曜デモに積極的に取り組んだ例も見られたが，不統一だったのはその結果である。これらの点は，政権に譲歩を強いるには月曜デモが力不足だったことを示しており，上記のような戦略の欠如と重なって月曜デモの衰退をもたらしたといえよう。

　最後に，政党政治の面では無色だったはずの運動に政党が関与を強め，政党化が進行したことや，関係団体の主導権争いが生起したことも見落としてはならないであろう。この点の正確な経緯はあまり明らかになっていないものの，関係者の間で内紛を招いたことは報道からも確認できる。最初のきっかけは，「ザールのナポレオン」の異名をもつラフォンテーヌのライプツィヒでの登場であり，そこでは分裂は回避されたものの，修復しがたい亀裂が残った。また，これと前後してベルリンでは月曜デモは二つに分裂し，内部対立が表面化した。さらに 10 月になると PDS が前面に立つようになり，月曜デモと PDS のつながりの緊密さが鮮明化するようにもなった。これにより，一面では月曜デモに欠落していた組織性が高まったのは事実だとしても，様々な立場の人を相違を超えて糾合し，エネルギーを結集するという本来の超党派的性格は希釈される結果になった。8 月 16 日の『シュピーゲル』は月曜デモを「名もない人々の蜂起」と呼び，「抗議を呼びかけたのは平凡な市民で，活動家や政治プロではない」と指摘して自然発生的性格を強調したが，10 月には明らかに重心が後者に移ると同時に，政党の色合いが濃くなったのである[80]。デモに対して距離を置く市民が増えたのはそうした変化の当然の帰結であり，こうして党派色の強まりとともに月曜デモは勢いを失っていったのである。

　以上で指摘したことを要約すれば，月曜デモが拡大した要因として考えら

---

(79) 協約自治の確保を最優先する DGB の姿勢は，2005 年連邦議会選挙の直前に行われたシュレーダー，メルケルの 2 人の首相候補と DGB 委員長との会談でのやりとりのほか，「連邦議会選挙に向けての政党に対する DGB の要求の中心にあるのは協約自治である」という機関紙の文言に鮮明に表れている。Tarifautonomie für Schwarz-Gelb ein Auslaufmodell, in: Einblick, H.15, 2005; Fernduell beim DGB, in: ebenda, H.16, 2005.

(80) Der Spiegel, Nr.34, 2004, S.23.

れるのは次の諸点である。すなわち，ハルツⅣ法が失業者の既得権益を侵害し，困窮に突き落とすものであるところから，彼らの反撃を招いたこと，最低限度の生活すら脅かす点で当事者以外の人々からも抗議を引き起こしたこと，有力な政党がすべてこの改革に賛成していて政治的閉塞が顕著であり，残るのは街頭政治だったことである。他方，月曜デモの限界となり，あるいは衰退の原因に数えられるのは，東西の分断のため世論の広範な支持が形成されなかったこと，再分配問題から人権問題に転換する戦略やメディアの利用を中心に運動形態を現代化する戦略が欠如していたこと，政権が強硬であり，それとの関係悪化を避けるために労働組合の本格的な支援を得られなかったこと，政党や団体の介入が深まり，超党派性が薄れて内部対立や政党化が顕在化したことなどである。これらの原因や限界の絡み合いと相乗作用によって月曜デモがスタートし，拡大，高揚，衰退の3つの局面が生じたのであり，同時に，社会国家の縮小と効率化が進められている政治過程を予想を上回る混乱に陥れ，政権が窮地に立たされる場面を作り出したのであった。それはグローバル化に伴う経済の低迷や財政危機の打開に向け，与野党の基本的な合意に基づいて推進されている社会国家の再編成に対するこれまでで最大の下からの対抗運動になったが，それまで表面的には波乱が少なかっただけに，そこで噴出したエネルギーは予想外に大きく，政権を足元から揺さぶることになったのである。

結び

　それでは2004年夏に興隆し，熱気に包まれて展開された月曜デモは，秋になって低迷に転じたままいつしか雲散霧消し，何の痕跡も残していないのであろうか。最後にこの点に触れて本章を結ぶことにしよう。

　冒頭でも指摘したように，月曜デモの核心は，ハルツ改革で推進される社会国家の縮小を巡る攻防にあった。社会の情報化やサービス化などの趨勢とともに家族や労働の形態が変化した今日，それに合わせた社会国家の改革は不可避だったが，ドイツ経済の低迷と財政赤字の膨張が加わり，改革は縮小を基調とすることになったのである。それを端的に示しているのが，本章で問題としたハルツⅣ法にほかならない。その要になったのが，失業扶助と社会扶助の合体によって新設される失業手当Ⅱであるが，モデル・ケースに即して見たとおり，それが実施されたら失業者の世帯の生計が成り立

ず，窮迫するのが確実視された。けれども，赤緑政権を率いるシュレーダーは，「不人気な削減にすら尻込みしない峻厳な改革者[81]」として，アジェンダ2010の改革路線を突き進もうとした。このため，その直撃を受ける失業者の多い東ドイツ地域が月曜デモの中心になり，一見すると月曜デモは東西ドイツの対立の表現であるかのような観さえ呈したのであった。この側面に視線を集中して8月30日の『シュピーゲル』は，「抗議の推進力になったのは，失意に変わった希望，強い国家への憧れ，零落への不安，東ドイツ人として二級市民であるという感情の混合物である」とし，「東部における抗議ではもはやハルツⅣ法，所得控除，再就職のルールは問題ではなく，抗議はヴェッシー（西ドイツ人の蔑称…著者），民主主義，上層の人々に対するルサンチマンとあからさまな憎悪の混合にとっくに変質している」と記している[82]。けれども，このような形で東西の亀裂をあまりにも強調するのは不適切であり，事柄の核心を逸する虞があるといわねばならない。なぜなら，そうした見方では少なくともなぜ他の政策ではなくてハルツ改革が月曜デモの引き金になったのかが説明できないからである。その意味で，月曜デモが東西の分裂を反映しているのは事実だとしても，それは問題の重層性の一面であり，やはり社会国家の再編成が根幹にある点を見逃してはならないであろう。

　ところで，既述のように，ハルツⅣ法などの改革に反対する月曜デモは急速に盛り上がり，多数の市民がこれに参加したが，表面上の対立の裏で与野党が実質的に結束している以上，街頭政治の圧力だけではその壁を打ち破ることはできなかった。さらに雇用労働者の利益を幅広く代表してきた労働組合が弱体化しており，組織的利害を守る計算から政権との対立を回避して月曜デモから離れていたことも，圧力が高まらない一因になると同時に，政治的回路を狭める結果になった。また統一以来，東ドイツ地域への巨額の財政移転を続けてきたために，西ドイツ地域の市民の間には東ドイツに対する不信や反感が募っているが，そうした心理が月曜デモへの共感を妨げ，西ドイツでの月曜デモを低調なままに終始させる要因になった。これらに加え，ハルツ改革に付着する不利益分配問題という色彩を薄め，最低限度の生活水

---

(81) Der Spiegel, Nr.46, 2004, S.24.
(82) Der Spiegel, Nr.36, 2004, S.21.

準を保障できない社会給付が社会国家の解体を意味することを明るみに出すことにより，テーマを人権問題にまで普遍化していく戦略が月曜デモに欠落し，また，多様な運動形態を組み入れることによってマスメディアの注目を引き寄せ，それを通じて社会にアピールする戦略も欠如していたことは，月曜デモが失業者を主体とする抗議運動という枠を踏み越えるのを困難にした。これらが重なった結果，月曜デモは既得権益の固守という外観を引きずり，狭い限界の中に閉じこもったまま，自己回転する以外になかったのである。

　こうした理由から月曜デモは吸引力を失って収束に向かったが，その流れは決して途絶えたわけではなかった。ドイツでは2005年9月18日に前倒しされた連邦議会選挙が実施されたが，そこで台風の目になったのは，社会国家の縮小に反対する左翼党の登場だった。そしてこの党が8.7%の得票率を獲得してCDU・CSUとFDPが過半数を制するのを妨げると同時に，SPDと緑の党の連立の継続を不可能にしたことが政党連立の選択肢を著しく狭め，結果的にメルケル（CDU）を首班とする大連立政権の成立につながった[83]。その意味で，左翼党の進出は，シュレーダー政権が推進したアジェンダ2010という名の経済・社会構造改革路線を実質的に支えていたCDU・CSUを表舞台に呼び出し，共同責任を公式化するというドイツ政治の変化の要因になったのである。

　こうして左翼党はネガティブな形で重要な役割を演じて注目を浴びることになった。しかし，この党が実は二つの政治組織の選挙に向けた協力を目的とする暫定的な存在であって，通常の意味での政党とは異なっていることを看過してはならない。左翼党で手を組むことになったのは，月曜デモに登場して物議を醸したラフォンテーヌと終盤で月曜デモの前面に立ったPDSだった。ラフォンテーヌはSPD脱党組を主体とする政治団体「労働と社会的公正のための選挙オルタナティブ（WASG）」を代表する顔として選挙に挑み，彼の根強い個人的人気にも支えられて左翼党は西ドイツ地域で4.9%の得票率を手にした。一方，前回選挙の挫折からの再起を期して組織を総動員したPDSは，左翼党に党名を変更して東ドイツで25.3%の得票を獲得したのである。

---

(83) 選挙結果に関しては，Das Parlament vom 23.9.2005 参照。

WASGはシュレーダー政権の改革路線に対する反発からSPD左派の一部によって2004年7月3日に結成された組織であり，当初は有権者の反響も好調で，左翼の新党に発展する可能性が話題になった。事実，結成直後にSPD党首ミュンテフェリングは労働組合幹部との会合で，この組織が次回の連邦議会選挙で少し得票しただけでも，SPDの政権と連立の能力が危険に陥ると洩らし，脅威感を隠さなかった[84]。しかし，WASGはSEDの影が払拭されていない点でPDSとは一線を画す方針を掲げる一方で，注目を浴びた2005年5月のノルトライン＝ヴェストファーレン州の州議会選挙では期待に反して得票率2.2%という惨敗に終わり，跳躍への足掛かりを模索せねばならなくなった。他方，西ドイツ地域では不評で基盤のないPDSは，東ドイツの州や自治体レベルでは強固な地歩を維持していたものの，頭打ち状態からの活路を開くために西ドイツ地域への浸透を図っていた。さらに2004年末にJ.ラングが指摘したように，「赤緑の連邦政府の政策が政治的スペクトルの左側にPDSだけが困難なく埋めることのできる真空を残して」いたことが，有利な条件を提供していた事実も見落とせない[85]。こうして双方の思惑が一致したところから，連邦議会選挙に向けた提携が結ばれるに至ったのである。

　協力の裏にはこうした事情があり，共産主義とは無縁なWASGとDDRの過去をひきずるPDSとの距離は歴然としていたが[86]，それにもかかわらず左翼党は連邦議会選挙で緑の党を上回る得票の獲得に成功した。この左翼党の躍進は，上述のように，連立政権の組み合わせの条件を根本的に制約し，政治的配置を大きく変える作用を及ぼした。そうした結果になった主因は，アジェンダ2010の経済・社会構造改革が強いる痛みに対する反発が国民の間に根強く存在していたことにある。実際，大きな政府の維持を掲げる反面で負担増に口を閉ざす左翼党に対してはかねてから「左翼ポピュリズム」

---

(84) Der Spiegel, Nr.29, 2004, S.20.
(85) Jürgen P. Lang, 15 Jahre PDS - eine zwiespältige Bilanz, in: Deutschland Archiv, H.6.2004, S.968. この点は例えばフランスで極左グループが勢いを得ているのと構造的に共通している。国末憲人『ポピュリズムに触まれるフランス』草思社，2005年，62頁以下参照。
(86) Heribert Prantl, Ohne Marx- und Engelszungen, in: Süddeutsche Zeitung vom 24.6.2005.

という批判が浴びせられていたが[87]，それにもかかわらず躍進を果たしたのは，既成政党が進める社会国家の縮小路線に対する下からの抵抗の表れにほかならなかった。また同時に，ラフォンテーヌとPDSの協力を含め，そこには月曜デモで噴出したハルツ改革反対運動のエネルギーが決して霧散してはいなかったことが看取できよう。2004年末の論考でG. ヴォープは，「疑いもなくPDSはここ数カ月間のハルツIV法を巡る争いで不快感から利益を得た」としつつ，同党を「左翼の側のハルツ利得者」と呼んだが[88]，ポピュリズムを指弾されるラフォンテーヌにも同様の指摘が当てはまる。彼らが手にしたこの「利得」は，月曜デモの衰退に伴って消失したのではなく，ハルツ改革が社会に浸潤させた不安や不満の水脈に支えられて，少なくとも連邦議会選挙までは存続したのであり，むしろ大きく膨らんで街頭から議場に主要な舞台を移したとさえいえるのである。

——— ◇ ——— ◇ ——— ◇ ———

ところで，本章を脱稿したあとに興味深い報道に接したので，蛇足ながらここで紹介しておきたい。

月曜デモで焦点に据えられたハルツIV法は2005年の年頭から施行されたが，それから1年が経過した時点でその評価が新聞の話題に上った。一つは2006年1月1日付『フランクフルター・アルゲマイネ』紙に掲載された「大規模な社会保障解体の作り話」と題するC. ゲルミスの論説である。それによれば，連邦共和国史上最大の社会保障解体といわれたハルツIV法は，実際には「社会保障の解体ではなく，多数の人にとってより多くの金を世帯の金庫にもたらした。」「稼働能力のある移転所得受給者に対する最低限度の保障の全体的水準は，引き下げられたのではなくて，むしろ引き上げられた。」

---

(87) 「ポピュリズム」という批判は党外だけでなく，PDS内部にもあった。Der Spiegel, Nr.26,2004,S.30. また，前掲拙著『統一ドイツの変容』156頁参照。なお，右翼ポピュリズムの研究者F. ハルトレープは，ポピュリズム概念を厳密化した上で，左翼党の勝因を「左翼ポピュリズム」にあったとしている。Florian Hartleb und Franz Egon Rode, Linkspartei.PDS und WASG im Bundeswahlkampf 2005, in: PIN, Ausgabe 32, 2005.

(88) Gerry Woop, PDS wieder im Spiel, in: Zeitschrift für sozialistische Politik und Wirtschaft, H.6, 2004, S.54.

例えば失業中のシングル・マザーはハルツ IV 法により以前よりも多額の金を受け取っているのであり，その 62% は改革の受益者であることを労働市場・職業研究所は確認している。だから，経済学者ベルトルトが論じているように，「ハルツ IV 法によってドイツでは貧困化と氷のような社会的冷酷が始まると 1 年前に唱えた者は，当事者の大多数にとってそんな事態は起こっていないことを認めねばならない」というのである。

他方，2005 年 12 月 29 日付『ターゲスツァイトゥンク』紙には「予想よりもずっと劣悪」という見出しの R. ローターが執筆した記事が載せられている。そこでは，ハルツ IV 法の 1 年を総括するとした上で，「結果は予想されたよりもずっと劣悪だった」と記されている。「失業は減り，当事者の給養は改善される，こう主張したのは改革の弁護者たちだけだった。しかし，かくも多くの人が貧困に沈み，ハルツ IV 法の役所で混沌と嫌がらせがかくも増えたことは，批判者たちをも驚かせている。」ベルリン市の社会局長は，ベルリンでの貧困をハルツ IV 法は強め，予想を明らかに上回る人々が社会的零落に直撃されたとしながら，「ハルツ IV 法は労働市場への持続的な統合に寄与しないという私の疑念は残念ながら確証された」と述べている。同様に労働局長も，長期失業者に対するより速やかな再就職斡旋という狙いは，十分に職場が存在する場合にのみ意味があるが，そうではないベルリンでは圧力を強めてもほとんど何の成果も得られないと語り，ハルツ改革の失敗を認めている。

相前後して目にとまったこれらの記事に見られるように，ハルツ IV 法の評価は施行から 1 年が経過しても完全に背反しているのが実情にほかならない。掲載紙が一方は保守系であり，他方が新左翼系であることを勘案しても，ほぼ同時点でこれほど正反対の評価が報じられるのはやはり珍しいといえよう。納得のいく結論を得るには正確なデータの検証が必要とされるが，いずれにしてもこの事実には，月曜デモの過程で顕在化した世論の分裂がいまなお続いていることが映し出されているように感じられる。2005 年 12 月 28 日付『フランクフルター・ルントシャウ』紙は最新の Dimap 世論調査の結果として，「ハルツ IV 法の労働市場改革によって貧富の亀裂が拡大した」と市民の 82% が考えていることを報じ，「多数の人はハルツ IV 法で分裂が深まったと思っている」という見出しをつけているが，この点に照らしてもハルツ改革の激震が収束していないのは確かであろう。

第3章　過去の克服をめぐる政治力学

－エティンガー失言問題を例に－

はじめに

　2007年7月，原爆投下をめぐる失言の責任をとり，防衛庁が省に昇格した初代の防衛大臣久間章生氏が辞任した。失言や放言による閣僚の引責辞任はわが国では珍しくないが，それより少し前の同年4月に，日本と同じ敗戦国であるドイツでも主要な政治家の失言が問題になり，一時的ではあれ，その帰趨がかなりの注目を集めた。それは，バーデン＝ヴュルテンベルク州首相ギュンター・エティンガー（CDU）の戦争認識に関わるものである。いずれも発言が失言として認知され，政治問題化した点で共通しており，一部に公式的で建前に化している面が指摘されるにせよ，歴史認識に関して一定のコンセンサスが社会の中に存在していることを浮かび上がらせた。同時にそうしたコンセンサスを背景にして，なによりもマスメディアが大々的に報道し，メディアを通した責任追及が問題をクローズアップして窮地に追い込んだ点でも類似している。
　けれども，無論，相違点もある。第1の決定的な相違は，世論の反撥を受けて久間氏は辞任したのに，野党政治家や主要な社会団体から辞任要求を突きつけられたにもかかわらず，エティンガーは辞任しなかったことである。久間氏にはメディアの前で真意を説明する機会すらほとんど与えられなかったように見えるが，これに反し，エティンガーの釈明と謝罪はそれなりに評価されて受け入れられたからである。
　第2は，国務大臣と州首相という地位の違いである。前者の場合は任命権者たる総理大臣に責任が波及し，本人が辞任を拒否すれば更迭できるが，後

者は独立性が強い。このため，失言問題への対処の仕方が違ってくる。エティンガーの場合，解任の可能性はないので，注目されるのは助言や圧力である。そして今回の事件で圧力によって彼の死活を制したといえるのは，連邦宰相で CDU の党首でもあるメルケルだった。一方，久間氏の場合は対処を誤れば首相に責任が及ぶことや，紛糾が長引いたら間近に迫った国政選挙に影響するという政治的計算が働いたと考えるのが自然であろう。

　第3の相違は失言問題の文脈である。わが国では植民地支配や戦争に関する政治家の失言や放言がたびたび見られるのに対し，ドイツではナチズム，ホロコースト，戦争に関わる政治家の失言問題は少ないという事情がある。それは，徹底性に関する評価は別にして，ドイツでは過去の克服が国民的な共通課題とされ，努力が重ねられてきたことによって説明されるであろう。戦後復興から高度経済成長の時期までは西ドイツでも冷戦の影響を受けて過去の問題は回避されがちだったが，1960年代に始まる政治文化の変容を背景に正面からの取り組みが進んだ結果，上記の諸テーマでの失言は政治家失格と見做され，致命傷となるに至った。ところが今回の事件では一種の逆転現象が起き，久間氏は辞任の圧力に屈したのに反し，エティンガーはそれを撥ね返し，ポストにとどまったところに特徴があり，またそこにエティンガー失言問題を考察する意義の一つがあるといえよう。

　ともあれ，簡単に点検しただけでも，ドイツとわが国ではこれらの共通点と相違点が浮かんでくる。以下ではそうした点を念頭に置きつつエティンガー失言問題の経緯を追跡し，政治過程を再構成するとともに，そこに見出される注目点などについて考えてみよう。

1. 失言問題の発端と概略

　南西ドイツの大学都市フライブルクのミュンスターで，2007年4月11日にある人物の追悼式典が執り行われた。それは4月1日に他界したフィルビンガーというかつてバーデン＝ヴュルテンベルク州の首相を務めた政治家の死を悼むためである。会場には遺族と関係者をはじめ，同州の政界・経済界などを代表する700人が参集した。この場で追悼演説を行ったのが現職の州首相エティンガーであり，その中に問題表現が含まれていたのである。

　追悼演説の慣例に従い，エティンガーは死去したフィルビンガーの生涯をたどり，その功績を賞賛した。そして戦争期の彼についても賛辞を贈ろうと

して次のように述べたのである。「いくつかの追悼文に記されているのとは違い，次のことを確認することが肝要である。ハンス・フィルビンガーは決してナチではなかった。反対である。彼はナチ・レジームの敵対者だった。ただ彼は他の何百万の人々と同様にレジームの強制から殆ど逃れることができなかったのである[1]。」

この演説が伝わると，直ちに激しい批判が噴き出した。そして瞬く間に集中砲火のような観さえ呈した。フィルビンガーには州首相を辞任した前歴があり，1978年の辞職の当時，『シュピーゲル』が政治スキャンダルとして特集を組んだことに示されているように，事件の経緯がよく記憶されていたからである。しかも，「ナチ・レジームの敵対者」というエティンガーによる評価は，多くの人が抱いているナチ協力者というフィルビンガー像を真っ向から否定するものであり，生命の危険を顧みず抵抗した本当の敵対者の列にフィルビンガーを加えて彼らの名誉を冒瀆するものだったので，なおさら批判が過熱せざるをえなかったといえよう。

エティンガーに対する批判とそれへの応酬を見る前に，ここで簡単にフィルビンガーの戦時期の行動と州首相辞職までについて触れておこう。

1913年に生まれたフィルビンガーは，ナチ政権成立後に国民社会主義ドイツ学生連盟に加入し，1937年にはナチ党に入党した。1939年にフライブルク大学で法学博士の学位を取得して同大学の助手になった後，1940年に海軍に召集された。そして3年間兵士として過ごしてから1943年に海軍の

---

(1) 追悼演説の全文は，Staatsministerium des Landes Baden-Württemberg, Pressestelle der Landesregierung, Pressemitteilung vom 12.4.2007, Nr.113/2007 に公表されている。また4月12日付『ジュートドイッチェ』紙にも全文が，さらに同日の『フランクフルター・ルントシャウ』紙には抜粋が掲載されている。なお，フィルビンガーが死去した直後の主要全国紙に追悼文が掲載されているが，そのなかで出色といえるのは，2007年4月3日付『フランクフルター・ルントシャウ』紙に載ったP.ヘンケルの「失敗から学ぶことの出来ない人」と題した一文であろう。なお，次の各紙の見出しを見比べただけでも論争的であり，極めて興味深い。R.ゾルト「過去によって責めたてられて」（フランクフルター・アルゲマイネ紙，W.ライマー「政治的なヤヌスの顔」（ジュートドイッチェ紙），D.F.シュトルム「復権のための30年の闘争」（ヴェルト紙），R.モーア「州首相，海軍裁判官，同調者」（シュピーゲル誌），R.ライヒト「不法」（ツァイト紙）。

法務官に就任した。またこの間に将校に昇進した。敗色の濃くなった1945年1月から5月の降伏までドイツ占領下のオスロの軍事法廷で裁判官の役割を果たし，降伏後は短期間イギリス軍の捕虜収容所ですごした後，1946年にフライブルク大学に復帰した。1951年にCDUに入党し，53年にはフライブルクの市参事会員に選出された。1960年には後の連邦宰相で当時バーデン＝ヴュルテンベルク州首相だったキージンガーの下で内務大臣に就任し，彼が大連立政権を率いるためにボンに移ったのを受けて1966年に同州の首相に就いたが，1978年に辞職のやむなきに至った[2]。

　フィルビンガーが辞職に追い込まれたのは，1978年2月に『ツァイト』紙上でR.ホッホフートが戦時期の彼の行動を暴露したためだった。戦時下の軍事法廷で戦争を忌避する兵士に死刑判決が下されたが，それにフィルビンガーが関与していたというのである。そればかりか，ヒトラーの海軍裁判官はヒトラーの死後，イギリス軍の捕虜収容所でさえナチの法律に従って兵士を処断した「恐るべき法律家」であり，彼が「自由でいられるのはひとえに彼を知る者たちの沈黙のおかげである」，こうホッホフートは告発したのである[3]。

　ここで軍事法廷に触れておけば，戦時期に欠席裁判を含め3万人の国防軍兵士に軍事法廷で死刑判決が言い渡され，そのうちの1万5千人に死刑が執行された。またそれ以外に脱走や敵前逃亡を図ってその場で処刑された兵士がいるが，実数は分かっていない。この数字を見る限り，軍事法廷が戦争を推進するナチ国家の不可欠の装置だったことは明白であろう。そうした事実を踏まえ，1995年に連邦最高裁判所がナチ期の軍事法廷を「テロ裁判」だったと認定している[4]。

　それはともあれ，ホッホフートの暴露に対して最初フィルビンガーは反論

---

(2) なお，フィルビンガーの略伝として次の文書が参考になる。Landeszentrale für politische Bildung Baden-Württemberg, Früher Ministerpräsident Hans Filbinger ist tot.

(3)）Rolf Hochhuth, Schwierigkeiten, die wahre Geschichte zu erzählen, in: Die Zeit, Nr.8, 1978. ホッホフートは6月にもフィルビンガーを告発する寄稿をしている。Ders., Der Zynismus ist beispiellos, in: Der Spiegel, Nr.24, 1978.

(4) Wolfram Wette, Wegen Kriegsverrats verurteilt, in: Frankfurter Rundschau vom 16.6.2007.

を展開した。まず彼は，上からの指示に従って行動しただけだという，しばしば見られる論理で批判をかわそうと試みた。しかし同時に，ただの一人の死刑にも関与していないこと，それどころか，被告となった兵士を救おうとし，見込みがあれば厳罰を避けようと努めたし，その際に自分の生命をも危険にさらしたのだと主張した。こうして彼は世間に広がった「恐るべき法律家」という自分に対するレッテルは不当だと裁判所や州議会の場で訴えたのである。

　ところが，フィルビンガーが公の席で無実を唱えた直後の7月に，彼の関与した死刑判決が少なくとも数件はあることが確認された。そのため，彼は防衛戦に転じ，戦争の「当時に法だったものは，今日でも不法ではありえない」と強弁して責任を回避しようとした。けれども，死刑への関与が確かめられたのに加え，公の場での弁明が虚偽だった以上，この論理が説得力を持つことはありえなかった。一例を挙げれば，今日のSPDの長老で，当時バーデン゠ヴュルテンベルク州のSPD委員長を務めていたE.エプラーは，彼を「自己批判の能力の欠如」した「病理的な良心の持ち主」だと酷評した[5]。こうして信用を失ったフィルビンガーは，2月の暴露から半年が経過した8月になって辞任に追い込まれたのである[6]。

　因みに，フィルビンガーの後任として州首相に就任したのは，統一後のドイツで光学会社社長として経済界で活躍したL.シュペートだった。彼は一時，コール首相（当時）の対抗馬と目されるほどのCDUの実力者になったが，1990年に夢の船事件と呼ばれるスキャンダルで失脚した。ただシュペートの場合は戦時期の行動という重い問題ではなく，民間企業との癒着という腐敗が原因だったところが異なっている[7]。

　それはさておき，以上のような経緯を踏まえれば，「ナチ・レジームの敵

---

(5) Frankfurter Allgemeine Zeitung vom 13.4.2007.
(6) この間の経緯については『シュピーゲル』1978年28号の特集が報じており，また所属するCDUの主要政治家から見放された状況や，辞任の反響についても同誌の報道が参考になる。Der Spiegel, Nr.30,1978, S.31ff.; Nr.32,1978, S.29ff. なお，フィルビンガーの弁明の抜粋とH.ビーバーたちの詳細な調査報告，それに基づくフィルビンガーに対するT.ゾンマーの批判が1978年5月12日付『ツァイト』に掲載されている。Die Zeit, Nr.16, 1978.
(7) 拙著『統一ドイツの変容』木鐸社，1998年，265頁。

対者」というフィルビンガー評価が如何に挑戦的だったかは説明を要しないであろう。演説の中でエティンガーは「人が命を奪われたようなフィルビンガーの判決はひとつもない」と強調し，さらにあからさまな免責のために「フィルビンガーには批判者が想像するような決定権も決定の自由もなかった」とも述べたが，もしこうした評価のとおりの人物だったら，フィルビンガーは辞職する必要は全くなかったのであり，悪いのは彼を攻撃したジャーナリズムやそれに加担した政治家たちということになるからである。R. ゾルトが指摘するように，バーデン＝ヴュルテンベルク州の生え抜きの政治家であるエティンガーは，フィルビンガー事件の顛末をよく知っていたはずであり，また評価を逆転させたら自分に降りかかる政治的リスクも十分に理解していたはずであろう[8]。実際，彼による評価は，生命の危険を賭して抵抗した本当の「ナチ・レジームの敵対者」とフィルビンガーを同列におくものだったから，抵抗運動で斃れた人々の名誉にも関わる大問題だった。この点を考慮すると，なぜエティンガーがそうした表現であえて世論を挑発するような挙に出たのかは不可解といわざるをえない。すぐに考えられるのは，故人を偲ぶ追悼演説という性質から，生前の功績を称え，すべてを美しく描こうとするリップ・サービスという動機が強かったことであろう。一般的に言って，弔辞ではそうした意図はしばしば透けて見えるものであり，汚点や失敗を素通りすることも許容範囲であれば問題は起こらない。けれども事柄はナチズムと戦争の認識に関わる重大な問題であり，ネガティブな評価を逆転して美化することは，過去の克服の努力が続けられてきたことを考えれば見過ごされるはずはなかったといわねばならない。

2．批判の噴出とエティンガーの退却

　事実，追悼演説が終わると批判が続出し，問題が一気に燃え上がった。そしてエティンガーは強気の対応から退却戦に転じ，遂には発言の事実上の撤回と謝罪に追い込まれることになった。

　追悼演説の翌々日の『フィナンシャル・タイムズ・ドイツ』は主要な地方紙での演説に対する反響を掲載しているが，その中から2, 3を紹介すれば，例えば『ハイルブロンナー・シュティンメ』はこう論評している。「フィル

---

(8) Frankfurter Allgemeine Zeitung vom 14.4.2007.

ビンガーの個人史のエティンガーによる善意の描写で問題になるのは，彼に繰り返し見られる無思慮な表現ではない。問題なのは，フィルビンガーが海軍裁判官としての自分の行動の道徳的次元を全く認識していなかったことに一語も州首相が触れなかったことである。そうなったのは，エティンガーが必要な距離を取れなかったからである。彼は古い傷を再び引き裂いたのである。」また地元の『シュトゥットガルター・ナハリヒテン』は政治的計算に目を向け，次のように書いている。「フィルビンガーは埋葬されたが，彼の名前は引き続き話題の種になるだろう。エティンガーはフィルビンガーのナチの過去に言及することによって幕を引こうとしたが，かえって新しい論争を引き起こした。どんな動機がこのように偏った立場をとらせたのだろうか。考えられるのは，CDUの右派に取り入ろうとし，だから演説草稿を訂正しようとしなかったということである。」『バーディッシェス・タークブラット』のコメントはもっと厳しい。「先輩のフィルビンガーのための追悼式典でエティンガーがしたことは，罰するに当たらない罪という項目に入れられることを遥かに超えている。バーデン＝ヴュルテンベルクの州首相はフライブルクのミュンスターで歴史のでっち上げをし，歴史的連関を美化しただけではない。彼は演説で嘘そのものを広めたのである。この死後の友情表現をみると，不適格さというよりは打算を考えざるをえないのである[9]。」

地方紙の紙面にはこのように辛辣な論評が掲げられたが，野党陣営の政治家からは，日常的な競争関係にあるだけに，これに劣らない強烈な批判がエティンガーに浴びせられたのは当然であろう。

南西ラジオ（SWR）の整理に従うと，追悼演説が行われた当日に最初に攻撃の矢を放ったのは，同盟90・緑の党の州代表D.モウラティディスだった。「エティンガーがナチ・レジームの協力者をナチの敵対者と呼んでドイツ史を輝かしくしているのは，私には全く理解できない」と彼は述べ，これにドイツ在住ユダヤ人中央評議会の副会長D.グラウマンが続いた。「エティンガーの表現を私はおぞましく感じる。それは誤った知らせを伝達し，フィ

---

(9) Financial Times Deutschland vom 13.4.2007. 因みに4月16日発行の『シュピーゲル』は追悼演説を「免罪の文章と大胆な清浄化の試みの混合」と呼んでいる。Der Spiegel, Nr.16, 2007, S.36.

ルビンガーのような人物の責任を隠蔽してしまうのである[10]。」

翌12日になると、批判の声は一気に多方面に広がった。

まずグラウマンの所属するドイツ在住ユダヤ人中央評議会会長C.クノーブロッホが前面に登場した。彼女によれば、「フィルビンガーの生涯の周知の時期がエティンガーの演説では軽く扱われた。」しかし「彼がナチ・レジームの協力者だったのは自明」であり、これに照らすと、エティンガーの扱いは「事実を見くびった愚劣以上のもの」である。「フィルビンガーをナチ・レジームの敵対者と呼ぶことは、生き残った者を傷つける危険な歴史的現実の倒錯」だからである。それゆえに「ドイツを政治的に代表する人々に対して我々はより多くの感情移入と歴史的責任意識を期待しなければならない。」このように厳しい断罪を下すと同時に、他面で彼女はエティンガーが行ったのは「典型的な埋葬演説」だったとも述べており、動機に一定の理解を示している。埋葬演説では「いわゆる良い側面にだけ」言及して故人の生涯を美化し、罪業や汚点を黙殺するのが慣例であり、エティンガーの場合にもそうした慣例にしたがい、リップ・サービスの面があることは否定できないからである。このような見方に立ち、彼女が批判のトーンを抑制しているのは、後述する対応とも絡んで見過ごせない点であろう[11]。

これに比べると、同じユダヤ系の立場から非難を浴びせた著名な作家R.ジョルダーノの発言は峻烈だった。彼はエティンガーに辞任を迫った最初の批判者でもある。「このようなことを公言する者はドイツ連邦共和国の基本法の地盤の上に立てず、州首相のポストに適さない。もしCDUが民主的政党という信用を損ないたくないなら、党友に対してポストから身を退くように呼びかけるべきである」とジョルダーノは言い切っている[12]。

ユダヤ系の歴史家で、ヨーロッパ・ユダヤ研究に取り組むモーゼス・メンデルスゾーン・センターの所長を務めるJ.シェップスも異口同音に退陣を迫った。「洞察力のない者の代表例であるフィルビンガーを抵抗運動家に作

---

(10) SWR-Nachrichten vom 16.4.2007. ドイツ在住ユダヤ人中央評議会には後でも言及するが、その成立事情や負の側面に関しては、武井彩佳『戦後ドイツのユダヤ人』白水社、2005年、74頁以下、125頁以下参照。
(11) Focus vom 12.4.2007; Die Welt vom 12.4.2007.
(12) Focus vom 13.4.2007. ジョルダーノはさらにインタビューで批判的見解を詳しく展開している。Süddeutsche Zeitung vom 17.4.2007.

り変えることは本当に致命的である」とする一方で,彼は,「エティンガーにはこの問題で不法を働いたという意識を持つことは明らかに不可能」だと断定している。その上で,バーデン＝ヴュルテンベルク州の CDU に対し,「州の利益と自己自身の利益のためにエティンガーに辞任を勧告すべきである」と彼は主張している[13]。

ホロコーストの犠牲者の立場を代表するユダヤ人中央評議会やジョルダーノのようなユダヤ系の人々の発言は,ナチズム,戦争,民族差別のようなテーマに関してはドイツの世論で格別の重みがある。そのことは,中央評議会の歴代会長の中でとくにガリンスキーやブービスが世論形成に大きな影響力を行使してきた事実を見れば明白であろう。それだけに追悼演説後の早い段階でユダヤ系の代表的な人物たちから指弾を浴びたのは,エティンガーにとって大きな重圧になったと推察される。

もとより,野党陣営もエティンガーの発言を放置しなかったのはいうまでもない。同じ 12 日に発言した同盟 90・緑の党の全国代表 C. ロートは,「フィルビンガーの生涯の一部に沈黙し,あるいは美化することによってエティンガーは極右の水車に水を注いでいる」と決めつけ,「あとになってフィルビンガーを抵抗運動の闘士に加えることは成功しないだろう」と揶揄している。また同党所属でかつてバーデン＝ヴュルテンベルク州議会の院内総務を務め,現在は連邦議会院内総務の要職にある F. クーンはエティンガーを「歴史の歪曲者」と呼び,かつての海軍裁判官としての判決と自己の行為に対するフィルビンガーの無反省を軽視しているので演説での表現を撤回すべきだと主張している[14]。

一方,同じ野党の SPD からも批判の声が上がっている。バーデン＝ヴュルテンベルク州委員長 U. フォークトによれば,「フィルビンガーは私には恐るべき法律家のままである」から,エティンガーがしているのは「歴史のでっち上げ」にほかならない。そして「CDU の次の世代がナチ時代の海軍裁判官に関する隠蔽を一緒に行うなら,それは緊張に満ちたドラマというしかない[15]。」これに比べると,同じ SPD ではあっても世代的にフィルビン

---

(13) Frankfurter Allgemeine Zeitung vom 14.4.2007.
(14) Die Zeit vom 13.4.2007; Focus vom 13.4.2007.
(15) Frankfurter Allgemeine Zeitung vom 12.4.2007.

ガーに近い長老の E. エプラーの発言には陰影が見られた。彼によれば，エティンガーの表現は何もかも一括しているので間違っている。「当時の多くのドイツ人と同様に，フィルビンガーは多くの点でナチ・レジームと一体であり，いくつかの点で一体ではなかった。彼は恐らく本当のナチではなかっただろうが，しかし断固たる敵でもなかった。これは当時では普通のことだったのである。」エプラーはこう述べ，エティンガーを大上段に撥ねつけるのではなく，むしろ普通のドイツ人の責任にも言及しながら，穏やかな言い回しでフィルビンガーの美化をたしなめたのである[16]。この言葉には，戦争末期に 16 歳でナチ党に入党した自分自身の過去に対する自省がこめられているのは明らかであろう[17]。

　もちろん，エティンガー擁護の声がなかったわけではない。しかし全体としてみれば，それはかなり少数だったことは否定できない。例えばバーデン＝ヴュルテンベルク州議会 CDU 院内総務 S. マプスは追悼演説を「バランスがとれ，フィルビンガーの全生涯に相応しい良い評価」だったと持ち上げたし，同州で大蔵大臣などを歴任した CDU の重鎮 G. マイヤー＝フォアフェルダーも「エティンガーが語ったことは大胆であり，しかも正しい」と述べてエールを送った[18]。さらに同州の CDU 幹事長シュトローブルは「追悼演説は家族向けであって，歴史学のゼミナールではない」と議論の仕方に不満を示し，連邦議会の同州グループ代表ブルンフーバーに至っては「マイスター試験の模範」とまで呼んで演説を絶賛した[19]。けれども，これらの擁護は CDU の一部に限られており，『シュピーゲル』の伝えるところでは，

---

(16) Süddeutsche Zeitung vom 12.4.2007; SWR-Nachrichten vom 12.4.2007.
(17) Die Welt vom 16.7.2007. ナチ党員だった過去をエプラーはすでに 13 年前に公表しており，自分は意思に反して入党したのではなかったが，それは 16 歳の少年の愚行だったと悔恨の弁を述べている。なお，学者の N. ルーマンや H. リュッベ，作家の M. ヴァルザー，政治家の H. エームケ，ジャーナリストの P. ベニシュなど，エプラーと同年代の多くの著名人がナチ党に入党していたことを『フォークス』が報じて話題になったが，そうした「暴露文化」の問題点に関し, Henryk M.Broder, Sonderweg mit brauner Karte, in: Der Spiegel vom 18.7.2007 参照。
(18) Süddeutsche Zeitung vom 13.4.2007; Die Welt vom 13.4.2007.
(19) Deutschlandfunk-Nachrichten vom 14.4.2007; Stern vom 14.4.2007.

CDU の内部にもむしろ不満や不快感が強かった[20]。その意味で，急速に高まる批判の合唱の前ではエティンガー擁護はかき消されがちだったといえよう。

ところが，このように批判が続出しても，当初エティンガーは強気を崩さず，むしろ反撃する姿勢を見せた。彼は演説の翌日にラジオのインタビューに応じ，「私の演説は真剣に考えた公的なものであり，それが変わることはない」と述べて批判に耳を傾けることを拒否したのである。それだけではない。追悼演説に多くの支持と称賛が寄せられたことにも言及し，そのことが歴史のでっち上げではないことの何よりの証明だと強弁したのである。「私には追悼式典の翌日に赤と緑のキャンペーンを取り上げるつもりはなく，故人の尊厳を守ることが重要である」としながら，彼はこう続けている。追悼演説では故人の生涯と業績に立ち入ったが，「それを真面目に，品位を保ちながら行った。そうしたやり方以外のいずれもなんらかの思惑に出るものであり，人物自体には適さないのである[21]。」この言葉には SPD や同盟 90・緑の党を中心とした批判が政治的意図から発しているという意味がこめられているのは容易に読み取れよう。

それだけに 14 日にエティンガーが公開状を公表し，「誤解」を招いたことを詫びたのは，世間を驚かせた。この日から強気の姿勢は崩れ，守勢に転じたのである。彼はまず追悼演説の性質に関し，「演説はなによりも死去した者の家族と悲しむ身内・友人に向けられていた」と述べている。さらに「我々の文化圏では，故人の生涯の仕事と功績をポジティブに評価し，困難な時期についても沈黙せず，しかし執拗に追及しないことは，追悼の際の発言の一般的で適切な慣習である」と記している[22]。これはリップ・サービスが混じったことを正当化する論理であるが，美化には節度と限度があることへの言及は見られない。その意味では軽率さと無思慮に対する自覚が見られず，弁明として説得力に欠けるといわざるをえないであろう。

他方，エティンガーは，フィルビンガー評価によって「恐るべきナチ独裁

---

(20) Der Spiegel vom 14.4.2007.
(21) Süddeutsche Zeitung vom 13.4.2007.
(22) エティンガーの公開状は，次の表題で州政府から発表されている。Offener Brief an die Kritikerinnen und Kritiker meiner Trauerrede zu Hans Filbinger vom 14.4.2007.

を何らかの仕方で相対化しようとした」という批判は完全に的外れだと強調している。すなわち,「そんなことは私の内面的な心構えにそぐわないし,私の演説の意図にも合致しない」と記し,「そのような印象を自分は決して望んだのではなかった」と彼は明言している。しかしその一方で,「この点での誤解が生じた限りで,私はそれをはっきりとお詫びする」と述べており,発言を撤回しないまま,真意が伝わらなかったことに限って遺憾としたのである。

　態度を軟化させたという変化が見られるにせよ,こうした内容の短い公開状での釈明では批判者を納得させるのに不十分だったのは指摘するまでもないであろう。なるほど CDU の幹事長 R. ポファラは公開状を歓迎し,エティンガーがそれを提示したのは賢明で正しいと評価した。けれども,それと反対に批判者の側で SPD 事務局長 H. ハイルは,「ナチの犠牲者に対する尊重の念はエティンガーが発言を撤回することを要求する」と語って公開状を一蹴した。また同盟 90・緑の党のクーンも公開状は歴史のでっち上げを片付けるのに不十分だとして受け入れなかったし,SPD のフォークトはエティンガーは公開状で事態をますます悪化させただけだと酷評したのである[23]。実際,『シュピーゲル』が指摘したように,公開状には「多方面から求められたエティンガーの謝罪はなかった」のであり,そのために「怒りの波は静まるどころか,反対に謝罪と退陣への要求が改めて高まった」といえよう。事実,広く信頼されている連邦議会副議長 W. ティールゼ(SPD)は,「エティンガーが謝罪の文章を書き込んでいたら,政治的道徳的な高みを示したことだろう」と慨嘆したのである[24]。

　公開状を公表したにもかかわらず,反響が思わしくなく,事態の好転は期待できないと見ると,エティンガーは姿勢を一段と軟化させ,守りの体制を固めていく。15 日には SPD 党首 K. ベックが戦列に加わり,エティンガーは追悼演説で「許容される範囲を超え,右方向に道を誤った」と批判した。ベックによれば,公開状でむしろ明確になったのは,エティンガーが右のほうのスペクトルで人を引き寄せようと意識的に試みたことであり,そのために「彼が語ったことは,無責任,不適切であり,ドイツを傷つけ,民主主義

---

(23) Die Zeit vom 14.4.2007.
(24) Der Spiegel vom 14.4.2007.

の威信を損なった。」だから事態を収拾する責任は軽率な行動に出たエティンガーにあるが、同時に彼が収拾に動くように CDU は仕向けなければならないと述べ、CDU の責任にも言及したのである[25]。

　こうしてメルケル大連立政権を支える SPD の党首までが舞台に登場する一方、後述するように、メルケルも舞台裏で動いていたが、このように問題が連邦レベルに達し、圧力が高まっていたのに 15 日の時点ではエティンガーは公開状の線から一歩も退かなかった。同日のラジオのインタビューで、ナチ犠牲者とその家族の間で、自分が美化しようとしているという誤解が生じたなら遺憾であると繰り返すとともに、いかなる場合にもナチ・レジームの不法の時代を軽視するつもりはなく、自分を知る者は、私が歴史から学び、寛容と人権のために尽力していることを知っているはずだと守りを固めたのである。公開状を報じた『シュピーゲル』は見出しを「エティンガー、スキャンダル演説を相対化」としたが、その「相対化」は誤解の釈明までだった。そしてラジオでのインタビューを伝える『フランクフルター・アルゲマイネ』紙の記事では「エティンガー、一層の明確化を拒否」との見出しがつけられ、公開状での防衛線からエティンガーが一歩も譲る構えがないことを強調したのである。

3．エティンガーの謝罪表明

　しかしながら、翌 16 日になると再び守勢にも変化が現れた。一つはマスメディアに向けた表明でさらに軟化し、遂には事実上の発言撤回に至ったことである。もう一つは苦境の打開のため、ドイツ在住ユダヤ人中央評議会との釈明会談を模索したことである。

　16 日発売の『ビルト』紙で彼は、追悼演説で「私がフィルビンガーを抵抗運動家だったと宣言したかのように思われているのは心外」であり、「何百万もの人と同様にフィルビンガーがナチ・レジームに適応した」ことを自分は否定していないと弁明している。そしてこれを踏まえて、「迫害された人々、犠牲者たちを傷つける意図はなかった。そうした結果になったなら、心苦しい。そのことを私はお詫びする」と「誤解」を招いたことを改めて謝

---

(25) Frankfurter Allgemeine Zeitung vom 15.4.2007.

罪した[26]。けれども，その一方で彼は，「人は若者だったときに残忍なシステムの下で犯した過ちについて生涯にわたって追及されるべきではないと思う」と述べ，「恐るべき法律家」というイメージでフィルビンガーの人生を一色に塗りつぶすのを疑問視している。少なくともここでは，「ナチ・レジームの敵対者」という演説でポジティブに描いたフィルビンガー像は抹消され，逆にナチ・レジームの協力者という前提に立って，人生の一時期の誤りの扱いに焦点が移されているのは間違いない。その意味で，明言は避けていても，一層の後退への道が暗黙裡に敷かれていたといってよいであろう。

けれどもこの日の午前には，『ビルト』紙でのこうした発言と同じく，エティンガーは演説自体の修正や撤回は排除していた。「演説の作用が私には心苦しく，それを遺憾に思っていることはすでに明瞭に語ったと思うし，付け加えることは何もない。」「追悼に参集した人々の前での演説には，世間で考えられているのとは異なることが込められていた。だから今日なら私は違った表現を選ぶだろう。」こう述べて問題は誤解の余地があった点にあり，表現の不適切さに問題の核心があるという認識を改めて表明したのである[27]。

ところが，この日の午後になると彼は大きく軌道修正した。それが明白になったのは，予定されていたローマ法皇誕生日祝賀のためのローマ訪問を突如取りやめ，急遽出席したベルリンでのCDU幹部会の場であった。エティンガーはそこで追悼演説が引き起こしたこの間の紛糾について釈明し，続けてこう述べたのである。「私がした表現に私はこだわらない。それゆえにこの場を借りて遺憾の意を明確に表明したい。」これに加え，さらに彼は「自分の表現に私は距離を置く。そしてこれですべてを語ったことになると思う」と告げ，失言問題に幕を引こうとしたのである[28]。

この言葉は様々な解釈が可能であり，前言を否定し，謝罪したとも理解できる。現に例えば『シュテルン』は「フィルビンガーに関する紛糾した表現

---

(26) 『ビルト』に掲載されたインタビューは州政府によっても公表されている。Interview mit Ministerpräsident Günter Oettinger in der BILD-Zeitung vom 16.4.2007.
(27) Stern vom 16.4.2007.
(28) Frankfurter Rundschau vom 17.4.2007.

をエティンガーは撤回した」と報じている[29]。けれども、「距離を置く」ことは立場や見解を修正することは意味しても、必ずしも前言を取り下げることとは限らないし、ましてやその明確な否定とは決していえないであろう。むしろ、見方によっては、前言を撤回することを避けるためにあえて曖昧な言葉を選んだとも考えられよう[30]。いずれにせよ、それまで拒否してきた撤回にも含みを残す表現をしたことは、重大な転換だったのは間違いない。またこれまでのように表現が招いた「誤解」についてではなく、発言自体に関して謝罪したことも確かであろう。これによって「徐々の退却」の末にエティンガーは最後の防衛拠点に立てこもったのであり、L. グレーフェンが指摘するように、「それ以外に彼にはもはや道が残されていない」ところまで追い詰められていたといえよう[31]。因みにグレーフェンは論説に「遅きに失した洞察」という見出しをつけているが、「距離を置く」意向の表明は誤りの自認や反省と同一ではなく、したがって「洞察」に基づいているとは限らないであろう。むしろそれは本心というよりは、自衛のための最後の便法だったと捉えるのが適切ではなかろうか。事実、「距離を置く」ことが表現撤回と謝罪だとすれば、どのようなフィルビンガー評価に変わったのかが問われなければならないが、この点には彼自身も周囲も口をつぐんだままだったのである。

　それはともあれ、エティンガーの苦境を考慮に入れれば、曖昧な釈明にもかかわらず、CDU 幹部会がそれを了解したのは理解できよう。「幹部会は敬意をもってエティンガーの説明を了承した」と幹事長ポファラは言明している[32]。彼によれば、幹部会でエティンガーは明確な立場を表明し、謝罪した。彼は自分の表現に距離を置き、ナチ被害者の感情を傷つけたかもしれな

---

(29) Stern vom 16.4.2006.
(30) エティンガーは一貫して「距離を置く」という表現を使い、否定の語はもとより、撤回という言葉も使っていない。この表現は何かから離れ去ることを指し、したがって意見などに関しては、関わりがないことや考えを異にすることの表明を意味するが、少なくとも明確な否定までは含意していないといってよい。この点を考慮すると、前言の否定を避けるために彼が意図的にこの表現を選んだのは明白であろう。ここで鍵になるのは曖昧さであり、それゆえ、以下では「距離を置く」という言葉を使うことにする。
(31) Ludwig Greven, Späte Einsicht, in: Die Zeit vom 16.4.2007.
(32) Tagesschau vom 17.4.2007.

いことを理解した。ユダヤ人中央評議会との対話を考慮しているのはそのためなのである。一方，ヘッセン州首相R. コッホはエティンガーの表現が党内に不安を引き起こしたことを認めた上で，「エティンガーの態度表明は語らねばならないことだった」から，それが公にされた以上，多くのことが論じられ書かれたが，それも終わりだとして問題が終息するとの見通しを公言した。さらに党首メルケルは，エティンガーの「謝罪は聞き届けられると私は期待する」と述べ，謝罪によってナチ被害者と迫害された者の側面が語りうるようになることを重視した。そして，この点が自分の心に触れることであり，「ドイツはその過去に対する責任を引き受ける場合にだけ未来を形成できる」から，エティンガーの謝罪は「重要かつ必要な一歩」だと前向きに評価したのである[33]。

　CDU以外の政党の政治家も一定の評価を与えた。その代表例はSPD党首ベックであり，「エティンガーは表現を完全に改めた。私はそれを尊重する」と述べている。同時に彼は，エティンガーがそうであるように，「キリスト教民主同盟・社会同盟の政治家は政治的スペクトルの右端のほうで有権者を釣り上げようと繰り返している」ことを問題視し，そうした行為は「ドイツと民主主義の威信を損なうことになる」と警告している。また同党事務局長ハイルは，最初に思慮を働かせたなら，「エティンガーは自分自身とわが国の民主主義を損なわなくても済んだであろう」とした上で，「彼が何度も確言した歴史修正主義的な表現を撤回するまでにかくも多くの圧力を必要としたことは，ぞっとする」と述べて，エティンガーの翻意が圧力の結果だったことを明言している。もちろん，SPDのなかにもこうした穏健な対応とは一線を画した意見も存在した。例えば連邦議会議員K.U.ベネターはエティンガーを州首相として不適格だとして辞任を求め，その理由として，最初にフィルビンガーをナチ・レジームの敵とし，次に3日間沈黙し，それから我々が彼を誤解したのだと語り，今は何について謝罪しているかを言わないまま謝罪していることは耐えがたいからだと説明した[34]。

　一方，同盟90・緑の党は概してSPDより批判的であり，連邦議会院内総務クーンは「フィルビンガーがナチ独裁の敵対者ではなかったことをエティ

---

(33) Stern vom 16.4.2007; Tagesschau vom 16.4.2007.
(34) Süddeutsche Zeitung vom 16.4.2007.

ンガーは内容的に明確にしなければならない」として「距離を置く」という曖昧な陳謝では不十分だと主張し，全国代表ビュティコーファーはあらためて退陣を要求した。けれども他方で同党のバーデン＝ヴュルテンベルク州の指導者で穏健派の代表格でもある W. クレッチュマンは，「私の個人的経験からすれば，エティンガーは右端のほうで支持を集めようとする嫌疑を招く人物ではない」などとして彼を弁護し，退陣要求には同調しなかった。さらに FDP は声明を公表し，エティンガーは「歴史的真実を承認した」と認めつつ，このような事件が再発しないように歴史問題に取り組むべきだと CDU に求めている[35]。

このようにエティンガーの謝罪表明をめぐり，追悼演説批判で足並みを揃えた CDU 以外の政党では，了承から退陣要求まで反応は大きく分かれた。しかし政党レベルから視界を社会にまで広げれば，G. ディ・ロレンツォが指摘するように，「全般的な緩和の空気が広がった」のは否定できない[36]。それを端的に示すのは，30 年前にフィルビンガー追及の手を緩めず，退陣にまで追い込んだホッホフートの言葉であろう。彼はエティンガーの謝罪を踏まえ，「彼は洞察力を示し，陳謝した。これにより事件は片付いた」と満足気に語ったのであり[37]，こうして失言問題は転機を迎えたのである。

4．再起の模索

CDU 幹部会での謝罪表明を折り返し点にして，エティンガーは事態収拾に向けて積極的に動き出した。その際，彼が鍵の位置にあると見做したのは，ドイツ在住ユダヤ人中央評議会だった。同評議会は彼に退陣を迫っていたのでコンタクトを取ることさえ容易ではないはずだったが，失言問題に決着をつける突破口になるとの計算から，大胆にも彼は同評議会に会談を申し入れ，対話の可能性を探った。もちろん，辞任要求を突きつけていたことから考えて，会談の要請が即座に撥ねつけられ，ますます苦境に陥るリスクは当然存在した。しかし過去の克服に関する同評議会の道徳的影響力が大きいだけに，そこで誠意をこめた謝罪を演出し，これを受け入れてもらうことに

---

(35) Tagesschau vom 16.4.2007.
(36) Giovanni di Lorenzo, Damit werden wir fertig, in: Die Zeit, Nr.17.2007.
(37) Tagesschau vom 17.4.2007.

よって免責の儀礼をすることは，再起への重要な踏み台であり，避けられない通過点でもあった。

　謝罪を表明した16日，同評議会事務局長S.クラーマーはエティンガーから会談の申し入れがあったことを公表した。その際，彼は「謝罪は第一歩に過ぎない」から，執行部が会談に応じるという決定をするかどうかは分からないとし，次のように付け加えた。「フィルビンガーは明らかにナチの共犯者だった。これは歴史的に証明されている。」それゆえ，「エティンガーとの会談は，彼がナチ時代におけるフィルビンガーの役割を誤解の余地なく明示しなければ，意味をなさない。」「修正主義的発言」によって彼は「ドイツの抵抗運動を歪曲し，結果的に「特にナチの過去の克服に関して甚大な被害を及ぼした。」このようにクラーマーは会談の是非に関連して，鋭くエティンガーを指弾したのである[38]。

　ユダヤ人中央評議会事務局長のこうした言辞からすれば，会談は拒否されるか，開かれても厳しい条件が付けられると考えるのが自然であろう。事実，W. ヴェッテは『フランクフルター・ルントシャウ』紙への寄稿の中で，エティンガーにとり会談の申し込みはカノッサ行きに等しいと呼んでいるが，この見方は失当とはいえない。仮にエティンガーが本心から追悼演説の誤りを反省していたとしても，州首相の地位にある者からすれば，なにがしかの屈辱感が伴ったのは容易に想像できるからである[39]。それだけに，報道による限り，同中央評議会が特段の条件を設けずに会談に応じたばかりでなく，謝罪に了解を与えてエティンガーを事実上免責したことは，事柄の成り行きに照らして意外であり，そのニュースは驚きをもって受け取られることになったのである。

　会談の申し入れのあった翌日，17日の朝，ユダヤ人中央評議会がこれを受諾したとのニュースが流れた。受諾を発表したのはクラーマーだったが，その際，彼は執行部との会談は行われるが，「免責という目標を持ってではない」と釘を刺すのを忘れなかった。会談することと赦すこととは，改めて

---

(38) Frankfurter Allgemeine Zeitung vom 16.4.2007.
(39) Wolfram Wette, Oettingers Entschuldigung genügt nicht, in: Frankfurter Rundschau vom 21.4.2007. 因みにヴェッテはフライブルク大学に所属する現代史担当の教授であり，下からの視点を重視する軍事史家である。丸畠宏太「下からの軍事史と軍国主義論の展開」『西洋史学』226号，2007年，46頁。

指摘するまでもなく，同一ではないからである。けれどもこの言葉には真実味が欠けていたのも見逃せない。というのは，他方で彼は謝罪発言を追悼演説での立場からの「離反と距離の証明」だと評価し，エティンガーに対する辞任要求は片付いたと述べたからである[40]。その上，会談に応じるに当たって表向きはいかなる条件も付けられていなかった事実も見過ごせない。後から考えれば，無条件の会談受諾に加え，会長であるクノーブロッホ以上に中央評議会でエティンガー批判の先頭に立ち，退陣を迫る急先鋒と目されたクラーマーのこの軟化で，すでに会談の行方がある程度見通しえたといえよう。

ユダヤ人中央評議会執行部とエティンガーとの会談は19日に行われた。そしてこれに関する中央評議会の声明が翌日に発表された[41]。会談には中央評議会側では会長クノーブロッホ，事務局長クラーマーのほか，二人の副会長が参加した。

声明によれば，中央評議会が追悼演説とそこに表れた歴史像の問題点を指摘した。これに対し，エティンガーは遺憾の意を表し，距離をとることを確約して真意を説明した。これを受け，中央評議会が掲げていた退陣要求は，それが向けられていた問題表現が取り下げられたから「対象を失った」として放棄する旨をクノーブロッホが表明した。さらに会談では，「ナチ独裁との取り組み」を今後も継続すべきこと，それは「ドイツにおける政治文化の確固たる構成要素」であり，とりわけ政治の責任が重いことが確認され，その一方で，政治的・宗教的過激主義に対処する必要性で双方が一致したと声明は伝えている。

会談後，それ以前には多弁だったクラーマーは寡黙になり，クノーブロッホの言葉も少なかった。彼女は会談をきわめて建設的だったと評価し，「州首相が演説から距離をとったので，われわれはそれを了承した」と述べるにとどまった。他方，エティンガーも「私の演説の誤っていた点をもう一度説明し，それから一貫して距離を置いた」と繰り返しただけだったが，『フランクフルター・ルントシャウ』紙は，「山を越したとしていささか安堵し，

---

(40) Netzeitung vom 17.4.2007.
(41) Zentralrat der Juden in Deutschland, Presseerklärungen vom 20.4.2007.

満足している」様子が窺えると報じている[42]。このように彼が安堵したのは，二つの理由のためであろう。一つは，辞任要求まで打ち出したユダヤ人中央評議会が彼の謝罪と釈明を了承したことが一般には事実上の免責と受け取られたことである。そのことは会談直後に『フィナンシャル・タイムズ・ドイツ』紙が会談の結果を「中央評議会はエティンガーに赦しを与えた」という見出しで伝えたことに示されている。もう一つは，上述したように，ユダヤ人中央評議会が再起への関門であり，その突破にほぼ成功したからである。会談自体の内容をはじめ，会談受諾に当たって事前にどんな合意がなされていたかは明らかではないが，いずれにしても，会談を伝える記事に『ターゲスシュピーゲル』紙が「温もりのコースに立つエティンガーと中央評議会」という皮肉のきいた見出しを付けたのは至当だったといえよう[43]。ただ「ぬくぬくと温まる」ことができたのはカノッサ行きを覚悟していたエティンガーのほうであり，謝罪訪問を受けて面目を保ったとしても寛大な免責を与えた中央評議会にはこの表現は必ずしも当てはまらない。その意味では，「中央評議会はエティンガーに手を差し伸べる」という『フランクフルター・アルゲマイネ』紙の率直な見出しのほうが表現として正確だといえよう[44]。けれども，同評議会がなぜ決定的局面でそのようにしてエティンガーの再起を助けたのかは不透明なままだといわねばならない。

　ともあれ，会談の開催に漕ぎ着けただけでなく，期待していた成果を収めたことによってエティンガーは窮地を脱するのに成功した。確かに批判の声は沈静したわけではなく，例えば謝罪を尊重すると公言したSPD党首ベックは「問題はまだ終わっていない」として，エティンガー批判を継続した。しかし，その場合に注目されるのは，標的がエティンガー一人ではなく，むしろCDU右派に広げられていた点である。フィルビンガーは辞任後にヴァイカースハイム研究センターと称する右翼的傾向の団体を設立したが，エティンガーもつながりのあるこの組織を目し，追悼演説の温床にもなったそうした団体との関係をCDUは清算すべきだと主張したからである。ベックの認識では，エティンガー失言問題は「単なる脱線以上のもの」であって，

---

(42) Frankfurter Rundschau vom 20.4.2007.
(43) Der Tagesspiegel vom 19.4.2007.
(44) Frankfurter Allgemeine Zeitung vom 19.4.2007.

むしろ「ひとつの態度の表れ」だったのである[45]。

　ユダヤ人中央評議会で再起への確実な足場を固めたエティンガーが次の大きな舞台としたのは州議会だった。

　4月25日の州議会に登場したエティンガーは，南西ラジオの報道では，見るからに緊張した面持ちだった[46]。この場で彼は改めて陳謝し，追悼演説ではフィルビンガーに「気持ちよく別れを告げる」ことを考えていたのであって，「誤った表現」をしたのはそこに原因があったと釈明した。同時に，しばしば指弾される政治的打算は当たらず，他意はなかったと述べ，「古いナチもネオナチも我々の政治の目標ではない。我々には，そしてバーデン＝ヴュルテンベルクの CDU には右端のほうで人を引き寄せるつもりはない」と断言した上で，謝罪を受け入れてくれるように要請したのである[47]。

　SPD を代表して発言したのは，同州の委員長 U. フォークトだった。彼女によれば，追悼演説に特徴的なのは「前例のない歴史の忘却」であり，単なる謝罪で片付くようなものではなかった。だから「私はあなたが職務に必要とされる正しい内面的な羅針盤を持っていることを大いに疑う」と明言し，適格性を欠如したエティンガーが州の進むべき方向を決定することを問題視した。しかし，辞任要求に一直線につながるそうした峻烈な批判にもかかわらず，彼女は辞任要求を繰り返すのを避けたのであり，その限りで批判を和らげたのが注目されよう。

　同盟90・緑の党からは W. クレッチュマンが登場した。バーデン＝ヴュルテンベルク州の同党では発足当初から穏健派が優勢だが，その代弁者と目される彼は，CDU が一種の「精神的な陣地」に立てこもり，ナチの過去の克服を忽せにしたところに問題の根源があると断じた。彼によれば，かつてフィルビンガー辞任の当時，同党が「かつて法であったものは，今日，不法ではありえない」という弁明を無批判に受け入れたのはその証拠であり，それを背景にしてエティンガー問題が起こったのだから，CDU は議論を終わらせるのではなくて，開始しなければならない，こうクレッチュマンは要求したのである。

---

(45) Süddeutsche Zeitung vom 19.4.2007.
(46) SWR-Nachrichten vom 25.4.2007.
(47) 以下の州議会での議論については次を参照した。Landeszentrale für politische Bildung Baden-Württemberg, Umstrittene Trauerrede für Hans Filbinger.

これらに比べるとFDPの立場は穏和だった。同党の院内総務U.ノルはエティンガーが失敗を犯したものの，追悼演説の責任をそれを用意した協力者に押し付けなかったことを肯定的に評価した。そのうえで，彼が距離をとることを表明したからには，「退陣に関する論議に終止符が打たれねばならない」と主張し，議論に幕を下ろすべきだと唱えたのである。

こうしてエティンガー発言をめぐる州議会での議論は終結した。そして事態は次第に平静を取り戻し，政治的日常が再び進行しだした。もちろん，振動が大きかっただけに後始末が必要とされたのはいうまでもない。その代表例は更迭人事が行われたことである[48]。演説草稿を仕上げたのは政治学で博士の学位を有する側近のグリミンガーという人物だったが，フィルビンガーへの敬愛を隠さなかった彼は官房から他の部署に異動を命じられ，早晩退職することになった。しかしエティンガーには草稿に手を加える余地があったことを考えれば，ノルの指摘に反して，部分的ではあれ責任が押し付けられたといわねばならないであろう。これに関連して，エティンガーには側近に一卵性双生児ともいえる協力者がいないことも浮かび上がった[49]。「瞬間の奴隷」と揶揄される軽はずみな性格に加え，信頼に足る協力者や助言者が周囲にいないことが，彼を窮地に追いやったことが明るみに出たのである。

いずれにせよ，エティンガーは失言で威信を失墜し，彼に対する信頼は大きく損なわれた。そのことは世論調査の結果が示している。南西ラジオの委託で調査機関インフラテスト・ディマップが16日夜に電話で1000人の州内の有権者を対象にして調べた限りでは，回答した57%の有権者のうち，76%はエティンガーは傷ついたとの認識であり，67%は発言を撤回もしくは改めるべきという意見だった。また43%はエティンガーは良い州首相とはいえないと見做し，36%はバーデン＝ヴュルテンベルク州の威信が損なわれたと考えていた。ただ辞任が必要とするのは19%にとどまり，多くの市民は退陣までは求めていなかったのが注目されよう[50]。というのも，そこからは普通の市民が発言の適切性と重大性を区別し，不適切ではあっても重大だとは受け止めていなかったことが窺えるからである。

---

(48) Der Spiegel vom 28.4.2007.
(49) Rüdiger Soldt, Ministerpräsident ohne Krisenmanagement, in: Frankfurter Allgemeine Zeitung vom 17.4.2007.
(50) SWR-Nachrichten vom 18.4.2007.

それはともあれ，このような調査結果に照らせば，エティンガーの信用が落ち込んだのは明瞭であろう。けれども，州首相として彼は連邦レベルでもいくつかの要職に就いていた。例えばドイツでは国家の骨格である連邦制の見直しが進められており，それを担当する委員会で委員長の座にあったが，信頼喪失のためにそうした職務の遂行にも支障が生じるだろうとR. ゾルトが予想したのは決して的外れとはいえなかった[51]。しかしより重要なのは，世論を揺るがす舌禍事件を引き起こしたにもかかわらず，しかも当初は事柄の深刻さを認識せず，真摯な反省の弁もないままずるずると退却したにもかかわらず，突きつけられた辞任要求を撥ね返して，結果的に職にとどまることに成功したことである。実際，再三の釈明にもかかわらず，彼が追悼演説の誤りを本当に認識し，本心から謝罪したかどうかは判然としない。その意味では，重大な失言であっても，巧妙に立ち回れば致命傷に至らず，政治生命をつなぐことが可能になるという前例ができたことをエティンガー事件は示しているといえよう。

5．政治過程の注目点

以上で跡付けてきたように，追悼演説直後から集中砲火を浴びてエティンガーは退却し，窮地に陥った。そして起死回生のために謝罪に踏み切り，これを転回点にして再起の可能性を模索し，遂には辞任要求を斥けて州首相ポストに居残ることに成功した。この経過を振り返ると，流れの転換の鍵になったのが謝罪表明だったことは明らかであろう。そして再起を確実にする上で重要な位置を占めているのが，ユダヤ人中央評議会との会談だったことも説明を要しないであろう。

それでは多方面から批判を浴びたにもかかわらず，発言を撤回しないとしていたエティンガーが，曖昧な表現ではあれ，CDU幹部会の席で謝罪に転じ，方向転換したのはなぜだろうか。まずこの問題を考えてみよう。

この転換に関し，B. デリースとJ. シュナイダーは4月17日付『ジュートドイッチェ』紙で「助言に基づく後悔」という見出しをつけて報じている。それはたとえ上辺だけであっても「後悔」による謝罪が「助言」に基づいて行われたと見られるからである。この観点から各種の報道を見渡すなら，

---

(51) Frankfurter Allgemeine Zeitung vom 17.4.2004.

CDU 指導部とりわけメルケル首相の説得が重要だったと思われる。実際,メルケルの役割が重要だったという点で衆目は概ね一致しているといってよい[52]。

1953 年生まれのエティンガーはメルケルより 1 歳年長で殆ど同年齢だが,1975 年に CDU に入党しているから,東ドイツ出身でドイツ統一時に党員になったメルケルより党歴は遥かに長い。その上,政治的キャリアがないままコールによる抜擢を起点にして短期間に党首と首相に昇り詰めたメルケルに比べて政治歴が長く,地元に密着した活動を重ねて経験も豊かである[53]。さらに彼のポストである州首相は独立性が強く,公式には連邦宰相の指揮や監督を受ける立場にはないのは指摘するまでもない。

このようなエティンガーが,事件が発火した早い段階でメルケルの介入を許しただけでなく,結局は彼女の説得に従い,あるいは表現を変えればその圧力に屈した原因はどこにあるのだろうか。

事件の経過を追う限りでは,最大の原因は発言の問題性を彼が十分に認識せず,そのために批判の風圧を甘く考えていたところにあったと思われる。エティンガーがナチ・レジームの敵対者だとしてフィルビンガーを称揚したとき,遺族や周辺の人々に対するリップ・サービスが動機になっていたのは確かであろう。その面からすれば,彼の軽率さと無思慮が問題になる。また SPD 党首のベックなどが指摘したように,政治的スペクトルの右端を占める保守層に取り入ろうと計算したならば,反撃の強さが視野に入っていなかった点で,政治的計算能力の欠如が問われることになる[54]。いずれにしても,過去の克服に直結するセンシティブなテーマに踏み込んだにもかかわらず,そのために必要な準備や心構えが彼にはなく,その結果,批判の嵐の前

---

(52) 一例として次を参照。Arno Widmann, Der Kampf der Angela Merkel, in: Frankfurter Rundschau vom 17.4.2007.

(53) エティンガーの略伝については,Landeszentrale für politische Bildung Baden-Württemberg, Porträt Günther Oettinger が参考になる。

(54) 追悼演説でのエティンガーの動機についてはこの 2 説が有力だが,どちらが強かったかは別にして,彼が主張するようにリップ・サービスだけだったとは考えにくい。保守層に取り入るという動機を認めれば風圧が増すのは避けられないが,経済自由主義的な立場のために彼が保守層に好感をもたれていなかったことから,歩み寄る好機と考えた可能性があるからである。

で立往生せざるをえなかったといえよう。当初の強気が挫け，問題解決の見通しのないままずるずる退却したのは，彼に事態打開の術がなく，途方に暮れていたことを証明している。そしてフォーゲルをはじめとして何人もの識者が指摘するメルケルの圧力は，このような状態においてはまさに言葉の正確な意味での助言としてエティンガーによって受容されたと考えられる。

　それでは何故メルケルは圧力と受け取られる危険を冒してまで事件に介入し，助言の形でエティンガーに威圧を加えたのであろうか。4月13日と14日の『フランクフルター・アルグマイネ』紙では，彼女の介入に関し，「即座に反応した」ことと「稀に見る行動様式」の2点で異例さが強調されているだけに，この点が答えられなければならないであろう。

　メルケルは追悼演説に対する批判が出た直後からエティンガーに電話して忠告を与えた。メディアによってはこれを譴責と呼んでいるが，その性格づけは微妙であろう。発表されている限りでは，エティンガーに対してメルケルは，州首相としてのフィルビンガーの評価と並んで，ナチ時代と関連した苦しい問題にも言葉を費やすべきだったと語り，さらにその際には「ナチ・レジームの犠牲者とその関係者の感情に特に考慮を払わなければならない」と忠告した[55]。異例なのは，そうした自分の考えをエティンガーに伝えて説得したことをマスメディアに公表した点である。そうすることによって圧力を強めようと意図したとも理解できるし，エティンガーとの違いを示して自衛を図ったとも推測できるが，電話会談の本当の内容はもとより，公表の意図も不明なままである。確実にいえるのは，当初はエティンガーが強気であり，助言に従わなかったが，それでもメルケルが介入を繰り返し，結局は受け入れさせるのに成功したことである。その点から見て，エティンガーを翻意させ，謝罪表明に導いたのはメルケルだったのは間違いない。彼女は孤立し途方に暮れたエティンガーを説き伏せ，屈服させたのである。

　こうしたメルケルの成功に対しては党派を超えて多方面から称賛の声が寄せられた。その例としては，SPD元党首フォーゲルの賛辞が挙げられよう。けれども，CDUの党内からは批判が聞かれたことも見逃せない。例えば同党右派を代表するブランデンブルク州内相J.シェーンボームはメルケルの公然たる介入はエティンガーだけでなく党をも傷つけたと難詰した。彼

---

(55) ZDF-Heute vom 13.4.2007.

からみれば，メルケルの行為は苦境に立った同志を奈落に突き落とす背信行為に等しく，電話会談の公表は有害だった。なぜなら，明言を避けているものの，彼の意中を忖度すれば，その公表はエティンガーが面目を保ちつつ後退する可能性を奪ったと考えられたからである。この結果,「風が強く顔に吹きつけたときでも我々が共に立ち向かうかどうか」が疑問視されるに至った。この観点から,「党首によるCDU所属の州首相の公然たる平手打ちは党のスタイルに全く馴染まず」，メルケルは不文律を犯した，こうシェーンボームは彼女を非難したのである[56]。

こうした批判は十分に予想されたものであり，あらかじめ折込みずみだったといえよう。それにもかかわらずエティンガーに対してメルケルが強力に圧力をかけた動機としては二つが考えられる。一つは権力政治的な考慮である。

エティンガーに対してCDUの一部から擁護する発言が見られたように，過去の克服をめぐる同党の内部事情は複雑であり，一枚岩には程遠い。右派の闘将として知られるのは，かつては連邦議会院内総務の座にあったR. バルツェルだったが，今日では上記のブランデンブルク州内相シェーンボームが代表格であろう。彼らは価値保守主義ないし国民保守主義と呼ばれる立場から度々きわどい発言を繰り返し，保守層に歓迎されてきた。最近の例では，2007年9月に人気テレビキャスターのE. ヘルマンがナチスの家族政策に肯定的な発言をして問題になり，テレビ局から中途で契約を打ち切られた際，シェーンボームが彼女を弁護したことが挙げられよう[57]。右派がこのような行動をとって牽制するのは，社会的共鳴板が存在するからである。ヘルマンの事件が話題になった際，世論調査機関フォルサがアンケート調査を行ったが，その結果，ヒトラーの第三帝国に「良い面」があるとする回答が4分の1に上った。そしてこれを伝える10月17日付『ジュートドイッチェ』紙の記事にはヘルマンの顔写真が添えられ，その下には「第三帝国にポジ

---

(56) Die Zeit vom 17.4.2007; Tagesschau vom 17.4.2007. メルケルに対する怒りはエティンガーの地元バーデン＝ヴュルテンベルク州のCDU幹部の間で特に強かった。Focus, Nr.17, 2007, S.24f.

(57) Frankfurter Allgemeine Zeitung vom 10.9.2007: Frankfurter Rundschau vom 27.10.2007. シェーンボームのスタンスについては，Joachim Fahrun, Einer der letzten Konservativen in der Union, in: Die Welt vom 18.1.2008 参照。

ティブなものを見出すのはただ一人ではない」というコメントが記されているのである。
　このように右派的言動に対しては一定の共鳴が見られるだけに，それへの対応には慎重さが必要とされた。というのは，近年の連邦議会選挙を見れば明白なように，国民政党の衰退が進行すると同時に，国政選挙で CDU の優位が失われて SPD と競り合うようになっている今日[58]，彼らの言動に引きずられて寛大な姿勢を示したり，共鳴を目当てに右にシフトすることは大きな政治的リスクにならざるをえないからである。実際，CDU の中道色が薄まれば広大な政治的空間を SPD に明け渡し，右派的体質を嫌う有権者を奪われる結果になるのは避けられないであろう。この観点から見れば，率先してか不承不承かを問わず，客観的にはナチの協力者だったことが確かなフィルビンガーを「ナチ・レジームの敵対者」と呼ぶのは，歴史の偽造というだけではなく，許容限度を超えていて CDU に危害が及ぶとメルケルには映ったと思われる。仮にそれを黙認するなら，右派の政治家がフィルビンガーに続き次々とナチの共犯者を復権させる可能性が高まる。そのような行為は CDU を右派政党として固定化するが，政権からの転落を避けがたくするであろう。メルケルの介入について考えられる第一の要因は，このような選挙政治的もしくは権力政治的な考慮である。実際，『ヴェルト』紙の報じるところでは，上昇気流に乗っていた CDU の支持率は 4 月下旬にかけて僅かながら下降に転じたのであり，同紙はこれを「エティンガー演説が CDU の高空飛行を止める」という見出しで伝えている[59]。支持率の下落と演説の反響との間にこのような因果関係が本当に存在するのか否かは不明であるものの，右へのシフトが限度を超えた場合に起こる変動の予兆として受け止められた可能性は排除できないであろう。
　いま一つの動機だったと思われるのは，イデオロギーの排斥である。
　メルケル政権が発足した当初，「コールの娘」と呼ばれてひ弱に見え，しかも大連立に伴う困難から，メルケルの政権運営の手腕が危ぶまれ，次期連邦議会選挙まで持ちこたえられるかどうかも怪しいという観測すら出た。し

---

(58) この点に関しては，さしあたり次を参照。野田昌吾「2005 年ドイツ連邦議会選挙とメルケル大連合政権の成立」『法学雑誌』53 巻 2 号，2006 年。
(59) Die Welt vom 25.4.2007.

かし不正献金問題では師匠であるコールを切り捨て，強力なライバルだった F. メルツ連邦議会院内総務を最終的には政界からの引退に追い込んだだけでなく，2002 年の選挙で首相候補にもなった E. シュトイバー・バイエルン州首相を中央の舞台から退けたことに見られるように，彼女には幸運ばかりでなく強靱な権力意思が備わっていた。そして首相に就任してから彼女は主として外交面で得点を稼ぎ，次第に内政面でも実務的能力を発揮した。このことは権力意思に政治的技巧が加わったことを示している。実際，2007 年にドイツは先進国サミットの開催国になり，議長役を務めたメルケルは単独行動に傾斜するアメリカを引き込んでサミットの場で温暖化対策での合意を取り付けたし，すぐあとの EU 首脳会議では議長国としてポーランドの抵抗を抑えて EU 憲法条約に道筋をつけるなどの成果を挙げ，国際的にも高い評価をメルケルは獲得したのである。それだけではない。2007 年にシラクとブレアが相次いで引退したことが手伝い，メルケルは拡大に伴って巨大化した EU のトップ・リーダーとしての地位を不動のものにしたのである[60]。こうした成功の原因は権力意思にのみあるのではない。それと並んで重要なのは，イデオロギーに囚われない柔軟な思考と調整と妥協を重視する姿勢である。彼女にとっては理想的なことより可能なことが優先するのであり，それは言葉を換えれば，イデオロギーによる束縛が希薄であることを意味している。イデオロギー過剰の東ドイツで育った彼女には，西側の民主主義とその土台となる価値観が共有されている限り，多様な立場にいわば等距離で接する姿勢が見られ，特定のイデオロギーに対する肩入れは希薄といえるのである[61]。

　このようなスタンスは，懸案解決に当たってプラグマティックに処理する

---

(60) 国際舞台でのメルケルの活躍はドイツ国民の間で高い支持と共感を得ている。Die Zeit vom 26.9.2007. なお，『フォーブス』の調査によると，政権に就いて 1 年程でメルケルはアメリカのライス国務長官を抜いて「世界最強の女性」に躍り出ており，2 年後の 2007 年 9 月には「メルケルにこれまでにない好感」との見出しで，『フォークス』が「かくも多くの有権者が首相としてメルケルを望んだことはかつてない」とその高い人気に注目している。Focus vom 1.9.2006 u.12.9.2007.

(61) メルケルのこうした側面については，移民問題での統合サミットに関連させて指摘した。拙著『移民国としてのドイツ』木鐸社，2007 年，第 4 章参照。

手法に表れている。SPDとの連立という制約だけではなく，雇用や財政などの厳しい実情から採りうる政策的選択肢が限られているが，それはイデオロギーの希薄な実務的政治家に恰好の舞台を用意した[62]。事実，付加価値税の増税と企業負担の軽減，年金支給開始年齢の段階的引き上げ，一定の範囲での最低賃金制導入など国民生活に関わる面で着実に社会国家の改造と競争国家への再編を進め，シュレーダー政権が取り組んだアジェンダ2010の政治を実質的に推進している。2007年9月の演説で，今日のドイツ経済の復調は自分だけではなく，前政権による改革の成果だと明言し，かつて野党の党首として対峙したシュレーダーの功績を称えたのも[63]，イデオロギーや党派性を重視しない姿勢の証左であって，連立パートナーへの配慮以上の意味を有しているというべきであろう。

　さらに過去の克服に関わる面では，戦後生まれであることが重要であろう。戦争を身をもって経験したコールまでの世代と違い，戦後に成長した一人として，ナチズムの罪業は直接には父母に帰せられるべきものであり，自分自身の責任ではありえない。したがって，フィルビンガーのような無数のナチ協力者についても，次世代の立場から批判を加えることは容易であり，庇わなければならない動機は乏しい[64]。その点ではエティンガーも同様であり，だからこそリップ・サービスの面や保守層を引き寄せる政治的打算が問題になるといえよう。戦後に生まれたメルケルにはナチズムと戦争を突き放して捉えることが可能であって，渦中に生きた人々とは違って弁明や正当化の必要性はなく，それだけ被害者の存在も視野に入りやすい。このようにイデオロギーの束縛が緩く，戦争の正当化の動機に乏しいメルケルには，フィルビンガーを美化し，「歴史のでっち上げ」をするエティンガーの発言は過剰なイデオロギーもしくは過度の正当化と映ったのは想像に難くない。そしてドイツで論争を積み重ねつつ形成された緩やかなコンセンサスから逸脱

---

(62) この点に関しては，拙著『統一ドイツの政治的展開』木鐸社，2004年，200頁以下参照。

(63) Frankfurter Allgemeine Zeitung vom 13.9.2007.

(64) これはメルケルに限らず，ドイツの政治的リーダー層の世代交代の問題として指摘できる。この点から見ると，コール政権からシュレーダー政権への交代が世代の入れ替わりとして大きな意義を有している。前掲拙著『統一ドイツの政治的展開』81頁参照。

し，ナチズムの否定に立脚する戦後ドイツの政治的土台を脅かす点で許容限度を超えていると判断されたがゆえに，異例さを顧みずメルケルは失言問題に強力に介入したと考えられる。実は2003年にもCDU所属の連邦議会議員マルティン・ホーマンが同種の舌禍事件を引き起こし，二転三転の末，結果的に同年11月に院内会派から除名されたが，このような厳しい処分にもメルケルの上記の姿勢が反映しているといえよう[65]。

　いずれにしても，メルケルの助言と圧力がエティンガーを謝罪に導いたのは確かであろう。そしてP. フライが指摘するように，「CDU党首としての7年間にトップの人物をこのように叱責したことはない」ことに照らすと，この問題で彼女が普段みせるイデオロギー色の薄い実務的政治家の枠をはみ出し，「決然たる宰相」として行動したのは間違いない[66]。彼女の異例で断固とした介入が事件の転換点になり，収拾に向かって局面が切り替わったのは上述したとおりであり，歴史認識に関わるコンセンサスとCDUの信用を守ることによって，結果的にメルケルはエティンガーをポスト喪失の危機から救出することになったのである。

　ところで，この過程を制度的側面から眺めると，注目すべき事実が浮かび上がる。本章の冒頭でも指摘したように，連邦宰相としてのメルケルには公式には州首相であるエティンガーを叱責したり懲戒する手段も権限も与えられていない。その意味で彼女の武器になったのはもっぱらCDU党首としての地位だった。彼女は党首という立場を前面に押し出し，恐らくは助言に従わなければ執行部として彼を庇いきれず，あるいは見捨てるという意向を明

---

(65) ホーマン事件の検討はここでは行うことができない。2003年10月3日のドイツ統一記念日にホーマンが行った演説は反ユダヤ主義的だという批判を浴び，11月14日の院内会派総会でメルケルの要請に基づき彼はCDU・CSU史上初めて除名処分を受けて無所属の議員になった。続いて翌年7月にはCDUの審査委員会の決定でCDUからも除名され，党員資格を喪失した。問題になった演説の全文は，2003年11月6日付『フランクフルター・アルゲマイネ』紙に掲載されている。また事件の経緯や論評に関しては，詳しい報道を続けた同紙の一連の記事が役立つ。なお，除名問題は法廷で争われたが，20007年末に決着した。Frankfurter Allgemeine Zeitung vom 17.12.2007. また同事件については，三好範英『戦後の「タブー」を清算するドイツ』亜紀書房，2004年，242頁以下で言及されている。

(66) Peter Frey, Lektion in Sachen Vergangenheit, in: ZDF-Heute vom 20.4.2007.

示的ないし暗黙にエティンガーに通告したと推測される。そしてこの時，双方の脳裏には，類似の失言問題で厳しく処断され，最終的には連邦議会議員の地位をも喪失した 2003 年のホーマンの事件が蘇っていたであろう。助言に基づくエティンガーの謝罪表明を通じ，連邦制を反映して緩やかな分権的組織を特徴とする CDU であっても，党首が明確な政治的意思を持つ場合には，独立性の強い州首相をも屈服させ従属させられることが証明されたのである。このことは，組織構造上は弱い党首でも，人事権を駆使して挑戦者を排除したコールが党内で君臨し，強大な指導力を行使した例に見られるように，条件によっては強い党首になることが可能であることを含意しているといえよう。

　それでは辛くも政治生命をつなぎとめたエティンガーが再起のための突破口としてほかならぬドイツ在住ユダヤ人中央評議会を選んだのは何故だったのだろうか。この点についても考えてみよう。

　事件の経過で触れたように，同評議会では批判が噴出した最初の段階で幹部がエティンガーを非難している。また最初に退陣を要求したのはジョルダーノであり，やはりユダヤ系知識人の声が大きかった。無論，CDU を除く主要政党から著名な政治家が一斉に攻撃を浴びせたし，言論人もそれに倣った。そのことはマスメディアでの報道の過熱ぶりを見ればよくわかる。これによって事件は一気に時の焦点に押し上げられたのである。

　そうしたなかで，ユダヤ人中央評議会が鍵の位置を占めたのには理由がある。既述のように，追悼演説に対する批判は政党人，言論人などから発せられたが，野党の政治家の場合，政権や与党を追い込む政治的計算が働くために理解を得るのは難しい。その上，テーマが過去の克服に関わると，社会規範化した通念が存在するので寛大な態度を示すのは失点になりやすく，本心はともあれ政治家はそのリスクを顧慮して公式論に固執しがちになる。一方，謝罪する側から見れば，たとえ表面上の行為であるにせよ，競合する政党の前で謝罪を行うことは対抗する政党への道義的な屈服に等しいと感じられ，屈辱的な思いを抱かせることになろう。さらにドイツでは政治家の威信と信頼度が概して低いのは各種の調査が示すとおりである。実際，最近のアレンスバッハ研究所の世論調査でも，調査対象になった 17 の職業のうちで

政治家の評価は下から2番目という低位にあるだけでなく，調査がスタートした 1967 年以降ほぼ連続的に下降してきたことが確認された[67]。この点に照らせば，とりわけ道徳的次元を含む問題では，たとえ政治家の了解を取り付けたとしても，世論に対するアピールとしては効果が乏しいと考えねばならないであろう。

これに対し，ユダヤ系団体は犠牲者の立場を代表している。これは政党や政治家にはない道徳的優越を保証する最大の要因といえよう。政党人に対する釈明は，仮に了解を取り付けても道徳的免責にはなりえない。けれども，ユダヤ系団体の場合，謝罪が受け入れられれば道徳的に免責され，再起の道が開かれるという特殊性がある。逆に言えば，その免責が得られなければ，いつまでも非難にさらされ，問題が鎮火しにくい構造が存在するのであり，その意味ではユダヤ系団体は一種の拒否権を把持しているといえよう。

一方，犠牲者の立場を代表するところから，過去の克服をめぐるテーマではユダヤ系団体は組織が小さいのと対照的に発言力が大きく，加えて世論において格別の重みがある。その重みが増したのは，M. ブレンナーによれば，ホロコーストの罪責がドイツ社会で広く認識されるようになり，同時にユダヤ人の側から積極的に世論に働きかけるようになった 1980 年代以降だといわれる[68]。いずれにせよ，この問題領域でガリンスキー，ブービス，シュピーゲルなど中央評議会の歴代会長が繰り返し前面に立ち，あるいはジョルダーノが事あるごとに発言を求められるのは，その重みが大きいからにほかならない。このことは，ブービスとの論戦で注目を浴びた保守派の作家 M. ヴァルザーの口吻をかりれば，ユダヤ系の人々がドイツ人を叱責し，懲らしめる「道徳的棍棒」を握っていることを意味しているといえよう[69]。事

---

(67) 調査結果は 2008 年 2 月の同研究所の調査報告書で発表された。Allensbacher Berichte, Nr.2, 2008,S.3. なお，拙著『統一ドイツの変容』木鐸社，1998 年，210 頁以下参照。

(68) Michael Brenner, Die jüdische Gemeinschaft in Deutschland nach 1945, in: Aus Politik und Zeitgeschichte, B50/2007, S.15. 併せて武井，前掲書 137 頁参照。

(69) 石田勇治『過去の克服』白水社，2002 年，301 頁。歴代会長の中では I. ブービスの名前が M. ヴァルザーといわゆるアウシュヴィッツ論争を展開したことで知られており，ジョルダーノは邦訳のある『第二の罪』などで馴染みがあるといえよう。

実，ユダヤ系団体は，ドイツにおける過去の克服の監視役とも呼べる役割を担っており，失言をはじめ，排外暴力などで混乱が生じた場合にはしばしば議論の中心にも登場するのである[70]。

　エティンガーがユダヤ人中央評議会との会談を再起への鍵としたのは，以上のような背景から説明されよう。もとより，幹部による批判を考えれば，その場で免責を受けられる成算があったわけではないであろう。しかし，会談の申し入れに対して中央評議会は条件を付けずに受諾し，しかも会談の場でエティンガーを深くは追及しなかったように見受けられる。たしかに会談の申し入れはカノッサ行きに等しかったから，その場で改めて謝罪を受ければ面目が立ち，了解できたのかもしれない。けれども，事柄の重大さを考慮すると，やはり不可解な部分が残るというのが率直な感想であろう。ともあれ，最大の拒否権プレーヤーはそれを行使せず，会談後に辞任要求も取り下げた。これによってエティンガーには失言問題を沈静させ，職にとどまる可能性が開けたといえよう。

6．失言問題の顛末とプチ・ナショナリズム－結びに代えて

　エティンガーの失言問題は，それが起こって半年もたたない現在，すでに殆ど忘れられたように見える。その時に燃え上がった怒りの熱気は完全に消失し，半年前にテレビや新聞を賑わせた事件があったことが今では幻影だったかのように政治的日常は坦々と進行している。一時は窮地に追い込まれたエティンガーは何事もなかったかのように執務しているし，州政治での彼の指導力が大きく落ち込んだ気配も感じられない。

　そうした現実に照らすとき，失言問題には実は二重の側面があったことに思い当たる。U. フレーフェルトによれば，今日のドイツには歴史認識に関して「基本的コンセンサス」が存在する。それは「過去 30 年の歴史的論議の中で形成され，極右の周縁を除くすべての政治的陣営を包摂する」もので

---

(70) この点については，次の事実を想起すれば足りよう。ライシテを国是とする隣国フランスとは異なり，緩やかな政教分離をとるドイツでは，排外暴力や貧困のような社会的モラルが問われる領域で福音主義とカトリックの両教会が社会に向けて警告やアピールを発するだけでなく，社会団体を代表する形で政策形成過程にも参加するが，そうした場合にユダヤ人中央評議会もしばしば加わることである。

あり,「第三帝国の時期に前例のない規模の犯罪が国家の負託でドイツ国民の名において犯され,それゆえにこの時期を肯定的に追憶することは自ずから禁じられる」というものである。またこのコンセンサスの形成にあわせ,かつてのように第三帝国を「暴力支配」と呼び,その犯罪に国民が否応なく加担させられたとするのではなく,逆に犯罪への普通のドイツ人の主体的関与が問われるようにもなった[71]。元の州首相フィルビンガーがナチ・レジームの同調者だったにもかかわらず,事実を歪曲して敵対者と呼んだエティンガーの発言は,こうした文脈で見れば,多年に及ぶ議論の蓄積を無視した暴論であり,過去の克服に直結しているだけに重大な失言だったことはいまさら指摘するまでもない。その点は多くの批判者が異口同音に問題にしたことであり,極めつけといえるのは,ドイツ史学界の泰斗H.-U. ヴェーラーの『シュピーゲル』への寄稿であろう。彼は次のように記している。「エティンガー事件は多くの観点から見て希少価値を持つ。なぜなら,ミニマムの言葉でマキシマムの危害が及ぼされることは稀だからである。連邦州の首相はドイツの職業政治家のトップ集団に属すが,そのうちの誰一人としてこれまでに第三帝国についてこれほどの無知をさらけ出した者はなく,無知,臆病,思い上がりの混合をひけらかした者はいないのである[72]。」この峻厳を極めるヴェーラーの批判は多くの歴史家が共有しており,同世代ではH. モムゼン,中堅ではP. ノルテがその線上で発言している[73]。また記憶の問題に取り組んでいる社会心理学者H. ヴェルツァーは,「著しく歴史を忘却した州首相の事件は決して孤立させて観察してはならない。それは,連邦共和国の戦後史を彩る記憶のポリティックスにおける痙攣の終わりなき連鎖の一齣なのである」と述べ,「歴史意識のようやく到達した水準を受け入れることの頑強

---

(71) Ute Frevert, Geschichtsvergessenheit und Geschichtsversessenheit revisited, in: Aus Politik und Zeitgeschichte, B40-41/2003, S.6f.
(72) Hans-Ulrich Wehler, Oettingers Trauerrede und die Folgen, in: Der Spiegel vom 18.4.2007.
(73) Stern vom 14.4.2007; Deutschlandfunk-Nachrichten vom 14.4.2007. Der Spiegel, Nr.16, 2007, S.36. さらに著名な軍事史家M. メッサーシュミットは質問に答える形でエティンガーの主張に具体的に反証している。Oliver Das Gupta, Filbinger hatte Handlungsspielraum, in: Süddeutsche Zeitung vom 16.4.2007.

な拒否」に批判の照準を合わせている[74]。一方，言論界では R. モーアが「エティンガーはフィルビンガー弁護によってドイツの過去の克服を何十年も元に戻した」と痛罵し[75]，同様に『ジュートドイッチェ』紙の著名なコラムニスト H. プラントルも，ドイツでの過去との取り組みは 4 つの段階を経てきたことを指摘しつつ，エティンガーの失言によって「瑣末視，否認，ナチ共犯者のアムネスティ」という「第 2 段階への逆戻り」が起こったことを重視した[76]。それゆえ，政界はもとより，学界，言論界からも彼が謝罪するまで追及の手が緩められなかったことは，戦後ドイツの政治文化の成熟の一つの指標であり，銘記されるべき重要な事実といえよう[77]。そしてこれが問題の一つの側面である。

　もう一つの問題の側面は，州首相という政治的要職にある人物が重大な失言をしたにもかかわらず，それが一過的な事件として片付けられ，忘れられようとしていることである。失言が知れわたった当初から多くの政治家やジャーナリスト，学者などが議論に参加したのは既述のとおりだが，それだけに何を詫びたのかが判然としない曖昧な謝罪で事件が落着し，その後は取り上げられないままになっていることは，むしろ不可解といわなければならない。エティンガーに集中砲火が浴びせられたときの熱気がすさまじかったのは，失言が過去の認識という重要なテーマに関係していたためだとするなら，事件を過ぎ去ったこととして葬るのではなく，教訓として活かす工夫や努力が続けられて然るべきであろう。例えば，「歴史の粗雑で軽率な偽造をした後ではバーデン＝ヴュルテンベルク州の州首相は歴史的・政治的啓蒙活動に取り組む義務がある」としてヴェッテはこう記している。「彼は若い人たちに，フィルビンガーという人物がナチ時代とその後にどのように行動し

---

(74) Harald Welzer, Wer waren die Nazis?, in: Blätter für deutsche und internationale Politik, H.5, 2007, S.563. ただし，歴史の無知や忘却は当たっているとしても，ヴァルザーと同じ「到達した歴史意識の頑強な拒否」がエティンガーにも見出せると断定するのはステレオタイプの押し付けといわねばならない。こうした把握では世代差が霞んでしまうという問題が生じよう。

(75) Reinhard Mohr, Nazi-Muff aus 1000 Jahren, in: Der Spiegel vom 15.4.2007.

(76) Heribert Prantl, Wenn die Geschichte ruhen soll, in: Süddeutsche Zeitung vom 17.4.2007.

(77) これに関し，石田，前掲書および三島憲一『現代ドイツ』岩波新書，2006 年，第 6 章参照。

考えたかを語り，確実な歴史認識に基づいたその像を描くべきである。各種の学校の関心のある教師たちには否定形だけでは十分ではない。彼らはもっと多くを知りたいと望んでいるのである。」このような観点から，ヴェッテはナチ時代と連邦共和国でのフィルビンガーの行動と経歴は，「多岐に亘る歴史的・政治的教材」であると位置づけ，事件を忘却に任せるべきではないと唱えたのである[78]。

しかしながら，管見の限りでは，ヴェッテの提起に反響は殆どなかったように見受けられる。そして問題の一面はまさにこの点にある。エティンガーの謝罪表明でSPDの幹部は了承し，事件に幕を引く方向に転じた。同盟90・緑の党では対応が割れたものの，執拗に追及する姿勢は薄らいだ。連邦レベルでSPDと大連立を組んでいるCDUは，傷が深くなる前から党首メルケルが介入し圧力をかけたように，早期の決着を目指しており，エティンガーの謝罪で事件を終結させようとした。こうして反省と教訓を殆ど残さないまま事件は収拾され，非難の合唱にも終止符が打たれた。ドイツで歴史認識に関わる失言問題といえば，すぐに想起されるのはイェニンガー事件だが，インタビューに応じたSPDの元党首で長老のフォーゲルは，今回の問題でイェニンガー事件を思い起こしつつ，「一方での問題は不適切さであり，他方では誤りである」と指摘して，誤りが問われたエティンガー事件のほうが問題としては重大だという認識を示している[79]。事実，水晶の夜に関するイェニンガーの失言は，ドイツ語の表現方法の不適切さに原因があったのであって，彼の真意が聴衆の理解とは違っていたことは納得できた[80]。これに対し，当初の強弁に見られるように，エティンガーの場合は認識自体が「歴史の偽造」にほかならず，事実上の撤回を強いられたことが示すように，真意が問われたのである。けれども，現実には連邦議会議長の要職にあったイェニンガーは即座に辞任したのに反し，より重大な失言をしたエティンガーは釈明を転々と変えた末に職にとどまった。事柄の重さに照らせば，本

---

(78) Wolfram Wette, Oettingers Entschuldigung genügt nicht, in: Frankfurter Rundschau vom 21.4.2007.
(79) Deutschlandfunk-Nachrichten vom 17.4.2007.
(80) イェニンガー事件に関しては，足立邦夫『ドイツ 傷ついた風景』講談社，1992年，66頁以下のほか，鈴木康志「イェニンガー事件について」『Litteratura』（名古屋工業大学）16号，1995年参照。

来なら結末は逆であるのが当然だと考えられよう．その意味で，単純な比較は難しいにせよ，二つの失言事件の決着の相違は，やはり見過ごせない要点であろう．つまり，教訓として事件を活かす動きが見出されなかったことと，イェニンガー事件との決着の違いという二つの点でエティンガー失言問題の顛末は，集中砲火の激しさと華々しさに反して，事件が社会の表面的な次元で終始したことを示しているといえよう[81]．

　事件のこのような特徴に関連して，「エティンガー事件は全般的に歴史意識が薄らいでいる指標と思いますか」と問われたフォーゲルは，「そこまではいえない」と応じた上で，自分は事件を一般的現象の事例としてではなく，個別事件と見做すとしながら，次のように述べている．「事件の推移の仕方，党首が態度表明したこと，広範な議論が巻き起こったこと，最後にエティンガーが距離をとったこと，これらは一般的な現象が問題になっていたのではないことを示しているのである[82]．」こうした見地からフォーゲルは歴史認識が不徹底であるとか希薄化しているとはいえないとし，事件をあくまでエティンガー個人の問題に限定する立場を打ち出したのであった．

　たしかにエティンガーに対しては非難の渦が起こり，謝罪に追い込んだことは，重要な事実として銘記されるべきであろう．また，彼のような歴史の歪曲や軽率な扱いが社会に広く見られるわけではないので，警鐘を打ち鳴らすのは行き過ぎであろう．けれども同時に，フォーゲルの見方では問題の第一の側面だけしか視野に入っておらず，教訓の継承という第二の側面が見過ごされているように感じられる．失言問題に短期間で決着がつけられたことは，それ自体として十分に評価に値する．しかし他面で，2006年のサッカー・ワールドカップの際に顕在化した昨今のプチ・ナショナリズムの蔓延と重ね合わせた場合，大きな紛糾を招いたのに殆ど痕跡が残っていないこと

---

(81) その一端は，エティンガーが事件を教訓としていないことに示されている．それを伝える事例は，2008年2月の彼の発言である．SPDの院内総務C. シュミーデルが左翼党との関係を考慮していることにつき，エティンガーはシュミーデルが「バーデン＝ヴュルテンベルクにウイルスを持ち込もうとしている」と非難し，これにシュミーデルが生物学的な語を多用した「ナチスの用語法に酷似している」と反撃したため，CDU議員が議場から一斉に退場するなどして議会の紛糾を招いたのである．Focus vom 28.2.2008.

(82) Deutschlandfunk-Nachrichten vom 17.4.2007.

は，やはり事件の重要な一面だというべきであろう。

　この点にあえて注目するのは，次の理由からである。すなわち，たびたび語られてきたように，ドイツでは第三帝国の罪の意識から「自民族をあるがままに愛する」ことができず，それゆえに世界に開かれたポスト・ナショナリズムが標榜されてきたことを思うと[83]，同じく世界への開放性が指摘されてはいても，近年のドイツで広がる陽気で屈託のない愛国心には歴史の反省に由来する屈折がなく，過去の錘がしっかりとついているようには見えないからである[84]。例えばドイツの代表的な言論人T.ゾンマーは，2006年7月5日付『朝日新聞』への寄稿に「W杯　未知なるドイツとの遭遇」という表題を付けてドイツの変貌ぶりを強調しつつ，国内に溢れた「黒赤金の三色旗は，ドイツの熱狂的愛国主義の新たな兆しではまったくない。他国への敵対意識はみじんもなく，自国への愛情を素直に認めた屈託のない愛国心の表れだ」と肯定的に記している。また，マスメディアの多くもワールドカップを機に国民の間で高まった「陽気な愛国心」に無批判的だったという感を拭うことはできない。さらに自他ともに認める社会史のリーダーで，第三帝国に至る道の徹底的解明に取り組んできた先述のヴェーラーも，今日のドイツに見出されるのは立憲国家や社会国家と両立する「啓蒙的愛国心」であり，「アイデンティティのナショナルな構成要素は排除され，完全に後退した」として，「啓蒙的愛国心のための弁論は支持に値する」と言明した[85]。これと同様の見解を，高名な現代史家であり，シュレーダー前政権の知恵袋ともいわれたH.A.ヴィンクラーも表明している。彼によれば，従来は「国旗の掲揚は国家の事柄であって，民間住宅での黒赤金の旗は事実上存在しなかっ

---

(83) 一例として，マイケル・イグナティエフ，幸田敦子訳『民族はなぜ殺し合うのか』河出書房新社，1996年，142頁以下参照。

(84) これに関しては，ワールドカップの折りの『シュピーゲル』の特集が参考になる。Der Spiegel, Nr.25, 2006. 連邦政治教育センターの週刊新聞『パーラメント』が2006年10月に「愛国心」の特集号を組み，同センターの『政治と現代史から』が2007年の最初の号で「愛国心」を特集しているのも，プチ・ナショナリズムが顕在化したことを背景にしている。なお，篠原一『市民の政治学』岩波新書，2004年，143頁以下参照。

(85) Hans-Ulrich Wehler, Ein aufgeklärter Patriotismus: Über die Identitäten der Deutschen und die Gefahr neuer Subkulturen, in: Politische Studien, H.407, 2006, S.23f.

た」から，国旗を誇示して「ドイツ人が他の国民と同じように愛国主義的に振舞った」ことは戦後史上かつてないことだった。この点にヴィンクラーは率直に驚きを示しながら，しかし，「黒赤金について語ることはドイツの自由で民主的な伝統を語ることを意味する」ので，湧き出した愛国心は「西側の政治文化が何十年かの経過の中でドイツ連邦共和国の主導文化になった」ことの証明だとしてポジティブな評価を下している[86]。

しかしながら，改めて指摘するまでもなく，「素直」で「屈託のない」ことや「陽気な」ことこそプチ・ナショナリズムの主要な特徴であり，症候にほかならない。同時に，その明朗さは「痛切な悔恨と罪責の念をほとんど洗い落としつつある[87]」ことの表れとも見做しうる。その上，公的空間を埋めた旗ばかりでなく，顔や衣類などに描かれた三色のマークについても，それが祖国としてのドイツのシンボルである以上，その誇示が自由で民主的な価値観を反映しているとは限らず，ナショナルな感情の表出ではない保証はどこにも存在しない。この関連では，プチ・ナショナリズムと同次元ではないにしても，シュトイバーCSU党首（バイエルン州首相）を先頭にしてドイツ国民を「運命共同体」だと唱える言説が依然として根強い現実や，さらには排外暴力が絶えないことから国家民主党（NPD）の禁止問題がくすぶり続けている事実がやはり想起されるべきであろう。また，敗戦60周年を目前にした2005年4月に公表された世論調査によれば，24歳以下の若者でホロコーストとは何かを正しく答えられたのは半数しかなく，ナチをはじめと

---

(86) Heinrich August Winkler, Geschichte voller Gegensätze, in: Die Zeit vom 30.9. 2006. なお，Eckhard Fuhr, Was ist des Deutschen Vaterland?, in: Aus Politik und Zeitgeschichte, 1-2/2007, S.3 参照。愛国心をめぐる問題状況は2006年に公刊された論集に付されたM.レスラーの序言の一文に集約されている。「前世紀の歴史的破局と自分たちの罪に照らし，ドイツ人は愛国主義的に感じたり，自分たちの歴史，文化，伝統を誇りに思ってよいのだろうか。」ドイツについての.G.ファチウスの「自分自身を模索中の国」という形容はこの問いの端的な表現であろう。Matthias Rössler, Vorwort des Herausgebers, in: ders., hrsg., Einigkeit und Recht und Freiheit: Deutscher Patriotismus in Europa, Freiburg 2006, S.7. Gernot Facius, Deutschlands neues Wir-Gefühl, in: Das Parlament, Nr.42, 2006.

(87) 姜尚中『愛国の作法』朝日新聞社，2006年，121頁。

する自国の歴史に関する知識の欠如が憂慮されたことや[88]，同じく 2007 年の調査から，第二次世界大戦期の犯罪に関する青少年の知識が乏しいだけでなく，彼らの間で「ユダヤ人」という語が罵りの言葉として頻繁に使われている現実が明るみに出たことなども合わせて思い起こしてよいであろう[89]。

　これらの点は進行しつつある大きな変化の一齣と見做せよう。政治的シンボルが溢れていた東ドイツ（DDR）とは対照的に，統一以前の西ドイツでは「シンボルの貧困」が指摘されてきたが，この問題に焦点を絞った 2005 年の著作で P. ライヒェルは，「自国をドイツ帝国の継承者として，また暫定的な部分国家として見ていたボン共和国は，当然のことながら，長く政治的シンボルに関して控えめだった。しかし，ベルリン共和国は傾向としてその抑制を放棄してきている」と述べ，統一まで支配的だった「冷徹さのパトス」が薄らいでいることを指摘している[90]。これと異なる視角から，J. ハッケもまた，戦後ドイツにおける「歴史的に基礎づけられた国家的アイデンティティを巡る苦闘」に触れつつ，近年では「追憶の重荷（Last）から追憶の喜び（Lust）へ」という主潮の転換が起こっていることに注目している[91]。ここには統一以降のドイツに見られる重要な変化の一端が捉えられているのは間違いないであろう。そして，このような指摘と重ね合わせるとき，言論界と歴史学界の重鎮であるゾンマー，ヴェーラー，ヴィンクラーが街頭に溢れる国旗の波に健全な愛国心の発露をみて，何の疑問も感じていないところにこそ，むしろ問題が伏在しているように思われる。公然化した三色のシンボル・カラーには「他国への敵対意識はみじんもない」のが事実だとしても，同時にそこには歴史の記憶や反省もみじんもないかもしれないからである。このような観点から眺めるなら，本章で跡付けてきたエティンガー失言問題の顛末は，発言そのものだけではなく，事件自体の痕跡がほとんど見出されないことから，見方によっては，「全般的に歴史意識が薄らいでいる指標」であり，その風化の表れであるとも考えられよう。エティン

---

(88) Die Welt vom 23.4.2005. この調査については，川喜田敦子『ドイツの歴史教育』白水社，2005 年，175 頁でも言及されている。なお，同書 66 頁も併せて参照。
(89) Die Welt vom 8.1.2008.
(90) Peter Reichel, Schwarz-Rot-Gold: Kleine Geschichte deutscher Nationalsymbole, München 2005, S.13.
(91) Jens Hacke, Last und Lust der Erinnerung, in: Das Parlament, Nr.43, 2005.

ガー事件自体は瞬時に燃え広がり，束の間に鎮火したが，短期で決着して今では忘却の淵に沈みつつあるという現実こそ，事件が浮かび上がらせた真の問題といえるのではなかろうか。

——— ◇ ◇ ◇ ———

　本文を書き終えて三カ月ほど経過する間に興味深い報道や発表などに接したので，以下で本文を補足する意味で二つの点に絞って触れておきたい。一つはエティンガー自身に関することであり，もう一つは末尾で論及したプチ・ナショナリズムに関連することである。

　2007年晩夏に上記の論考を脱稿してからエティンガーをめぐって耳目を惹くような話題はなかったが，年末になって幾分関心を呼ぶ出来事が報じられた。それは彼が長年連れ添った妻インケンと別居する事態に至ったことである[92]。

　キリスト教社会同盟（CSU）では不祥事による引責辞任が確定しているシュトイバー党首（バイエルン州首相）の後任をめぐる党内の争いが激化し，有力候補の一人としてH. ゼーホーファー連邦消費者保護・農業相の名が挙がっていたが，2007年6月にインゴルシュタットで暮らしている妻とは異なる女性との間に子供が生まれたことが明るみに出た[93]。またその少し前の5月には同党幹事長で将来が有望視されるM. ゼダーに4人目の子供ができたものの，妻ではない女性が母親であることが報じられた[94]。一方，CSUの姉妹政党であるキリスト教民主同盟（CDU）では12月に同党のホープと目されるC. ヴルフ・ニーダーザクセン州首相が結婚生活で破局を迎え，妻クリスティアーネと別居したことがマスコミを賑わせた[95]。そしてこれに続いてエティンガーの別居が公式に確認されたのである。

　ドイツの戦後史に輝かしい功績を残したブラントをはじめとして，その孫を自認するO. ラフォンテーヌ（元SPD党首，現在は左翼党党首），G. シュレーダー前首相，さらにはシュレーダー政権で副首相・外相の要職にあり，

---

(92) Die Welt vom 10.12.2007. 煩雑を避けるため，スキャンダルについては『ヴェルト』紙の報道だけを挙げることにする。
(93) Die Welt vom 15.6.2007 u. 5.8.2007.
(94) Die Welt vom 24.5.2007.
(95) Die Welt vom 10.12.2007.

多年に亙って緑の党を指導した J. フィッシャーなどドイツでは結婚と離婚を繰り返した主要な政治家は少なくない。しかし大抵は社会民主党か緑の党の所属であり，そうした点に，個人の自由や自己実現に重きを置く両党の一種の政治文化が表出していた。これに対し，両党が進めた同性婚の公認に反対したことからも看取されるように，保守政党として伝統的価値を擁護し，とりわけ家族や結婚を重視する CDU や CSU では結婚生活の破綻は政治家として重大な失点と見做され，離婚や別居は極力回避されてきたのが現実だった。6月20日付『ヴェルト』紙が CSU の党首選に絡め，婚外子の誕生でゼーホーファーの人気が CSU 支持者の間で急落したことを伝えているのは，このことの証明といえよう。事実，緑の党や左翼党の支持者では政治家の私生活は重要ではないと支持者の半数が考えているのに対し，CDU や CSU の支持者の 3 分の 2 は政治家が規律正しい私生活を送ることはその信頼性に関わると見做していることを 12 月に公表された EMNID の世論調査は伝えている[96]。

　そうした経緯を考慮すると，CDU と CSU を代表する立場にある上記 4 人の政治家の家庭生活に関わるスキャンダルは，やはり見過ごすことのできない事件であり，保守政党にも個人主義化の大きな波が押し寄せてきたことを告げているといえよう。この問題について『シュピーゲル』誌で論評した F. ヴァルターは，1960・70 年代の CDU と CSU の指導者を引き合いに出し，「別居と離婚 —— シュトラウス，ドレッガー，フィルビンガーにはこれはおよそ考えられないことだった。しかしヴルフとエティンガーにとってはなんら問題ではない」としつつ，そこに「かつて同盟がその支えで選挙に勝利を収めてきた規範の崩壊」が見出せると指摘している。「文化革命，ヘドニズム，自由至上的なポスト・マテリアリズムに対して同盟が築いたダムが決壊した。シュトラウス，ドレッガーたちが嘲笑的に時代精神と呼んだものに対する武器をキリスト教民主主義の新しい政党エリートたちは捨て去った。キリスト教民主主義の指揮者たち自身が各々，拘束の緩められた個人性の利点を好むようになっているのである[97]。」この指摘との関連では，2007 年 12 月

---

(96) Die Welt vom 16.12.2007.
(97) Franz Walter, Die neue Kantinen-Mentalität, in: Der Spiegel vom 10.12.2007. これと同趣旨の批評が『シュピーゲル』の記事に見られる。Der Spiegel, Nr.51,

初めの党大会で採択されたCDUの新綱領にある「家族の価値には献身と信頼だけでなく，パートナーと子供の個人性と発展に対する尊重も含まれる」という文言を見据えつつ，M. ラウが「かつて嘲笑の的にした自己実現へのこのような譲歩は，1980年代でもなおCDUの綱領では考えられないことだったろう」と述べているのが関心を惹く[98]。いずれにせよ，これらの点を踏まえれば，別居に至った一事からしても，エティンガーが衰退しつつある価値保守主義の流れに立っていないことは明白であろう。

いま一つ，プチ・ナショナリズムとの関連で最新の世論調査の結果にも言及しておきたい。

ベアテルスマン財団の委託により世論調査機関EMNIDがアメリカ，ロシア，フランス，イギリス，ドイツ，日本など9カ国でそれぞれの国の世界における役割に関する意識調査を行い，2007年10月にその報告書が公表された。その内容は全体的に極めて興味深いが，ここではドイツに絞って要点を紹介しておこう。

調査は「大国」をキー・ワードにして行われたが，それが各国で有する意味とニュアンスは，無論，決して一様ではない。例えばイギリスでは調査対象国をいずれも大国とする傾向が強いのに対し，反対に日本では弱いのがそのことを証明している。この点を考慮に入れてデータを比較対照した場合，内実が何であれ今日のドイツが大国といえるのかどうかという設問ではドイツ人の回答者の半数に当たる49％が大国といえると答えている。しかし9カ国の平均ではその比率は30％であり，ギャップが大きいのが注目点になっている。またイギリス，フランスを大国だと思うのはそれぞれドイツ人の40％と41％であり，ドイツを下回っているのももう一つの注目点になっている。この数字はドイツが両国を追い越したという意識が存在することを示しているといえよう。因みに日本人で日本を大国だとするのは19％にとどまり，日本に関する9カ国平均の36％をかなり下回っているのがドイツとの顕著な対照をなしている[99]。

次に2020年になるとどの国が大国の地位にあるかという設問では，ドイ

2007, S.49.

(98) Mariam Lau, Die Union und das Problem mit der Ehe, in: Die Welt vom 16.12. 2007. 併せて，Der Spiegel, Nr, 37, 2008, S.28f. 参照。

(99) Bertelsmann Stiftung, Wer regiert die Welt?, Berlin 2007, S.18f.

ツ人の回答は，ドイツが46%，フランスとイギリスは37%と29%であり，この面でもドイツが上回っている。これに対し9カ国平均ではドイツは25%であり，ここにもギャップが見出される。フランス人で2020年に自国が大国だと思うのは26%で平均の19%と大差がないことや，日本人で2020年に日本が大国だとするのは14%にすぎず，日本についての9カ国平均の33%を大幅に下回っていることなどを考えると，日本とは逆にドイツでの自己認識が過大評価に傾斜していることが看取されよう[100]。

さらに将来，世界の平和と安定のためにどの国がより大きな役割を演じるべきかという設問を見ると，ドイツ人の回答でドイツは73%ときわめて高いのが注目に値する。しかし同時に，9カ国平均ではドイツに期待するのは26%にとどまるのであり，開きが際立つ結果になっている。またイギリス，フランスについてはドイツ人で貢献を望むのは44%，57%で，自国を大きく下回っているのも注目されよう[101]。

ここでは調査の一部だけを取り上げたが，これらの結果を見る限り，ドイツで大国という自国認識が広く定着していることは間違いないであろう。またその場合，重心が政治，経済，文化，軍事などのどの側面にあるかは判然としないものの，自他ともに認める経済大国としての実力を土台にしてイギリス，フランスを凌ぐ役割を担う国という意識が形成されていることも読み取れよう。それだけに注意を要するのは，主要国でのドイツに対する認識との間にかなりの乖離が生じているとみられる点である。それは，もう一度言えば，ドイツ人の自国の過大評価とも言い直すことができよう。

この点を見るにつけても思い出されるのは，ある評論で1871年と1990年の二つのドイツ統一を比較した際の高坂正堯の直感である。彼は統一による熱気が直後に始まった経済不況で過剰な悲観主義に暗転したところに共通点があるとした上でこう記している。「1870年代から80年代の暗い雰囲気の後が良くなかった。経済発展の成果が出て，ドイツ人がそれを実感するようになったとき，社会の雰囲気は明るくなったが，それはまた自己過信に通ずるものとなった[102]。」この言葉は，二度目の統一の後，大量の失業者に象徴

---

(100) Ibid., S.23f.
(101) Ibid., S.34f.
(102) 高坂正堯『世界史の中から考える』新潮社，1996年，33頁。

される停滞の長いトンネルから抜け出たときに過剰な自信が現出するかもしれないという予感に基づくものであろう。

　その予感が的中したといえるかどうかはともあれ，統一後のドイツではコールがEUをユーロの実現にまで牽引したのをはじめ，イラク戦争の際にシュレーダーがフランス，ロシアと連携してアメリカに反旗を翻し，地球環境問題に取り組んだ先進国サミットやEU憲法の基本条約としての蘇生などでメルケルが主導権を発揮した。これらの例に見られるように，冷戦後の国際社会において統一を果たしたドイツの存在感は着実に強まってきている。そうした動きがドイツ国内での大国意識につながり，プチ・ナショナリズムや大国主義を昂進させているとしても，少しも不思議ではないであろう。けれども他方では，上述の調査から窺えるように，そうしたドイツについての国際社会での受け止め方が冷ややかであることも確かな事実だというべきであろう。東西に分断され，冷戦終結まで国際社会で経済力に照応しない地位に甘んじていたドイツは，東西分断をナチスの侵略戦争の帰結として受忍し，自国を「特殊な国」として位置づけてきた。これに対し，冷戦後のドイツは，平和裏に統一を果たしたことに加え，連邦軍の各地への派遣を軸にした国際貢献などで実績を積み重ねることによって「普通の国」に変貌しつつあり，「特殊な国」の意識を払拭しているように映る[103]。大国という自国認識を伝える上記の数字は，国際社会とのギャップを拡大させながら，ドイツ国内で「普通の国」としての意識と自信が固まりつつあることを物語っているように感じられるのであり，それが下地になっていることを考えれば，プチ・ナショナリズムが顕在化したのは決して偶然ではないと思われるのである。

---

(103) 拙著『統一ドイツの政治的展開』木鐸社，2004年，第7章，中村登志哉『ドイツの安全保障政策』一芸社，2006年，159頁以下参照。

第4章　モスク建設紛争と地域政治

－移民問題の政治過程－

はじめに－モスク建設紛争への視点

　著者は昨年（2007年），『移民国としてのドイツ』と題する一書を公刊したが，その第3部には「イスラムに直面するドイツ」というタイトルを冠して現代ドイツのイスラム主義をめぐる問題と激しい論争に包まれてきたスカーフ問題に焦点を当てた。これらはいずれも「イスラムの可視化」と呼ばれる論点に集約することができるが，本章ではもう一つの問題に光を当てたいと思う。それはドイツ各地で進行中のモスク建設をめぐる紛争である。

　2008年の『シュピーゲル』誌の別冊の一つは「西洋におけるアラー」と題し，副題が「イスラムとドイツ人」となっている。そして内容はドイツにおけるイスラムに関わる諸問題を多角的に扱うものになっており，その中にモスク建設問題にテーマを絞った一章が含まれている。それによれば，ドイツ国内には現在163の古典的様式のモスクがあるが，これを上回る180を超す正規のモスクの建設が計画されている[1]。一方，2008年10月21日付『ヴェルト』紙の報じるところでは，約120のモスクがドイツ各地で建設中か，建設が計画されているという。数字にはかなりの違いがあり，正確な

---

(1) Jochen Bölsche, Die Lanzen der Eroberer, in: Spiegel Spezial, Nr.2, 2008, S.73f. 因みに，連邦政府が2006年の連邦議会の質問に対して提出した答弁書によると，政府が存在を把握しているイスラムの礼拝施設は約2600，古典的様式のモスクは約160とされている。Antwort der Bundesregierung auf die Große Anfrage der Fraktion Bündnis 90/Die Grünen － BT-Drucksache Nr.16/2085 vom 29.Juni 2006, S.9.

データは得られないものの、今日のドイツでモスクは建設ラッシュとでもいえる局面を迎えており[2]、円屋根やミナレットを備えた建物の増大により普通のドイツ市民にとってイスラムが急速に可視化しつつあることが窺えよう。これに伴い、モスク建設をめぐる紛争も多発するようになり、2007年9月21日付『ヴェルト』紙によると、30箇所で周辺住民が建設に反対する運動を起こす状態になっている[3]。

　ところで、著者は本年（2008年）10月にドイツを訪れる機会があり、建設現場を見ることができた。今回の訪独の主目的は他にあったが、モスク建設問題を自分の目で確かめることにも主眼があった。というのは、そうした関心を有する者にとっては、この時期に大きなトピックがあったからである。すなわち、10月16日にベルリンのパンコウ地区で新たなモスクの開堂式があり、連邦議会副議長のティールゼ（SPD）、ベルリン市社会局長クナーケ＝ヴェルナー（左翼党）をはじめとする政治家が列席した。翌日の『ベルリーナー・モルゲンポスト』紙はこれを詳しく報じており、それに付された図4－1はそのときの模様を示している。このモスクは旧東ベルリンだけではなく、旧東ドイツ地域全体で見ても戦後で初めての本格的なモスクである。しかし、ベルリン市内とはいっても閑散とした地域で、古くからあるヴィルマースドルフのモスクが市街地のなかに聳えているのとは違い、公共交通機関で訪れようとするとかなり不便な立地であることが分かる。

　これに続き、10月26日にはルールの工業都市デュースブルクのマルクスロー地区にドイツ最大といわれるモスクが完成した。著者が訪れたのは最後の仕上げが行われていた時であり、開堂式には要人が何人も列席すると受付の担当者は誇らしげに説明したが、その言葉通り、26日には地元のノルトライン＝ヴェストファーレン州首相でCDU社会派の大物政治家でもあるリュトガースやトルコの宗務庁長官が臨席して大々的な式典が挙行された。報道によれば、祝辞の中でリュトガースは、「私たちはこの国でもっと多くのモスクを必要としている。それも裏庭ではなくて、目に見える所で」と述

---

(2) 日本でもモスク建設はラッシュを迎えているとされるが、その度合いにはかなりの開きがあるように思われる。樋口直人ほか『国境を越える　滞日ムスリム移民の社会学』青弓社、2007年、181頁。
(3) 因みに、報道によれば、ユダヤ教のシナゴーグもゲルリッツ、シュパイヤー、マインツに作られて近年増えている。ZDF-Heute vom 9.11.2008.

第4章　モスク建設紛争と地域政治　191

図4－1　ベルリンのモスクの開堂式

(出典) Berliner Morgenpost vom 17.10.2008.

べたという[4]。

　前者が外観はもとより内装も比較的簡素であるのに対し，移民が多く生活する地区に建てられた後者は建物自体は巨大とまではいえなくても円屋根などが目立つ上に，内部の構造も古典的なオスマン様式で，天井の装飾をはじめ壁や照明などは壮麗の一語に尽きる。図4－2は外部と内部を示している。円屋根の高さは23m，ミナレットのそれは34mであり，礼拝所は1,200人を収容できるスペースをもっている。図を一見しただけで，巨額の寄付金

---

(4) Peter Schilder, Lautlos in Marxloh, in: Frankfurter Allgemeine Zeitung vom 27.10.2008.

192　第1部　ドイツ現代政治の変容

図4-2　デュースブルクのモスクの外観と内部

（出典）DITIB Duisburg のパンフレット

を集め，ドイツで暮らすムスリムたちの大きな期待を担って完成に漕ぎ着けたことが理解できよう。デュースブルクの北部に位置するマークスローは「ルール地域の経済的構造変動の影響を体現する地区」といわれ，かつては古典的な労働者地区だったのが，1970年代から移民地区に姿を変えた。今日ではそのことは，きわめて高い失業率と大気汚染がひどいことに示されている[5]。同地区の住民は1万8千人であり，外国人の比率は34%だが，ドイツに帰化した人や二重国籍の人など移民の背景を有する人が58%を占めており，その多くはトルコ系である。そして新築されたモスクはこの人々によって待望され，同時に近隣住民の理解を得る努力を払って平和裏に落成の日を迎えたのである。

けれども，その一方で，ケルンのエーレンフェルト地区で計画されているモスク建設が重大な紛争に発展しているのも見逃せない。アウシュヴィッツで家族を失ったユダヤ系作家のジョルダーノが2007年半ばにモスク建設反対を表明して殺害予告を受け取ったのに，脅迫に臆することなく毅然として信念を貫いた事件はマスメディアで脚光を浴びた。これについては新たなスカーフ問題を取り上げた際に，連邦議会議員デリゲツ（同盟90・緑の党）のスカーフ反対発言とそれを理由とする殺害予告に並べて触れたことがあるが，それから1年余りが経過した2008年9月には建設反対派がケルンでイスラム化反対会議を開催し，これに対する大規模な抗議デモが市中で行われた。この抗議デモは一部で騒乱状態を引き起こし，市民の安全を守るという名目で警察が開催中のイスラム化反対会議を禁止する事態になった。モスク建設予定地への行き方を訊ねたインフォメーションでは2人の若い担当者が応対してくれたが，騒乱のことを聞くと顔を曇らせ，間近で起こった異常事態の様子を語ってくれた。日時を正確に覚えていたことからして，ショッキングな出来事だったことが察せられた[6]。実はパンコウでもモスク建設が持ち上がってから住民による反対運動があり，開堂式当日にはモスクの周囲で

---

(5) Bundesministerium für Verkehr, Bau und Stadtentwicklung, Integration vor Ort, Berlin 2008, S.36.
(6) なお，2007年1月に同じインフォメーションでケルンにある主要なモスクの場所を尋ねたところ，同僚と相談して教えてくれたのは住宅地にある小さなモスクであり，エーレンフェルトは思いつかなかった。

反対派の抗議集会が行われた[7]。これにはモスク擁護派が人間の鎖を作って対抗したため，小競り合いが懸念された。またフランクフルトのハウゼン地区でもモスク建設計画が住民の抵抗を招き，着工までには曲折が予想されているほか，『シュピーゲル』2008 年 41 号の報道によれば，同種の紛争がイギリス，イタリア，スイス，ノルウェーなどでも起こっているという[8]。

このようにモスク建設問題はこのところ急速に重みを増し，イスラムをめぐる中心問題の一つに浮上してきている。この点に関し，例えば 2007 年 2 月 16 日付『ジュートドイッチェ』紙でドロビンスキは「ドイツのどこかでモスクが建設されることになると国民的論議が起こる」と記している。同様に同年 6 月 8 日付『ヴェルト』紙でラウもまた，「モスクの建設はますます頻繁に政治問題化している」ことを確認した上で，「ケルンは最初ではなかったし，最後にもならないだろう。ミュンヘン，ベルリン，マンハイム──モスク建設に伴い，各地で繰り返し大波が打ち寄せている」ことに注目している。2008 年になって『ケルナー・シュタットアンツァイガー』紙の主筆であるゾンマーフェルトが主要な論客の論説を集めた『モスク紛争』という書を世に送ったことや，同年 9 月にフリードリヒ・エーベルト財団が「ミナレットの陰で──ドイツにおけるモスク紛争」と銘打った研究者・実務家た

---

(7) 開堂式の様子を伝えたギュンターが見出しを「ベルリンのモスクを巡る信仰戦争」とし，リードに「大量の警官の投入」と記しているのはこのためである。Franziska Günther, Glaubenskrieg um Berliner Moschee, in: Die Zeit vom 16.10. 2008. ベルリンでのモスク紛争については，Freia Peters, Moschee-Streit in Berlin, in: Die Welt vom 12.7.2007 のほか，『ツァイト』紙 2007 年 3 号に「文化の対話」の見出しで掲載された賛成派と反対派の代表者による興味深い対論が参考になる。

(8) ハウゼンには在住する日本人も少なくないが，そこでのモスク建設問題の動向については，『フランクフルター・アルゲマイネ』紙などでしばしば報じられており，最近では 2007 年 9 月に SPD と CDU がそれぞれ建設に原則的賛成の立場を決めている。Frankfurter Allgemeine Zeitung vom 14.und 25.9.2007. これら以外の地域での紛争については，以下の報道が参考になる。Jochen Bittner, Wer hat Angst vorm Muselman?, in: Die Zeit, Nr.25, 2004; Caroline Schmidt, Wie eine Moschee den Volkszorn entfacht, in: Der Spiegel vom 13.4.2006; Jörg Schindler, Die passen hier nich rin, in: Frankfurter Rundschau vom 5.7.2006. また，ドイツ以外の国に関しては，Der Spiegel, Nr.41, 2008, S.174 参照。

ちの会議を開いたのも，そうした動向を反映しているといえよう[9]。

このようにモスク建設はドイツのイスラム問題の焦点に位置づけられるようになってきているが，その際，モスクには一体どのような意味が与えられているのであろうか。この点を考えるとき，一つの手掛かりを提供しているのは 2007 年 5 月 23 日付『ヴェルト』紙上でのグーラッチュの見方であろう。彼は次のように書いている。「イスラムの力と自己意識の可視的な印は現在計画され建設されている多数のモスクである。新たなモスクの建設を巡る紛争は既に以前から移民と統合に関する模範的な論争という性質を帯びているのである。」グーラッチュはこれに続け，ドイツの多くの都市で教会と信仰の生き残りの問題に直面しているキリスト教と対比するとイスラムには活力があり，そのことは壮麗なモスクに比べて貧弱なキリスト教会の現状に示されているとして，見出しを「華麗なモスクはみすぼらしい教会を凌駕する」としている。このような表現には羨望の裏返しとしてイスラムに圧倒されているという感情が滲み出ているが，それはまたモスク建設に対する反対論の底流にある心情にも通じるものといえよう。

ともあれ，昨今のドイツでモスク建設問題がイスラムを巡る中心的テーマの一つに押し出されてきているのは間違いない。しかしながら，その重要性にもかかわらず，この問題に関しては現時点ではまとまった研究はほとんど存在せず，資料も限られているといわねばならない。その理由の一端は，紛争を観察する場合，モスク建設が話題になる地域のそれぞれの特殊事情を考慮しなければならないことにあると思われる。そうした実情を考慮して，以下では主に新聞報道に依拠しながら，重大化しつつあるケルンでの紛争の一面を瞥見することにしたい。

1. 移民をめぐる最近の紛争

最初に移民に関連して注目を浴びた最近の出来事に触れておこう。

2008 年 1 月 27 日にヘッセン州で州議会選挙が実施された。現職の州首相コッホ（CDU）は，経済リベラルとして知られ，また連邦議会院内総務を

---

(9) Franz Sommerfeld, hrsg., Der Moscheestreit: eine exemplarische Debatte über Einwanderung und Integration, Köln 2008; Friedrich-Ebert-Stiftung, Im Schatten des Minaretts: Moscheebaukonflikte in Deutschland, Berlin 2008.

務めたメルツが去った後のCDUでメルケル首相の有力なライバルと見られていたが、足元のヘッセン州では事前の選挙予測で苦戦が伝えられていた。そのため、彼は劣勢を挽回するのに役立つ争点を模索していたが、2007年12月にミュンヘンの地下鉄で年金生活者の老人が移民の2人の若者によって暴行される事件が発生したのを受け、外国人犯罪に対する強硬措置を訴えるキャンペーンを開始した。これは一部で顰蹙を買いはしたものの、潜在的にはいわゆる外国人犯罪に対する不安感があり、これと共振した結果、かなりの反響があった。事実、コッホによる問題提起を機に新聞などマスメディアでは外国人犯罪に関する記事が大量に掲載されるようになり、関心を搔き立て世論を誘導するのにある程度は成功したといえるように思われる。そのことは、コッホの問題提起にすぐに『ジュートドイッチェ』紙のコラムニストであるプラントルが反応し、隣国スイスになぞらえて「ドイツでのブローヒャー化」と題する一文を2007年12月27日付の同紙に載せたことに表れている[10]。また、連邦議会の学術部は2008年1月に外国人犯罪の動向に関する資料集を作成したが、それが関心の高まりを反映していたのは間違いない[11]。同時に、様々な分野で移民という語が定着してきているのに、犯罪に焦点が据えられる場合、メディアでは依然として移民犯罪ではなく、外国人犯罪という表現が使われているのも隠れた注目点の一つであろう[12]。ともあれ、キャンペーン自体は機会主義的であることが余りにも明白だったために、得票率を押し上げる効果は大きかったとはいえない。いずれにせよ、CDUは前回より12%も得票率を減らしたものの、36.8%で辛うじて36.7%のSPDを上回り、SPDの内部から議会進出に成功した左翼党との非公式の協力に反対する議員が出た結果、SPDが多数派形成に失敗したので政権交代

---

(10) もっとも、選挙結果が振るわなかったために選挙後にコッホは誤りを犯したことを認めねばならなかった。Die Zeit vom 3.2.2008. 因みにブローヒャーというのはスイスの右翼政党である国民党の指導者の名前である。
(11) Harald Dähne, Ausländer- und Jugendkriminalität: Daten, Ursachen, Bekämpfung, Sachstand WD7, 2008.
(12) この点は、貴重な調査に基づく、岩男寿美子『外国人犯罪者』中公新書、2007年にも当てはまり、わが国でも事情は似ている。ドイツでの外国人犯罪の捉え方の問題点に関しては、拙稿「統一ドイツの外国人犯罪に関する一考察」『社会科学論集』34号、1995年参照。

には至らなかった。それどころか，ヘッセンを起点とする左翼党との提携問題は連邦レベルに波及してSPDを大きく揺さぶり，2008年9月に党首ベックが突然辞任する一因にもなったのである[13]。

ヘッセン州での選挙が終わって間もなく，コール元首相の故郷であるルートヴィヒスハーフェンで2月3日に火災が発生し，トルコ人9人が死亡する惨事が起こった。当初，犯人を目撃したという少女の証言により，火災は放火によるものと見られたところから，犯行は極右勢力だとの観測が流れた。そのため事件は一気に政治問題化し，1992年から1993年にかけて放火でトルコ人が焼死した事件の記憶が甦った。そのことは『シュピーゲル』（2月6日），『ツァイト』（2月7日），『フランクフルター・アルゲマイネ』（2月5日）などドイツを代表する活字メディアで即座に「新たなゾーリンゲン」という表現が使われたことから明瞭であり，犠牲者を哀悼するために現場に連邦政府の要人が何人も駆けつける事態になった[14]。またトルコ国内で軍や裁判所のような世俗主義勢力との対立を深めていたトルコ首相エルドアンが事件発生から4日後の2月7日に急遽現地を訪れた。遅々として進まないEU加盟問題での苛立ちに加え，事件をネオナチによる犯行と決めつけるトルコ・メディアの影響で対ドイツ感情が一気に険悪化したことを考えれば，在外トルコ人との連帯を誇示するこの行為には明らかに政治的計算が働いていたといえよう。これに続き，彼はケルンで数万人に及ぶトルコ人を競技場に集めて2月10日に集会を開いたが，その際，ドイツ社会への同化に対して警告し，トルコ人であり続けることを訴える演説を行って物議を醸した。というのは，周知のように，ドイツではトルコ人をはじめとする移民の社会的統合が主要な政治的テーマになり，様々な施策にもかかわらず成果があらわれないために苦慮していたが，そうした努力に冷水を浴びせるものだったからである[15]。事実，後述するジョルダーノはショイブレ内相との対談の中で

---

(13) 本書第1章参照。
(14) Der Spiegel vom 5.2.2008. トルコ人の犠牲者が出たゾーリンゲン事件については，野中恵子『ゾーリンゲンの悲劇』三一書房，1996年，同じくメルン事件については，本書第6章参照。
(15) 演説と当座の反響については，Frankfurter Allgemeine Zeitung vom 15.2.2008; Focus vom 12.2.2008，またそれを巡る議論の一例として，Stefan Luft, Einmal Türke, immer Türke?, in: Politische Studien, H.419, 2008, S.64ff. 参照。なお，政

この演説に触れ,「我々の社会に対する宣戦布告」だと断定している[16]。2月22日になると,少女が証言を撤回し,24日には放火の証拠はないことが確認された。さらに調査が進められた結果,放火という当初の推測とは違い,老朽化した建物であったための漏電が原因という結論で落着した。しかし,最初は駆けつけた消防隊がトルコ人住宅だからという理由で到着を故意に遅らせたとされ,隊員が集まったトルコ人から暴行を受けて警察が割り込んで保護する一幕さえ見られたのであり,緊急事態の際に露呈する不信感の根深さが改めて証明される形になった[17]。

2008年の初期だけでもこのように移民問題は事あるごとに噴出していたが,そこに見られるホスト社会と移民との溝や相互不信という土壌の上にモスク建設をめぐる紛争が存在することを確認することが肝要であろう。あるいは,視点を変えれば,そうした不信感を克服し,相互の理解を深め異なるものに対する寛容を育む努力の文脈にモスク建設問題を位置づけることが必要とされよう。このような観点からひとまずケルンにおける紛争の展開を追跡してみよう。

2．ケルンにおけるモスク建設紛争の前史

ドイツ第4の都市ケルンの人口は2005年末の時点で102万人を数え,外国人は17万6千人で比率は17.2％に達する。そのうちで約12万人がムスリムであり,大部分はトルコ系の人々である。当初はガストアルバイターとして西ドイツに来た彼らがケルンに住み着いてほぼ半世紀が経過するが,大規模なモスク建設が構想されるようになったのは1990年代になってからである。それまで彼らは工場の一隅や裏庭などを礼拝の場としており,モスクとしての役割を果たしてきた建物は近年になるまで外部からはモスクとしては

治学者のヴァルターは平行社会の効用を評価する立場からエルドアン演説批判を批判している。Franz Walter, Eingliederung durch Abschottung, in: Die Zeit vom 13.2.2008.

(16) Frankfurter Allgemeine Zeitung vom 2.3.2008. 一方,ショイブレは2月14日付『ジュートドイッチェ』紙のインタビューでエルドアンを弁護している。

(17) Rüdiger Soldt, Ein Brand, der Hysterie auslöste, in: Frankfurter Allgemeine Zeitung vom 4.3.2008; Reinhard Mohr, Reiz-Reaktion im deutsch-türkischen Komplex, in: Der Spiegel vom 6.2.2008.

識別できず，人の出入りや交通渋滞などによってかろうじて礼拝の場所であることが感じられる程度の貧弱な状態だった。そのため，定住から40年近い歳月を経てムスリムの間で正規のモスクの新築を求める声が高まったのである[18]。

　もっとも，モスク建設計画は建築法を根拠にした市当局の拒否にあって挫折を繰り返した。世紀の変わり目になって動きが本格化したのは，FDPの働きかけにより，当局に対し中央モスク建設のために適当な土地を探すことを求める市議会決議が他党の賛同を得て2001年になされてからである[19]。この決議では，中央モスクはイスラムのすべての潮流に対し開かれたものであり，ケルンのすべてのムスリムにとっての拠り所として位置づけられていた。そのため，イスラムの諸潮流の合同組織として中央モスク設立期成協会が結成された。その際に市当局の側から尽力したのはCDU所属のケルン市収入役を務めるゾエニウスだった。彼はイスラム団体の一致の必要を力説したが，本心ではモスク建設に消極的だったとも指摘されるように，足並みの統一をハードルにし，頓挫を予測していたとも言われる[20]。この要求に応え，多くのイスラム団体は歩調を揃える姿勢を見せたものの，最大勢力である宗教施設トルコ・イスラム連盟（DITIB）が最初から合同組織に加わらず，結局，共同プロジェクトは流産する結果になった。拙著で詳しく説明したように，ドイツに存在するイスラムの頂上組織は従来から分裂状態にあり，そのことは図4－3が示すデュースブルクでのモスクの乱立を見れば一目瞭然だが[21]，ケルンにおいてもイスラム団体は，中央モスクという共同プロジェク

---

(18) ケルンのトルコ系住民の概要については，Ekkehard Schmidt-Fink, Türken in "Kölün", in: Integration in Deutschland, H.2, 2006, S.12f. またケルンでの彼らの生活史に関しては，豊富な写真を含む概観として，DOMiT, 40 Jahre fremde Heimat: Einwanderung aus der Türkei in Köln, Köln 2001 参照。

(19) Uta und Robert Winterhager, Der Kölner Moscheestreit, in: Bauwelt, H.42, 2007, S.7.

(20) Franz Sommerfeld, Der Kölner Moscheestreit – ein Lehrstück über Demokratie, in: ders., hrsg., op.cit., S.12. モスク建設問題の当初の経緯に関しては，前注で挙げたヴィンターハーガーの論文とゾンマーフェルトのこの論文に主として依拠している。

(21) 拙著『移民国としてのドイツ』木鐸社，2007年，243頁以下参照。なお，ベルリン西部でのモスクの分布図が建設時期と併せて，Gerdien Jonker und

図4-3 デュースブルク・マークスロー地区のモスクの分布

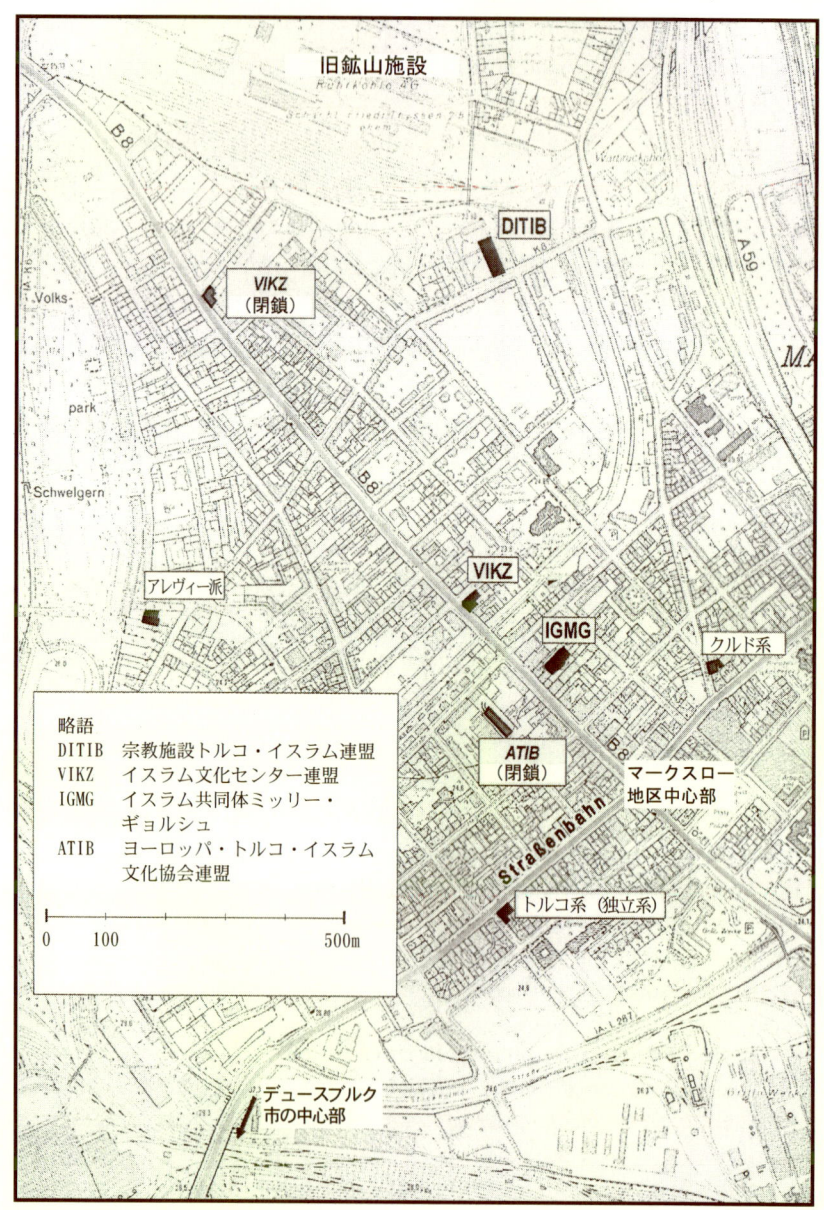

(出典) Thomas Schmitt, Moscheen in Deutschland: Konflikte um ihre Errichtung und Nutzung, Flensburg 2003, S. 69.

トに向けて互いの間に存在する壁を乗り越えるには至らなかったのである。
　DITIB が他の潮流との協力を拒否したのは，なによりもミッリー・ギョルシュに対する警戒感からだった。同団体は基本法に定められた憲法的価値を否定するイスラム主義組織と見做され，ドイツの憲法擁護機関による監視対象になっているが，期成協会に参加し，それと足並みを合わせることにより，その勢力が DITIB の内部に浸透する危険が懸念されたのである。実際，ムスリムに対する隠然たる差別を背景にして若者の間でイスラム主義に魅了される者が増大し，パキスタンなどにあるイスラム過激派のキャンプで軍事訓練を受ける青年も現れているのに加え，最近ではイスラムに改宗したドイツ人による爆弾テロの未遂事件が発覚するなどドイツでもイスラム主義は話題に事欠かない[22]。それどころか，2006 年にはケルンで列車に仕掛けられた爆弾が見つかり，大惨事が未然に防止されたが，レバノン人の犯人が 2008 年 12 月に終身刑に処されたことを報じる 12 月 9 日付『フランクフルター・アルゲマイネ』紙が見出しを「レールの上の聖戦」としたことに見られるように，ドイツも今日ではイスラム主義者の標的になり，市民の間でテロに対する不安が広がる状況になっている。けれども，なるほど各地に存在するコーラン学校でミッリー・ギョルシュが影響力を強めているとしても，ロンドンなどで発生した無差別テロとの関係が疑われるほどそのイスラム主義的傾向は過激ではなく，テロ組織と同一視するのが行き過ぎであることも確かである[23]。むしろ，ミッリー・ギョルシュが基本法に定められた憲法的価値を否定し，ドイツ社会との交わりを絶ってムスリムの自閉を強めようとするのに対し，DITIB がイスラムの信仰を守り，ムスリムとしての自信と誇りを維持しつつドイツ社会との共存を図る立場をとっているために協力関係の構築は失敗に終わらざるを得なかったといえよう。
　いずれにせよ，ムスリムの最大組織である DITIB の不参加によって諸潮流の提携に基づく中央モスク建設の構想は水泡に帰した。けれども，その失敗はケルン市長シュランマ（CDU）にとってはむしろ好機の到来を意味し

　Andreas Kapphan, hrsg., Moscheen und islamisches Leben in Berlin, Berlin 1999, S.52f. に掲げられていて参考になる。
(22) 一例として，Christian Ehrhardt, Von militanten Islamisten gelockt, in: Frankfurter Allgemeine Zeitung vom 7.9.2007 参照。
(23) ミッリー・ギョルシュに関しては，前掲拙著，257 頁以下参照。

た。DITIB はトルコの宗務庁の管理下にあり，イマームもそこから派遣されているが，トルコ政府への DITIB の従属は同団体の長所だと考えられたからである。「国家の公式の窓口である者が身近にいれば，我々の国家と法的価値観に反対する組織と交渉する危険を免れることができる[24]。」これが DITIB との協議に舵を切ったシュランマの基本的立場であり，保守派の政治家らしく，その認識はきわめてリアリスティックだと評しえよう。

こうした醒めた認識をケルン市の同盟 90・緑の党も共有していた。中央モスク構想が頓挫したあと，DITIB に対して礼拝施設をエーレンフェルト地区に建設するように最初に提案したのは同党だったからである。同党の責任者は，モスク建設の計画とその立地は都市計画上も文化的にも望ましいと主張したが，国家と宗教の厳格な分離という党是に照らせば，この提案には明らかに問題があった。その意味で，市長と同様に，「過激派よりは国家のほうがまし」という現実主義的な判断に基づいて同党は動いたのであり，その提案に DITIB も前向きに応じた。こうして 2001 年に DITIB はエーレンフェルトにモスクを建設するという最初の計画案を作成したのである。

建設予定地としてエーレンフェルトが選ばれたのには理由がある。ケルンの西郊に位置するエーレンフェルトは工業地域として発展してきた。20 世紀になって機械製造などの工場がいくつも立地したことから，レンガの野原ともいわれた。現在ではコンピュータ関連の工場などが操業している。このような工業地域であるため，ガストアルバイターが招致されるようになって以来，それらの工場で就労する多数のトルコ人が生活の拠点を置く一方，そのニーズに応えるトルコ商店も営業するようになり，移民地区としての様相を色濃くしている。現にトルコ系の食料品店，スーパーマーケット，書店，旅行代理店，銀行支店などがフェンロー通を中心に展開していて，ベルリンのクロイツベルクなどに類似した光景を呈している。因みに，2006 年のエーレンフェルト地区の住民は 10 万 3 千人であり，そのうち 3 万 3500 人が移民の背景を有している[25]。

住民の構成のこうした変化に伴い，トルコ系を主体とするムスリムには信仰を保つために礼拝施設が必要になったのは当然だった。当初は間に合わせ

---

(24) Sommerfeld, op.cit., S.15 より引用。
(25) Winterhager, op.cit., S.7.

の場所として工場の一隅やアパートの一室のような居住場所が礼拝に利用された。その段階ではムスリムを導くイマームもおらず，先唱者の役割も適任の者に委ねるなど応急の措置が恒常化する一方，周辺に暮らす普通のドイツ市民の目にもイスラムは可視化しなかった。けれども，在住期間が長くなり，ムスリムたちが一時的な滞在者ではなく移民としての性格を色濃くするにつれ，やがてイスラムは工場の片隅や裏庭のような人目につかない場所から徐々に目に見える空間に進出するようになった。その一例がエーレンフェルトのフェンロー通にDITIBが確保していたモスクと一体の集会施設であり，あるいは住宅地の中でモスクを示す看板をひっそりと掲げた家屋である。もっとも，図4-4から窺えるように，以前は工場のホールだった前者はモスクに改装されてはいても内部は柱が林立する構造のままだし，建物自体も老朽化して倒壊しかかっているとさえいわれる。加えて事務室は書類が

図4-4 エーレンフェルトの礼拝施設の内部と外観

(出典) Uta und Robert Winterhager, Der Kölner Moscheestreit, in: Bauwelt, H. 32, 2007, S. 7f.

床から天井までうずたかく積まれるまでになり，図書室や集会室も物で溢れる状態になっていて，すでに手狭の域を超えるに至っている。いずれにせよ，今回，その同じ場所に本格的なモスクを建設するという計画が持ち上がったことは，こうした文脈で見れば，イスラムの可視化もしくは公然化の流れのなかにあるのは明白であろう。現在の施設の状態を2008年3月13日付『フランクフルター・アルゲマイネ』紙で報じたラッシェが記事の見出しを「裏庭から公共の中へ」としているのは，その意味で正鵠を射た表現といえよう。

建設予定地としては，トルコ系住民が多いことからDITIBが1984年の設立以来本部を置いていたエーレンフェルト地区のフェンロー通とすることが以前から固まっていた。けれども，いくつかの曲折を経てDITIBによるモスク建設計画が本格的に動き出したのは，ようやく2005年になってからである。この年にDITIBは市当局からの働きかけを受け，建設計画の具体化のためにコンペを催した。また18人からなる審査会にはケルン市の建設局長，都市開発に詳しい政治家，移民統合評議会の代表，聖堂建築家などが加わった。審査が終わったのは2006年3月であり，優勝した建築家のベーム父子に設計が委ねられた。2位の建築家は円屋根のない現代風のモスクを提案したが，ベーム父子は円屋根とミナレットを有する伝統的なモスク建築に現代的様式を加えた青写真を提出して1位に選ばれたのである。なお，このプロジェクトには総工費1,500万ないし2,000万ユーロが見込まれていた。その財源はDITIBの会費と会員の寄付によるほか，融資を受けることが予定されていたが，トルコ政府から財政援助を受けるということは話題になっていない。その限りでは，例えばサウディアラビア政府が資金提供して進めているような，いわゆる上からのモスク建設ではないといえよう。

ところで，コンペではベーム父子が優勝したものの，彼らの設計がそのまま採択されたわけではない。というのは，市の当局者や政治家が加わっている審査会は住民感情などに配慮して円屋根が余りにも目立つなどの意見をつけ，その縮小を勧告したからである。この勧告に従い，DITIBと設計者で協議した結果，3カ月後の2006年6月に修正プランがまとまった。そこでは景観と建築技術の両面から当初のプランに大幅に手が加えられ，次のように変更された。ケルンの大聖堂の塔の高さは157mであるのに対し，2つのミナレットは遥かに低い55mにする。また円屋根の高さも35mに抑える。敷

地の面積は全体で2万平方メートルだが，礼拝場所にはその5分の1を充て，2千人の収容能力を有するものにする。これを中心にして，DITIBの事務部門の施設のほか，会議室，セミナー室，スポーツ施設，500平方メートルの住居部分を付設する。さらに1,200平方メートルは事務室として賃貸用にし，また1,500平方メートルは24の小売店舗に貸し出し，家賃収入を確保する。

こうして固まったモスクの青写真には翌年までにCDUから左翼党までの主要な政党のすべてから賛意が示された。その意味で，市政のレベルではモスク建設は市民の総意に支えられているように見えた。統合問題を所管するケルン市社会局長ブレーデホルスト（同盟90・緑の党）は「200年前にはここケルンでプロテスタントもまた裏庭で祈っていた。今日では彼らはとっくに自分たちの教会を有している」と述べて，モスク建設の意義を再確認したのである[26]。

もっとも，2004年の市議会選挙で4.7%の得票を得て市議会入りを果たしたプロ・ケルンだけはモスク建設に反対する姿勢を変えなかった。市民運動団体を自称するこの組織の詳細は明らかではない。しかし，ドイツ国家民主党（NPD）や共和党（REP）にかつて所属していた人物たちによって1996年に結成された経緯から極右勢力に近いと見られ，現に憲法擁護機関による監視の対象として位置づけられている[27]。またノルトライン＝ヴェストファーレン州憲法擁護局の年次報告によっても，プロ・ケルンでは排外主義的な宣伝活動が目立っている。例えば2004年の年次報告では，「主として多文化，二つの大モスク建設，窃盗少年に反対するプロ・ケルンの情報誌の論説は一方的に外国人に対する不安と敵意を煽っている」として，「我々の町は修復不可能なまでに変わり，ドイツの民族的アイデンティティは消滅する」，「我々の町は今日では家宅侵入，窃盗少年，価値の没落，腐敗，過度の多文化の首都である」などの文言が「プロ・ケルンの情宣における外国人敵

---

(26) Migration und Bevölkerung, Ausgabe 5, 2007, S.2.
(27) そのメンバーは2003年に約20人，2004年に約40人とされていたが，2007年には約120人とされ，増加傾向にあると見られる。Innenministerium des Landes Nordrhein-Westfalen, Verfassungsschutzbericht des Landes Nordrhein-Westfalen über das Jahr 2007, Düsseldorf 2008, S.77.

視の表現」の例として示されている[28]。他の政党とは違い，市議会でプロ・ケルンの議員がモスク建設反対の姿勢をとったのは，こうした基本的立場からの帰結にほかならなかった。それどころか，後述するように，プロ・ケルンはその後一段と反対を強め，エーレンフェルト地区で2007年5月に開かれた討論会の場でもそのメンバーである3人の参加者が司会者にナチという罵声を浴びせたために退場させられる事態も起こっている[29]。とはいえ，全体的に見てこの段階では反対派の声は微弱であり，取るに足らないといえたのである。

3．モスク建設紛争の拡大と政治化

こうしてエーレンフェルトでのモスク建設は着工に向けてようやく動き出したように見えた。ところが，1人の人物の介入によって一気に紛争が激化し，問題が重大化した。ケルン在住のユダヤ系作家ラルフ・ジョルダーノはアウシュヴィッツの生き残りで，ホロコーストによって家族を失ったことで知られているが，同時に論壇でも鋭い舌鋒で度々注目されてきた人物である。84歳の高齢に達したその硬骨漢が2007年5月23日にケルンにおけるモスク建設に反対の意思を表明したのである。

彼の認識では，様々な努力にもかかわらず，ドイツにおけるムスリムの社会的統合は既に破綻していた。この事実を踏まえれば，モスク建設はキリスト教とイスラムの対話の糸口にはなりえず，むしろ独立王国の固定化を意味する。したがって，その願望を寛大に受け入れ，モスク建設を是認することは，独立王国の許容という「誤ったシグナル」を送ることになる。彼の目から見ると，女性が着用するスカーフもまた統合拒絶のシンボルであり，とりわけ頭から足先まで全身を黒く覆い隠した女性は「人間のペンギン」でしかない。本当のところは，モスクの建設はドイツ社会に対するムスリムの挑戦状であり，市民の多くは本音では反対している。ただそれを言い出せないのは，右翼と同一視されるのを恐れるからであり，あるいはムスリムによって脅迫されるのが怖いからにほかならない。これはきわめて危険な状態であ

---

(28) Innenministerium des Landes Nordrhein-Westfalen, Verfassungsschutzbericht des Landes Nordrhein-Westfalen über das Jahr 2004, Düsseldorf 2005, S.76.
(29) Die Zeit vom 30.5.2007.

り，市議会の政治家は市民の本心を洞察し，尊重しなければならない[30]。

　ジョルダーノは時とともに語勢を強め，コーランを「恐怖の読み物」と呼ぶとともに，モスクをドイツ社会に対する「宣戦布告」だと決めつけている[31]。そうしたジョルダーノの挑発的とも言える主張に対し，批判の声が上がったのは当然だった。例えば『ヴェルト』紙上で反論を加えたラウは，「人はドイツを故郷のように感じるようになると，正しい信仰の家を築きたいと思う。ジョルダーノが言うように，果たしてこのことを統合の失敗の証と見做すべきだろうか。むしろその正反対ではないだろうか。よく統合されたムスリムをどこで見分けることができるだろうか。彼がもはやモスクを必要とはしないという点なのだろうか。」こう述べてラウはユグノー，ユダヤ人，追放民などをドイツが受け入れた歴史的経験を思い起こすべきだと反駁している[32]。同じ足並みでシュラーゲンヴェアトも『ベルリーナー・ツァイトゥンク』紙で批判を加えている。彼によれば，「ケルンの市民はモスク建設計画が明らかになったときにベルリンのハイナースドルフ，ミュンヘンのゼンドリングで聞かれたのと類似した抗議を表明して」おり，その「批判と不安を真面目に受け止めることが肝要」だと指摘すると同時に，その反面で，「イスラム批判者たちは一方でムスリムの統合を要求しながら，他方では彼らに裏庭にとどまるように求め，目につかないままでいることを望んでいる」として，自家撞着を指弾している[33]。

　これらに比べると，『ジュートドイッチェ』紙でコメントしたドロビンスキの論調は温和だった。彼はジョルダーノがモスク反対論にもかかわらず，決して右翼に属す人物ではないことを強調し，怒りが理性を圧倒したために激しいモスク批判になったのだとしてジョルダーノの心情に理解を示している。彼によれば，DITIBは「急進的なイスラム主義者の砦」ではないし，モスクの設計図も「好感の持てる」ものである。けれども他方で，住民の心配

---

(30) Ralph Giordano, Nicht die Moschee, der Islam ist Problem, in: Sommerfeld, hrsg., op.cit., S.37ff. さらに，Christian Geyer, Weg mit der Burka!, in: Frankfurter Allgemeine Zeitung vom 25.5.2007 参照。
(31) Focus vom 16.8.2007; Die Zeit vom 17.8.2007.
(32) Mariam Lau, Nie wieder Hinterhof, in: Die Welt vom 8.6.2007.
(33) Michaela Schlagenwerth, Minarette zwischen Kirchtürmen, in: Berliner Zeitung vom 7.6.2007.

も理解できるものであり，それを「外国人敵視だとして貶す」のは許されない。ジョルダーノでは不安が怒りに変わっているものの，「ミュンヘン，ベルリン，ケルンのように裏庭から新たなモスクへ，工業地区から市街地へイスラムが引っ越してくるところではどこでも生じる不快感の代表者」として彼の発言に耳を傾けるべきであり，頭から暴論と決めつけるのは正しいとはいえないのである[34]。

このようにジョルダーノのモスク反対論に対する批判にはかなりの温度差が見られたが，それはともあれ，彼はこの表明の後にムスリムと思われる匿名の人物から殺害を予告する電話を受け，直ちにそれを撥ね付ける声明文を2007年6月1日付『フランクフルター・アルゲマイネ』紙に発表した。前年には連邦議会議員デリゲツがムスリムの女性にスカーフを外すことを求めたために同様の脅迫を受け，警察の保護下で暮らさざるを得なくなったのは，拙著で詳述したとおりである[35]。いずれにせよ，著名な作家が反対を唱え，脅迫事件まで伴ったことでマスメディアの関心は一気に高まり，モスク建設の是非は別にしてジョルダーノの勇気を称賛する声が相次いだ。そうした中で，トルコ系女性の作家で論壇でもイスラム批判の健筆を振るっているケレクが「ミナレットは支配のシンボルである」と題した論説を6月6日付『フランクフルター・アルゲマイネ』紙に寄稿し，ミナレットを有する本格的なモスクの建設に反対する論陣に加わった。彼女によれば，モスクは「原初的で家父長的な構造が促進される対抗社会の胚芽」であり，民主主義だけでなく，男性用と女性用を区分している点で男女の平等という基本価値に反するものだったのである[36]。

---

(34) Matthias Drobinski, Der alte Mann und die Moschee, in: Süddeutsche Zeitung vom 1.6.2007.
(35) 前掲拙著，第6章参照。
(36) 因みに，ケレクはメルケル大連立政権下でスタートしたイスラム会議や統合サミットのメンバーでもある。なお，モスク建設支持派ではケルン在住で暴露ジャーナリストとして著名なヴァルラフが登場した。彼はムスリムの定住の効用やケルンの大聖堂はモスクより遥かに高いことを強調する反面，DITIBがトルコ政府に従属していることを問題視したが，議論の底が浅い感を否めず，反響もほとんどなかったように見える。Günter Wallraff, Der Kölner Dom ist dreimal so hoch, in: Die Zeit, Nr.37, 2008.

挑発的な言辞を弄し，脅迫事件すら伴いつつジョルダーノが登場したことによってエーレンフェルト地区のモスクをめぐる情勢が大きく変化した。5月30日に『ツァイト』紙が「ケルンでモスク紛争が先鋭化」と報じたのは，多方面から発言が噴き出し，状況が混沌としてきたからだった。さらに反対派が勢いづき，200人が参加して6月15日にエーレンフェルトでデモ行進を行って気勢をあげ，これに対抗する形でモスク擁護派も600人が「プロ・ケルンはナチスだ」と記したプラカードなどを掲げて市内を練り歩いた[37]。フリゲリが評したように，ケルンのモスクはこうして急速に「激烈な文化闘争のシンボル」に転化したのである[38]。そうした流動化を前にして，ケルン市議会のCDU議員団長グラニツカはジョルダーノがモスク論争での「タブー破り」の役割を果たしたと語ったが，この論評は核心を衝いている。それまではモスク建設に反対するには右翼的とみられるリスクを冒さなければならず，多かれ少なかれためらいが伴った。けれども，ジョルダーノにはその経歴からいってナチスとの共通点は皆無だったから，彼の発言以降，そうしたリスクを気遣うことなく反対論を表明できるようになったのである。事実，これ以降CDUには率直な要望が市民から寄せられるようになったとグラニツカは述べ，その影響が大きいことを確認している[39]。

このような変化を受け，2007年6月中旬に地元紙『ケルナー・シュタットアンツァイガー』が世論調査機関オムニクェストに委託し，ケルン市民に対してモスク建設に関する世論調査を行った。それまでは意見の調査は行われたことがなく，賛成派は大抵の市民は賛成していると主張したのに対し，反対派は80%は拒否していると唱えていたので，世論調査の意義は大きかった[40]。事実，それによりきわめて興味深い結果が得られた。調査の詳細はインターネット上で公表された[41]。まず回答率は68.5%であり，この種のテーマでは比較的高く，関心の強さが窺える数字になった。要点だけに絞ると，

---

(37) Peter Schilder, Noch einmal über alles sprechen, in: Frankfurter Allgemeine Zeitung vom 17.6.2007.
(38) Kristian Frigelj, Kölner Moschee – Sinnbild des Kulturkampfes, in: Die Welt vom 25.1.2008.
(39) Winterhager, op.cit., S.8f.
(40) WDR-Nachrichten vom 29.5.2007.
(41) http://www.ksta.de/ks/images/mdsLink/umfrage_moschee.pdf

「ケルン・エーレンフェルトで計画中の DITIB の中央モスクの新設をあなたは支持しますか」という設問では,「支持する」が 35.6%,「支持するが計画通りの規模では反対」が 27.1%,「支持しない」が 31.4% であり, ケルン市民の態度は真っ二つに分かれた。またこの問いでは「プロジェクトのことを知らない」は僅か 1.7% に過ぎず, ここでも広範な関心が確かめられる。次に「計画されているモスクはエーレンフェルトにとってのポジティブな立地要因になると思いますか」への回答では,「ポジティブな立地要因」が 44.8%,「ネガティブな立地要因」が 42.7% という結果になり, この点でも意見は完全に二分された。一方, ケルンという限定を外し,「ドイツで暮らすムスリムが信仰を実践するためにモスクを設立してもよいと思いますか」という一般的な設問になると,「はい」が 68.3%,「いいえ」が 26.2% になり, 前者が後者を大きく上回っている。同様に, 一般的に「計画中の新モスクは多数社会による受容のシグナルになると思いますか」と問うた場合でも,「受容のシグナル」が 56.6%,「分断のシグナル」が 35.9% であり, 前者が半数を超す結果になった。

　これらの数値を見る限り, 一般論としてはモスク建設にケルン市民の多くは反対ではなく, その意義にある程度の理解を示しているといえる。けれども, エーレンフェルトのモスクという身近な問題に及ぶと態度が変わり, 消極的になる傾向が認められるといえよう。すなわち, モスクに対する市民の態度は必ずしも一貫しているとはいえず, いわば空間的な距離が態度決定にかなりの影響を及ぼしているのであり, 自分から遠ければ開かれた姿勢を示すが, 近くになると閉鎖的になりやすいのである。「ミナレット結構, しかし私のところでは駄目」という『ジュートドイッチェ』紙の言葉はそうした心理を巧みに表現している[42]。この調査結果を 2007 年 6 月 19 日付『ケルナー・シュタットアンツァイガー』紙上で論評したフランクは,「ケルン市民の明白な多数は計画された規模でのエーレンフェルトにおけるモスク新設

---

(42) K.Auer u.a., Minarett ja, aber nicht bei mir, in: Süddeutsche Zeitung vom 14.3.2008. エーレンフェルトのルポの中で, モスク建設予定地近くの住民が,「誰もが自分の礼拝所の建設を認められるべきである」としながら,「地区の様子ががらりと変わるという不安を私たちは抱いている」と語っているのが, 心情の軋みの率直な吐露と見做せよう。Lisa Nienhaus, Die Angst vor dem Nachbarn, in: Frankfurter Allgemeine Zeitung vom 3.7.2007.

を拒否している」と記して否定的な姿勢に力点を置いているが[43]，建設への賛成意見に条件付のそれを含めれば6割以上の市民が前向きと捉えることができるので，総合的に見て賛否は互角という解釈が妥当であろう。

モスク建設を巡る普通の市民のこうしたアンビバレントな心理は，ケルンに限らずミュンヘンでも見出される。同市のゲッツィンガー・プラッツで計画中のモスクを取り上げたレストは住民の気持ちをこう記している。「『モスク建設に私は原則的には反対ではない。けれども……』ゲッツィンガー・プラッツ周辺の大抵の住民は計画されているイスラムの礼拝所に懐疑的な立場である。…… 環状道路の内側のはっきり分かる最初のイスラムの礼拝所は35mの二つのミナレットを有する円屋根の建物として計画されている。このモスクを建設してほしくないと思う者は誰もが必然的に外国人の敵なのではない。言い訳の背後にある不安は真正なものなのである[44]。」この報道には意見分布の数字が付けられているわけではないが，平均的な市民の揺れる心理を的確に伝えているといってよい。そしてこのミュンヘンの状況も考慮に加えれば，ジョルダーノが警告したように，ケルンで主要政党がこぞって賛成したほどには一般市民がモスク建設に肯定的ではないのは間違いない。その意味で，世論調査の重要な意義は，従来は誤解を恐れて本心の表明が憚られたために反対意見が表に出てこなかっただけであることが確かめられたところにあったといえよう。

4．モスク建設をめぐる政治的配置とその変化

ジョルダーノが公然とモスク建設反対を唱えるまでは，このように広く存在していたはずの反対論は潜在していたといえるが，そうした普通の市民の感情を背景にし，コンペが終了してモスク建設が具体化しはじめたのと並行して反対意見が表面化するようになった。より正確に言えば，2001年にケルン市議会が中央モスクの建設を提起したときから，これに反対する運動が起こり，プロ・ケルンがその中心になっていた。けれども，反対署名，請

---

(43) Joachim Frank, Kölner gegen Moschee in geplanter Größe, in: Kölner Stadtanzeiger vom 19.6.2007.
(44) Tanja Rest, Die Sendlinger Glaubensfrage, in: Süddeutsche Zeitung vom 21.6.2005.

願，デモ，討論集会などが行われていたものの，それはいまだ一部の市民に限られていた。その意味で，反対論が明確な声として表れ，モスク建設が政治問題に発展したのは，その青写真が固まりだしたこの時点からだったといってよい。そうした展開が見られた原因は，コンペで選ばれたベーム父子の設計図に円屋根とミナレットを備えた伝統的なオスマン様式が示されており，その規模と外観がエーレンフェルトの住民の反撥を強めたからである。実際，ケルンの大聖堂には及ばないとしても，巨大な建物と天を突くかのような尖塔はエーレンフェルト地区の代表的な景観になると思われたし，それがイスラムの礼拝施設であることはエーレンフェルト地区をイスラムが制しているシンボルのように感じられたとしても無理はなかった。事実，DITIBの責任者は「誹謗中傷の表現」だとして撥ねつけているものの，「モスク地区」という言葉が使われるようになったのは住民のそうした実感を表していた[45]。例えばニッチュマンは「多くの近隣住民の間には嫌悪感がある」として，ミナレットはロケットに似ている，建物は原発やサイエンス・フィクションの中の寺院のようだ，心地よいもの，ライン地方的なものは何もないなどの声が聞かれることを伝えるとともに，「大抵の批判者では好みの事柄以上のことが問題になっている」とコメントしている[46]。審査会がコンペの優勝者を決定した際に勧告をつけ，円屋根などの縮小の必要性を指摘したのは，予想される住民の反応を顧慮したからだったと忖度される。

　そうした審査会の懸念はすぐに現実のものとなった。青写真が大幅に変更される前にエーレンフェルト地区のCDUから反対論が出てきたからである。2006年3月にコンペの審査が終わったが，その結果が明らかになって間もない4月にCDUのエーレンフェルト地区組織はモスク建設に反対する立場を鮮明にした。その先頭に立ったのは，地区委員長のウッカーマンである。主要な反対理由として挙げられたのは，モスクが基本的に「極めて伝統的な

---

(45) Kristian Fligelj, Angst vor einem kompletten Moscheeviertel, in: Die Welt vom 11.7.2007. この記事によれば，エーレンフェルトのCDU幹部が，銀行，図書館，パン屋など，ドイツ社会に「ムスリムが統合されないためにあらゆる物を入手できる平行センターがエーレンフェルトに作り出される」と唱えて住民の不安を煽っている。

(46) Johannes Nitschmann, Großer Krach um Großmoschee, in: Süddeutsche Zeitung vom 30.5.2007.

オスマン様式」であり，そのために「様々な出身のムスリムのための国民を超えた空間ではなく，特定の国民のエスニックな性格」を有していることである[47]。さらに交通事情も反対理由の一つとされた。2,000人の収容力のある礼拝所に120台分の駐車場しか予定されておらず，金曜にムスリムが一斉にモスクを訪れたら大渋滞が起こるのが避けられないというのがその理由である。これに加え，礼拝時刻を告げるアザーンについても礼拝所の内部だけに限定し，周辺の住民にまで押し付けられてはならないとして，厳しい条件が付けられた[48]。ゾンマーフェルトやイェンクナーが評するように，これらの反対理由には外国人に対する敵視や反感に基づくようなものはなく，真面目に考慮するに値する論点が提示されており，「市民からの建設的批判」として受け止めるべきだったといえよう[49]。そこにはモスクをテロリズムと連想したり，イスラムによる侵略の拠点やキリスト教に対する挑戦のシンボルと見做すような表現は認められなかったからである[50]。

　エーレンフェルトCDUのこの反対論は本来なら議論のための重要な問題提起となるべきものだったが，ケルン市のCDUはこれを黙殺した。「市議会のCDU議員団，党，市長はその場所での大きなモスクの建設を支持している」というのが，握りつぶした理由である。モスク建設のイニシアティブをとったFDPはモスクの用地に関する市議会の決議を踏まえ，民主主義勢力の合意を破棄するものだとエーレンフェルトCDUの立場を非難した。その反対論は「右からの国民の誘惑者」に等しいものであり，市のCDU指導部に対して「エーレンフェルト地区組織の政治的逆走を終わらせる」ように要求したのである。この強硬な主張は，トルコの政府機関である宗務庁の管理下にあるDITIBの擁護論だといえるから，元来FDPが自由主義の原則

---

(47) Sommerfeld, op.cit., S.18.
(48) アザーンに関する問題点については，Jörg Lau, Laut ruft der Muezzin, in: Sommerfeld, hrsg., op.cit., S.33ff. 参照。
(49) Sommerfeld, op.cit., S.18; Carolin Jenkner, Kölner Stadtrat stimmt für umstrittene Großmoschee, in: Der Spiegel vom 28.8.2008.
(50) エーレンフェルトCDUのこの立場は上述した世論調査以前に表明されていたのであり，ヴィンターハーガーの言うように，「重要なことにその地のCDUは世論調査結果を背景にして立場を修正した」のではない。Winterhager, op.cit., S.9.

に立って国家と宗教の厳格な分離を唱えていることに照らすと自己矛盾だというゾンマーフェルトの指摘は失当ではない。この点は緑の党にも当てはまる。同党のケルン市議員団で統合政策の責任者を務めるユナルはエーレンフェルト CDU の反対論をポピュリズムの試みと見做し，建築法上特段の問題のないモスク建設にストップをかける動きは誤った統合政策の積年の怠慢の帰結だと断じた。こうして CDU の内部に亀裂が生じると同時に，反対論を「右からの国民の誘惑者」あるいは「ポピュリズムの試み」だとして封じこめる主要政党の合唱が起こり，対抗関係が鮮明化したのである。

　ジョルダーノのモスク建設反対論が飛び出したのは，このような状況においてだった。ホロコーストの過去を背負うドイツでは，政治的モラルに関わる問題領域でユダヤ系団体に強い発言力がある事実については別稿で触れたことがある[51]。なかでも現実にホロコーストの生き残りであるところから，ジョルダーノが論壇で一目置かれる存在であることはよく知られている。その彼が統合の破綻を根拠にして反対派に与したことは，劣勢にあった反対陣営を道徳的に下支えし，活気づかせることになった。とりわけ反対論を右翼的だとして一蹴することはこれにより説得力を失い，傾聴すべき立場として認知しなくてはならなくなったのである。ジョルダーノの「タブー破り」の結果，反対派に対する主要政党による包囲網が綻びたのに加え，ケルン市民を対象にした世論調査によってこれまで潜在していた消極派がかなりの広がりを有する事実が浮かび上がり，反対派の孤立が破れたために，勢力配置に変化が生じたといえよう。6月20日にケルン市長シュランマが調停に動いたのは，対抗関係のそうした変容を察知したからだと考えられる[52]。彼はモスク建設を認める方針を堅持することを表明すると同時に，DITIB に対して「対話の用意の明瞭なシグナル」を発するように求めたのである。「DITIB は賢明だから，モスクの規模について市民が抱いている懸念を真剣に受け取るだろう。……納得のいく解決への用意が多いほど，すべての人にとってこの問題は満足のいく形で解決されるだろう。」こう述べてシュランマはモスク建設を進める方向で，その規模などを見直すための「対話の必要」を強調した。

---

(51) 本書第3章参照。
(52) Kölner Stadtanzeiger vom 21.6.2007.

他方，それまで賛成の立場を崩さなかったケルン市のCDUも軌道を修正した。確かに党内にはケルン市議会文化委員会委員長のレンパーのように，モスクの無条件の建設を是認するだけでなく，その立場をケルン選出のSPD連邦議会議員L. アクギュンなどとの共同声明で唱道する者も存在した。しかし2007年8月にはモスクの縮小を建設承認の条件とすることを求める声が下部で拡大し，それまでのように異論や反対意見を封じることは不可能になっていた。その点に注目して8月13日付『シュピーゲル』誌は，「モスク建設はCDUを二分」という見出しで報じ，ケルン市CDU委員長であるライナルツがモスク問題で党内の議論が分裂していると認めたことを伝えている。事実，ケルンのCDUは8月15日に開いた大会で激しい論戦を展開し，内部の対立の深さを露呈した末，下部の要求である条件付き承認に力点を移すことになった。すなわち，計画された建物の規模を縮小するようにDITIBに求めることを大会の場で決議し，従来の寛容な姿勢を修正したのである[53]。

　このような動向を2007年8月22日付『ヴェルト』紙は「住民と政治からの抵抗」と呼んでいるが，その表現の適否はともあれ，DITIBにとって大きな圧力になったのは確かだった。既にDITIBの内部では情勢の変化を考慮して改めて計画の修正に取り組んでいたが，その結果が8月22日に明らかにされた。それによれば，円屋根の構造や高さだけでなく，ミナレットの高さも変更しないものとされた。ただ後者の様式は透かしをいれてより抽象的なものに改め，伝統的な様式を薄めるものとされていた。また地下駐車場は200台を収容できる規模に拡張し，商店のスペースも近隣のドイツ人商店主との了解の上，その出店も受け入れることで700平方メートル拡大することなども変更点である。さらに着工は2008年，工期は3年という予定も付け加えられていた[54]。

　DITIBの発表によれば，審査会ではとくにミナレットに関し，5mないし10m低くすることも検討された。しかし，その場合には円屋根との釣り合

---

(53) Peter Schilder, Zustimmung und Protest, in: Frankfurter Allgemeine Zeitung vom 15.8.2007. DITIBは即座に，この決議は「受け入れがたく，ケルン市CDUの立場の転換を意味する」と非難する声明を発表した。Die Welt vom 15.8.2007.
(54) Frankfurter Allgemeine Zeitung vom 22.8.2007.

いが崩れるほか，周辺に高層の建物やテレビ塔もあることから，高さはそれほど問題ではないとされ，様式の修正でまとまった[55]。審査会には市長のシュランマが加わっていただけでなく，修正案の作成過程では統合問題全般という名目で CDU との秘密協議も行われ，建物の規模よりも内容的問題が重要との認識で一致していたので，発表された修正案はおおむね好意的に迎えられた。シュランマはこの建物に責任を持つと述べてバックアップを表明し，ミナレットの高さも受け入れられると明言した。これを報じた『フランクフルター・アルゲマイネ』紙は「市長からの称賛」という見出しを付けているが，誇張の感があるとしても，市長によって修正案の全面支持が確約されたのは間違いない。しかし，8 月 22 日付『ヴェルト』紙の記事の最後には，「ケルン市民の多数は世論調査では 35m の円屋根と 55m のミナレットを持つ大モスクを拒否している」と慎重に付け加えられているように，提示された小幅な修正案では反対派を納得させることは到底期待できなかったといえよう。修正案が最終的な計画として示されたことで，「なるほど論争は終わるが，それは誰も喜ばせない。論争は深い傷を残した」とシュトルトは記したが[56]，それは傷というよりは火種であり，その後も情勢次第でいつでも燃え立つ可能性があったのである。

　ところで，年が代わって早々にモスク建設を巡って新たな動きが生じた。規模や外観などが激しく争われたモスクの縮小が DITIB 内部で検討されていることが判明し，2008 年 1 月 17 日付『フランクフルター・アルゲマイネ』紙がそれを報じたのである。最大の理由と見做されたのは資金不足だった。予定していた建築費の 3 分の 1 が不足する見通しになり，総工費で 800 万ユーロ節減することが必要になったのである。そのため，地表部分で 1,000 平方メートル分の面積を縮小して商業施設のスペースを半減し，地下は 4m 浅くするほか，最重要の礼拝施設についても 2,000 人収容を 1,600 人に減らし，併せて駐車スペースも縮小する方向が固まったのである。注目点のミナレットについても，高さは 55m を維持するものの，当初の計画よりも細くすることになったが，全体の外観は大きくは変わらないものとされた。図 4 - 5 に示されているのがそれである。目下のところドイツで最大のモスクは

---

(55) Frankfurter Allgemeine Zeitung vom 23.8.2007.
(56) Till Stoldt, Häßlich der Streit, schön die Moschee, in: Die Welt vom 25.8.2007.

図 4-5　エーレンフェルトのモスクの完成予想図

(出典) DITIB, Der Moscheebau in Köln-Ehrenfeld.

既述のデュースブルクのそれだが，礼拝所の収容人数 1,200 人，円屋根とミナレットの高さがそれぞれ 23m と 34m であるのと対比すると，計画変更後でもケルンのモスクがかなり巨大であることに変わりはない。

　DITIB はこの設計変更を市当局や住民に対する譲歩だと説明し，建設に当たっての市当局の協力を期待する旨を表明した。しかし，これに対して市長シュランマは，「不利な扱いも優遇もしない」と述べ，静観する姿勢を見せた。1 月 23 日にはシュランマと DITIB 広報担当のギュネットの共同会見が開かれたが，その席でギュネットは建設資金は全国からの寄付で賄えると語り，縮小が費用節減措置であることには沈黙を守った。他方，シュランマは建築申請が許可されれば夏休みにも着工の運びであることを公表した。いずれにせよ，熱く議論されてきた経緯を踏まえれば，この段階での規模の縮小は予想外のことであり，これを伝えた同日の西ドイツ放送が「計画は驚くべきことに変更，ケルンのモスクは改めて縮小」という見出しをつけたことに

意外感が滲み出ている[57]。

5．CDU の分裂とイスラム化反対会議の失敗

　変更の真因がどこにあるにせよ，このようにモスクの建設計画は縮小の方向で修正された。しかし，それにもかかわらず市政レベルでは波風はおさまらなかった。とくに内部対立が続いていた CDU では 2008 年 3 月にエーレンフェルト地区委員長のウッカーマンが離党し，プロ・ケルンに加入したのが注目される。建設計画が日程に上った当初から彼は反対の先頭に立っていたが，とりたてて右翼的な傾向の人物ではなく，また地元のトルコ人とも良好な関係を維持してきたことをトルコ系団体の幹部が証言している[58]。事実，彼は中部ライン・ドイツ・トルコ・フォーラムの役員も務め，さらに地元では副区長の要職に就いていたのである。しかし，既述のように，エーレンフェルトの CDU を率いていたウッカーマンはモスク建設問題を巡って市長やケルン市 CDU との対立を深め，党内の役員選挙を妨害したという理由で 2007 年 12 月には除名を含む懲罰処分が検討されるに至った。また 2008 年 2 月には副区長に再任されず，事実上解任と同然の扱いを受けたのである。こうした経緯から除名を待たずに彼は離党し，内紛で CDU は傷を深める結果になった。一方，右翼という烙印を押されてきたプロ・ケルンにとっては，地元の有力政治家の加入が好材料になったのは指摘するまでもない。これにジョルダーノの反対論まで含めれば，モスク建設に対する反対派の裾野が広がり，プロ・ケルンは地域住民の総意を代弁しているという論理に説得力が増したからである[59]。

　このような波乱があったとしても，モスク建設計画が市議会に諮られる夏休み明けまでは大きな動きは生じなかった。2008 年 6 月 2 日付『フランクフルター・アルゲマイネ』紙が「ケルンのモスクについては長く何事も聞かれない」として平穏が保たれていると伝えたのは間違ってはいなかった。しかし静かに変化が進んでいたことが，8 月 28 日に開かれた市議会の場で明らかになった。

---

(57) WDR-Nachrichten vom 23.1.2008.
(58) WDR-Nachrichten vom 12.3.2008.
(59) 実際，プロ・ケルンはジョルダーノを味方に引き入れることを企てていた。Die Welt vom 7.8.2008.

ケルンの市議会での最大勢力は CDU であり，会派には 29 人の議員が属している。これに次ぐのは SPD で，CDU より 1 人少ない 28 人の議員を擁している。第 3 の会派は 15 人の同盟 90・緑の党であり，FDP の 7 人がこれに続いている。さらに問題のプロ・ケルンには 5 人，最小の左翼党には 4 人の議員が所属している。

このような党派的構成の市議会が 8 月 28 日に開かれた。モスク建設計画が議案として予定されていたこの日，議会前では反対するプロ・ケルンの 30 人の活動家と擁護する 100 人の市民がデモを行った。本会議では最初に市長のシュランマがモスク建設の意義を力説し，ケルンは「平行都市」になるのではなく，「相互理解と寛容の地」にならなければならないと演説した。同時に，アザーンは外部にもれないようにし，男女の平等に配慮するなどの取り決めが DITIB との間で交わされていることを指摘した。けれども，彼の所属する CDU はウッカーマンを排除したものの，内部は揺れ続け，もはや一枚岩ではありえなくなっていた。前年の党大会では規模の縮小を要求する決議がなされ，その後，これに応じた結果か資金難のためかはともかく，DITIB がモスクを縮小する方向で計画を変更したことは上述したが，実はこの変更でも納得しない議員が主流になっていたのである。そのため，シュランマの演説には所属する CDU の議員からはほとんど拍手が送られず，彼を支援したのは少数だった。例えば市議会文化委員会の委員長を務めるレンパーは，「ムスリムにも信教の自由を請求する資格がある。だから私はこのモスクに反対しない」と明言した。けれども，そうした声は弱く，孤立の感が深かった。CDU 所属の都市開発委員長クリッパーは DITIB が正当な批判に対して耳を貸さなかったと非難し，「モスクはイスラムの力のデモンストレーションである」と決めつけて攻撃した。「住民が望むことを DITIB は十分には考慮しなかった。」もっと小さな円屋根ともっと低い礼拝施設という要求に DITIB は拒否で応じた。これらを縮小する代わりに居住と商店の面積を削減するにとどめた，こうクリッパーは主張したのであり，シルダーがいうように，「市議会の CDU 会派にとっては譲歩は不十分であり，建物は相変わらず余りにも力を誇示しているように見えた」のである[60]。

---

(60) Peter Schilder, Entscheidung im Moscheestreit, in: Frankfurter Allgemeine Zeitung vom 28.8.2008; WDR-Nachrichten vom 29.8.2008.

CDUではこのような反対論に同調する者が多数派を形成しており，表決の際にも多くが反対票を投じた。同時に，プロ・ケルン所属の議員が一丸になって反対に回ったのは指摘するまでもない。しかし，CDUが分裂しても，SPD，FDP，同盟90・緑の党，左翼党はいずれも賛成の立場を崩さなかったので，事前の予想通りにモスク建設は賛成多数で支持された。閉会後，ケルン市SPD委員長のオットは，CDUの指導的立場の人たちは以前はモスク建設を支持していたのに，反対に転じたのは理解できないと語り，今になってCDUにはモスクの建物が余りにも古典的に映るというのは驚くべきことだと皮肉りつつ，「CDUは不真面目な政治を行っている」と難詰した。同様に，緑の党のモーリッツも，「モスクの規模がもっと小さくなり，上に十字架を掲げたら批判者たちはようやくモスクを受け入れるのだろうか」と反問し，信教の自由の実践にはそれに相応しい場所が必要であると述べて，口では信教の自由を尊重するといいながら，実践する場を認めないCDUに痛撃を加えたのである[61]。

このようにしてCDUの分裂という波乱を伴いつつ，モスク建設は市議会で支持され，翌日には建築許可が下りた。これによりいつでも着工可能な態勢が整った。ただ，その段階でも反対勢力は運動をやめなかった。市議会では勢力比からみて青信号が点るのはほぼ確実だったから，既に反対派は新たな行動計画を練っていた。それが「イスラム化反対会議」と称する集会を9月19日と20日にケルンで開催することだった[62]。

この集会はプロ・ケルンが中心になり，ドイツ国内だけでなく，近隣諸国の団体に参加を呼びかけていたが，予想された参加者は各国の右翼政党ないし団体のメンバーだった。フランスの国民戦線，オーストリアの自由党，イタリアの北部同盟，ベルギーのフラームス・ブランクなどがそれであり，各々を代表してルペン，シュトラッヘ，ボルヘツィオ，デウィンターなどの主だった顔ぶれが集結すると見られたのである。

市議会当日にはこの計画は既に固まっており，警察の予測ではドイツ内外から1,000人を大きく上回る右翼がケルンに結集してモスク反対の気勢をあ

---

(61) WDR-Nachrichten vom 29.8.2008.
(62) イスラム化反対会議については，その計画が2008年5月に報じられているから，かなり早くから構想されていたことになる。Tageszeitung vom 2.5.2008.

げるものと見込まれ，これに対抗してモスク擁護派も4万人が集まると予想された[63]。そのため，モスク建設が準備万端の状態になる一方で，反対運動の高揚と賛成・反対両派の衝突が懸念される事態となり，会議の日が近づくにつれて緊張が高まった。2008年9月8日付『シュピーゲル』誌はその様子をこう伝えている。古都ケルンでも由緒のある「ホイマルクトでは来週土曜日にカーニヴァルの際とは違う厳重な規制が行われ，ノルトライン＝ヴェストファーレン州の全域から警察官が投入される。広場を満たすのはドンチャン騒ぎの歓声ではなく，極右の合言葉と反ユダヤ的なアジである。なぜなら，この土曜日に歴史的な場所はヨーロッパの右翼ポピュリストの舞台になるからである。」これと同じく，9月12日付『ネット新聞』も「イスラム化反対会議はケルンを不安に浸す」という見出しで街の表情を報じている。

　ところが，会議への実際の参加者は予想を大幅に下回り，数百人にとどまった。これに対し，会議当日が迫る中で政党，労働組合，教会が連携して抗議デモを計画し，その参加人数は会議のそれを圧倒した。主催者発表で5万人がこれに加わったとされるからである。また警備のために警察官が1万5千人も駆り出されたという。なかでも注目に値するのは，自主的な抗議行動が様々な形で展開されたことである。会議のためにケルンに来た者はタクシーを利用しようとしても会場までの乗車を拒否された。また宿泊するホテルでは予約を取り消されるか，あるいは予約を拒否されたのである[64]。さらに市当局がプロ・ケルンに対して市の施設の利用を禁止したので，主催者は記者会見などをライン川の船上に場所を移して開くほかなかった。

　他面，抗議行動には自律派と呼ばれる数百人の極左グループが加わっていたが，黒覆面したこの集団が先頭になり，デモ隊の一部が警官隊との衝突を繰り返した。この結果，ケルンの市中で騒乱状態が発生した[65]。そうした事態を受け，市街地の中心部で予定されていた右翼ポピュリストの集会は，集会参加者を保護し，一般のケルン市民の安全を守るという理由で警察によっ

---

(63) Die Zeit vom 29.8.2008.
(64) Der Spiegel vom 20.9.2008.
(65) Netzeitung vom 21.9.2008. ケルンでの騒乱は，1992年11月にヴァイツゼッカー大統領の呼びかけで排外暴力に反対する大規模なデモと集会が行われた際，自律派がこれを欺瞞的だとして実力で妨害したことを想起すると，隔世の感がある。この点も含め，自律派に関しては，本書第7章参照。

て急遽禁止された。これにより，混乱の中で「イスラム化反対会議」は流会になり，予定地に集まっていた右翼は解散させられた。このような会議の顛末から，マスメディアでは会議は失敗だったという評価で一致した。例えば2008年9月21日付『シュテルン』誌でファリンは「右翼のポピュリスト的文句ではなく，動員された市民の広範な同盟が勝利した」と述べ，見出しを「ポピュリストの悲惨な結末」と付けているが，そうした見方は当を得ているといえよう[66]。というのは，モスク建設に反対の気炎をあげ，プロ・ケルンの運動を州全体に広げるという目的に照らすと，そのスタート台にはならなかったからである。また，予想された著名な極右指導者が結局は欠席し，さらに参加者が少なく集会自体が低調だったという点でも失敗だったといわねばならない。その意味では，市長シュランマが「この都市の民主主義勢力の勝利」を高唱したのは正しかった。また，集会の禁止と解散の措置を連邦議会副議長のティールゼ（SPD）や連邦政府移民問題特別代表のベーマー（CDU）などが歓迎したことも記しておくべきであろう。けれども他方では，騒乱の主たる責任は自律派にあるのに，混乱に乗じて集会を禁止したことには問題が残ったことも否定できず，一方的な強権発動は「法治国の全面降伏」という著名な評論家H. ブローダーによる手厳しい非難を浴びただけでなく，法律家からの批判を招いた点も見落とせない[67]。ともあれ，緊張に包まれていた「イスラム化反対会議」は政治的には惨憺たる結果に終わり，モスク建設反対派は意気消沈に陥っているのが現下の状況だといってよい。もちろん，モスクが着工し，その輪郭が可視的になれば，エーレンフェルトが「モスク地区」と呼ぶべき景観を呈する否かが明確になり，情勢が変化する可能性が残されている。そのことを考えただけでも，紛争は鎮静したとはいえず，火種はくすぶり続けていると捉えるのが適切であろう。そうした実情を踏まえるなら，会議の失敗後にしばらく続いている平穏な状況は表面的でしかなく，今後もそのままで推移するとは考えにくいのである。

---

(66) Migration und Bevölkerung, Ausgabe 8, 2008. ここでの見出しは「イスラム化反対会議は挫折」となっている。

(67) Henryk Broder, Köln war eine Kapitulation, in: Die Welt vom 25.9.2008. そうした観点から，集会の禁止という強硬措置に対して憲法学者のイゼンゼーをはじめとする厳しい批判がなされている。Christian Fligelj, Kundgebungsverbot ist Blamage für Rechtsstaat, in: Die Welt vom 22.9.2008.

6．モスク建設紛争の政治過程とその特徴－結びに代えて

　以上で経緯を略述したように，ケルンのエーレンフェルト地区におけるモスク建設は計画が持ち上がってからいくつもの曲折があり，建設の方向が固まったものの，紛争は鎮火しないままである。大掴みに言えば，ここまでのプロセスの要点は，以下のように纏めることができよう。ムスリムの定住に伴う本格的モスク建設の要求の高まり，これに対する政党を中心とする市政レベルでの寛容な姿勢，それと対照的な地域レベルでの懸念や不安の醸成，これを背景にした右翼勢力の活動と CDU の混乱，反対派の広がりを考慮した建設計画の度重なる変転，全国的争点への浮上と地域を越えた反対派の結集の企てなどである。この経過は，ベルシェが指摘するモスク紛争に見られるパターンにほぼ合致している。彼によれば，紛争の始点には，信教の自由を尊重する建前から市政の責任者が住民を置き去りにしたまま，ムスリム団体と交わす密室での合意がある。この合意が住民に既定方針として上から押しつけられるため，住民の間に不安が広がるが，既成政党によってそれが政治的に正しくないとして軽視される結果，抗議が反対運動に発展し，紛争が文化闘争の色彩を帯びるのである[68]。

　このような展開を見渡して気付くのは，市政を動かすすべての主要なアクターが登場しているだけでなく，通常は見られない勢力配置が現出している点であろう。というのは，モスク建設を求めるムスリムという移民の集団と DITIB という組織を軸にして，それと協調する市長と市政の主要政党が一方の陣営を形成し，他方にはモスク建設に消極的ないし否定的なかなりの住民とその声を代弁する地域レベルの政党組織および排外主義的な右翼勢力とが一つの陣営になって対峙する構図が見出されるからである。ムスリムの要求を尊重し，異なる宗教や文化との共生を指向する点で前者を多文化主義陣営と呼ぶなら，異質な要素から成り立っているとしても，後者については，地域社会で受け継がれたドイツの文化や生活世界に価値を置き，それを守ろうとする傾向が強いところから，主導文化陣営と名付けてよいであろう[69]。

---

(68) Bölsche, op.cit., S.76.
(69) 主導文化という言葉はティビの造語であり，1999年の国籍法改正の前後から多用されるようになったが，ここでは立ち入らない。詳しくは，Jürgen

無論，モスク建設の方向が固まったことが示すように，前者の陣営に属していたCDUが分裂して対立軸上に移動したにもかかわらず，政治勢力としては前者が依然として優勢であることはあらためて指摘するまでもない。けれども，後者の陣営に視点を据えるなら，イスラム化反対会議自体は失敗だったにせよ，反対派が住民の不安を背にして執拗に活動を続け，建設計画の変更を余儀なくさせるとともに，全国的な関心を集めるまでに問題を拡大したことは，一定の成果だったと見做せよう。このような展開は市政の一般的なパターンとは大きく相違しており，移民政策の領域に特有のものだと考えられる。争点になった古典的様式のモスクはムスリムのアイデンティティのシンボルということができ，その建設問題で異なる宗教もしくは文化と正面から向き合うことになったエーレンフェルトの一般住民はドイツ人としてのアイデンティティを問われる形になったが，移民に関わる問題はしばしばそうした軋轢を生み，アイデンティティ・ポリティックスの次元に入り込むからである。このようにモスク紛争の性格を捉えるなら，日頃は光の当たらないプロ・ケルンという右翼的傾向の団体がアクターとして登場したのは不思議ではない。アイデンティティやそのシンボルの価値が問われがちな移民政策の領域では通常とは違う政治的構図が現われることが多く，事実上の移民国となった西欧の主要国では既に右翼団体がノーマルなアクターとしての地位を確立しているといえるのである[70]。

もっとも，ケルンのモスク紛争ではまだ最終的な決着の方向が定まったとはいえない段階であり，全体を見渡した分析は時期尚早といわねばならない。その意味では，本章での論述はあくまでも経過報告にとどまり，ここで行った整理も一つの解釈の可能性を示唆するにすぎない。いずれにせよ，イスラム主義団体に対する措置やスカーフ着用の是非，学校での教科としての宗教の扱い，帰化テストの適否，強制結婚の防止など少し考えただけでもいくつもの論点が浮かび上がるように，移民国になったドイツではムスリムの定住に伴う多様で困難な諸問題が山積しているが，モスク建設を巡る紛争もその一環として捉えられなければならないであろう。

Nowak, Leitkultur und Parallelgesellschaft, Frankfurt a.M.2006 参照。
(70) 西欧諸国の右翼については多くの研究が存在する。さしあたり，山口定・高橋進編『ヨーロッパ新右翼』朝日新聞社，1998年参照。

ところで，本章では焦点をケルンに絞ったが，そこでのモスク紛争で肝要なのは，実は問題がケルンだけにとどまらないことである。デュースブルクにこれまでで最大級のモスクが完成したことは既に触れたが，それ以前に最大とされていたのは，マンハイムのヤブツ・スルタン・セリム・モスクであり，2,000人を収容できた。いまやこれを凌ぐモスクが出現したのであり，さらにドイツの各地でモスク新築の計画が相次いでいる。これはわが国以上にラッシュというべき現象だが，その中にはデュースブルクをも上回ると見られる巨大なモスクの建設計画が含まれている。2008年8月28日付『ヴェルト』紙はドイツ国内に存在する20以上のモスクの様子を紹介しており，そこには計画中のものの青写真も公開されている。その一つが図4－6に示したミュンヘンのものである。一見しただけでミュンヘンで計画されているモスクの規模がかなり大きいことが分かるが，それには劣るものの，フランクフルト，カッセルなどで構想されているモスクも決して小さくはない。さらに図を見る限り，ミュンヘンのモスクではミナレットが高く，遠くからでも目立った建物になる公算が大きい。これらのモスクが計画通りに建てられるかどうかは，地域の事情がそれぞれ異なることも考慮すれば，簡単に予想することはできない。事実，ミュンヘンのモスクに関して2008年12月3日と5日の『ジュートドイッチェ』紙は予定されていた1,200万ユーロ

図4-6　ミュンヘンで計画中のモスク

(出典) Die Welt vom 28.8.2008.

が集まらず，資金不足のために建設が中止になる可能性が大きくなったことを報じている。またモスクの建設が必ずしも紛争を引き起こすわけではなく，デュースブルクをはじめとして，近隣住民の理解を取り付けて平和裏に完成したケースがあることも忘れてはならない重要な事実といえよう。その意味では，紛争を招いたケースとそうではないケースの比較検討が主要な課題として残されているといわねばならない。ともあれ，建設計画が相次いでおり，その中には地域のシンボルになるような規模のものがあることを勘案するなら，ケルンにおける紛争は今後起こりうる問題の先触れになる可能性が大きく，地域住民のアイデンティティを巡る試練が本格化するのはこれからだといってよい。なぜなら，カンデルが指摘するように，モスク建設を導火線とする「論争の背後には，世俗的で民主主義的な社会は公共空間でどこまで宗教を受け入れられるかという核心問題が隠されて」おり[71]，これに関する社会的コンセンサスは形成されていないからである。移民問題に造詣の深い政治学者のレッゲヴィーとルフトはローカルな次元を超えた点に注目しつつ，いずれもケルンのモスク紛争をモデル・ケースとして位置づけているが[72]，何よりもそれはコンセンサス形成という課題達成の成否において先行事例になる公算が大きいといえよう。

それはさておき，従来，ドイツには大規模なモスクはほとんど存在せず，ドイツで暮らすムスリムの多くは工場の一角や住宅地の一隅を礼拝の場所にしながら目立たない形で信仰を守ってきた。しかし，滞在が長期化し，子供がドイツで出生したり成長して家族も増えてくると，ガストアルバイターの時代のように，もはや間に合わせの場所で礼拝するのでは不十分になった。ラウが指摘するように，「道具置場のすぐ傍で塵と汗にまみれて行う礼拝は，いつか故国に帰るまでの一時期だけのためのもの」だったからである[73]。け

---

(71) Johannes Kandel, Einführung in die Thematik, in: Friedrich-Ebert-Stiftung, hrsg., op.cit., S.3.

(72) Claus Leggewie, Vom Kulturkampf zum Deal, in: Sommerfeld, hrsg., op.cit., S.226f.; Stefan Luft, Überregionale Resonanz, in: Frankfurter Allgemeine Zeitung vom 2.4.2008.

(73) Mariam Lau, Nie wieder Hinterhof, in: Die Welt vom 8.6.2007. 間に合わせの礼拝施設としてはこれまでに様々な場所が使われてきたようである。それを示す何枚もの写真が，Jonker u.a., op.cit., S.46ff. に収録されている。このことは日本

れども，ドイツ国籍を取得したかどうかにかかわらず，現実には彼らの多くは外国人というよりは既に移民に変貌し，名目上の母国にいつかは帰国して生涯を過ごす見込みをほとんど喪失するに至ったのである。外国人から移民へと存在形態が変化し，ドイツでの生活基盤が固まる一方，現役生活から引退し，「エスニシティへの退却」が濃厚な高齢者が増大してきたのに伴い，次第に高まりを見せるようになったのが，間に合わせではなく本格的なモスクを建設するという要求である。実際，長期の滞在を予定しておらず，まして家族を伴っていなければ，乏しい収入から多額の寄付をしてまでモスクを作り，それを中心にして生活ネットワークを構築・維持する苦労を誰も進んで引き受けはしないであろう。

　他方，とくにトルコ系を中心とした移民第一世代ではムスリムであることが自明であり，その意味で信仰実践の場所として必ずしも本格的な礼拝施設が必要とはされなかったことを考えると，本格的なモスクの建設は，多年に亙るドイツでの労苦の結晶でありムスリムとしての証であると同時に，第二，第三世代にムスリムとしての信仰を伝えたいという願望の表現でもあると考えられる。これらの若い世代は既に数が増大しているが，第一世代とは違い，もはやムスリムであることは彼らにとって自明な事柄ではなくなっている。確かに家庭でムスリムとしての信仰と生活規範を教えられて成長するものの，ドイツの学校に通い，ドイツのテレビなどを見て育つために，彼らの場合には生活はもはやイスラム一色ではなく，パスポートの国も愛着で結ばれた祖国ではありえなくなっているからである。むしろ第二，第三世代の場合，ドイツ社会と接触し，その生活様式や価値観を習得する一方で，ドイツ社会の側からの差別などの経験を重ねることにより，アイデンティティは曖昧化しているといわれる。すなわち，一面で西欧的ないしドイツ的であると同時に，他面でトルコ的ないしイスラム的にならざるを得ないのである[74]。このような多重のアイデンティティは葛藤を生じさせ，その特有のあり方をトランスナショナルと形容することも不可能ではないが，いずれにし

での事例からも想像がつく。裵昭『となりの神さま』扶桑社，2007年には雑居ビルの屋上や民家の一室などでの礼拝の様子を示すいくつもの興味深い写真が収載されている。
(74) 前掲拙著，275頁以下，および拙著『統一ドイツの外国人問題』木鐸社，2002年，255頁以下参照。

ても第一世代の眼には子や孫が経験する葛藤はムスリムとしての信念の揺らぎとして映るであろう。その点で，ムスリムとしての自分の人生の証というだけではなく，同時に家族と子孫へのイスラムの伝承を図るためにも正しいイスラムを実践し教育する施設が必要とされ，そうした願望がモスクの建設ラッシュと大規模化の動きとなって表出していると考えられる。

　このような文脈で眺めるなら，地域に聳える大きなモスクの出現は，時に語られるように，イスラムの侵略やキリスト教への対抗を表しているわけではないのは明らかであろう。確かにシャリーアの法的有効性を認めた判決の衝撃を受けて『シュピーゲル』が特集したように，「静かなイスラム化」の徴候が社会の随所に見出されはするものの，イスラムの浸透が意図されているとまではいえないからである[75]。例えばイスラムに改宗するドイツ人が存在するのは事実であり，『シュピーゲル』の特集では年間4,000人に上ったとされ，『ジュートドイッチェ』紙でも2001年に比べて10倍になったことが報じられて2007年にはイスラムへの改宗が話題になった。けれども，シュピーヴァクが強調するように，それらの数字の信憑性が乏しいことは否定できず，これまでのところ，その数はかなり限られているとみられているばかりでなく，多くは結婚に伴う改宗であるのが現実にほかならない[76]。

　けれどもその一方で，ドイツ市民のかなりの部分がかつて想像したように，時間の経過とともにガストアルバイターとしてやってきたムスリムがドイツ社会に同化するという期待が実現しなかったのも確かである。強制結婚や名誉殺人のような事件がドイツで暮らすトルコ人家庭で起こり，マスメディアの注目を浴びて広範な関心を集めるのは，そうした期待の裏返しであり，失望や苛立ちの表れともいえよう[77]。その意味ではムスリムが異な

---

(75) Der Spiegel, Nr.13, 2007. ただし，センセーションを呼んだ『他所者の花嫁』の著者であり，先鋭なイスラム批判者として著名なN.ケレクのように，イスラムによる支配の脅威を感じている人々が存在し，他方で，過激なイスラム主義者のなかにヨーロッパで神政政治の樹立を目指すグループが存在する事実を忘れるべきではないであろう。
(76) Martin Spiewak, Meinungsstark, aber ahnungslos, in: Die Zeit, Nr.17, 2007.
(77) 強制結婚・名誉殺人が大きな話題になり，ムスリムに対する強い違和感を招いたことは，2007年に連邦家族・高齢者・女性・青少年省が主要な研究者の論文を集めた著作を公刊したことからも看取できる。Bundesministerium für

る宗教，異なる文化を維持し，モスク建設によってそれを強化しつつある現状は，ドイツ社会との間に溝が存在することを裏書している。ジョルダーノはこの溝に視線を集中し，モスク建設反対の根拠として統合政策の破綻という事実を持ち出したが，どこまでも交わらない平行社会が形成されつつあるという危惧は決して彼一人に限られたものではない。無論，ドイツ社会の中に閉ざされたムスリムの世界が存在することがありえない以上，そうした議論が一面的であることを批判するのは容易いであろう[78]。けれども，モスク建設反対論を最初から右翼的だと決めつけ，異論を封じるのは，世論調査が明るみに出した普通の市民の懸念を余りにも軽んじているといわねばならない。実際，男性に対する女性の従属が典型例となるように，生活規範や価値観の大きな隔たりが不安や不信を生じさせるのは避けられないのであり，理解する努力の不足を叱責し，寛容のモラルを説くだけでは解決されないのである。その意味では平行社会論は地域で暮らす普通の市民の率直な実感を反映しているのであり，必ずしも的外れだとは言い切れない。ケルンのモスク建設紛争には多様な側面があり，エーレンフェルトの特殊事情も加わっているにせよ，現代ドイツのムスリムを巡るこのような問題状況を映し出しているのは間違いないのである。

Familie, Senioren, Frauen und Jugend, hrsg., Zwangsverheiratung in Deutschland, Berlin 2007.
(78) Dirk Halm und Martina Sauer, Parallelgesellschaft und ethnische Schichtung, in: Aus Politik und Zeitgeschichte, 1-2/2006, S.18ff.

第 2 部

現代ドイツの過激派問題

第5章　現代ドイツの右翼問題

― 1992年秋の時点で―

はしがき

　以下に掲げる文章は，著者がドイツに滞在していた1992年10月半ばから11月初旬にかけて執筆したものである。その際の主たる意図は，1994年秋に予定される連邦議会選挙あたりまでを射程に入れてドイツの国内政局の行方を探ることであり，その一環として注目を浴びていた右翼政党の躍進に焦点を据えてみたわけである。当時，連邦政府と各州が協力して推進していた共同事業「東の躍進 Aufschwung Ost」にもかかわらず旧東ドイツ地域の経済再建は見るべき進捗がないばかりか，雇用・生活不安は高まる一方であった。また東を支えるべき旧西ドイツ地域までが主要企業の人員整理計画の相次ぐ発表にみられるように景気後退と失業の増加，さらには勢いを増す気配のインフレに苦しみ，ドイツ産業の国際競争力低下を招いた構造問題の克服に向け「産業立地ドイツ」のかけ声が官民双方から盛んに発せられるようになっていた。さらに統一ドイツに殺到する難民の大波は，地域住民の生活空間の中に収容施設としてコンテナ住宅などを出現させる事態をもたらし，急増する対外国人暴力事件への対策や難民の流入規制をめぐる政党間の抗争と無策も加わって政治不信の嵐が吹き荒れていた。しかもこの嵐は，連邦軍のNATO域外派遣問題をめぐって与野党が激しく対立して打開の糸口が見えなかったことや，ドイツ国民の拠りどころであるマルクの消滅につながるEU統合が一般市民の間に根強い懸念を打ち消す努力を欠いたまま政党レベルの合意だけで押し進められていたことなどによって一層激しさを加えていた。こうして情勢が日増しに緊迫の度を強める中で，手元に集めてあったいくつかの資料をもとにして右翼の問題を考察してみたのが以下の文章である。SPD指導部による

8月下旬のいわゆるペータースベルク決議から11月のSPDボン臨時党大会に至るめまぐるしい動きや，旧東ドイツの経済再建に向けてショイブレCDU・CSU院内総務と旧東ドイツ出身のクラウゼ交通相（当時）が9月初めに強制国債導入を提唱してから翌年に連帯協約がまとまるまでの政党・利益団体レベルの動きなど目の離せない情勢の展開があり，それらを同時にフォローしていたため，入手しえた文献でも利用に至らなかったものが多々あることを率直に認めなければならない。そうした事情のため，現時点からみるとこの論考が極めて不満足なものであることは確かだが，参照したいくつかの調査報告のデータなどには今後も利用価値のあるものが含まれていると考え，とりあえず現地での観察記録の意味で，執筆当時の形を基本にし，若干の補正を加えて掲載することにした。補正を行ったのは，1994年12月である。従って，本文中に本年とあるのは，すべて1992年を指している。(1995年1月記)

はじめに

　最近のドイツは様々な面でナショナル・アイデンティティの問題に直面しているようにみえる。予想以上に遅れている旧東独の経済復興は，それでなくとも複雑な旧東独市民の旧西独市民に対するコンプレックスを強め，今や旧両独間の心の壁の存在さえ指摘されるまでになって，統一ドイツの国民の精神的統一が問われている。また加速度的に増加する貧しい国々からの難民の流入は重い財政負担以外にも様々な面で軋轢を生み，ドイツは外国人と共生する移民受入国として将来の発展を図るのか否かが基本法の庇護権条項改正の是非を焦点にして問題になっている。さらに本年2月に調印された欧州連合設立条約の批准を巡っても，国民世論には統合欧州実現への見取図とその速いテンポに対して不安と抵抗感が広がり，将来の欧州におけるドイツの位置と役割の問題，別言すれば，ドイツ国民はどのようにしてドイツ人のまま良きヨーロッパ人になりうるかという問題が提起されている。

　東西間の冷戦終結とドイツ統一という文字通りの内外両面での激動を受け，こうしてドイツ国民のアイデンティティが正面から問われている中，本年4月5日に実施されたバーデン＝ヴュルテンベルク州とシュレスヴィヒ＝ホルシュタイン州の二つの州議会選挙では右翼急進派勢力が事前予想を大きく上回る躍進を果たし，大きな波紋を投げかける結果になった。また8月下旬にロストックで始まった難民収容施設に対するネオナチ・グループの襲撃

は，旧東独を中心に瞬く間に全国に野火のように広がっただけでなく，多数の周辺住民が暴行に喝采を送る光景は，社会に潜在する不満がいかに大きいかを浮かび上がらせることになった。これら一連の出来事は，見方によっては，アイデンティティ問題に対してドイツ国民の一部が右翼的方向での解決を選択しはじめた徴候と解釈することも不可能ではない。またこの選択は，現象面をみる限り，フランス，イタリア，ベルギー，スイス，オーストリアなどでの右翼政党の進出と歩調が合っており，ヨーロッパが右翼の季節を迎えたことの一つの証左になっているともいえよう。事実，ドイツの州議会選挙に先立つ3月のフランスの地域・県議会選挙で国民戦線が13.9%の票を獲得し，また同時期に行われたイタリア下院選挙では，ロンバルディア同盟とイタリア社会運動が合計で14.2%得票して躍進を果たし，世間を驚かせたのはまだ記憶に新しい。このような動向を見据え，H.-G. ベッツは西欧における「右翼ポピュリズムのルネッサンス」について語っているほどである[1]。こうして今やドイツでも政治動向をみる上で右翼的潮流が焦点の一つになってきているといえるが，そうした変化を念頭に置き，右翼政党の実態を中心に据えてドイツにおける右翼問題を概観してみたい。

　予め断っておけば，右翼という概念は，対概念である左翼という語と同様に強い情緒的負荷を帯びており，内実が不明確なまま政治的レッテルとして多用されているのが実情であろう。ここでは概念をめぐる詮索は避け，右翼という語をドイツで長年用いられてきたフェルキッシュ（völkisch）の類似語として理解しておきたい[2]。すなわち以下で右翼という場合，次のような

---

(1) Hans-Georg Betz, Radikal rechtspopulistische Parteien in Westeuropa, in: Aus Politik und Zeitgeschichte, B44, 1991, S.8. なお，ヨーロッパ各国とアメリカにおける右翼政党・団体の最近の状況については，Friedrich-Wilhelm Schlomann, Rechtsextremismus als internationales Phänomen, in : Der Bundesminister des Innern, hrsg., Wehrhafte Demokratie und Rechtsextremismus, Bonn 1992 が簡潔な概観を提供している。
(2) 右翼という語は今ではインフレ状態にあるといえる。連邦憲法擁護庁が公式に使用し，官庁用語にもなっている「右翼過激主義 Rechtsextremismus」をはじめ，共和党（REP）などを指す場合に使われる「右翼急進主義 Rechtsradikalismus」，さらに「右翼ポピュリズム Rechtspopulismus」，「新右翼 Neue Rechte」，「右翼ファンダメンタリズム Rechtsfundamentalismus」，「ネオファシズム Neofaschismus」，「ネオナチズム Neonazismus」などがその例である。概念定

グループを指すものとしよう。民族を個人の単なる算術的集合体としてではなく自然成長的な共同体であると考え，独特の習慣や文化的伝統に無比で至高の価値があると見做し，この価値を脅威から守り，あるいは最大限に実現するために政治的手段に訴えるグループがそれである。その一般的特徴としては以下の点が指摘できる。すなわちそこでは政治的活動はその時々の問題解決の単なる技法ではなく，民族的自覚の覚醒運動であり，文化的革新活動として位置づけられる。それゆえにまた政治は個人の自治領域を侵し，内面的生活に干渉することを目指す一方，政治的活動は道徳的に聖化され，個人に献身を要求するに到る。このような右翼の思考様式では国際平和は力による支配を隠蔽する虚構であり，従って対外的には協調よりも国益の貫徹が優先され，ヘゲモニーの強化と国威の発揚が重視される。また国内的には民族的美風の回復もしくは醇化の目的から精神生活をも統制する強権的体制の構築が目指され，外国人はもとより異端思想の持主も排斥・抑圧されて人権は圧殺される。要するにそれはリベラルなデモクラシーとは異質であるだけでなく，その対立物として位置づけられるのである。

　右翼の概念をこのように限定すれば，右傾化という用語の意味するところも自ら定まるであろう。すなわち上で挙げた諸要素の徴候が濃厚になることがそれである。最近のドイツでは，ドイツ外交の「独り歩き」の印象を与えた昨年末のクロアチア，スロヴェニアの真っ先の承認とEC各国への承認押しつけをはじめ，EC諸国の事情軽視といわれるドイツ連銀の高金利政策，連邦軍のNATO域外派遣論議，国連安保理常任理事国ポストの要求，国内における庇護権条項改正問題など，統一前には想像しえなかったような変化が生じており，このようなドイツ政治の「変調」を捉えて右傾化に警鐘が鳴らされている。例えば5月29日と9月17日付の『フランクフルター・ルントシャウ』紙の社説や9月18日と10月16日付の『ツァイト』紙のG.ホフマン論文，あるいは10月5日付『シュピーゲル』誌の「右からの圧力」と題した特集記事は代表的なものとして挙げられよう。しかしそれらでは，

義の代表的な試みとしては，右翼過激主義についてのイェッセらのものがあるが，当てはまらないケースが多く，その議論はあまり生産的とはいえないように思われる。Vgl. Uwe Backes und Eckhard Jesse, Politischer Extremismus in der Bundesrepublik Deutschland, Bonn 1989, S. 36ff.

いうところの右翼の実体が茫漠としているだけでなく、既成の現実が固定されて判断基準とされているために、冷戦終結とドイツ統一により内外ともに大きく変容した現実への対応がそのまま右傾化と把握されている嫌いがあるといわねばならず、いかなる面でどの程度まで右翼的要素が認められるかは全く問われないままになっている。我々としては右傾化を問題とする場合、印象論の域を脱し、さしあたり三つのレベルを区別して考えることが必要であろう。一つは内外に向けてのドイツ政府と主要政党の政策と意図のレベルである。第二は国内の政党配置における右翼政党の勢力とその動向という政治地図のレベルである。第三は右翼的と呼べる様々な面での主張や要求に対する国民世論の寛容度・理解度・共感度のレベルである。これら三つのレベルはもとより密接に関連しているが、しかし、右傾化の波は各レベルで同時進行していくわけではない。それゆえ軌道の転轍への懸念から性急にレッテルを貼るのを避け、正しく診断するためには、各々のレベルを区別した検討が不可欠な手続きとして要請されよう。このような考慮から以下では第二のレベルを中心に考察し、第三のレベルにも論及することにしたい。

1. 右翼勢力の現状

(1) 右翼政党・団体の概観

本年8月にザイタース内相が公表した1991年度の連邦憲法擁護庁の年次報告によれば、1990年に極右団体のメンバー数が極左団体のそれを初めて上回ったあと、1991年にはその差はかなり拡大した。すなわち極左団体では1990年に29,500人を数えたメンバーは翌91年には26,500人に減少したが、これに反し極右団体では1990年の32,300人はその後の1年間で39,800人に急増している。連邦憲法擁護庁が把握していた極右団体メンバーは、1988年に28,300人、1989年に35,900人だったから、1991年には近年で最高が記録されたことになる（表5－1参照）。ただドイツ統一に伴う統計上の操作の問題や旧東ドイツ地域での憲法擁護機関の未整備を考慮に入れると、数字面での昨年の急増が実際にはどの程度であったのかは判断しにくい。また極右団体の数としては1988年に71が確かめられたが、その後1990年まで横這い状態であった。しかし、1990年から翌91年にかけて69から76に増大したのに続き、1992年には82の存在が確認されている。な

表 5-1　極右団体メンバーの推移　　　　（単位：100 人）

	1982	1983	1984	1985	1986	1987	1988	1989	1990	1991	1992
総　　　数	190	203	221	221	221	252	283	359	323	398	419
D V U 系	104	114	124	120	121	151	186	250	220	240	260
N P D 系	65	67	67	67	68	70	72.5	80	73	67	53
戦闘的極右・スキンヘッド	−	−	−	−	−	−	−	−	−	42	64
その他の極右団体	28	26	32	34	31.5	31	32	32	29	39.5	40
その他のネオ・ナチ・グループ	10.5	11.3	11.5	14	15	21	19	15	14	21	14

注1　1991年以降は旧東独地域を含む。
(出典) Der Bundesminister des Innern, hrsg., Verfassungsschutzbericht 1991, Bonn 1992, S. 73より作成。但し1992年のみ同1992年度版 S. 67による。

お，共和党（REP）のような団体は急進右翼に分類され，これと区別される極右と違って憲法擁護機関の監視対象になっていないので，そのメンバーが上記の数字に含まれていない点に留意する必要があろう。

次に政治的動機をもつ暴力事件をみると，とくに極右の側での激増が分かる。すなわち1990年には270件だった極右による政治的暴力事件は1991年には1,483件に達し，実に5.5倍の増大をみたのである。また極右による政治的犯罪（暴力事件を含む）も急増して1990年の1,848件が91年には3,884件に倍増し，そのうち3分の2に当たる2,598件は外国人絡みの犯罪であったことが確認されている。極右勢力の政治的暴力事件は本年7月までに既に740件（旧東ドイツ288件）が記録されていて1991年のほぼ半数に達している。約1,500件だった昨年の極右の暴力事件は，8月には84件にとどまった件数が，ホイヤースヴェルダでの難民収容施設襲撃を境に9月には224件に上昇し，10月にはさらに急増して490件に上ったが，これを参考にして8月下旬のロストック事件以後の展開を考えれば，本年の極右暴力事件が新記録を残すことになるのはほぼ間違いないと予想される（表5−2参照）。ある右翼指導者の「ロストックは始まりにすぎない」という豪語は，その意味で現実味を帯びているといえよう（Der Spiegel, 1992, Nr. 36, S. 27)[3]。

ところで，一連の難民収容施設の攻撃など極右の政治的暴力といわれる事件で正面に登場しているのは，実際には右翼政党ではなくてスキンヘッド

---

(3) ロストック事件までの外国人襲撃のうち目につく犯罪のクロノロジーについては次を参照。Süddeutsche Zeitung vom 26. 8. 1992.

表 5-2 極右による政治的暴力事件

罪　種	1990年	1991年 総数	1991年 旧西	1991年 旧東	1992年 総数	1992年 旧西	1992年 旧東
殺　　　人	2	3	2	1	15	8	7
爆　発　物	}47	3	}260	}123	14	13	1
放　　　火		380			708	487	221
傷　　　害	119	449	251	198	725	418	307
器 物 損 壊	102	648	477	171	1122	793	329
合　　　計	270	1483	990	493	2584	1719	865

(出典) Verfassungsschutzbericht 1991, S. 76. 同 1992, S. 70.

と呼ばれる若者たちである。しかも右翼の正統を自任するドイツ民族同盟（DVU）などの政党は，統制のきかないスキンヘッドたちの暴行とは一線を画す姿勢を保っているのが実情といえる。このような状態は，約100年前のドイツで初めて反ユダヤ主義が大衆運動として高揚した際に，A.シュテッカー率いるキリスト教社会党のような反ユダヤ主義政党が街頭で騒動を起こすいわゆる乱痴気反ユダヤ主義者から距離をおいていたのに似ている[4]。現にドイツの右翼の主流である共和党（REP）は暴力的傾向の極右分子やスキンヘッドが党に入ってくるのを阻止する方針をとっており，暴力的グループと同一視されるのを強く警戒している（Vgl. Der Republikaner vom Juni 1992, S. 9）。もちろんREPでもDVUでも下部の党員が暴力事件に関与している可能性は十分考えられ，党内で統制が末端まで貫かれているとはみられない。ともあれ，このような観点からみれば，スキンヘッドが公衆の面前で繰り広げる騒乱に極右的というレッテルを貼ることが事態の単純化につながりやすいのは確かであり，スキンヘッドを極右勢力と同一視することには慎重でなければならないであろう。それゆえ，以下では右翼の中心勢力である共和党（REP）及びドイツ民族同盟（DVU）とスキンヘッドを区別して扱うこととし，ひとまずそれぞれの概要を記しておくことにしたい（各級選挙での結果は表5－3参照）。

ⅰ．共和党（Republikaner, 略称 REP）

戦後西ドイツの右翼運動には今日までに3つの波があると言われる[5]。第

---

(4) 拙稿「アードルフ・シュテッカーにおけるキリスト教社会主義と反ユダヤ主義（2）」『社会科学論集』24号，1983年参照。
(5) 戦後における右翼運動の概観としては，Richard Stöss, Die extreme Rechte in der Bundesrepublik, Opladen 1989, S. 96ff. 参照。

第5章 現代ドイツの右翼問題　239

表5-3　1984年以降の右翼政党の各種選挙得票率

(単位:％)

	NPD	DVU	REP
ヨーロッパ　1984	0.8	—	—
バイエルン　1986	0.5 (0.0)	—	3.0
連邦議会　1987	0.6 (+0.4)	—	—
ラインラント=ファルツ　1987	0.8 (+0.7)	—	—
ブレーメン　1987	—	3.4	1.2
バーデン=ヴュルテンベルク　1988	2.1	—	1.0
シュレスヴィヒ=ホルシュタイン　1988	1.2	—	0.6
ベルリン　1989	—	—	7.5
ヨーロッパ　1989	—	1.6	7.1
ノルトライン=ヴェストファーレン（自治体）1989	0.1 (+0.1)	0.0	2.3
ザールラント　1990	0.2 (−0.5)	—	3.4
バイエルン（自治体）1990	0.2 (0.0)	0.0	5.4 (5.4)
シュレスヴィヒ=ホルシュタイン（自治体）1988	0.0	0.0	0.9
ノルトライン=ヴェストファーレン　1990	0.0	—	1.8
ニーダーザクセン　1990	0.2	—	1.5
バイエルン　1990	—	—	4.9 (1.9)
ベルリン　1990	—	—	3.1 (1989西ベルリン7.5)
連邦議会　1990	0.3 (1987:旧西0.6)	—	2.1 (旧西2.3, 旧東1.3)
ヘッセン　1991	—	—	1.7
ラインラント=ファルツ　1991	— (−0.8)	—	2.0
ハンブルク　1991	—	—	1.2
ブレーメン　1991	—	6.2 (2.8)	1.5 (0.3)
バーデン=ヴュルテンベルク　1992	0.9 (−1.2)	—	10.9 (9.9)
シュレスヴィヒ=ホルシュタイン　1992	—	6.3	1.2 (0.6)

注1　州名は州議会選挙、ヨーロッパはヨーロッパ議会選挙をさす。
注2　括弧内は前回選挙との増減、増減がないのは前回選挙不参加。

1の波は、敗戦とドイツ分断の激動の中でナチスの残党が中心になった社会主義帝国党（SRP）が勢力を伸ばした1950年～1952年の時期である。緒に就いたばかりの経済復興といまだに幼弱な民主主義を背景に群小右翼政党の中でも同党の進出は突出しており、例えば1951年のニーダーザクセン州議会選挙では11％の得票と16の議席を獲得した。けれども翌1952年に憲法裁判所がナチ的政党であると認定して違憲と判断し、禁止命令を下したため、同党は解散に追い込まれ、姿を消した。また同党の支持母体ともいえた

旧ドイツ帝国の東部領土などからの大量の追放民が経済の奇跡によって雇用を見出し，次第に西ドイツ社会に定着して統合されていったことが第1波の終焉に大きく寄与したことも忘れてはならない。

第2波は，奇跡の経済復興を遂げた旧西ドイツが初めて深刻な経済不況に陥った1966年から1972年に至る時期に国家民主党（NPD）の躍進によって引き起こされたものである。同党はこの期間に7つの州議会で合計61議席を手中に収めた。すなわち，1966年のヘッセン州議会選挙とバイエルン州議会選挙では各々7.9％と7.4％の得票率及び8議席と15議席を得たほか，頂点となった1968年のバーデン=ヴュルテンベルク州議会選挙では折からの大連立政権に対する不満票を引き寄せ，得票率9.8％，議席12を獲得した。しかし1969年の連邦議会選挙で5％の壁を超えられなかったことによる失望とこれに起因する内紛に加え，野党に転じたキリスト教民主同盟（CDU）・キリスト教社会同盟（CSU）が首相W.ブラントの推進する東方政策などで頑強に抵抗し，対決色を強めて右派支持層を再び吸引した結果，憲法裁判所の違憲判決による解散命令をまたずにNPDの勢力は衰退に向かった。

SRP, NPDに続く戦後右翼運動の第3波の主役となったのが共和党（REP）である[6]。REPの結党は1983年であり，ミュンヘンでの創立に参加したのは約70名であった。REP創立の中心になったのは連邦議会議員を務めたフランツ・ハントロースとエッケハルト・フォイクトである。この両名は当時のCSU党首でバイエルン州首相だったF.J.シュトラウスの東ドイツに対する借款供与と強引な党運営に抗議してCSUを脱党し，新党結成に向かった。REP結党に加わったいま1人の有力者は，『私もそこに居合わせた』を出版して武装親衛隊員だったことを告白し，バイエルン放送を解雇されたばかりの影響力の大きいジャーナリスト，フランツ・シェーンフーバーである。創立大会ではハントロースが党首，フォイクトが副党首兼幹事長に就任し，シェーンフーバーは副党首とスポークスマンを兼務した。CSU脱党者が多いことから分かるように，当初REPはシュトラウスに反旗を翻した「CSU

---

(6) REPに関する研究はこれまでにいくつも存在するが，管見のかぎりでは，Hans-Gerd Jaschke, Die Republikaner, Bonn 1990 および Richard Stöss, Die Republikaner, Köln 1990 が優れている。

の私生児」という色彩が強く，また規模からいっても数ある右翼政党の一つにすぎなかった。発足後REPはバイエルンを拠点としつつ他の州にも支部組織の構築を進め，84年にはブレーメン，バーデン＝ヴュルテンベルク，ハンブルクなどに支部が設置された。この年，党員はバイエルンで1,500人，全国では2,000人だったといわれる。他方，党内紛争の結果，1985年にはシェーンフーバーが党首になり，幹事長にはハラルド・ノイバウアーが就いた。ノイバウアーは意見衝突のため1969年以来所属していたNPDを1981年に去り，しばらくはシェーンフーバーの片腕とも目される存在だったが，ワンマン支配をめぐる党内抗争の結果，1990年末にREPを除名されて昨年10月に「民族・故郷のためのドイツ同盟」を結成した人物である。彼の場合，このような経歴自体が，共通地盤をもちながらも反目する右翼諸団体相互の関係とREP内部で頻発する内紛の縮図になっているといえよう。

REPが世人の注視を集めるようになり，その意味で戦後右翼運動の第3波が押し寄せたのは，1989年のことである。この年，ベルリン州議会選挙でREPは大躍進を果たし，得票率7.5％，議席11を得た。続く6月のヨーロッパ議会選挙でも得票率7.1％の戦果を収め，6人の議員をストラスブールに送り込んでいる。しかし，この2つの選挙を頂点にしてその後REPは退潮傾向を示した。すなわち，牙城であるバイエルンでは1990年の自治体選挙と州議会選挙で各々5.4％と4.9％の得票率を得たものの，その他の州議会選挙などでは目立った成果をあげることのないままドイツ統一の熱狂の背後で沈滞したのである。こうして戦後右翼運動の第3波は，束の間の高揚の後，統一に伴う国民的興奮の高波によってかき消されて収束するかにみえたのであり，その点から眺めれば，本年4月の州議会選挙でのREPの蘇生は，第3波の継続を意味するのか，それとも第4波の開始を告げるものなのかは目下のところ見定めがたいといわねばならない。

それでは以下にREPに関する主要なデータを掲げておこう[7]。
　　設立　　1983年11月　ミュンヘン
　　党首　　F．シェーンフーバー（69歳，ヨーロッパ議会議員）
　　　　　　1975～1982年バイエルン放送局に勤務

---

(7) 以下のデータは，Klaus-Henning Rosen, hrsg., Die Republikaner — Aspekte einer rechten Partei, Bonn 1991, S.69ff. による。

副党首　R．シュリーラー（37 歳，バーデン＝ヴュルテンベルク州議
　　　会議員）他 4 人
事務局長　P．W．トマツェフスキ
党員数　公称 2 万人（1989 年末　公称 25,000 人，1990 年 8 月　15,000
　　　人）
機関紙　「共和主義者」（発行部数　公称 8 万部）
本部　ボン
　各州組織については，人員の概数と支部長は次の通り（1991 年現在）．
（旧西ドイツ）
　　バイエルン　7,000 人　W.Huttl
　　バーデン＝ヴュルテンベルク　2,500 人　W.Liebewirth
　　ベルリン　2,000 人　C.Pagel
　　ブレーメン　70 人　H.J.Asendorf
　　ヘッセン　1,400 人　不明
　　ハンブルク　200 人　W.Jamrowski
　　ノルトライン＝ヴェストファーレン　3,500 人　V.Goller
　　ニーダーザクセン　800 人　W.Haase
　　ラインラント＝ファルツ　800 人　H.Herstein
　　シュレスヴィヒ＝ホルシュタイン　500 人　T.Schröder
　　ザールラント　300 人　U.Strassel
（旧東ドイツ）（1991 年 3 月のシェーンフーバーの発表では新 5 州合計
　　　で 2,500 人）
　　ブランデンブルク　P.Gillian
　　メクレンブルク＝フォアポンマーン　B.Bernhardt
　　ザクセン　V.Sorek
　　ザクセン＝アンハルト　H.G.Ruping
　　テューリンゲン　P.Hoffmann
　上記の諸点のうちで注目される点の一つは，ドイツの政治的常識に照らす
と党首シェーンフーバーが既に高齢である事実である．彼は前回 1990 年の
党大会で高齢を意識して 1992 年には党首の座を退くことを表明していたが，
本年 6 月のデッゲンドルフ党大会で方針を変更し，続投することで圧倒的な
支持を得た．しかし党内では後継者問題が浮上していると見られ，副党首の

シュリーラーが最有力候補と目されているが，度々造反を招く原因になったことを考えても，シェーンフーバーのワンマン支配が波瀾なく継承されうるか否かは極めて微妙といえよう。また現在は上昇気運に乗っているために指導体制に対する不満は抑制されているものの，一旦退潮の兆しが現れた場合，シェーンフーバーの地位が安泰でなくなる可能性も否定できない。

　もう一つの注目点は，州組織の人員が真実に近いとするなら，州議会選挙で成果の大きかった州で党員数が多く組織建設が進んでいるが，他方には人口比で見た党員数の少ない州もあり，その進捗状況には州によってかなりの開きが認められることである。また選挙結果などを度外視して党員数だけを見た場合，バイエルンが牙城であって，これにバーデン＝ヴュルテンベルクとベルリンが拠点として並んでいることが明らかであろう。さらに1991年3月の時点で旧東ドイツ地域の党員が全体で2,500人を数えたとするなら，地域的偏りはあっても，そこでも組織形成は着実に進んでいると推定される。ただここでは，組織の規模と選挙結果との相関を過大に評価しないように注意を払うことが必要とされよう。なぜなら，相関関係を重視した場合，党組織の弱体な州では選挙でのREPの勝利は生じにくいとの観測が導かれるが，実際の選挙結果は政治的状況に条件づけられ，浮動的性格の濃い抗議票の流れに左右される面が大きいからである。

　次にREPの綱領に視線を転じ，その要点を掲げておこう。またREPの政治的立場を確認する手掛かりとして，手短にそれを分析しよう。

　現在のREPの綱領は東ドイツが崩壊過程にあった1990年1月にローゼンハイムで開催された党大会で採択されたものである。ローゼンハイムはREPの拠点であるバイエルン州にある地方都市である。この綱領は冊子で57ページに及ぶ長大なものであり，その扉には次のように記されている。「我々の信条―ドイツ，我々の目標―ドイツの再生，我々の要求―ドイツの首都としてのベルリン」。そして綱領の中では簡略化すると以下のように整理できる要求が並べられている。

(1) 民主的基本秩序の擁護，国民請願・国民投票の導入，連邦大統領の直接選挙
(2) ドイツ再統一はヨーロッパ統合より優先
(3) ドイツは移民国に非ず，多文化社会に反対，外国人の庇護権は維持するが濫用を許さず，庇護手続きの短縮，犯罪撲滅と治安向上

(4) 人工中絶反対，家庭の道徳的役割重視
(5) キリスト教の没落は人類の危機に直結，物質的富と精神的貧困の亀裂の克服
(6) 農林水産業の保護
(7) 環境保護，社会的・エコロジー的市場経済の確立，中間層及び手工業の保全，中央集権的なヨーロッパ連邦に反対．

ここには当局によって右翼急進派として位置づけられていることから想像されるのに反して，民主的基本秩序の擁護が謳われていることがまず意外な感を与えるであろう．さらにボン基本法の制定者たちがヴァイマル共和国の教訓として警戒した国民投票制の導入をはじめ，緑の党の要求であるかのような錯覚すら起こさせる環境保護と社会的・エコロジー的市場経済という文言が入っているなど時代の先端をいくラディカルな民主派という一面が見出せる．こうした要求は一般有権者向けのポーズないし装いであって，デマゴギー的体質の表れと解釈することも可能だが，やはり伝統的な右翼とは区別されるREPの新しさを表現していると考えるほうが適切であろう．というのは，フランスの国民戦線にも同種の特徴が見受けられるのであり，そうした共通性は単なる偶然ではないと考えられるからである．むしろこの点には，REPが戦前からの右翼運動の単なる延長ではなく，市場経済を土台とする豊かな社会と代表制を主軸にした安定した民主主義が確立した段階に出現する右翼の特徴が表出しているといえよう．つまり，市場経済にはエコロジーを，代表制には直接民主主義を対置する形で，戦後西欧社会の成果を踏まえた新たなアンチのパターンが上記のREPの綱領に打ち出されていると考えられるのである．

もちろん，この綱領には，こうした新しさが見られる反面で，保守主義に根をもつ伝統的右翼としての顔も浮かんでいる．それを示すのが，人工中絶反対と家庭重視，法と秩序の要求，中間層擁護など保守派の伝統的主張が盛りこまれていることである．新しさの面は社会の成熟に伴って高まった脱物質主義的志向を表しているといえるが，それを延長していけば，一般的には家族重視よりは女性の地位向上，法と秩序よりは個人の自由と権利の追求が優先されることになるであろう．ところが，REPでは典型的な物質主義的価値が重視されており，とりわけ中間層擁護は資本主義の発展から取り残された集団の利益代弁と解することができ，その意味では伝統的な反資本主義

に連なっているとさえ見做せよう。多文化主義や移民に対する敵対も個性や多様性よりは伝統的な紐帯や一体性を重んじる姿勢を反映している。要するに，REP の綱領の簡単な分析からは，戦後社会の成熟を歴史的前提とする新たなアンチの運動という側面と戦前以来の伝統的右翼という側面とが並存していると捉えることができるのである。

こうした二つの側面は，しかし論理的には架橋不可能であり，摩擦を起こさずにはすまない。その意味では REP の綱領には首尾一貫性が欠如しているばかりでなく，むしろその不整合は矛盾として潜在的な紛争要因になっているとさえいうことができよう。この点に着眼したとき，綱領が本来どの程度の政治的重要性を帯びているかが問われなくてはならなくなる。そうした観点からみると，REP の綱領を含め一般に右翼政党の綱領を考察する場合に留意事項として指摘されてきた点に目を向けることが必要になる。それは，右翼研究者が強調するように，綱領自体は「戦術上の道具」という色合いが濃く，従って「党の本当の意図は公式の綱領からは明らかにならないこと[8]」，その意味で，右翼政党の真の目標を把握するには綱領を一つの手掛かりにしつつ，指導者たちの演説などを主要な素材にしてその信念，世界観，心情を分析することが不可欠であることである。

綱領のこのような消極的な見方は，従来のナチ研究においてナチ党綱領がほとんど無視されてきたことに対応している。その見方では，REP の場合にも綱領に検討を加え，論理的一貫性や整合性を求めることは殆ど意味のないことになるであろう。しかしナチの経験を暗黙裡に絶対化し，現代の右翼をその系譜に立つものと単純に割り切ってかかるのは問題が残る。ナチ党綱領の曖昧さや簡略さと対比すると，REP のそれが長大かつ詳細であることだけでも大きな相違であり，綱領制定に努力が傾けられた証拠とも見られるからである。こうした視点に立てば，上記のようにひとまず綱領に打ち出されている傾向を整理しておくことには意味がある。そのうえで，綱領以外の文書などにも視野を広げ，機関紙『共和主義者』の主張や党大会での幹部の

---

(8) これはヤシュケの指摘である。Hans-Gerd Jaschke, Eine Weltanschauungspartei macht mobil, in : Frankfurter Rundschau vom 13. 6. 1992. 同旨の議論は，Norbert Lepszy, Die Republikaner – Ideologie, Programm, Organisation und Wahlergebnisse, Sankt Augustin 1989, S. 9ff. にもみられる。

発言などをも検討していくと、一本の赤い糸が見出され、REPの世界観的原基とでも呼ぶべき思想的要素が浮かび上がってくる。それは一口でいえば個人の自由や自立と対極に立つ全体的なものの保全とこれへの献身、忠誠を至高とする思考様式である。これを例えば綱領に表明された直接民主主義と関連づけてみると、国民投票の前提として一体としての国民ないし民族の均質な意思が想定されており、多様性よりは同質性が重視されるとともに、制度自体が権威主義的に読みかえられていると考えれば納得がいく。同様に移民の排斥もこの同質性が基本価値とされ、それに対する脅威ないし撹乱要因として移民が捉えられていることを表している。さらに法と秩序の面や中間層の問題では、規律づけられ上下の整然たる序列のある社会が理想像として想定されていると解釈するなら得心できよう。とはいえ、綱領だけを眺めるかぎりでは、これらの点は察知することは可能であっても明確に掴みだすことは難しい。その限りでは、綱領ではむしろ同調者と支持者を拡大する狙いからデマゴギー的要素が前面に現れ、その結果、基本的性格において矛盾する要求が並べられる形になっていると考えることができよう。

　もっとも、REPばかりでなく、次に取り上げるDVUも含めて、一般にドイツの右翼政党の綱領が矛盾した主張を掲げ、デマゴギー的色調で彩られていることについては、次の事情も考慮に加えなければならない。それは、政党法第1条と第6条により政党には文書の形で綱領もしくはこれに相当するものを定めることが義務づけられており、他方では基本法第21条2項で民主的基本秩序に反する政党は違憲とされ、禁止されていることである。旧西独が発足以来ナチズムという過去の克服を主要課題の一つとし、これに精力的に取り組んできたことは周知の通りである。そしてその一つの表現となったのが「戦う民主主義」であり、社会主義帝国党やドイツ共産党に違憲判決が下されたのもそうした背景からであった。そうだとすると、こうしたボン・デモクラシーの下で右翼政党が公然と活動するためには少なくとも綱領面でストレートに世界観的主張を打ち出すことは不可能であり、民主的秩序への忠誠を表明するなどの妥協が不可欠になる。またナチズムを模範と仰ぐ場合でも、ナチ党綱領を下敷きにしたような内容の綱領であれば禁止の危険が大きいだけでなく、ナチ党とその時代を直接には知らない人々が圧倒的に多くなった1980年代以降は時代に合致せず、とくに青年層に浸透するのに障害となる虞さえ生じよう。これらの理由から、右翼政党の綱領では世界観

そのものはいわば後景に退き，急進的主張も抑制した形にならざるをえない制約がドイツには存在している。しかし他方で急進民主派と見紛うような要求が並べられているのは重要であり，豊かで自由な社会を過去に引き戻す反動ではなく，その問題点を見据えた要求であることも確認しておくべきであろう。いずれにせよ，REPなどの綱領を点検すると，他の民主主義的政党と比べ，矛盾に満ちた内容のものになっているところに特色が見出せるのである。

ⅱ．ドイツ民族同盟（Deutsche Volksunion, 略称DVU）

以上でREPの綱領を中心にやや詳しく検討してみた。そうしたのは，戦後ドイツにおける右翼運動の第3波の中心的存在として脚光を浴び，今も大きな関心が注がれているのがREPだからである。次に取り上げるドイツ民族同盟（DVU）の歴史は実はREPよりも古いが，その動静に関してはREPほどには注目されていない。そうした事情を勘案し，DVUについては簡単に概観するにとどめよう[9]。

DVUの生みの親は出版業者ゲアハルト・フライである。1969年の連邦議会選挙での議席獲得失敗を境にNPDが凋落する中で，彼は「中道から右派までの憲法に忠実な諸勢力を結集する」ことを謳いつつ，ビスマルクによる第二帝国創建100周年の前夜を選んでDVUの創立大会を開いた。結党に当たっての彼の主たる狙いは，NPDに対する影響力を確保する一方で，CDU・CSUの右派を引き付けることによって，右翼の超党派的な結集を推進することにあった。しかし立場が類似していただけにかえってNPDとDVUの関係は悪く，一時的には接近も見られたけれども全般的に冷淡な関係が長く続いた。例えば1980年と83年の連邦議会選挙の際，フライはNPDではなく，CDU・CSUへの投票を呼びかけたほどである。

DVUが選挙に参加しなかったケースは比較的多い。最近ではヘッセン，ラインラント＝ファルツ，ハンブルクの各州議会選挙で不参加であった。一方，選挙でDVUが注目すべき成果を収めた例も，これまでに数えるほどしかない。すなわち，1987年のブレーメンの州議会選挙で3.4%の得票を得た

---

(9) DVUの概観としては，Thomas Assheuer und Haus Sarkowicz, Rechtsradikale in Deutschland, 2. Aufl., München 1992, S. 29ff. 参照。

こと，昨 1991 年に同じくブレーメンで 6.2％の得票により 6 人の議員を州議会に送り込んだこと，さらに本年 4 月のシュレスヴィヒ＝ホルシュタイン州議会選挙で得票率 6.3％，議席 5 を得て，FDP を追い越し一躍第 3 党の地位に躍り出たことである。これらの結果を見ただけでも，右翼団体の中で REP に比べて DVU の存在感が薄いことは明らかであろう。

選挙結果以外の DVU に関する主要データは以下のとおりである[10]。

設立　1971 年 1 月　ミュンヘン

党首　G. フライ　59 歳

副党首　M. クラーゼン　57 歳

党員数　24,000 人（1991 年）（1989 年　25,000 人，1990 年　22,000 人）

主要機関紙「ドイツ国民新聞」（発行部数　公称 12 万部）

本部　ミュンヘン

地方組織については，1991 年末，14 の州組織がある。メクレンブルク＝フォアポンマーン州にはまだ存在せず，またベルリンとブランデンブルクは一つに括られている。党員数が最大の州はバイエルンで 3,100 人。その他の州については詳細不明。

党財政 1990 年の収入は 240 万マルクで，約半分を寄付が占める。DVU の財政状態については連邦憲法擁護庁とバイエルン州内務省の見方に食い違いがあり，詳細不明。

DVU について注目すべき特徴としてさしあたり二点が指摘できる。一つは出版業者である党首フライの機関紙活動と資金に大きく依存していることから，DVU ではフライの影響力が絶大だと見られていることである。さらに昨年のブレーメン，本年のシュレスヴィヒ＝ホルシュタインの両州議会選挙で組織的選挙活動が低調だったことに見られるように，地方組織の整備が遅れており，党員も不活発であることである。このためジャーナリズムでは DVU は「幽霊政党」とさえ呼ばれているのが実情である（Frankfurter Allgemeine Zeitung vom 1. 10. 1991）。

次に DVU の綱領の要点と本年のシュレスヴィヒ＝ホルシュタイン州議会選挙の際の選挙綱領の主眼点を掲げておこう。

---

(10) Der Minister des Innern, hrsg., Verfassungsschutzbericht 1991, Bonn 1992, S. 107ff. による。

〔綱領の要点〕
第1条　ドイツはドイツ人の国であるべし，外国人の割合の制限，外国人増大の停止，庇護認定手続の短縮，外国人犯罪者の追放，ニセ庇護申請者の早急な送還
第2条　ドイツから奪われたオーダー・ナイセ以東の旧ドイツ領の回復，この要求はヨーロッパと世界の安全保障に寄与するもの，ドイツ外部に居住するドイツ人の少数民族としての権利保護はドイツの義務
第3条　戦勝国によるドイツへの一方的責任押しつけと一面的な過去克服は国際社会におけるドイツの対等な地位を侵害，旧ドイツ軍人の名誉の保護（武装親衛隊員も含む）
第4条　家族，母性の保護とそのための租税・社会政策，人工中絶に反対
第5条　職場の創出とそのための企業の競争力強化，環境保護の徹底，歴史的建築物の再建など
第6条　異なる政治的意見をもつ者の排除や暴力行使に反対
第7条　外国とくにECへの分担金による財政負担の縮小，節減された歳入の年金保障への転用
第8条　犯罪撲滅策の強化，麻薬売買取締りの徹底，騒乱罪の再導入
第9条　手工業・中小企業の保護と税制面での優遇
第10条　農家保護，農家はECによる最大の犠牲者
第11条　環境保護および動物保護の強化
第12条　国民の政治参加促進，連邦及び州レベルで国民請願，国民投票の導入，5％条項の緩和，テレビ・ラジオでの非ドイツ的番組の改編，放送では国民の道徳意識を重視すべし

〔シュレスヴィヒ＝ホルシュタイン州議会選挙での選挙綱領〕
(1) ニセ庇護申請者の送還，法治国の原則に基づく外国人制限，東プロイセン（旧ドイツ領）におけるドイツ民族性の振興
(2) 環境・動物の保護，北海・バルト海の汚染防止のためドイツの影響力行使，バルト海汚染の主たる責任はポーランドにあり，犯罪防止と犠牲者への援助強化
(3) 農家保護，人工中絶反対
(4) 造船所及び港湾に対する助成
(5) 政界・官界の腐敗の一掃，ドイツ人のための社会住宅

(6) 市町村・州レベルでの住民請願・住民投票の導入・拡大

このような DVU の綱領と州議会選挙綱領についても，REP のそれについて指摘しておいたことが基本的に当てはまる。すなわち国民投票，住民投票の導入と拡大や環境保護が唱道されている反面，外国人の排除や農家保護，家庭重視が唱えられていることにみられるように，基本的性格において相反する方向の要求が並べられており，デマゴギー的色彩が見出されることである。また外国人排斥が二つの綱領のトップに掲げられ，とくに庇護申請者を標的にしている点からは REP 以上に移民・難民問題での危機感が強いことや，第二次世界大戦に関連する過去の清算の主張ではヒトラーの戦争を侵略とは認めない発想が垣間見える。

他方，REP の綱領と対比すると DVU のそれは遥かに短く，一枚のビラに収まる程度の簡略なものである点が注目されるが，その重要な要因は，政党としての基本的立場を明確化することよりは，一般有権者向けの宣伝効果が優先されたことにあると推測される。さらに綱領の末尾に次のような文言がゴシックで記載されているのも注意を惹く。「我々の目標はドイツ民族の利益を増進し，危害を防止することである。我々のすべての努力は，ドイツ民族と祖国のための法と自由の貫徹，すべてのドイツ人のための平等な法の実現に向けられる。」ここにあるのは，ドイツ，ドイツ人，ドイツ民族だけであり，これらが綱領全体の基軸的概念になっている。このような思考は DVU に限らず右翼政党に共通しているが，ボン基本法が第1条でドイツ人ではなくて「人間の尊厳は不可侵である」と謳うことから始まっているのと比較対照するまでもなく，そこには自民族中心主義と自民族至上主義が露出していることは明白であろう。

iii. その他の右翼団体

既述のように，ドイツで右翼政党というとき，REP と DVU 以外に国家民主党（NPD）を挙げるのが一種の定番となっている。しかし，現在の NPD は衰退傾向が顕著なので省略し，代わりに REP と DVU 以外の若干の群小右翼団体についてごく簡潔に概要を記しておくことにしよう[11]。

(11) 以下の詳細については，さしあたり，Bundesminister des Innern, Verfassungsschutzbericht 1991, S. 90ff. のほか，Landesamt für Verfassungsschutz Berlin, Doku-

これらの団体は政党といえる要件を備えていないので政治団体と呼ぶのが適切であり，またここまで概観した二つの政党とは違って，かなり鮮明にナチ的主張を掲げている点に共通面がある。そればかりか，憲法擁護庁の年次報告書に収録されたパンフレットの表紙やビラなどを見る限り，図柄も意識的にナチを踏襲している。そうした点を踏まえると，人口に膾炙された表現を使い，これらを一括してネオナチ組織と呼ぶことができよう。ただその場合，時期的に新しいことを除けば，いかなる意味で「ネオ」と形容し，本来のナチと区別されるのかという問題が残ることには留意が必要であろう。

（ア）新戦線同志団（Gesinnungsgemeinschaft der neuen Front, 略称 GdNF）

　GdNFは昨年世を去ったナチ党の生き残りミヒャエル・キューネンの心酔者の集団で，ナチ党の再興と第四帝国の建設を目指している。その主たる目標は，人種法を制定し，異質な人種的要素を容赦なく追放することにある。現在の構成員は約400人で，ハンブルクの「国民リスト」（Nationale Liste）のような地域グループが属している。

（イ）ドイツの選択（Deutsche Alternative, 略称 DA）

　DAはやはりキューネンの感化を受けたフランク・ヒュープナー（27歳）らが1989年に結成した団体で，GdNFの政党政治面での組織と位置づけられている。「人種混合は民族死滅」などの標語を掲げ，ブランデンブルク，ベルリン，ザクセンの3州が中心であるが，最大の拠点はコトブスである。1991年度の連邦憲法擁護庁報告書ではメンバーは300人とされているが，最新の情報では1,000人ともいわれる。拠点コトブスではメンバーは200人で，東ドイツの独裁政党だった社会主義統一党の後継組織である民主社会党（PDS）や連邦の政権与党であるCDUに次ぐ第3位の政治団体になっている。また1994年には自治体と州レベルの選挙に「社会的テーマ」で臨む構えをみせている。

（ウ）自由ドイツ労働党（Freiheitliche Deutsche Arbeiterpartei, 略称 FAP）

　FAPの本拠地はミュンヘンで，指導者はフリートヘルム・ブッセ（63

---

mentation: Rechtsextremistische Bestrebungen in Berlin(Stand: Anfang Mai 1992); Bundeskriminalamt (Abteilung Staatsschutz), Jahresbericht 1991 über Landesverrat, Rechtsextremismus/Terrorismus und politisch motivierte Ausländerkriminalität などを参照。

歳）である。旧東独地域への組織拡大には成功していないとされ，ブッセによるとメンバーは1,400人だが，実際には200人を下回っているとみられている。「社会主義と民族主義のコンセプトを有する党」を標榜しているが，その存在は民族防衛の立場からする度重なる外国人攻撃で目立っている。

（エ）民族的攻勢（Nationale Offensive, 略称 NO）

NO は FAP の分裂によって生まれた団体で，ミヒャエル・シュヴィアチェク（31歳）が指導者である。主として旧東独地域で活動しており，メンバーは約100人とみられる。移民停止と出身国への外国人送還をスローガンとし，「文化混合は民族の死滅」をモットーにしている。

（オ）民族主義戦線（Nationalistische Front, 略称 NF）

NF は昨年9月のブレーメン州議会選挙に参加し，得票106票で惨敗した。結成されたのは1985年だが，構成員はいまだ130人程度にとどまっている。指導者はマイノルフ・シェーンボルン（36歳）で，主にノルトライン＝ヴェストファーレン，ベルリン，バイエルンで活動している。社会主義的民族共同体を基礎とする民族国家の建設が NF の目標であり，主要産業の国有化と大資本の収用，利子奴隷制の打破などを唱えている。

(2) スキンヘッド

一口に右翼といっても，REP などの政党に関しては注目を浴びたことが手伝って若干の研究が存在している。これに比べればさらに数は少ないものの，ネオナチ組織についても情報がある。というのは，憲法擁護機関がそれらの動静の監視を続けており，種々の問題点があるとしても，活動を通じて得られた情報を秘匿せず，年次報告書を公表して開かれた議論の対象にする努力が続けられているからである。これらに比べると，スキンヘッドの実態については，右翼政党やネオナチ組織の場合以上に不明な点が多い。その主要な理由は，後述するように組織性が希薄である点にある。またこれまで政治的危険性が軽視されてきたことも，グレーゾーンが大きい一因といえよう。ここでは数少ないスキンヘッドに関する調査研究のうちで信頼度が高いと考えられるニーダーザクセン州内務省編集の『スキンヘッド』（本年5月発行）とバーデン＝ヴュルテンベルク州憲法擁護局『スキンヘッド』（本年

8月発行）を中心にしてその実態を一瞥することにしたい[12]。

連邦憲法擁護庁の8月の発表によれば，全国で約6,500人のスキンヘッドが存在する。そのうちネオナチ的傾向をもつのは4,200人であり，地域別では旧西ドイツに1,200人，旧東ドイツに3,000人とされており，人口比とは逆に旧東独にネオナチ的傾向のスキンヘッドが多いのが一つの注目点になっている (Frankfurter Allgemeine Zeitung vom 4. 9. 1992)。その他は非政治色の比較的強い「Oi-Skins」と呼ばれるタイプか，或いは「レッドスキン」もしくは「S.H.A.R.P.s」(Skinheads Against Racial Prejudice の略称) と称する左翼的傾向を有するタイプに属しているとみられる。従って「ファッショスキン」と呼ばれるネオナチ的スキンヘッドが今日の主流になっており，1960年代末のイギリスを出発点とし，1980年代初頭から旧西独にも出現するようになった初期のスキンヘッドが基本的に非政治的であったことと対比すると，その性格に大きな変化が認められる。

このようなスキンヘッドの世界では男性的価値が重んじられるところから，性別の面では当然ながら男性の割合が圧倒的に大きい。1991年10月31日時点では女性の占める割合は僅か3％にすぎない。またスキンヘッドの多くは崩壊家庭の出身であり，学業も中途で挫折し，人生設計をもたない。年齢面でみると，バーデン＝ヴュルテンベルク州憲法擁護局の調べでは，17歳までが21％，18～20歳が48％，21～30歳が28％，31～40歳が2％，41歳以上が1％であり，ハイティーン層が中心であることが明白である。さらに右翼的傾向の暴力事件の実行者400人について連邦刑事庁が調べたところでは，17歳までが20.4％，18～20歳が49.3％となっており，30歳以上は2.4％のみであった。この数字は本年に逮捕された右翼的暴力事件の実行者1,088人の年齢別内訳（16～17歳が21.2％，18～20歳が47.8％，21～29歳が28.3％，30歳以上が2.7％）とも合致している (Frankfurter Allgemeine Zeitung vom 27. 8. 1992)。それゆえスキンヘッドの平均像は，家庭環境に恵まれない低学歴の20歳前後の男性であるといってよい。

ところでスキンヘッドの主要部分がネオナチ的傾向を有しているといわれるにもかかわらず，そのイデオロギーないし思想的要素について点検する

---

(12) Niedersächsisches Innenministerium, Skinheads, Hannover 1992; Landesamt für Verfassungsschutz Baden-Württemberg, Skinheads, Stuttgart 1992.

と，明確な輪郭を有する世界観は見出されない。それどころか，そもそもイデオロギーには殆ど関心を示さないのが実態である。たしかにスキンヘッドの間にはいくつかの雑誌が存在し，そのタイトルも『最終勝利』，『ハイマート戦線』，『鋼鉄戦線』，『白人の力』などナチズムを想起させるものが多いし，北方アーリア人種礼賛も見出される。しかし，その内容の多くはユダヤ人，有色人種，同性愛者，売春婦に対する反感や蔑視に満ちているだけで，おしなべてイデオロギーの名に値しない鬱屈した心情の流出にすぎないといわれる。またスキンヘッドの間ではロックバンドが特別な地位を占め，屈折した心情を爆発させる点火器の役割を果たしているが，彼らによって愛唱される歌の内容も同様で，例えば「血と名誉」という題名の歌では外国人排斥の感情が直情的に吐露されていたり，あるいはトルコ人に対する攻撃が崇高な行為として美化されているにとどまる。

　しかしながらこのように論理的加工が乏しいことは，心情が行動に直結し，とりわけ暴力と短絡しやすい一面をもっていることに注意する必要がある。ニーダーザクセン州内務省の報告書によれば，ネオナチ的タイプのみならず，非政治的なスキンヘッドにとっても暴力は自己目的であって，「男性的価値の狂気じみた盲信と純粋な喜びを求める生活感情の表現」にほかならない。スキンヘッドの間ではイデオロギーの無定形さは強烈な心情の発露である暴力によって埋め合わされるのであり，それだけ暴力的志向が強いといえよう。難民収容施設や外国人に対する暴力の頻発とその残忍さは，スキンヘッドにおける一種の暴力崇拝を抜きにしては考えにくい。

　このような傾向に対応してスキンヘッドでは組織化の度合が低調であることが一つの特徴になっている。ロストックでの難民収容施設襲撃に続く一連の暴力行動では組織的連携が強まっている徴候がみられ，共同行動が次第に計画的になりつつある点が注目されているが（Frankfurter Allgemeine Zeitung vom 4. 9. 1992），この事実を過大に評価することには慎重さを要しよう。その理由は，スキンヘッドは組織的活動に馴染みにくい性格を有しており，せいぜい緩やかな結合関係しかもてないとみられるからである（Der Spiegel, Nr. 36, 1992）。ニーダーザクセン州内務省の報告書は次のように指摘している。「スキンヘッドは概して無規律であり，組織面でもイデオロギー面でも手綱につなぐのは困難である。スキンヘッドをメンバーとして組み込もうとする極右団体のこれまでの試みは，スキンヘッドが確固とした秩

序に服しようとしないためにいずれも失敗した。」

こうした事情に照らせば，スキンヘッドが中心になって引き起こした数々の暴力事件を右翼政党に操られたものと解することには本質的に無理があろう。同様に，しばしばみられるように，スキンヘッドを右翼政党にとっての予備軍として一括することにも問題が残る。というのは，スキンヘッドと右翼政党との間には親縁関係にとどまらず，現実にコンタクトも一部に存在するものの，専門家が注意を促している通り，個々人に即してみるとスキンヘッドの場合，熱気が冷めれば極端な行動から身を引き，一度も右翼政党の活動舞台に登場することなく終わることが多いと見られるからである[13]。これに加え，REP や DVU などは統制のきかない暴力的スキンヘッドとは距離をおいている事実も見落とせない。

因みに，昨年9月のホイヤースヴェルダ（旧東ドイツ）での難民収容施設襲撃に続く一連の蛮行や，本年8月のロストック事件を発端とする騒乱を通じて，旧東ドイツ地域のスキンヘッドの凶暴さと執拗さが強い印象を与えているが，連邦憲法擁護庁の最近の報告も東西間の相違に言及しているので紹介しておこう。

「旧西ドイツのスキンヘッドは非政治的なサブカルチャーから発展し，明らかに政治化はいまだすべてのスキンヘッドのグループに及んではいないが，これに反し，旧東ドイツのスキンヘッドは東ドイツ時代に既に自己を共産主義の統治に対するナチ的反対派であると感じていた。従ってその政治化の度合は旧西ドイツのスキンヘッドよりも高く，またネオナチ的思想への結合の度合もより大きい。非政治的で，それゆえに極右的ではないスキンヘッドというのは新連邦州ではむしろ例外現象なのである。」なお，今ではドイツに限らず，外国人憎悪を抱くスキンヘッドがルーマニアを除く東欧諸国にも出現していることも付け加えておこう。その数は例えばプラハだけで2,000人に達するとされ，ハンガリーでは300人から400人の真正なスキンヘッドに約3,000人の同調者がいると報告されており，外国人に対する暴行も頻発しているといわれる（Süddeutsche Zeitung vom 9. 10. 1992）。

---

(13) この点に関する興味深い例が次の論考で検討されている。Benno Hafeneger, Und dann lehnte Klaus den Gebrauch von Tschakos und Ketten ab, in: Frankfurter Rundschau vom 13. 4. 1992.

2. 旧東ドイツ地域の青年層

(1) 主要問題への青年層の態度

それではなぜネオナチ的傾向のスキンヘッドを中心とする暴力事件が旧東ドイツ地域で多発するのか。またその蛮行が旧西ドイツ地域に比べて凶悪であるといわれる原因はどこにあるのか。これらの点を考える手掛かりとして、ここでは旧東ドイツ地域の市民の意識動向に関する調査報告を眺めてみよう。

まず世論調査機関SINUSが本年6月に公表した『ドイツ統一の達成モデル』と題する報告書から、旧東ドイツ地域の市民の人生設計に大転換をもたらした統一について彼らがどのように感じているかに関するデータを取り出してみよう（表5－4参照）。そこには既にドイツ統一の歴史的大事業に対する冷却が明瞭に表れている。例えば旧東ドイツ市民では「再統一が我々にとって有益だったかどうかは今後明らかになる」にイエスと答える者が63％に上り、また「我々ドイツ人は性急な再統一で無理をした」や「東西ドイツの溝は再統一以後かえって大きくなった」という項目でもこれに同意する声が半数を優に上回る結果になっている。しかも注目すべきことに、これらの項目について旧西ドイツ市民でもイエスと答える者が半数を遥かに超えているのが実情である。これらのデータは両独市民において統一への失望が

表5-4　ドイツ統一に関する見解
(単位：％)

	旧東独地域 全くその通り	旧東独地域 どちらかといえばその通り	旧西独地域 全くその通り	旧西独地域 どちらかといえばその通り
私個人としては再統一を望まなかった	7	14	8	16
再統一が我々にとって有益だったかどうかは今後明らかになる	24	39	26	43
我々ドイツ人は性急な再統一で無理をした	28	43	27	40
東西ドイツの溝は再統一以後却って大きくなった	28	39	18	37
重大な社会的騒擾が生じるという不安を持つ	25	42	22	39
東西のドイツ人は速やかに一つの国民になれると確信している	22	43	25	44
旧東独での経済危機は旧西独の経済をも駄目にしてしまう	5	22	13	39
調査対象者	1979人		1997人	

(出典) SINUS, Bewältigungsmuster der deutschen Einheit, Heidelberg 1992.

強まり，それが現状に対する不満に変わりつつあること，その中で双方の市民の間の心理的溝が拡大して不満が不信になりつつあることを暗示していると解釈できる。この点は他の調査からも読みとれる。E. ネレ=ノイマンが『フランクフルター・アルゲマイネ』紙に寄稿した論考によれば，彼女が所長を務めるアレンスバッハ研究所の調査で旧東ドイツ市民が再び東ドイツ人としての意識を強めつつあることが明らかになっている。すなわち，ベルリンの壁が崩壊して4カ月後の90年3月には自己をドイツ人と感じる旧東ドイツ市民は61%であり，6月には66%まで増加したが，2年経過した本年6月には40%にまで下降している。一方，東ドイツ人と感じるという旧東ドイツ市民の回答は1990年3月には32%でしかなかったが，本年6月には51%まで増大し，ドイツ人という意識をもつ人の割合を追い越す形になった(Frankfurter Allgemine Zeitung vom 6. 8. 1992)。そしてアイデンティティがこのように変容するのに伴い，旧東ドイツ社会への心理的回帰現象が生じていることが指摘されている。SINUSの先述の報告書はこれを「DDRノスタルジー」と名付けているが，それによれば，例えば「私が今日喪失したことをとくに嘆いているのは共同社会に包まれている温もりである」という項目に旧東ドイツ市民の73.4%もの多数が同意している。これらの調査結果からは，旧東ドイツ市民の多くが現在，著しく不安定な心理状態にあることが確認できよう。

この点を踏まえた上で，まず外国人・難民問題に関する旧東ドイツ市民の意識調査の結果をみよう。マンハイム選挙研究グループの世論調査における「多数の外国人がドイツに居住していることは問題か」との設問に対し，「問題なし」と回答した旧東ドイツ市民の割合は，昨年9月のホイヤースヴェルダ事件の衝撃で一挙に増大し，その結果，それまで優位にあった「問題あり」との回答率を上回った。しかし，それ以後差は徐々に縮小し，本年6月には再び「問題あり」の割合が「問題なし」のそれを超えて優劣は逆転した。すなわち本年5月には51%あった「問題なし」の回答割合は6月には39%に減少した反面，「問題あり」のそれは49%から60%に跳ねあがり，差は一気に21%にも拡大したのである[14]。

---

(14) Forschungsgruppe Wahlen e. V, Mannheim, Politbarometer vom 10/1991, 4/1992, 6/1992.

同様にベルリンの社会科学研究所 (Institut für Sozialwissenschaftliche Studien) が旧東ドイツ市民を対象に行った調査では（調査日時不明），85%に上る回答者がドイツにトルコ人が居住するのを望まないと答えている。アフリカ系およびアジア系諸民族の居住に対して反感を抱いていると回答したのはほぼ同率の82%に及び，さらに東欧系諸民族のドイツ居住にも約60%に達する旧東ドイツ市民が拒否反応を示している。

旧東ドイツでは社会主義時代に友好国から労働力として送りこまれたベトナム人，モザンビーク人などの外国人は最大でも総人口の約1%を占めるにすぎず，しかも事実上隔離状態で就労していた。そうした事実に鑑みると予想以上というべき上記の外国人敵視はどこから生じたのであろうか。これに関して同研究所のミュラー＝ハルトマンは以下の4点に注意を促している。第1はドイツ統一に伴う旧東ドイツ社会の激変が引き起こした社会的諸問題の深刻化である。第2は外国人の人口比が8%に達する旧西ドイツと異なり，外国人の絶対数が少ないこともあって旧東ドイツ市民には外国人と接触した経験が不足していることである。第3は行政機構が旧東ドイツでは不備であり，外国人の流入に適切に対処できていないことである。最後に挙げられるのは，東ドイツ崩壊が特に青年層に生みだした不安心理の高まりである[15]。

この第4点に関しては既にいくつも詳細なレポートや調査が存在している。そのなかでもライプツィヒの社会分析研究所 (Forschungsstelle Sozialanalysen Leipzig) が実施した旧東ドイツ地域の青年層の意識調査は極めて興味深い[16]。同調査は14歳から25歳までの約4,300人に上る青年を対象にして本年3月から4月に行われたものであり，先にみたスキンヘッドの青年と年代が重なるところから，スキンヘッドの凶悪化の背景を知る上でも示唆に富んでいる。それによれば，前回の調査が行われた1990年12月の時点と比較して青年層の間で外国人に対する反感が強まっている。すなわち今回の調査で「外国人は多すぎる」と回答したのは54%に達し，なかでも職

---

(15) Der Spiegel, Nr. 36, 1992, S. 21.
(16) Forschungsstelle Sozialanalysen Leipzig, Ostdeutsche Jugend '92, Leipzig 1992. なお，やや古いデータを踏まえた調査報告には，Jugendwerk der Deutschen Shell, hrsg., Jugend '92, Opladen 1992, Bd. 3, また新しい豊富なデータを含むものとしては，Walter Friedrich, red., Ausländerfeindlichkeit und rechtsextreme Orientierungen bei der ostdeutschen Jugend, Leipzig 1992 がある。

業学校生では72%に達している（表5－5参照）。また女性よりも男性で反感が強いのも一つの特徴であろう。調査報告書の指摘では，青年層でもギムナジウム生徒や大学生では反感が希薄であること，外国人に対する反感には出身家庭の影響が大きく，親が高学歴である

表5-5 旧東独青年層の外国人についての見方
（単位：％）

	1	2	3	4
今回の調査	8	46	39	7
1990年12月調査	12	37	45	6
8～10年生	10	47	37	6
11・12年生	3	37	44	16
職業学校生	14	58	26	2
若い就業者	8	43	43	6
男性職業学校生	20	57	20	3
女性職業学校生	8	59	32	1

注：1は「外国人は極端に多すぎる。」 2は「外国人は多すぎる。」 3は「外国人は多いが，多すぎるほどではない。」 4は「外国人は多すぎない。」
(出典) Forschungsstelle Sozialanalysen Leipzig, Ostdeutsche Jugend '92, Leipzig 1992.

場合と肉体労働者である場合とでは青年の外国人に対する反感の度合に20～30%の開きが存在することも注目に値する。

　もちろん，外国人を一括して扱うのではなく，個々の国民ないし民族に分けて青年層の好感度を調べてみると，大きな落差が存在することが明らかになる。この点は既に1990年秋に『シュピーゲル』が調べているが，15歳から24歳までの旧東ドイツ地域の青年を対象とした同調査の結果は表5－6のようになった。好感度の平均値ではフランス人が最も好まれ，オーストリア人，アメリカ人がこれに次ぐ形で総じて西欧・北米諸国民に親近感を抱いていることが明らかになっているが，その反面，旧東ドイツ地域で働いていたキューバ人，ベトナム人が嫌悪の対象とされ，それまでの兄弟国のルーマニア人，ポーランド人も反感の対象になっていることや，旧東ドイツ地域には暮らしていなかったトルコ人までが嫌われていることは注目される。また本年8月下旬のロストックにおける騒乱の端緒になったのは，シンティ・ロマと周辺住民とのトラブルであり，放火された建物で逃

表5-6 外国人に対する好感度

	+5/+4	-4/-5	平均値
フランス人	35	0	+2.67
オーストリア人	32	0	+2.62
アメリカ人	17	2	+1.36
ユダヤ人	15	4	+1.06
ロシア人	8	13	+0.10
アフリカ人	10	13	+0.03
ルーマニア人	8	10	-0.15
キューバ人	6	16	-0.31
ベトナム人	5	16	-0.35
ポーランド人	4	17	-1.03
トルコ人	5	20	-1.06
シンティ	2	29	-1.81

注(1) +5（大変好感），0（好きでも嫌いでもない），-5（大変嫌悪）
注(2) 調査対象は15歳～24歳の旧東独地域の青年。
(出典) Der Spiegel vom 24, 9, 1990.

げまどったのはベトナム人であったが、このような調査結果をみれば、ロストックでの執拗かつ残忍な外国人襲撃が周辺住民の喝采の中で続いた事情の一端が読みとれる。

外国人嫌悪の主たる理由としては以下の点が挙げられている。(1)「外国人は窮屈な住宅事情を悪化させている」74％、(2)「外国人はドイツの負担で良い生活をしようとしている」58％、(3)「外国人は我々から職場を奪い取る」55％、(4)「外国人は暴力や犯罪を起こしやすい」38％。これらの他に例えば次のような理由も少数ではあるが存在する。「大抵の外国人は怠惰である」22％、「外国人からこれまで度々迷惑を受けた」18％などがそれである。また外国人との接触経験はドイツ統一時からわずかながら増大し、生徒では33％、職業学校生では19％が友人もしくは知人の中に外国人がいると回答している（ドイツ統一時は各々30％と17％）。

青年層の外国人嫌悪についてはいま一つ看過し難い事実が存在する。青年層の多くが外国人の存在を過大に受けとめていることである。報告書によれば、旧東ドイツで最大でも約1％だった外国人の割合を正確に知っていたのは全市民の6％に過ぎない。青年層でも14歳から18歳までのクラスでは半数以上が、また19〜25歳のクラスでも3分の1が外国人の割合は10％もしくはそれ以上だと考えている。このような無知に基づく想像は外国人の脅威感を増幅するものであり、潜在的な不安心理の表出と見做せよう。報告書もこの誤認について、「何よりもまず外国人に対するネガティブなエモーションによって決定づけられている」とした上で、「人が脅威感を覚えるものは危険なほどに大きく映るものである」と指摘している。

外国人に対する旧東ドイツ地域の青年層のこのような態度は別の調査にも現れている。ブランデンブルク州政府の委託を受けてポツダムの家族児童研究所が14歳から18歳までの少年1656人を対象にして実施した調査結果が先頃公表されたが、それによれば「ドイツをドイツ人の手に」や「外国人は出ていけ」などのスローガンを支持するのは42％に達し、54％がドイツは外国人で間もなく氾濫すると考えている。そして3分の1が失業の原因は外国人のせいであると見做し、34％は大抵の外国人は犯罪者であるとみていることや、さらに30％の少年が外国人を打ちのめし叩き出すことは正しいと考えていることが明らかになっている。ブランデンブルク州教育大臣で市民運動出身のM.ビルトラー（同盟90）はこの結果について、「青年たちはこ

れまで馴染んできた社会の構造が崩れて不安になっており，この不安が暴力傾向の培養基になっている」と語っている。この指摘の当否はともあれ，プロジェクトの責任者Ｄ．シュトゥルツベッヒャーが述べているように，「自分が無になるのであれば，その前に進んでスキンヘッドになるというモットーに従って多くの少年が行動している」のは，外国人に関する以上のような調査結果をみるかぎり，確実であるように思われる[17]。

　次に暴力志向をみよう。社会分析研究所の 1990 年末の調査では「暴力でしか解決できない争いが社会には存在する」との見方に賛成するのは 14％にとどまっていたが，今回の調査では「自己の利益を実現するにはしばしば暴力が必要である」との意見を支持する青年は特に男性でかなりの程度に達している。例えば男性の職業学校生ではその割合は 30％を数え，8 年生から 10 年生の男子生徒の 24％，若い男性就業者でも 20％が暴力を肯定している。また 8 年生から 10 年生までの男子生徒の 2％は既に外国人の居住施設への襲撃に加わったことがあると答えているほか，男性職業学校生の 15％と男子生徒の 8％が事情によっては参加する用意があると回答している。旧東ドイツ時代には階級闘争を是認する教義が土台になっていたため，暴力一般を否定し禁圧する教育はされなかったといわれ，これらの結果にもその教育が影を落としているとみられるが，それにしても以上のデータは青年層に広がる暴力への傾斜を予感させて不気味というほかない。

　ところで，調査結果では政治に対する関心に大きな変化が生じていることが明らかになっている。一例として職業学校生をみると，「非常に強い関心」と「強い関心」の合計は 1989 年 5 月に 43％だったのが 1990 年 4 月には 79％にまで跳ね上がった。しかし同年 9 月には幾分冷めて 53％まで下がり，翌 1991 年 6 月にさらに半減して 27％になったあと，本年 4 月には僅か 10％を数えるのみとなっている。こうした振幅の大きい変化を考えあわせれば，1990 年に 3 分の 2 の青年が特定の政党志向を示したにもかかわらず，今回その割合が半数以下に低下しているのは決して不思議ではない。これらの事実から政治と政党に対する不信もしくは嫌悪を読みとることが可能だが，ではその政治的関心は右翼の方向に向かっているのだろうか。

---

(17) Sebatian Bähr, Bevor ich nichts bin, bin ich lieber Skin, in: Blick nach rechts vom 6. 7. 1992, S. 1f.

調査によれば，ドイツ統一以降旧東ドイツ地域に組織を拡張した形になった西側の既成政党に対する旧東ドイツ青年層の支持は一様に低下している。その中でCDUの支持率が最高ではあるものの，たかだか12％にとどまり，1990年に比べ半減しているのが特徴的である。これにSPDの10％，同じく緑の党の10％が続いており，FDPは5％のライン上にあるが，これは既に6％のREPに凌駕されている。総じて政党支持が定まらないのが明らかだが，それに加え，既成政党は不信任を突きつけられた形になっているといえよう。

他方，REPのような政党やスキンヘッドなど右翼的傾向をもつ組織もしくはグループに所属している旧東ドイツの青年は，今回の調査によれば3％であり，男性に限定すると5％になる。右翼的傾向の団体への共鳴者を加えると割合は急上昇して15％に及ぶ。特に男性だけでみれば21％に達し，女性の8％を大きく引離している。共鳴者を含む右翼的団体の支持者の内訳では，REP11％（男性職業学校生では27％），スキンヘッド7％（同13％），ファッショ及びフーリガン各5％という結果になっている。1990年末の同じ調査では表5－7にみる結果であり，メンバーと共鳴者を合計すると，生徒ではそれぞれ9％，4％，4％，4％であるのに対し，職業学校生では22％，9％，7％，7％だったことになる。従って1990年と比較すれば旧東ドイツ青年層の右翼傾斜は一段と強まったと評しうるが，しかし一般に想像されているように，広範囲にわたって傾倒が見出されるわけでは決してない。このことは右翼的団体に対する拒否的態度の広がりをみても明白である。すなわち今回の調査ではスキンヘッドとフーリガンには各々76％，ファッショには71％，さらにREPに対しては60％の青年がネガティブな評価を与えているのであり，これらの数値は軽視しえない大きさであるといえる。また1990年の調査でも，スキンヘッドに対する態度だけをみれば，これを拒否するとの回答は70％あり，「ある点で私はスキンヘッドを理解できる」26％，「私自身はスキンヘッドではないが共感は覚える」4％

表5-7　右翼団体のメンバーと共鳴者
（単位：％）

	メンバー		共鳴者	
	生徒	職業学校生	生徒	職業学校生
REP	1	3	8	19
スキンヘッド	1	2	3	7
ファッショ	1	2	3	5
フーリガン	1	2	3	5

(出典)　Wilfried Schubarth, Rechtsextremismus unter ostdeutschen Jugendlichen, in: Friedrich, red., op. cit., S. 55.

を圧倒していたのが事実である。けれども全体としてみれば，1990年に比べて右翼に対する寛容度ないしは共感度がやや高まっていることは否定できない。したがって，左翼支持なども考慮に入れて全体的に眺めるなら，政党もしくは政治に対する不信と倦厭が拡大するなかで，右に重点をもつ形で左右両極への政治意識の分極化傾向が強まりつつあるのが現在の特徴といえよう。この点は，外国人に対する暴力との関連においてのみでなく，旧東ドイツ地域の政治的安定化との関わりでも重要であり，今後の動向は注目に値しよう。

(2) 青年層の心理構造

ところで，旧東ドイツ地域の青年層に関する最新の調査研究が本年9月末に公表された。幸いにして著者はこの文献をすぐに入手できたが，ここまでの叙述に関連する部分があるので，補足の意味で興味深いデータだけを紹介しておこう。

ケルンの経験心理学研究所の調査によれば[18]，圧倒的多数の旧東ドイツ地域の青年が東ドイツ市民は二級市民であるという感情を抱いている。すなわち，その割合は80％にも達し，この感情を持たないのはわずか19％にすぎない。旧西ドイツ地域の青年たちでは，旧東ドイツ市民を二級市民とは思わないと答えているのが60％を占め，明らかに二級市民と思うとするのは10％であるから，東西間の落差はかなり大きいといえる。またどこで差別を感じるかという設問への旧東ドイツ青年たちの回答をみると，全般的偏見37％，「東ドイツ市民は多くを学ばなければならない」といった態度10％，西側より低い所得25％などとなっている。

またドイツ統一後の経済発展については，期待が部分的ながら実現されたと答える旧東ドイツ青年層の割合は半数をやや上回り，このうち十分に実現されたとする者は8％いるが，他方，失望したとの回答も35％存在する。さらに生活状態への満足度に関しても，満足とする者39％に対し不満は22％あり，調査担当者は1990年の調査結果と対比して回答の両極分化が進行していると指摘している。この点は「青年層のために国は充分なことをしているか」との設問とも関連する。調査ではこの問いについて1990年にイエス

---

(18) Institut für empirische Psychologie, hrsg., Die selbstbewußte Jugend, Köln 1992.

と答えたのは20％にとどまったが，本年にはさらに下降して僅か4％にまで落ちている。そして国が青年層のために実施していることに不満であると明確に答える者が71％に上る一方では，ドイツ人であることを誇りに思うと答える者は25％（旧西ドイツ地域21％）であり，これを否定する青年29％（同44％）とほぼ同率になっている。

期待と懸念に関する調査では，表5－8にみられるように，旧東ドイツ地域での失業問題の深刻さを反映して，雇用とこれにつながる就学をめぐって東西の青年層の関心に大きな開きが存在するのが特徴になっている。実際，『政治バロメーター』の最も重要なテーマに関する毎月の調査結果をはじめ，各種の世論調査から明らかなように，失業問題は旧東ドイツ市民にとって依然として最大の問題となっているが，これは成人のみならず青年層にも当てはまるのであり，例えば旧東ドイツの青年たちが何を重大問題と見做しているかに関する調査では，高位順に5位までを並べると次のような結果になった（カッコ内は旧西ドイツ青年層での回答と順位）。1位：失業95％（56％，5位），2位：外国人に対する反感72％（68％，3位），3位：右翼急進派72％（64％，4位），4位：環境汚染70％（72％，2位），5位：青年の暴力66％（54％，7位）。これを見ても旧東ドイツ地域で青年層の心理に失業問題がいかに色濃い影を落としているかは容易に推測でき，ここに生じる不安を二級市民としての差別感と重ねあわせれば，不満が外国人憎悪の形をとって破裂してもそれほど不思議ではない。それと同時に，この順位に生じている相違からも窺えるように，旧東ドイツ時代の終焉に伴って好むと好まざるとにかかわらず受け入れなければならなくなった旧西ドイツ社会の原理，制度，価値観に順応することは容易ではなく，それらに対する評価の差に旧東西間の溝が刻みこまれていることが表5－9からも看取されよう。そしてこの溝が埋まらないかぎり，それは旧西ドイツ型社会に生きなければならない旧東

表5-8　東西ドイツの青年層の期待と懸念
（単位：％）

		旧東独	旧西独
期待	職場，職業教育，大学での勉学の場	66	33
	職業面での成功，収入	33	36
	人生の伴侶，結婚，家庭，交友	33	34
懸念	環境問題	17	33
	失業	38	21
	病気，家族の不幸	13	18
	戦争，人間相互の暴力	11	17
	社会問題	18	15
	住宅不足	7	6

(出典)　Institut für empirishe Psychologie, hrsg., Die selbstbewußte Jugend, Köln 1992, S. 74, 76.

ドイツ地域の青年に心理的重圧としてのしかからざるをえないであろう[19]。

このような旧東ドイツ出身の青少年の状況についてはこれまでにもいくつかのルポが存在している。中でも東ベルリンのクラブ・フランツを中心にして青少年の情景を描いたＲ．ミシュケの「暗闇からまぶしい光の中へ」と題したルポと，16歳の東ベルリンの少年スヴェンの日常を活写しえたＮ．ミートケのルポは出色のものであり[20]，いずれも旧東ドイツ社会の解体に伴う親や教師をはじめとする既存の権威の崩壊と相互交流の場の喪失などが心の中に大きな空洞をつくりだしている様子を的確に描写している。

一方，研究者の間でも旧東ドイツの青年に対する取組みが始められている。9月28日にデュッセルドルフで始まった社会学者大会の主要テーマが旧東ドイツ地域の青年層の暴力的傾向であることは，そのことを端的に示すものであろう（Frankfurter Rundschau vom 29. 9. 1992）。大会での報告や討論の様子についての詳細はまだ伝えられていないが，青年と右翼の問題に長

表 5-9　ドイツ社会の原理と成果の評価
（単位：％）

次の諸点でドイツは他の多くの国より良好と思いますか

	旧東独	旧西独
経済的福利	45（＋26）	69（－15）
教育チャンス	53（＋5）	61（－6）
社会保障	32（－9）	71（－8）
個人の自由	44（＋4）	62（－15）
民主的基本秩序	33（＋11）	58（－18）
政治的安定	35（＋16）	56（－21）
環境保護	23	53
科学的ノウハウ	38（＋27）	47（－14）

注 (1)　括弧内は1990年調査からの増減。
注 (2)　環境保護は1990年調査になし。
(出典) Institut für empirische Psychologie, op. cit., S. 79.

---

(19) なお，『フランクフルター・ルントシャウ』には旧東ドイツ地域の青少年を対象にして実施された意識調査の要点がこれまでに何度か掲載されているが，調査報告書自体の入手はできなかったものの調査結果にはそれぞれ興味深いものがあると考えられるので，記事のタイトルなどを記しておこう。Ulrike Bajohr, Das Gewaltpotential sollte nicht überschätzt werden, in: Frankfurter Rundschau vom 12. 10. 1992; Renate Kingma, Nationalistische Tendenzen sind eher unwahrscheinlich, in: ebenda vom 6. 11. 1992; Hannegret Biesenmaum, Schüler wissen den Wandel, nicht die alten Werte, in: ebenda vom 20. 2. 1992.

(20) Roland Mischke, Aus der Dunkelheit ins grelle Licht, in: Frankfurter Allgemeine Zeitung vom 30. 5. 1992; Nora Miethke, Das Blauhemd gegen das Braunhemd vertauscht, in: Frankfurter Allgemeine Zeitung vom 31. 8. 1992. さらに次のルポも参考になる。Jacqueline Henard, Die kraftlose Kraft, in: Was rechte Jugendbanden in Berlin zusammenhält, in: Frankfurter Allgemeine Zeitung vom 30. 11. 1992.

らく精力的に取組んできたW．ハイトマイヤーの研究は示唆するところが多いと考えられるので[21]，ここでその骨子だけを記しておこう。

ハイトマイヤーによれば，東西ドイツの青年の差異をみる場合，社会化の構造に第一に注目することが必要とされる。旧西ドイツ社会では産業化が高度な段階に達したことを条件にして青少年の社会化は個人主義化という形態をとって進行したが，他方，旧東ドイツ（DDR）では「工業社会の近代化が遅滞し選択的に行われた」ことに条件づけられて青少年は集団的規律化の形態で社会化した。その結果，DDR崩壊とともに旧東ドイツの青年たちは「規律化された社会から個人主義化した社会への転換」に適応することを迫られると同時に，他面ではこれによって開かれるチャンスを掴むためにはその前提として「それまでの自分の経歴上の成果の価値を切り下げる危険」に身を晒さなければならなくなった。その上，DDRで教え込まれた友と敵の図式的思考はDDR崩壊後も容易には解体せず，むしろ新たな敵を設定することに方向を転換し，これに旧西ドイツの人間に対する劣等感の心理的補償としてドイツ人の優越性がもちだされた時，友と敵の図式の背後で渦巻く不満や憎しみは暴力の形をとって主に外国人に対して発散されることにならざるをえなかった。その点で旧東ドイツ青年の暴力傾向は旧西ドイツに代表される資本主義という体制から外国人という生身の人間に対象が移ったとはいえ，構造的には一貫していることや，暴力を解き放つ原因として旧東ドイツの集団的規律化という型の社会化が破綻したという構造的要因が働いていることに注目することが重要になる。要するに，社会構造や政治体制を含めて旧東ドイツでは権威主義的原理が貫かれていたことが，個人主義化の進む旧西ドイツ社会との「非同時性」を強めるとともに，旧東ドイツの「近代化の遅れ」をもたらしたのであり，根本的にはこの点に旧東ドイツ青年層の暴力的傾向が胚胎しているというのがハイトマイヤーの見解である。

---

(21) Wilhelm Heitmeyer, Die Widerspiegelung von Modernisierungsrückständen im Rechtsextremismus, in: Karl-Heinz Heinemann u. a., hrsg., Der antifaschistische Staat entlässt seine Kinder, Köln 1992. この他に旧東ドイツの青年研究者の論考，Walter Friedrich, Mentalitätswandlungen der Jugend in der DDR, in: Aus Politik und Zeitgeschichte, B16-17, 1992 および，Harry Müller und Winfried Schubarth, Rechtsextremismus und aktuelle Befindlichkeiten von Jugendlichen in den neuen Bundesländern, in: Aus Politik und Zeitgeschichte, B38, 1992 も有益である。

3. 右翼政党支持の構造

(1) ドイツ政治の長期トレンドと抗議票

ところで，最近の州レベルの選挙を中心にして右翼政党が躍進を遂げていることは前述したが，その原因を考える場合，投票行動のレベルではいわゆる抗議票もしくは懲罰投票の増大を忘れるわけにはいかない。この注目すべき現象は長らく旧西ドイツでは見られなかったものであるとされる。けれども他面，それが旧西ドイツ政治の長期的トレンドの一つの帰着点であることも否定しがたいように思われる。そこでまずこのトレンドの輪郭を描いておこう[22]。

第1に注目されるのは，1949年の第1回連邦議会選挙以降ほぼ連続的に上昇を続けた投票率が，1972年の91.2％を頂点にしてその後下降に転じ，77.8％に終わった1990年の最初の全ドイツ統一選挙に至るまでほとんど間断なく低下している事実である。このことは，逆から見れば，約20年間棄権率の上昇が継続していることを意味しているが，ここで注意を要するのは，この棄権率の増大が18〜24歳の青年層に著しく，またホワイトカラー層よりも労働者層において顕著である点である。

第2の特徴は，投票率の低落と並行して政党に対する有権者の帰属意識の弱化が認められ，政党支持の強度と安定度が低下していることである。実際，1980年の調査では24％だった浮動層は，1991年の調査時点には43％（有権者の約2人に1人）に増大している。そしてこれに対応して固定的支持層は縮小の一途をたどっており，政党支持が流動化しつつあるのが実情である。

第3の注目点は，政党の側でも党員数の減少傾向が見られることである。すなわち，個々の政党に即してみれば，社会民主党（SPD）では1970年代後半，CDUでは1980年代前半からこの傾向が顕在化している。またCDU，CSU，自由民主党（FDP），SPD4党の党員数を合算した場合でも，最大だった1980年の約194万人は1989年には184万人まで後退している。このような党員数の減少は，明らかに有権者における政党志向の弛緩を物語るものといえよう。

---

(22) 拙稿「近年のドイツ政治の主要な変化」『社会科学論集』32号，1993年参照。

最後に指摘すべきは，これらの傾向が表面化するのに対応して，CDU・CSU および SPD の合計得票率が下落していることである。政権の構成がどうであれ，これまでのドイツでは CDU・CSU もしくは SPD のいずれかを主軸とする政権しか存在しえず，それ以外の政権はおよそ考えられなかった。このことは，CDU・CSU もしくは SPD のどちらかが有権者の多数の支持と信任を得てのみ安定した政権が可能であったことを意味する。ところが棄権率の増大や政党支持の流動化などの流れの中で CDU・CSU と SPD の合計得票率は，絶対得票率でみると 1972 年の 82.6％と 1976 年の 82.7％を境にして下落しつつあり，その低減は近年とくに著しい。というのは，緑の党が連邦議会進出を果たした 1983 年にはまだ 77.5％のレベルにあったが，1987 年には一気に 68.5％にまで下がり，1990 年には投票所で CDU・CSU もしくは SPD と支持政党名を記した有権者の割合は全有権者の僅か 60.1％に下落したからである。この結果，政権の安定的基盤は狭まりつつあるのが今日の姿であるといえよう。

　REP と DVU の州議会選挙での躍進に関連して指摘される抗議票もしくは懲罰投票は，以上のようなドイツ政治のトレンドを背景にして初めて出現しえた現象である。確かに右翼政党の場合にも確信的支持者が存在し，彼らが固定的支持層を形作っているのは事実である。また新規の有権者やこれまでの棄権者が比較的多く右翼政党に投票したのも確かである。しかし最近の選挙での右翼政党の得票率急増は，固定的支持層の拡大としては説明できない。むしろ政権担当能力のある国民政党に対する不満を急進的反対派に票を投じることで表明し，あるいはこれによって圧力を行使しようとする人々の数が，政党志向の弛緩と政党支持の流動化を背景にして加速度的に増大し，その意味で右翼政党支持層のかなりの部分は極めて浮動的であると解する方が適切であろう。現にマンハイム選挙研究グループの調査によれば，今春のバーデン゠ヴュルテンベルク州議会選挙の際に REP が獲得した票の大部分は，前回選挙の折りには他の政党に投票した有権者から流れてきたことが明らかになっている（表 5 − 10 参照）。すなわち今回の REP の得票の 3 分の 2 強は前回には CDU もしくは SPD に投じられたものであり，前回も今回も REP に投じられたのは獲得票の僅か 9％にすぎなかったのである。そうだとすれば，選挙の際の右翼政党の得票増はその綱領やスローガンに対する同調者の増大をただちに意味するわけではなく，むしろ国民政党に期待される懸

案解決能力が実際には発揮されていない現状への不満増大の現れであること，これら2点が取りあえず重要

表5-10 バーデン＝ヴュルテンベルク州議会選挙でのREP票
(単位：%)

CDUから	SPDから	緑の党から	FDPから	REP	その他から	支持なしから
42	26	4	3	9	5	11

(出典) Forschungsgruppe Wahlen e. V. Mannheim, Wahl in Baden-Württenberg vom 5. April 1992, Bericht Nr. 67, 1992.

になる。この点は本年4月の州議会選挙での右翼政党躍進に関する一般有権者の見方によっても裏付けられる。即ち4月に実施された世論調査では，「大抵の右翼政党投票者は抗議から右翼政党に投票したか，それとも確信に立って投票したか」との設問に対し，83％が抗議からであるという見方をとり，確信からと回答したのは13％にすぎない (Politbarometer, April 1992)。また5月に行われた旧西ドイツ地域での調査の同じ設問でも，やはり83％が抗議からであると見做し，17％が確信からであると考えているとの結果がでた（表5－11参照）。しかも注目すべきことに，REP支持者自身でも4月の調査で抗議からとするのが88％で圧倒的多数を占め，確信からとの回答は10％にとどまった。同様に5月の調査でも，抗議61％，確信31％という結果になったのである[23]。それゆえ現時点では上昇気流に乗っているかに見える右翼政党は実は抗議票の上に乗っているだけで，その基盤は著しく不安定であること，国民政党による懸案解決が遅滞すれば今後も抗議票が増大

表5-11 政党支持別にみた右翼政党投票者の動機
(単位：%)

	「バーデン＝ヴュルテンベルク州とシュレスヴィヒ＝ホルシュタイン州の選挙では急進右翼政党が多くの票を獲得しました。あなたは多くの有権者がこれらの政党を抗議から選んだと思いますか。それとも多くの有権者はむしろこれらの政党の確信的支持者であると思いますか」への回答						
	回答者数	CDU支持	SPD支持	FDP支持	緑の党支持	REP支持	支持なし
実数合計	1546	408	544	67	130	81	174
抗議から	83	86	84	85	80	68	80
確信から	17	12	16	15	20	31	20
不　明	1	1	1	0	1	1	0

(出典) IPOS, Einstellungen zu aktuellen Fragen der Innenpolitik 1992 in Deutschland, Mannheim 1992, S. 68.

(23) Hans Joachim Veen u. a., Die Republikaner-Partei zu Beginn der 90er Jahre, Sankt Augustin 1992, S. 55.

する可能性がある反面，抗議による支持者を確信的支持者に転換するのは決して容易ではないこと，しかし従来タブー視されていた右翼政党支持に踏みきる有権者が相当数出現したために右翼政党に対するタブーないしはスティグマが部分的に崩れたことの意味は小さくないことなどに注意を払っておく必要があろう[24]。

(2) 右翼政党支持者のプロフィル

では確信に立脚するのであれ，抗議の心情に発するのであれ，右翼政党に投票するのはどのような人々なのであろうか。REPを中心にいくつかの研究を参考にしてそのプロフィルを描いてみよう。

手始めに今春のバーデン＝ヴュルテンベルク，シュレスヴィヒ＝ホルシュタイン両州議会選挙での右翼政党投票者を取りあげよう。これに関する世論調査機関INFASの調査結果は表5－12に示される通りであった。そこにはいくつかの特色が浮かび出ているが，その一つは性別による相違である。調査結果では右翼政党に対する男性の支持率は女性のそれの2倍前後に達しており，右翼政党への男性の傾斜ぶりが明らかである。1989年のヨーロッパ

表5-12 性別などから見た右翼政党の得票率

(単位：％)

		バーデン＝ヴュルテンベルク		シュレスヴィヒ＝ホルシュタイン	
		REP	NPD	REP	NPD
性別	男性	12.5	1.1	1.8	7.2
	女性	7.1	0.7	0.6	3.0
年齢	18～24	12.4	1.1	1.5	7.9
	25～34	11.7	0.5	1.3	5.3
	35～44	10.3	0.6	1.1	3.9
	45～59	9.6	0.9	0.9	5.6
	60以上	7.8	1.0	1.1	3.7
職業	労働者	20.5	1.7	1.4	10.2
	職員	8.5	0.5	1.1	4.5
	自営	11.3	0.5	1.4	4.5
	主婦	6.2	0.6	0.8	2.8
	年金生活者	8.6	1.6	1.4	6.7
	失業者	9.7	3.4	1.6	8.1
得票率		10.9	0.9	1.2	6.3

(出典) Institut für angewandte Sozialforschung, Repräsentative Befragung am Wahltag 5.4.1992, Bonn 1992.

---

(24) Viola Neu u. a., Der Protest von rechts, Sankt Augustin 1992, S. 23.

議会選挙の際もこの点は同一であり，しかも年代別に区分しても各年齢層で男性の REP 支持の割合が殆ど一様に女性の 2 倍になっている。一般に男性は女性よりも政治に対する関心が高いが，この調査結果は，男性における政治的関心の高さが右翼政党への男性の高い支持を生んでいるというように解釈すべきではないであろう。むしろ右翼政党における男性的価値の優越や，新しい運動に対して一般に男性の方が敏感であることが性別面での落差の主たる原因になっていると推測される。

　次に年齢をみると，今春の選挙結果では両州とも 18 ～ 24 歳のクラスで右翼政党の得票率が最高で，年齢が高くなるにつれて幾分低下していく傾向がみられる。また 60 歳以上で最低になっているのも共通している。しかし若年層で最高の得票率になっているとしても，突出しているとまでは言い難い。一方，ヨーロッパ議会選挙では REP の年齢別支持率はどのクラスでも 6 ～ 8％であり，同選挙でも従来通り年代による大きな偏りをみせた緑の党と際立ったコントラストを呈している。更に 1989 年から 90 年前半までのマンハイム選挙研究グループの継続的調査によると，18 ～ 29 歳のクラスで他のクラスよりも REP 支持率が若干高いにしても，これを除くと各年代で大きな差は見出されない。これらをやや強引に総合していえば，右翼政党支持層の年齢構成上の重心は幾分若年層に傾いているものの，全体として比較的均等に各年代に支持層が存在するといえよう。この意味で REP は決して青年層の党ではないし，現状批判的な青年層の票を緑の党と競合しつつ左右から分けあっているわけではないのである。

　それでは学歴についてはどうであろうか。

　REP の躍進が脚光を浴びた 1989 年に INFRATEST が実施した調査によれば，国民全体では国民学校及び基幹学校修了者は 38％を占めるのに対して，REP 支持者でこの学歴に該当するのは 51％であった。逆にアビトゥーア取得者は僅か 8％を数えるのみであり，またいかなる場合にも REP を支持するという回答者が最大の割合を示したのは国民学校・基幹学校修了者においてであった[25]。

　同様の結果がコンラート・アデナウアー財団付属研究所の調査からも引き

---

(25) Karl-Heinz Klär u. a., hrsg., Die Wähler der extremen Rechten, Bd. 3, Bonn 1989, S. 26.

出せる。そこでは基幹学校修了とそれ以上の学歴の二種に調査対象者を大別しているが、その結果は表5-13の通りであった。それによると、国民平均で前者のグループは60％、後者のそれは40％に当たるが、REP支持層では前者71％、後者29％の分布になっている。また年齢を加味して考えると、18～24歳のクラスでは基幹学校修了者が国民全体で5％であるのにREP支持層では約2倍の9％に達している反面、それ以上の学歴グループでは国民全体での9％がREP支持層では半数の4％にとどまり、見事な逆転関係が認められる。一方、60歳以上のクラスについては、基幹学校修了とそれ以上の学歴の両グループの割合は、国民全体とREP支持層でいずれも等しく、差が全く存在しないのが特徴になっている。そして中間にあたる25～39歳と40～59歳のクラスでは、基幹学校修了グループでのREP支持が国民平均を上回り、それ以上の学歴グループになるとREP支持が下回るという逆転現象が認められはするが、しかし18～24歳のクラスに比べて差が縮小していることが分かる。

これらの調査結果からさしあたり二つの傾向を導き出せる。一つは、低学歴であるほどREP支持が多くなり、高学歴になるほどREPへの支持が少なくなること、つまり、REP支持者ではFDPや緑の党とは反対に低学歴層が優勢であることである。第二は、学歴によるREP支持者の割合の相違は青年層で顕著であり、概して低学歴の青年はREPに傾斜する度合いが大きいといえるが、年齢が増すにつれて学歴に関する差異は次第に希薄になることである。ここでは紹介する余裕がないが、これら二つの傾向は、マンハイム選挙研究グループの調査結果によっても確かめられることを付言しておこう。

学歴が低いほどREP支持が多くなることは職業面からも看取できる。

今春の2つの州議会選挙の結果に

表5-13　REP支持層の学歴
（単位：％）

		国民全体	REP支持層
学歴	基幹学校卒業	60	71
	それ以上	40	29
年齢と学歴	18歳～24歳		
	基幹学校卒業	5	9
	それ以上	9	4
	25歳～39歳		
	基幹学校卒業	11	15
	それ以上	14	10
	40歳～59歳		
	基幹学校卒業	23	27
	それ以上	11	9
	60歳以上		
	基幹学校卒業	21	21
	それ以上	6	6

(出典) Hans J. Veen u. a., Die Republikaner-Partei zu Beginn der 90er Jahre, Sankt Augustin 1992, S. 41.

関するINFASの調査（表5-12）では，REPもしくはDVUに投票した者の割合が最大だったのは労働者層であった点，しかもその支持は他の職層のそれを大きく引離している点が共通している。バーデン＝ヴュルテンベルク州では労働者層に次いで右翼政党支持率が高かったのは自営業者と失業者であり，シュレスヴィヒ＝ホルシュタイン州では失業者と年金生活者であった。他方，両州とも主婦とホワイトカラーでの右翼政党支持がREPもしくはDVUの得票率を共通して下回っているのも注目される。しかし傾向の明確な労働者と主婦を別にすれば，様々な階層にほぼ一様に右翼政党支持者が存在することが一つの特徴になっているといえよう。

1989～90年のマンハイム選挙研究グループの調査でも，やはり労働者でREP支持率が他の職層に比べてかなり高いという結果が出ている（表5-14参照）。すなわち専門労働者についてみると，1989年前半から1990年前半までのREP支持率は，9.5％，8.3％，2.4％と推移して低落傾向にあった。しかしこの間の国民全体でのREP支持が各々5.8％，4.9％，1.5％であったことと対比すると，専門労働者層でのREPに対する支持は毎回約2倍弱に達しており，彼らのREP支持傾向が歴然としている。

不熟練ないしは半熟練労働者でも程度の差はあれ同様であり，REP傾斜は否めない。これとは逆にホワイトカラーではREP支持は相対的に低く，下級・中級のホワイトカラーに比べ上級でREPに対する距離が比較的大きいことが分かり，INFASの調査結果とも一致している。なお農民では1989年前半のREPに対する高支持が翌年には一転して低率になっているが，これには特殊要因が存在すると考えられる。

これらの事実から，労働者とくに専門労働者層で右翼政党に対する共鳴度が高いことが明らかであり，就業人口に占める労働者の比率がなお大きいことを考慮すれば，REP支持層のかなりの部分が労働者に属していると推定できる。

表5-14 職業別に見たREP支持率

（単位：％）

職業地位	1989年前半	1989年後半	1990年前半
不熟練・半熟練労働者	8.3	6.3	2.4
専門労働者	9.5	8.3	3.6
下級および中級職員・官吏	5.6	4.4	1.2
上級職員・官吏	4.8	4.1	1.0
自営	6.6	5.0	1.5
農業	13.1	11.9	1.0
全体	5.8	4.9	1.5

(出典) Dieter Roth, Die Republikaner, in: Aus Politik und Zeitgeschichte, B37-38, 1990, S, 35.

INFRATESTの調査報告では,有権者全体の28%を単純もしくは専門労働者が占めるとの計算から,REP支持層での労働者層の構成割合は46%に上るとしている。さらにINFRATESTによれば,有権者の17%が労働組合に所属しているのに対し,REP支持層の22%が労働組合メンバーであったという[26]。労働組合の統合力や影響力の低下は以前から注目されてきた傾向だが,この事実は単にその傾向を確証しているだけではない。それは同時に,政党志向の弛緩に関連して指摘される社会道徳的ミリューの融解が進行し,労働者の伝統的な生活世界が崩れつつあることも暗示していると考えられるのであり,重厚長大産業を基軸としてきた産業社会の変容とも関わっていて甚だ興味深い。

　それはともあれ,以上の諸結果を総合するなら,右翼政党支持者の典型になるのは低学歴で比較的若い男性の労働者ということになろう。しかし注意を要するのは,この典型的な人間像はあくまで右翼政党支持者の重心の所在を表すにとどまることである。その意味で,この典型に合致する人々を除けば,右翼政党支持者はかなり雑多な構成を有しているとみられる点が重要になる。なぜなら,性別では男性の優位が明確であるにしても,年齢の点ではばらつきが大きいし,学歴からみると年齢が上がるにつれて国民全体の平均と大差がなくなるからである。また職業の面でも,労働者における右翼政党傾斜に疑問の余地がないにしても,労働者以外については国民平均からの大きな隔たりが存在するとまではいえないからである。それゆえ,右翼政党支持者を全体としてみると,典型に相当する人々を主軸にしながら,多種多様な集団の寄せ集めから成り立っているというべきであろう[27]。この点からみれば,一部の労働者の右傾化にもっぱら焦点を絞って右翼政党の躍進やその政治的意義を論じたり,あるいは雑多な集団の混在に着目して右翼のデマゴギーの吸引力に警鐘を鳴らしたりするのは,いずれも事柄の半面を見落とす結果になりかねないといえよう。

---

(26) Ibid., S. 27.
(27) この点からみると,右翼政党支持者を基本的に「近代化の敗残者」として把握するレッゲヴィーやヤシュケらの見解はやや一面的であると考えられる。Claus Leggewie, Die Republikaner, Berlin 1990, S. 70ff.; Jaschke, op. cit., S. 67ff.

(3) 右翼政党支持の心理

　多くの場合，確信よりもむしろ抗議の心情から有権者が右翼政党支持に回っているとすれば，その抗議はどこに根差しているのだろうか。この問題の究明はこれまでのところ極めて不十分にしかなされていない。ここではとりあえず最近の応用社会研究所（IPOS）の調査などを手掛かりにし，REPを中心とした右翼政党支持者の心理の内側を覗いてみよう。

　まず増大がいわれる政治不満ないし政治不信について考えよう。

　コンラート・アデナウアー財団付属研究所の調査によれば，ここ数年の間に，旧西ドイツ地域の民主主義体制に対する満足度は低下しつつある（図5－1参照）。すなわち1980年以降90％前後の水準が続いた満足度は，1989年の89％から1991年には81％へ急降下している。また支持政党別では緑の党の支持者に不満度が高いのが長らく注目点になっていたが，全般的に満足度が急下降する中で緑の党以上に強い不満をもつ政党支持グループとしてREPが登場してきている。この点は以下でみる調査でも共通する特徴であり，先回りして言えば，緑の党支持層は同党の党是である底辺民主主義の立場から民主主義の不足に不満であると考えられるのに反し，REP支持層では権威主義的体制への志向から民主主義の過剰に不満が強いとみられる。言い換えれば，前者では市民に開かれた政治参加の回路の狭さと有効感の乏しさが問題とされるが，後者では逆に市民の自己主張が強すぎ，結束と規律が欠如していることを問題視する傾向が強いことが図に示された数字に表れていると考えられる。

　図5－1と同様の結果は表5－15に掲げたIPOSの調査にも見出される。ここでは1980年代に70％台にあった満足度はドイツ統一の年に一旦85％まで跳ね上がった後，1991年の78％を経て1992年の65％へと急落している。また緑の党では一貫して満足度は低いが，それ以上にREP支持層で不満が大きいのも同一である。なお，1992年の調査結果では，民主主義に非常に不満との回答が他の政党では一桁にとどまっているのに，REP支持層では26％に達しているのが際立った特色の一つとして指摘できる。また支持なし層で不満度が高く，とくに非常に不満という回答が2桁になっているのはREP支持層の場合に類似している。この点は，支持なし層の一部がREP支持に移行しやすい状態にあることを暗示しているだけでなく，棄権率自体が増大傾向にあることからしても注目に値しよう。

図 5-1　民主主義に対する満足度（旧西独）

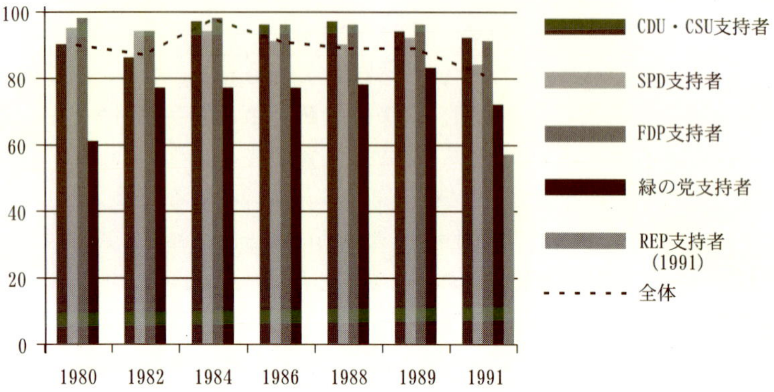

(出典) Viola Neu u. a., Der Protest von rechts, Sankt Augustin 1992, S. 7.

表 5-15　政党支持別にみたドイツの民主主義に対する満足度（旧西独）
(単位：％)

年　度		全体	CDU・CSU	SPD	FDP	緑の党	REP	支持なし
(1)＋(2)	1984	72	89	65	90	38	―	―
	1985	70	88	62	80	42	―	―
	1986	71	91	64	77	38	―	―
	1987	79	94	74	83	46	―	―
	1988	72	93	67	83	51	―	―
	1989	73	90	72	90	60	―	―
	1990	85	96	83	92	62	41	―
	1991	78	91	78	84	60	―	―
	1992	65	81	68	78	46	36	―
1992年	(1)	10	17	9	14	6	2	8
	(2)	55	64	60	64	40	34	37
	(3)	28	18	28	19	46	35	40
	(4)	6	2	4	2	7	26	16

注　(1) 非常に満足，(2) どちらかといえば満足，(3) どちらかといえば不満，(4) 大いに不満。
(出典) IPOS, op. cit., S. 29f.

　REP支持層における民主主義体制への不満ないし不信は他の側面でも確認できる。表5－16は主要な公的機関に対する国民の信頼度をプラス5からマイナス5までのポイントの範囲で測定したものである。それによれば，調査が開始された1984年以降各種機関への信頼度はおしなべて低下してお

表 5-16 各種機関に対する信頼度（旧西独）

(単位：%)

	1984	1986	1988	1990	1991	1992	CDU・CSU	SPD	FDP	緑の党	REP	支持なし
連邦憲法裁判所	2.8	2.5	2.4	2.5	2.5	2.2	2.9	2.2	2.6	1.3	1.0	1.5
警察	2.5	2.2	2.2	2.1	2.0	1.9	2.8	1.9	2.6	0.5	0.7	1.5
裁判所	2.4	2.2	2.3	2.2	2.2	1.9	2.6	2.1	2.3	1.2	0.3	0.8
連邦参議院	－	－	－	－	1.7	1.2	2.0	1.4	1.6	0.2	－0.7	0.3
連邦軍	2.0	1.7	1.4	1.2	1.3	0.9	1.8	0.9	1.2	－1.2	0.6	0.7
州政府	－	－	－	－	1.4	0.9	1.4	1.4	1.4	－0.1	－1.1	0.2
連邦議会	2.0	1.7	1.4	1.9	1.6	0.7	2.1	0.8	0.9	－0.4	－1.5	－0.5
テレビ	0.9	1.0	0.9	1.0	0.7	0.6	0.9	0.8	0.7	－0.2	0.2	0.5
新聞	0.3	0.6	0.5	0.6	0.5	0.5	0.7	0.6	0.9	0.1	－0.2	0.3
教会	1.9	1.4	1.2	1.2	0.7	0.4	1.6	0.3	0.8	－0.9	－1.6	0.0
労働組合	－	0.7	0.8	0.7	0.8	0.3	－0.1	1.1	－0.1	0.3	－1.3	0.0
連邦政府	1.6	1.4	1.0	1.5	1.1	0.2	2.3	－0.3	1.0	－1.8	－2.0	－0.8
政党	－	－	－	－	－	－0.2	0.9	0.1	0.3	－1.3	－2.2	－1.4

注 5：非常に信頼，0：どちらでもない，－5：全く不信。
(出典) IPOS, op. cit., S. 40f., 44.

り，不信感が強まりつつあることが明白といえよう。たとえば旧西ドイツ地域だけでみれば，1.0以下のポイントしかない機関は例年は多くても4つまでだったのに，1992年には9機関がこれに該当し，しかも1992年に追加された政党については初めてマイナスを記録しているほどである。民主主義体制を支える諸機関に対するこのような信頼の低下はREPへの道につながる可能性がある。なぜなら，他党と比較した場合，REP支持層には諸機関への不信が充満しているといえるからである。実際，REP支持層では各種機関に対する国民の平均的信頼度をいずれも下回っているだけでなく，その差も連邦議会と連邦政府の項では最大の2.2ポイントを数えているように開きが大きい。この意味でREPは既存の政党配置の中で民主主義的制度に対する不信の極に位置しているのであり，今後国民全般に不信の水嵩が増すことがあれば，それによってREPが勢いを得る公算は小さくないといえよう。

民主主義体制への不満以外にも政治心理の面からみたREP支持層の特性はいくつか存在する。これを示す世論調査の若干のデータをまとめると，例えば「政治家は私服を肥やしている」という項目では，1980年にこれにイエスと答えるのは33%だったのが，1991年には62%に倍増している。そしてこのような空気の変化の中で，REP支持者の85%までが政治家不信の念

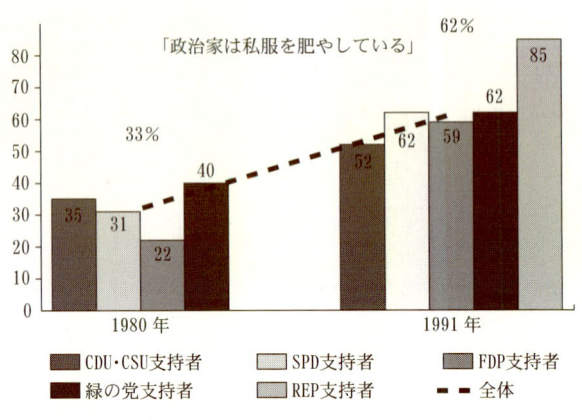

278　第2部　現代ドイツの過激派問題

図5-2　政治家に対する見方（旧西独）

「政治家は私服を肥やしている」

1980年: CDU・CSU支持者 35, SPD支持者 31, FDP支持者 22, 緑の党支持者 40, 全体 33%

1991年: CDU・CSU支持者 52, SPD支持者 62, FDP支持者 59, 緑の党支持者 62, REP支持者 85, 全体 62%

（出典）Archiv der Konrad-Adenauer-Stiftung, Nr. 9105, 1991.

を抱いているのに対して，野党の側ではSPDと緑の党で同意見なのは同率の62％にとどまっている（図5－2参照）。ここにはREPの突出ぶりがよく表れており，REPはさながら政治家不信の人々の集合体の観を呈しているといえよう。

また「重要問題で政治は無策に終始しているとの感情を常にまたはしばしばもつ」との回答者が全体では35％であるのに，REP支持層では52％存在することは，与野党を問わず既成政党に対する不満がREP支持層でとりわけ強いことを示している。このことは特に今春のバーデン＝ヴュルテンベルク州議会選挙直前の同州での調査結果から読みとれる（表5－17参照）。例えば庇護権・難民問題に関し，CDUとSPDの問題解決能力を全くなしと考える有権者は全体の16％だったが，REP支持層では29％存在し，他のテーマについても同様である。これは既成政党の無策や怠慢を無能力と同一視して不信をぶつける傾向がREP支持層でとくに強いことを示唆するものと考えられる。前述のように，ドイツ政治の長期ト

表5-17　CDUとSPDの問題解決能力に対する不信（バーデン＝ヴュルテンベルク州）

（単位：％）

	全く信頼せず	
	REP支持者	全体
庇護権・難民	29	16
住宅	23	6
環境保護	16	10
失業	24	13

（出典）Neu, op. cit., S. 13.

レンドの一つとしてCDU・CSUやSPDからの有権者の離反が挙げられるが，その背景には当然ながら既成の国民政党に対する不満の増大がある。そうだとすれば，ここでもREPはこの傾向を凝縮した存在と見做すことができる。それゆえ政治家不信であれ既成政党への不満であれ，今後もこれらが昂じていくようなことがあれば，それを表出する媒体としてREPもしくは他の右翼政党が選択される可能性が大きくなると予想される。

　以上の諸点を総括すれば，REP支持者はなによりもドイツ政治の現状に対する不満層から成っていることが明らかであろう。REPはドイツの民主主義体制を支える機関や組織に対してネガティブな評価を下す人々を主たる支持者としているのであり，その意味でREPは現存する形の民主主義に対する反対派として位置づけられる。と同時に，指導層や党員を別にして，一般有権者のレベルでみる限り，REPは文字通り抗議の党として性格づけられる。なぜなら，様々な種類の反対に終始している選挙スローガンを一瞥すれば明らかなように，その躍進は積極的で建設的な対案が共感を呼んで同調者を増やしている結果ではないからである。つまり，政治の現状に対する不満からREPは成長のエネルギーを汲みとっているのであって，REP指導層が抱く政治と国家の理想像に共鳴の輪が広がっていることに躍進の根源があるとはいえないのである。

　それはともあれ，REP支持層が抱いている不満はもっぱら政治に向けられているだけではない。いくつかの調査からは，経済の現実に対しても広く不満が存在していることが明らかになっている。

　まず，今春のバーデン＝ヴュルテンベルク州議会選挙の前にIPOSが同州で実施した調査の結果は，表5−18が示す通りであった。これを一見すれば，REP支持層の場合，経済の現状評価でも今後の経済見通しの点でも一般の人々より「悪い」もしくは「悪化する」との回答が20％も上回っており，平均的見方より遥かに悲観的であることが一目瞭然といえよう。

表5-18　バーデン＝ヴュルテンベルク州での経済状態の評価
（単位：％）

	REP支持者	全体
現在の経済状態はどちらかといえば悪い	68	48
経済は今後ますます悪化する	61	41

(出典) Neu, op. cit., S. 14.

表5-19　自分自身の経済状態の評価と今後の見通し

(単位：%)

	経済状態の評価			経済状態の見通し			
	良好	どちらでもない	悪い	良くなる	同じ	悪くなる	不明
REP支持者	51	37	12	13	66	20	0
全体	58	35	7	13	72	14	1

(出典) Veen, op. cit., S. 56f.

　コンラート・アデナウアー財団付属研究所の調査では，表5 − 19に明らかなように，自己の経済状態についての評価も類似の結果になっている。それによれば，自己の経済状態を「良い」と評価する者は，全体では58％存在するのに対してREP支持層では51％にとどまる一方，逆に「悪い」との評価は各々7％と12％になっている。従って，一般の見方に比べてやはりREP支持層で悲観的色合いがより濃厚であるといえよう。

　自己の経済状態の見通しについても結果は同じである。この場合には「良くなる」との回答が一般とREP支持層が同一である点が興味をひくが，「同じ」と「悪化」では差が生じ，REP支持層に暗い見通しを抱く者が多いという結果が出ている。これと関連してルール工業地帯の主要都市ドルトムントで世論調査機関FORSAがヨーロッパ議会選挙直後の1989年7月に実施した世論調査結果も注目される。ドルトムントはSPDの牙城として知られるが，同調査では今後2年間の自己の経済状態の見通しを訊ねたところ，SPD投票者の29％とREPもしくはDVU投票者の22％が「良くなる」と回答し，差はあるもののいずれも「悪化する」との回答を上回った。けれどもSPD支持からREPまたはDVU支持に移行した有権者の場合，「悪化する」と答えた者が40％を占め，自己の経済状態の悲観的見通しが支持政党変更の有力な原因の一つであることを推測させる結果になっている[28]。

　経済面でのこれらのデータが教えるのは，概括すれば，REP支持層ではペシミズムが国民一般の場合よりも色濃く漂っているということであろう。もちろん，ペシミズムは心理面での社会からの撤退につながることもあり，必ずしも行動的形態で表出するわけではない。しかし，調査でみる限り，ペシミズムが生み出す不満と不安がプロテストの心理を強め，人々を右翼政党に向かわせる要因になっていることが窺えよう。そして先行き不安と現状不

(28) Vgl. Veen u. a., op. cit., S. 58.

満が交差する心理においては，一方で例えば犯罪の増加などが呼び起こす社会不安は増幅されて意識されるであろうし，他方では不満は自己より弱い立場の者に捌け口を求めることになりやすい。

　この観点からみると，IPOS の調査結果には興味をそそるものがある。それによれば，犯罪の脅威が近年高まっており，「市民の安全は犯罪によって脅かされているか」との設問に旧西ドイツ地域でイエスと答える人々は，1990 年の 56％から翌 91 年の 67％を経て 1992 年には 71％に上昇している。また「脅威は高まりつつある」との回答も 1990 年には 54％だったのが，1991 年に 63％，92 年に 71％になり，前問の場合とほぼ並行して増大している（表 5 − 20 参照）。一方，これら二つの設問に対する回答の政党支持別の内訳は，本年については同表が示す通りであった。その特徴は，改めて指摘するまでもなく，REP 支持層では犯罪の脅威を指摘する声が他の政党支持グループに比べてかなり強いだけでなく，見通しの点でも「脅威は高まりつつある」と診断する割合が REP 支持層で最大になっていることにある。この事実はある程度まで REP 支持層が抱く不安心理の投影とみることができ，社会不安に敏感な心理状態にあることを表すものといえよう。

　不満の捌け口に関しては，外国人と庇護申請者に対する態度を一瞥するのが適切であろう。

　まずドイツで暮らす外国人に関する REP 支持層の見方を 1989 年 11 月の調査結果で覗くと（表 5 − 21 参照），かなり明瞭な輪郭が浮かんでくる。一つは，ドイツに居住する外国人は多すぎるかとの設問に全国平均

表 5-20　治安の悪化に関する見方（旧西独地域）

(単位：％)

		1990 年	1991 年	1992 年	CDU・CSU	SPD	FDP	緑の党	REP	支持なし
路上や広場での市民の安全	脅かされている	56	67	71	74	71	74	53	86	75
	脅かされていない	44	33	27	25	28	26	45	11	23
脅威の増減	どちらかといえば増大	54	63	71	73	70	74	52	86	74
	どちらかといえば減少	1	1	1	1	1	0	1	0	1
	脅威はない	43	33	27	25	28	26	45	11	23
	わからない	2	3	1	1	1	0	2	3	2

(出典)　IPOS, op. cit., S. 74f.

表 5-21 ドイツ在住外国人に関する見方

(単位:%)

	ドイツで暮らす外国人の数			ドイツで暮らす外国人の適切な呼称			
	多すぎる	適度	もっと受け入れてよい	ゲスト	同胞(ミットビュルガー)	異邦人(フレムデ)	その他
REP支持者	86	12	1	27	20	49	1
全体	58	35	7	27	44	26	1

(出典) Veen, u. a., op. cit., S. 59f.

表 5-22 政党支持別に見たドイツ在住外国人に関する見方

(単位:%)

	全体	CDU・CSU	SPD	FDP	緑の党	REP
ドイツの外国人は多すぎる	75	84	75	66	38	99
外国人の生活様式は我々のそれを豊かにする	48	39	52	59	82	17

(出典) Der Spiegel vom 17. 4. 1989.

を大きく上回る割合でイエスと答えていることである。もう一つは，呼称として近年では定住した外国人を同胞（Mitbürger）と呼ぶ人々が増え，実態に合致しなくなったガストアルバイターの語は使われなくなる傾向が見られるなか，REP支持層では異邦人（Fremde）が最多になっていることである。これら2点は同年4月に公表された『シュピーゲル』誌の調査によっても裏付けられる。そこには政党支持の観点からREP支持層と多くの設問で対極的な位置を占める緑の党の支持層の回答も示されているが，表5－22にみられるように両党支持層の開きは極めて大きく，ドイツの政治文化の両極間の距離は断絶と表現してもよいと思わせるほどである。実際，呼称でみると，「同胞」に賛成するのは緑の党支持層で67％，REP支持層では3％であり，他方，「異邦人」を適切とするのは緑の党で16％であるのにREPでは半数を超す58％に上っている。また，多文化主義の是非を問う「外国人の生活様式は我々のそれを豊かにするか」との設問でも，緑の党支持層の82％が賛成で反対は17％であるのに対して，REP支持層では賛成が17％で反対は82％であり，前者と丁度正反対の関係がみられるし，庇護権問題の回答でも同様の結果になっているのである。ともあれ，こうした調査結果からだけでも既にREP支持層の間で外国人に対する反感がいかに根強いかを看取することができよう。

次に，今日のドイツに多数の外国人が居住していることに問題があると思

うか否かに関する旧西ドイツ地域での調査では，表5-23のような結果が得られた。この設問への回答は，昨年9月のホイヤースヴェルダ事件以後変動幅が大きいが，その点は措くとして，政党支持グループ別の回答だけを取り出せば，REP支持層で問題ありとの見方が圧倒的に多く，この点でも緑の党の支持層と逆転した関係にあることが分かる。ここに認められる外国人に対するREP支持層のネガティブな態度は，例えばドイツ経済にとっての外国人労働者の必要性に関する認識にも見出される。すなわち，国民全体の場合では労働力として外国人は必要との意見は67％あり，不要との意見32％の2倍以上に達しているが，これに対してREP支持層ではそれぞれ53％と47％でほぼ同水準であり，ギャップの大きさが目立つ。またEMNIDの調査によっても（表5-24参照），外国人がいなければ自分の経済状態は良くなると考える人々の間で右翼急進主義に対する理解度が高い一方，外国人の有無は自分の経済状態と直接には関係しないとみている人々では理解度が低いという結果が出ており，その差はかなり大きい。こうしたギャップは，低学歴層の多いREP支持層には外国人の存在が職場や住居の面での競争相手として映りやすいことに起因しているとみられるが，他面，失業の懸念や生活向上についての悲観的見通しなど自己の経済状態につきまとう不安によって増幅されていると考えられる。不安定な心理状態では脅威は実際以上に大写しになるのが常であるし，脅威の源は有害もしくは無用でありえても，決して有用と評価されてはならないのである。

表5-23 政党支持別に見たドイツ在住外国人の見方（旧西地域）
(単位：％)

ドイツに多数の外国人が暮らしていることは問題か							
	全体	CDU・CSU	SPD	FDP	緑の党	REP	支持なし
問題なし	47	38	48	55	78	17	41
問題あり	53	62	52	42	22	83	57

(出典) IPOS, op. cit., S. 80.

表5-24 右翼急進主義への理解と外国人がいない場合の自己の経済状態
(単位：％)

	外国人がいなければ自己の経済状態は		
	良くなる	変わらない	悪くなる
右翼急進主義に理解あり	56	19	30
右翼急進主義に理解なし	44	81	70

(出典) EMNID, Umfrage und Analyse, Nr. 5/6, 1992, Bielefeld 1992, S. 81.

同じことは庇護申請者に対する態度にも当てはまる。

既述のように,基本法に定められた庇護権は重要な位置を占めるが,申請者の高波を前にしてその改廃が重大な争点になってきている。そうした状況下で,「政治的に迫害された外国人に庇護権を認めることに問題があると思いますか」との設問に対し,「問題なし」という旧西ドイツ地域での回答の比率と政党支持別内訳を表5－25は示している。それによると,1989年以降1992年までの「問題なし」の全体平均は65％から74％に増加している。これに対し,REP支持層でも若干の増加は認められるものの,1992年でも「問題なし」とするのは半数の52％にとどまっており,ほぼ全員が「問題なし」と答えている緑の党の支持層と鮮やかな対照を描いている。また「大抵の庇護申請者はドイツの庇護権を濫用していると思いますか」という設問の場合も,認定率の低さを反映して全体では「はい」の回答が75％と大きく,「いいえ」が25％にとどまるのに対し,REP支持層では「はい」は94％で圧倒的多数に達している。ここでもREP支持層は3分の2が「いいえ」と答えている緑の党支持層の対極に位置していることが明瞭であり,庇護申請者に対する根深い不信感が露わになっている。この事実を踏まえれば,基本法の庇護権条項改正を支持する声がREP支持層に広く見出されるのは当然といえよう。さらにまた,庇護権を認められなかった申請者を出身国に送還すべきであるという主張に対する賛同がやはりREP支持層で高水準になっているのも不思議ではないであろう。この二点の調査結果は,表5－26に

表5-25 政党支持別に見た庇護権に関する見方（旧西独地域）
（単位：％）

		全体	CDU・CSU	SPD	FDP	緑の党	REP	支持なし
政治的被迫害者の庇護権は問題なし	1988年	65	57	69	69	93	—	—
	1989年	65	61	69	69	87	47	—
	1990年	70	66	71	73	91	34	—
	1991年	70	70	69	74	98	—	—
	1992年	74	73	76	75	94	52	—
庇護権は濫用されている(1992年)	そう思う	75	85	74	72	34	94	81
	そう思わない	25	14	26	26	66	6	17
	わからない	1	0	0	2	0	0	2

(出典) IPOS, op. cit., S. 86, 93.

表 5-26 政党支持別にみた庇護権濫用への措置（旧西独地域）
(単位：％)

		全体	CDU・CSU	SPD	FDP	緑の党	REP	支持なし
庇護権濫用の防止策	基本法を改正すべき	68	79	66	57	26	94	74
	基本法改正の必要なし	30	19	32	41	68	6	23
	わからない	3	2	2	2	6	0	3
庇護権認定者の扱い	出身国への送還	40	45	36	39	17	70	44
	危険がない場合は送還	57	53	62	59	70	30	54
	ドイツに滞在	3	1	3	1	13	0	1

(出典) IPOS, op. cit., S. 91, 93.

掲げた通りであるが，REP 支持層ではどちらの回答も全体平均を 25〜30％ も上回っているのが際立っている。

　以上のように検討してくれば，改めて次のことが確認されよう。すなわち，ドイツの民主主義を担う機関や政治家に対する不信と不満や自己の経済状態をめぐる不安ばかりでなく，犯罪の脅威への過敏さや外国人・庇護申請者に対する反感などその他の個別のテーマでも REP 支持層に現状不満がもっとも広範に見出されることがそれである。このことは，言葉を換えれば，現状に対する不満がもっとも強いのは REP 支持層であり，既成政党では飽き足りない人々が様々な不満をぶつけるために REP に流れこんでいること，その意味で REP は決して建設的な政党ではなく，なによりもまず急進的な抗議の党であることを意味していよう。

　実際，既述のように，これまでのところ REP 支持層の大半は REP の綱領や具体的な政策に対する共感もしくは同調のゆえに REP への支持行動をとっているわけではなく，あくまで既成政党に対する抗議が主たる動機になっているとみられる点は極めて重要である。例えば SINUS の報告書は REP 支持層の外国人に対する反感の源には「福祉排外主義」があると指摘しているが[29]，そのことは，換言するなら，次のことを含意していよう。即ち，自己の経済状態の現状と先行きについての不満や不安が既得のものの防衛に人々を走らせ，これを脅かす存在と見做された外国人の排斥を強めていること，そして効果的な外国人規制策を打ち出せない政治を前にして，これに対する抗議の意思表示の媒体として REP が選択されていることである。

---

(29) Klär, hrsg., op. cit., S. 50.

この点で，報告書でいう「福祉排外主義」が従来から存在している外国人嫌いとは質的に区別されることに留意することが肝要といえよう。

そうだとするなら，REP の今後の動向を占う場合，二つの点に注意を払う必要が生じる。一つは，例えば実効性のある外国人・難民政策が仮に実施されたとしても，REP もしくは右翼政党の勢力拡大についていわば対症療法にしかならない可能性が大きく，短期的な抑止効果は期待できても問題の抜本的解決には必ずしもつながらないことである。かねてより研究が重ねられてきた反ユダヤ主義と同じく，外国人敵視自体は各種の不満の複合体という色合いが濃厚といえる。それゆえ，現象としては外国人敵視が右翼政党台頭の直接的な原因にみえるにしても，根本原因と断定するには慎重でなくてはならないであろう。そして根本原因が解決されない限り，個別の副次的要因が解消されても早晩他の分野で新たな火種が燃え上がる公算が大きい。現時点ではさしずめ基本法改正を軸に対策が急がれている大量難民問題と EC 通貨統合に伴うマルク消滅問題がそうした関係にあるとみてよく，その意味ではドイツ・マルク問題は難民問題と機能的に等価だといえよう。なぜなら，国際的に強力な通貨ドイツ・マルクはドイツの豊かさのシンボルにとどまらず，敗戦後の荒廃から立ち直ったドイツ国民の努力の結晶であるとともに彼らの自信と誇りの中核であり，それを手放すことは民族に対する背信行為だと訴えることができるからである。事実，REP の副党首シュリーラーは「我々にはテーマはいくらでもある」と豪語し，党首シェーンフーバーは本年のコンスタンツ党大会で「マーストリヒトは戦争なきヴェルサイユである」というスローガンを掲げて REP を「唯一の反マーストリヒトの党」と位置づけている。(Der Spiegel, Nr. 41, 1992; Frankfurter Allgemeine Zeitung vom 12. 10. 1992)，このように難民問題の機能的等価物を探り当て，前面に押し出していることは，大衆心理の動きを読みとる REP 指導層の直感の鋭さとともに，REP 自体の根の深さを示すものでもあるといえよう[30]。

---

(30) 因みに，マーストリヒト条約の批准に対しては二つの方向からの批判があるといえる。一つはブリュッセルの EC 官僚の手に権力が集中し，各国国民の政治的影響力が失われる危険があるという，いわば民主主義の不足に焦点を合わせるものであり，例えば緑の党支持層にこうした批判に同調する空気が強い。もう一つの批判は，各国の主権が失われ，また国民文化の伝統も消滅しかねないという意味での国家性の不足に照準をあてるものである。このような方向か

今一つ注目点が存在する。REPもしくは右翼政党の選挙での躍進が抗議票に負うところが大きい事実は、これらの運動が二つのレベルから成り立っていることを示しているという点である。すなわち、一つは党の指導部から下部党員にまで至る組織のレベルである。ここでは様々な制約のためマヌーバー的性格を併せもつ表向きの綱領よりも、むしろ民族の保全とそれへの献身を最高価値とする、密教ともいえる信条が組織の紐帯になり、その結束を保つと同時に運動を方向づけている。これに対し、他方には一般有権者のレベルがある。そこでは顕教と呼べる綱領や個々の政策の内容はそれほど重要ではなく、従ってそれらの実現可能性や整合性も不問に付され、むしろ政権や既成政党に対する告発や攻撃の鋭さ、激しさが重視される。このレベルでは右翼政党は同一化の対象というよりは、自己の意思や心情を表出するための便宜的な媒体にすぎない。その意味で二つのレベルの隔たりは大きく、他の政党とは違って有権者の掌握度が低いために右翼政党は安定した基盤を確立したというには程遠いのが実情といえる。一例を挙げれば、アオスジードラーと呼ばれるいわゆるドイツ系帰還者問題では右翼政党は同胞と捉える立場からその受け入れに全面的に反対できないが、支持者の多くにとってはアオスジードラーは一般の外国人と同じく競合相手であるために彼らの帰還に冷淡な態度が認められるといわれるのであり（Der Spiegel vom 17. 4. 1989）、この齟齬に示されるように、二つのレベルの間に開いた距離は、右翼政党の場合、とくに大きいと見られるのである。

4．ドイツ政治右傾化の見通し

それでは選挙結果などにみられる右翼政党の躍進は今後も続くのであろうか。それとも一過的な現象に終わるのであろうか。最後にこの点が問われなければならないであろう。

こうした問題を考察する場合、あらかじめ確認しておくべき事柄がある。それは、政治的気流観測の全般的困難さに加え、右翼政党の場合、支持層が極めて流動的であるという特色のために困難さが加重されていることであ

らの批判は、前者のそれが民主主義的批判と呼べるとすれば民族主義的批判と名付けることが可能であるが、いうまでもなくこれを代表するのがREPをはじめとする右翼政党である。

る。というのは、内外の政治的環境の変化による影響を右翼政党は被りやすいからである。その例は、ブラント政権の東方政策への抵抗に代表される、野党に転じた当時のCDU・CSUの右派路線強化によってNPDの没落が加速された過程に見出される。ここでは既成政党の軌道修正による影響が問題になる。一方、ドイツ統一の熱狂は本来なら民族重視の右翼政党に有利に働くはずだったが、統一を推進した既成政党がその興奮を回収してREPは埋没する結果になった。この場合には政治的環境の変化が重要になるであろう。これらの事例は、右翼政党の盛衰が主として外部的要因によって決定されており、政治的機会をつかめるか否かは右翼政党自身の力量の問題とはいえないことを表している。その意味では、右翼政党の選挙での消長は、必ずしも政治的気流の右傾化の度合を正確に示すバロメーターにはならないといってよい。それゆえ、これまでのREP支持層における不満の概観を踏まえつつ、考察範囲を国民世論の平面に限定した上で、右翼政党の盛衰をも包摂した形で広く右翼的潮流の動向つまりドイツ政治の右傾化の可能性を手短に検討したい。

最初にここ1〜2年の変化を大掴みに眺めよう。

まず図5-3に掲げた世論調査でのREPの支持率をみると、2つの州議会選挙があった本年4月を境にそれまで2〜3%にとどまっていた支持率が急上昇し、7〜8%前後の水準を保っていることが分かる。8月末に公表されたINFASの調査では3月から8月までに右翼政党支持率は旧東ドイツ地域で8%から12%に、旧西ドイツ地域で12%から19%にまで上昇したとされ（Die Welt vom 31.8.1992）、また9月中旬公表のFORSAの調査でもREPをはじめとする右翼政党は支持率を伸ばしている（dpa vom 14.9.1992）。

このような急上昇の直接的原因は明らかではないが、州議会選挙結果の衝撃によって右翼政党をタブー視する風潮に緩みが生じたことが一因になっていると考えられる。また右翼政党の主張を理解できるとし、共鳴や支持にまでいかなくても少なくとも拒否反応は示さない人々の割合もジワジワと増えつつあるのが実情であり、理解できるとする人々の割合は1991年9月の34%から同年11月27%、本年2月25%を経て、4月33%、6月38%と拡大する機運にある（Der Spiegel vom 29.6.1992）。9月中旬に発表されたINFASの調査では、「外国人は出ていけ」という右翼政党の専売特許であるスローガンを支持する人が26%に上っていることや、「ドイツをドイツ人の手に」

の標語を正当とする人が51％に達し，37％の人はドイツ人は外国人に対し自衛すべきであると考えていることなどはこれを裏書きするものであろう（Frankfurter Rundschau vom 12.9.1992）。なお，昨年秋に右翼政党に対する理解度が減少したのが注目されるが[31]，その理由の一つは，同時期の世論調査で外国人に対する敵意が弱まったのと同じく，右翼的傾向の青年たちがホイヤースヴェルダを皮切りに難民収容施設等への襲撃を繰返したことが右翼への嫌悪感を広げたことにあると見られる。他方，今年に入って再び増加に転じたのは，ショック性の嫌悪が和らぐとともに，暴力事件にもかかわらず増えつづける難民流入が懸念を強めていることや，旧東独地域の経済復興が思いのほか立遅れていることが明らかになって悲観的ムードが濃くなりつつあることなどが背景にあると思われる。

　右翼政党に対するこのようなシンパシーの拡大は，経済情勢の推移と直接的な因果関係があるとはいえないにしても，それが醸し出す社会心理やムー

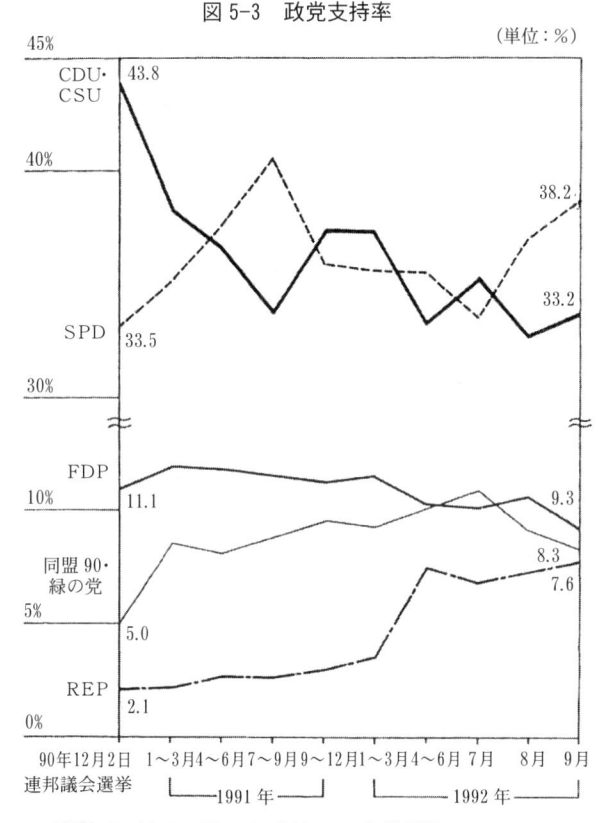

図5-3　政党支持率　　　　　　（単位：％）

CDU・CSU 43.8 → 33.2
SPD 33.5 → 38.2
FDP 11.1 → 9.3
同盟90・緑の党 5.0 → 8.3
REP 2.1 → 7.6

90年12月2日連邦議会選挙　1～3月 4～6月 7～9月 9～12月　1～3月 4～6月 7月 8月 9月
　　　　　　　　　　　　—1991年—　　　　　　　—1992年—

（出典）Frankfurter Allgemeine Zeitung vom 8.10.1992.

────────
(31) EMNID, Umfrage und Analyse, Nr. 5/6 1992, Bielefeld 1992. S. 73.

ドが下地になっていることは否定できない。この関連では，ポピュリズム的色調の濃いO.ベッケルらの率いる初期の大衆的反ユダヤ主義運動の高揚が経済不況の醸す不安感を土壌にしていたことを解明したH．ローゼンベルクの名著『大不況とビスマルク時代』が想起される[32]。もとより1世紀以上も前の歴史過程を今日の事態に引き寄せることには慎重でなければならないが，それはともかく，現下の経済情勢が次第に険しさを増していることは，ドイツ産業の国際競争力の回復を意図する「産業立地ドイツ」の掛け声が盛んに飛びかうようになりつつあることや，旧東ドイツ地域の経済再建案として先頃ショイブレCDU・CSU院内総務らによって強制国債の導入が提唱されたことなどから誰の目にも明らかになってきている。これを具体的な数字で示せば，ドイツ統一が果たされた1990年中頃からの統一に伴う消費と投資需要ブームの後，1991年後半から旧西ドイツ経済は消費，投資両面で下降線をたどりはじめ，これに国際収支の赤字，高金利がマイナスに作用してマクロの経済成長率は1990年の4.9%から1991年には3.6%に低下した。1992年も第1四半期こそ2.2%（対前年度同期比）の成長だったが，その後，第2四半期は対前期比マイナス成長となり，第3四半期は一層の落ち込みが見込まれるなど景気は停滞しているのが実情である。また政府が掲げる1992年の実質経済成長率2.5%の達成も絶望視されている。

　本年10月に発表された5大研究所の見通しによれば，1992年の成長率は旧西ドイツ地域で1.5%，1993年は0.5%となっている。しかしその後に発表された五賢人会の予測はより厳しい見方をしており，1992年と1993年にそれぞれ1.5%，0%の成長率を見込んでいる。他方，旧東ドイツ地域の経済は，西側工業国に比べて低い生産性による競争力の欠如とこれまでの最大の貿易相手国であるソ連の崩壊と東欧諸国の混乱のため輸出が急減し，その結果，1991年の成長率は－28.5%（5大研究所の推計）と急激に落ち込んだ。経済研究機関の多くは，旧東ドイツ経済は1991年後半に底入れし，1992年には10%を超す高い成長率を達成すると予想していたが，機械製作，造船といった製造業が軒並み不調で，旧東ドイツ地域経済の底入れ，回復への反転については予測が立たないのが現状である。

　雇用情勢も見通しは明るいとはいえず，5月に公務員交通労組（ÖTV）が

---

(32) Hans Rosenberg, Große Depression und Bismarckzeit, Berlin 1967.

久方ぶりにストライキを実施するなど安定を誇ってきた労使関係も険しさを増している（図5－4参照）。旧西ドイツ地域では鉄鋼・機械・電機など主要産業で企業体質強化のため主力企業が相次いで人員削減計画を発表しており，景気の停滞から失業者がジリジリ増大しているだけでなく，仮に景気回復が早まっても雇用抑制が続き，大幅な雇用の増加は期待できない情勢になっている。また旧西ドイツ地域では10月現在で失業者数は183万人に上り，失業率も6.0%になっているほか，とくに若者に失業者が多いことが深刻な問題として指摘されている。

一方，旧東ドイツ地域でも依然として雇用情勢は厳しく，10月に失業者数，失業率はそれぞれ110万人，13.5%となっている。このほか職業訓練受講者50万人，雇用創出措置（ABM）対象者37万人，早期退職手当及び高齢経過手当受給者84万人，操業短縮労働者24万人など積極的労働市場政策の対象になっている労働者も多数に上り，これらの対象者も含めると実質的

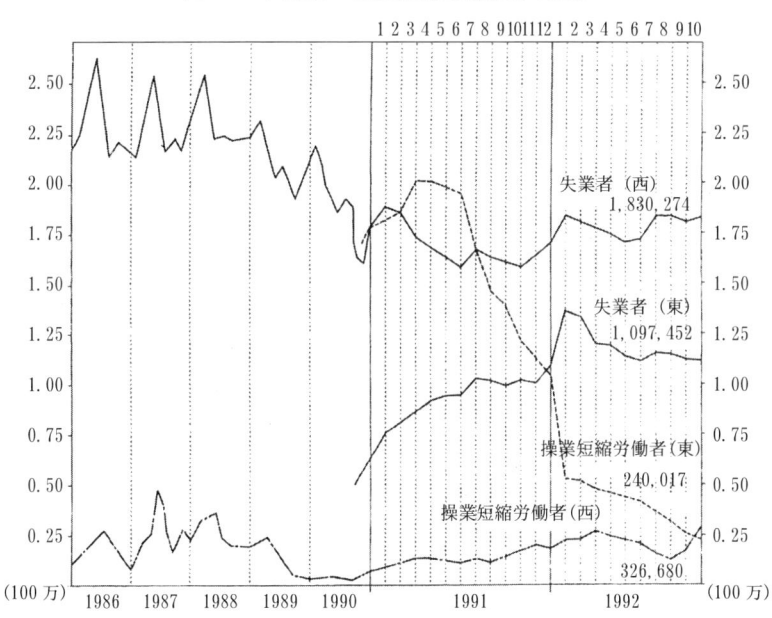

図5-4 失業者・操業短縮労働者数の推移

(出典) Frankfurter Rundschau vom 5.11.1992.

な失業者は285万人に達し,失業率は少なくとも30%台半ばになると考えられている。いずれにしても,牽引車たる旧西ドイツ地域経済の早急な回復が望めないことから,今後も失業者の増加は当分避けられそうにない情勢であるといえる。

以上に挙げた各種の指標は,これまで繁栄を謳歌してきた旧西ドイツ経済に深刻な不況が到来しつつあることを物語っている。しかも大方の推測を上回る旧東ドイツ経済の荒廃が旧西ドイツへの重石になっているのに加え,ドイツの主要貿易相手国であるEC諸国の経済も軒並み不調であることを考えると,現在陥りつつある不況は旧西ドイツ経済の構造的要因も作用していることから,1980年代初頭のそれを上回るものになる可能性が大きい。

このような経済情勢が国民心理に影を落とさないとしたら,それこそ不可思議というものであろう。本年8月までのEMNIDの調査によれば,現在の経済状態に関する旧西ドイツ地域での評価は表5-27のように推移してきた。1990年,1991年に比べ「良好」との評価が大幅に落ちこんでいる一方では,「まずまず」と「悪い」が大きく伸びていることが明白であり,とくに1990年の評価とは大きく異なったものになってきている点が注目されよう。またINFASが9月と10月に実施した最新の調査によれば,労働市場の現況に関する評価は失業者数の増加を背景にして東西両ドイツとも極めて悪い結果になっている。すなわち旧西ドイツ地域では,「非常に良好」は0%,「どちらかといえば良好」は36%であるのに対し,「どちらかといえば悪い」54%,「極めて悪い」7%という結果であり,旧東ドイツ地域になると一層深刻で,同じ順序で0%,1%に対して41%と55%という結果がでている有様である。

表5-27 経済状態の評価（旧西独地域）
（単位：％）

	良好	まずまず	悪い	DK
1990年 1月	66	32	1	0
1990年 6月	71	26	2	1
1991年 1月	70	27	2	0
1991年 4月	53	40	6	2
1991年 8月	58	33	6	3
1991年10月	53	39	7	1
1991年12月	49	40	10	1
1992年 1月	52	41	6	1
1992年 2月	40	51	8	1
1992年 3月	48	42	9	2
1992年 4月	34	51	13	2
1992年 5月	34	55	10	1
1992年 6月	29	57	13	1
1992年 7月	34	49	8	8
1992年 8月	32	52	15	1

(出典) EMNID, Umfrage und Analyse, Nr. 7/8, Bielefeld 1992, S. 28.

経済情勢の現状評価はこのように極めて厳しいが，現状とは別に今後の経済見通しに関してアレンスバッハ研究所が行った調査もまた，ペシミスティックな空気が強まりつつあることを示している。「これからの半年の間，ドイツ経済は上向きで進むか，それとも下降線をたどるか」との設問に対するここ2年ほどの回答の動きを図5－5は表している。旧東ドイツ地域では1990年10月の統一後にドラスティックと形容しうるほどの変化が生じたあと，悲観的見通しが優勢なまま比較的落ち着いた状態が続いている。しかし，これと対照的に旧西ドイツ地域では経済に対する楽観は急速に落ちこみ，これと引換えに暗い見通しを立てる者が昨秋からジワジワと増大してきていることがわかる。そして現状評価でも当面の経済見通しの点でも，これらの結果をみる限り，暗く重苦しいムードがドイツ国民を蔽っていることは改めて指摘するまでもない。同時に，ここに醸成される不満がその他の様々な社会的不満と複合する時，それが現状に対する抗議の心情に発展し，右翼政党への支持や反外国人暴力の下地になっていくのもそれほど不思議ではな

図5-5　今後半年の経済見通し

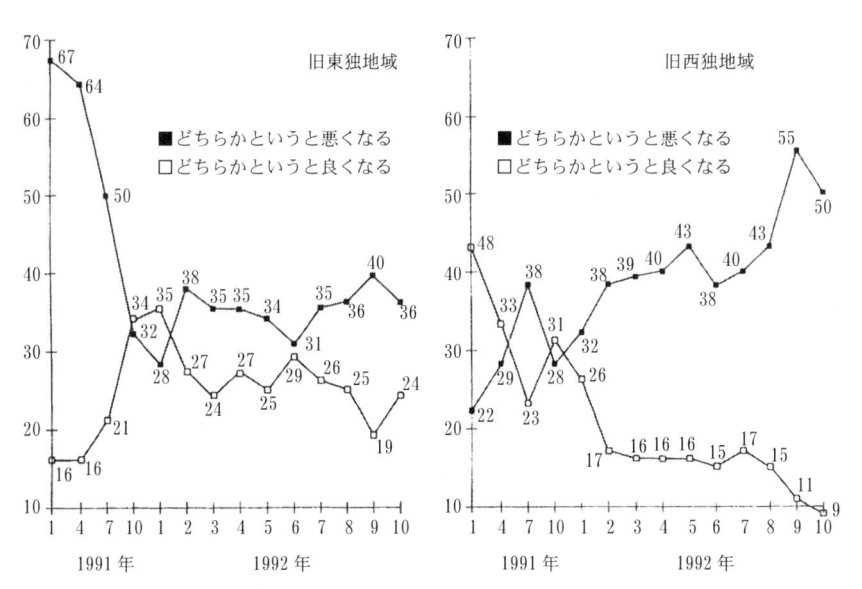

(出典) Wolfgang Gibowski, Zur politischen Stimmung in Deutschland Oktober 1992, Bonn 1992.

いといえよう。

　このように経済面で重苦しい空気が支配的になる中で政治に対する期待と信頼はすぼみ，とわりわけコール政権の威信は低下しつつある。各界の指導的人々を対象とする最近の調査では，コール政権を弱体とみる人々は旧西ドイツ地域で74％，旧東ドイツ地域で60％に達し，調査が始まって以来の最悪の記録を残す結果になった（Die Welt vom 29. 7. 1992）。また国民一般の間でもコール政権は諸々の懸案解決に弱体と思うとの回答が増加する傾向をみせている（Frankfurter Allgemeine Zeitung vom 8. 5. 1992）。しかしながら注意を要するのは，コール政権の信頼度の低下は必ずしもSPDに対する信頼の上昇に連動していない点である。例えば政府とSPDに対する満足度調査をみると，政府に対する満足度が下がる中でSPDのそれは微減もしくは横這いであって，必ずしも上昇しているわけではない。同じく旧東ドイツ地域の経済再建に適した政権に関する調査をみても，コール政権の信用低下がSPDでの増加を伴っていないばかりか，現在の連立政権とSPD主導政権の両者に対する不信が増大しているのが特徴になっている（Politbarometer von Januar bis September 1992）。これらはいずれも既成政党に対する失望感が国民の間で広がりつつあることを伝えており，政治の分極化とりわけ右翼への同調者増加につながる可能性を孕んでいるといえよう。

　主要な個別テーマに関する調査結果も暗い予感を強めるものになっている。

　まず，戦後ドイツの最大の出来事である統一についての感想は，旧東ドイツの経済復興が旧西ドイツにとっての重荷と感じられはじめたことを反映して，今年に入ってから旧西ドイツ地域で悪化しつつある。すなわち図5－6が示すように，ドイツ統一を「心配の種」とみる人々の比率が遂に6月に「喜びの源」とする人々のそれを上回り，半数近くに達したのである。喜びが心配を大きく引離した統一時の熱狂は完全に過去のものとなったことがこれによって実証されている。一方，旧東ドイツ地域では，1990年には5年以内に西ドイツ並みの生活水準を享受できると期待していた人々が51％いたのに，本年5月にはその数は僅か20％にまで縮小している。そしてこれに代わって10年以内と考える人々が最大グループになると同時に，10年以上を要するとみる人々が1990年の5％から本年には24％に増えている（図5－7参照）。つまり，西側の住民は新たな負担に関する懸念と東側からの要求に対する不快と反発を抱き，他方，東側の住民は夢が遠のいたことへの

図5-6 ドイツ統一の評価

「あなたにとってドイツ統一は喜びの源ですか,それとも心配の種ですか」への回答

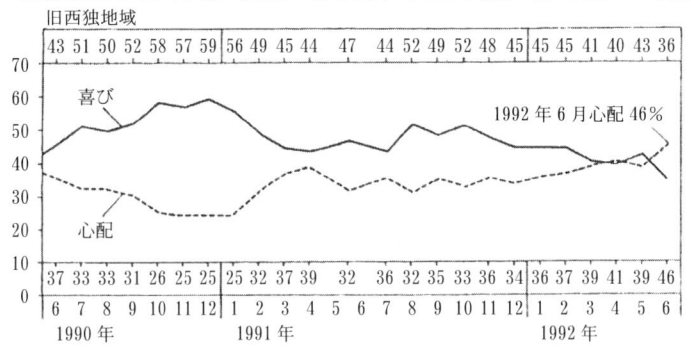

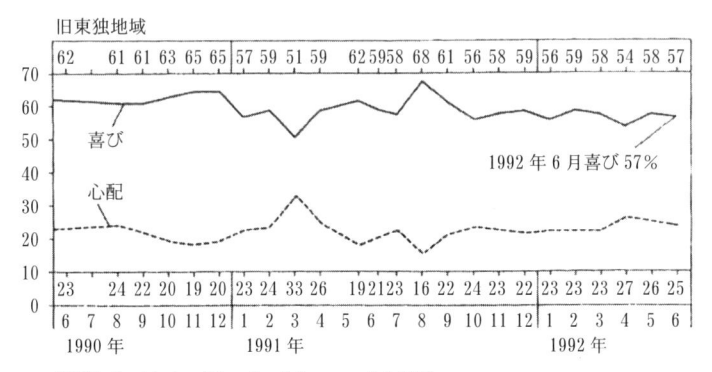

旧西独地域

	43	51	50	52	58	57	59	56	49	45	44	47	44	52	49	52	48	45	45	45	41	40	43	36

喜び

1992年6月 心配 46%

心配

	37	33	33	31	26	25	25	25	32	37	39	32	36	32	35	33	36	34	36	37	39	41	39	46

| 6 | 7 | 8 | 9 | 10 | 11 | 12 | 1 | 2 | 3 | 4 | 5 | 6 | 7 | 8 | 9 | 10 | 11 | 12 | 1 | 2 | 3 | 4 | 5 | 6 |

1990年　1991年　1992年

旧東独地域

| | 62 | | 61 | 61 | 63 | 65 | 65 | 57 | 59 | 51 | 59 | 62 | 59 | 58 | 68 | 61 | 56 | 58 | 59 | 56 | 59 | 58 | 54 | 58 | 57 |

喜び

1992年6月 喜び57%

心配

| | 23 | | 24 | 22 | 20 | 19 | 20 | 23 | 24 | 33 | 26 | 19 | 21 | 23 | 16 | 22 | 24 | 23 | 22 | 23 | 23 | 23 | 27 | 26 | 25 |

| 6 | 7 | 8 | 9 | 10 | 11 | 12 | 1 | 2 | 3 | 4 | 5 | 6 | 7 | 8 | 9 | 10 | 11 | 12 | 1 | 2 | 3 | 4 | 5 | 6 |

1990年　1991年　1992年

(出典) Frankfurter Allgemeine Zeitung vom 8.7.1992.

失望のほかに冷淡な西側に対する不信と不安定化した生活への不安に陥っているとみられ,原因と内容は異なるものの,東西両地域で統一の現実を巡る不満が募りつつあるといえよう。

ところで,統一とは関係なく,一般的に「ドイツの現在の状態に不安を覚えますか」との設問では,本年7月に旧西ドイツで67%,旧東ドイツで76%がイエスと回答している。調査担当者によれば,1980年代初頭にこの質問が始められて以来,これがイエスの最高記録になっている[33]。不安の

---

(33) Elisabeth Noelle-Neumann, Erfolge und Mißerfolge, in: Frankfurter Allgemeine Zeitung vom 13.8.1992.

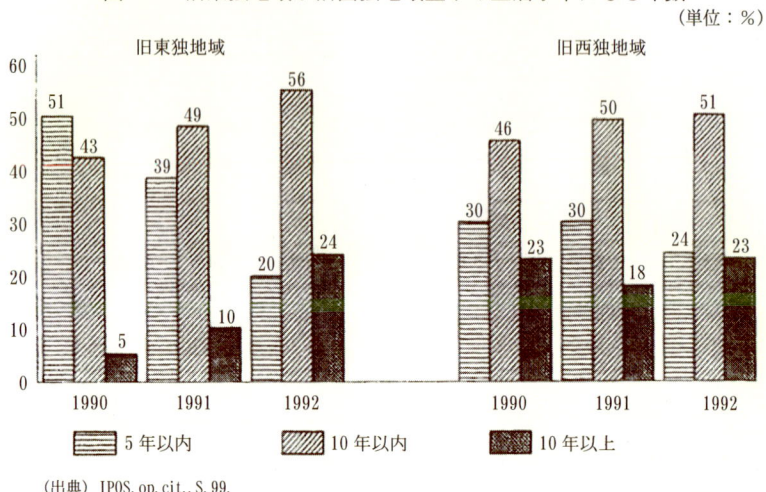

図 5-7　旧東独地域が旧西独地域並みの生活水準になる年数
(単位：％)

旧東独地域／旧西独地域

年	旧東独地域 5年以内	10年以内	10年以上	旧西独地域 5年以内	10年以内	10年以上
1990	51	43	5	30	46	23
1991	39	49	10	30	50	18
1992	20	56	24	24	51	23

(出典) IPOS, op. cit., S. 99.

テーマとして挙げられたのは，物価上昇，庇護申請者増大，切迫した問題解決での政治家の無能ぶり，犯罪増加などの順になっている。ドイツの現状に不安を抱くとの回答は統一時に旧西ドイツで37％，旧東ドイツで49％だったことを考えれば，その増大は著しく，かつてない水準にまで不安が急激に拡大したことによって国民の心理的ストレスは爆発寸前の状態に近づきつつあると思われる。

こうした中で，右翼政党が標的にしているテーマについても，右翼への同調が拡大する気配が認められる。

一例としてEC統合に対するドイツ国民の態度をみると，旧西ドイツでの本年6月の調査ではECの一員であることはドイツに利益になると考えるのは16％，不利益と考えるのは31％で，プラス・マイナス・ゼロと答えたのは49％であった（Politbarometer von Juni 1992）。これをここ4年間の流れの中でみれば，各々の変化は表5－28の通りであり，昨年より消極的評価が増加している。また焦点になっている単一通貨の導入に関しては，本年1月の調査の際の「単一通貨はマルクのように安定すると思いますか」という設問への回答は，表5－29にみるように総じてかなりネガティブだった。これに加え，ドイツ・マルクの消滅についても，マルクがエキューに代わる

表5-28　EC加盟国であることに関する評価

	旧西独地域				旧東独地域	
	1989年	1990年	1991年	1992年	1991年	1992年
どちらかといえば利益	19	26	35	20	29	17
どちらかといえば不利益	21	18	20	27	12	20
どちらともいえない	45	45	35	39	41	46
わからない	16	11	10	14	18	17

(出典) IPOS, op. cit., S. 107.

ことへの賛否では，賛成は本年1月と6月に33%と26%，反対は62%と70%という調査結果であり (Politbarometer von Juni 1992)，反対が賛成

表5-29　EC単一通貨に関する見方
(単位：%)

	安定する	安定すると思わない	わからない
全体	18	62	20
指導的な人々	26	69	5

(出典) Frankfurter Allgemeine Zeitung vom 23. 6. 1992.

を大きく凌駕しているのが特徴になっている。同様にコンラート・アデナウアー財団付属研究所の調査では，表5－30が示すようにECの域内市場統合についてすら期待が縮小し，代わって不安が膨らんできていることが明らかになっている。実際，1991年12月の時点では東西の両ドイツを合わせると期待と不安は1%の差にまで接近し，旧西ドイツでは不安が期待を上回る結果が出ている。さらに統合欧州が実現するとドイツ人のアイデンティティが失われるという懸念を抱く者が昨年12月のマーストリヒトでの条約合意後も増加していることを表5－31は示しており，この面でも不安が浸透しつつあることが分かる。EC統合に対するこれらの消極的態度の結果，マーストリヒト条約を承認すべきか拒否すべきかとの世論調査では3月に拒否が

表5-30　EC域内市場統合への態度
(単位：%)

		1998年	1989年	1990年6・7月	1991年4月	1991年12月
旧西独地域	期待	40	32	45	43	34
	不安	30	39	34	29	36
	わからない	30	29	21	28	30
旧東独地域	期待	―	―	66	51	37
	不安	―	―	14	18	28
	わからない	―	―	20	31	35

(出典) Peter Weilemann, Einstellungen zur Europäischen Union nach Maastricht, Sankt Augustin 1992, S. 16.

表 5-31 統合欧州でのドイツ人の国民性

		1990年2月	1990年10月	1992年1月	1992年9月
旧西独地域	失われるとは思わない	60	63	50	42
	徐々に失われる	26	21	39	47
旧東独地域	失われるとは思わない	70	67	47	35
	徐々に失われる	16	19	34	54

(出典) Frankfurter Allegemeine Zeitung vom 23. 6. 1992.

42％，承認が25％となり，拒否が優勢になっていただけでなく（Frankfurter Allgemeine Zeitung vom 8. 10. 1992），もしデンマークやフランスのようにマーストリヒト条約の批准にあたり国民投票を実施したら賛成か反対かという設問では，表5－32が教えるように，実際に国民投票が実施された場合，多数の反対票が出ることを予想させる内容になっている（Süddeutsche Zeitung vom 18. 9. 1992)。

これらの点を踏まえると，主要政党がおしなべてマーストリヒト条約批准支持の方針であるところから，反対派の懸念は放置されたままになっているといわざるをえないであろう。このことは議会の意思と民意との一致というデモクラシーの虚構性が明るみに出たことを意味し，一般国民を置き去りにしたまま政治エリートが独走しているという印象を強める結果になるのは当然であろう。ここには既成政党を牛耳る少数のエリート対大多数の一般国民という対抗図式が浮かび上がっているといえよう。同時に，国民投票の導入を唱え，一般国民の意思を代弁すると主張する政治勢力に適合的な環境が醸成されているのも間違いない。その意味で，マーストリヒトをヴェルサイユになぞらえ，マーストリヒト条約批准反対の旗幟を鮮明にしている右翼政党に対して同調が生じやすい状況が現出しつつあると考えてよいであろう。

またEC統合と関連して，本年に入り，欧州におけるドイツの将来の役割をめぐってECの政治同盟化を急ぐべきではないという声が強まる反面で，「統一ドイツは欧州における経済的最強国だからドイツは欧州で指導的役割を引受けるべきか」との設問ではイエスが増大する傾向が窺える。すなわち，旧西ドイツではイエスの回答は，1990年秋の統一時に30％だったのが昨年

表 5-32 マーストリヒト条約に対する賛否
（単位：％）

もしドイツで国民による投票が行われる場合，あなたはマーストリヒトの決定に賛成ですか，反対ですか

	全体	旧西独	旧東独
賛成	46	47	43
反対	41	37	55
わからない	13	16	3

(出典) Politbarometer vom September 1992.

12月には45%, 本年9月でも44%存在するのに対し, ノーは1990年秋の57%が今では34%に後退している (Frankfurter Allgemeine Zeitung vom 14. 1. 1992 und 8. 10. 1992)。またランド研究所が実施した調査でも, NATOの存続を望む声が強い反面, 統一ドイツは国際政治で従来より大きな責任を負うべきという意見が59%, 従来より大きな役割を果たすべきとの意見は64%に上っている (Frankfurter Allgemeine Zeitung vom 12. 5. 1992)[34]。一見矛盾しているように映るこの現象は, ドイツ統一の成行きに国民の関心の重心が移りつつあり, その意味でパースペクティブが内向きになりつつある一方, 欧州におけるドイツの主導権要求に対する伝統的な自制が統一の事実によって弛緩しつつあることを表していると解せよう。そしてこのことは, 裏返せば, 大国主義的意識が胎動しつつあることの表現であるとも見做せよう。この点は,「ユダヤ人迫害についてはもう語るのをやめ, 過去に幕を引くべきである」とする意見が今や62%に達した(反対意見は20%)という昨年末のEMNIDの調査結果が示す過去の足枷からの離脱志向の高まりや, 同じく「ナチズムには善悪両面がある」という意見が「どちらかといえば悪い面が多い」という意見を上回った(42%対36%)ことに表れたナチズム相対化の動向とあわせ (Der Spiegel vom 13. 1. 1992), 今後とも注視する必要がある[35]。これらの事実は, 国際的監視の下で過去の罪責に縛られてきたドイツ国民が, その裏返しとして, プラスのアイデンティティを良きヨーロッパ人たることに求めつつ, いわゆる「西側統合」の下, NATOの結束とEC統合に積極的に取組んできたこれまでの道を統一を契機に見直しはじめている徴候とも解しうるからである。

結び

以上で右翼政党を取り巻く状況につき, 各種の世論調査などを利用しつつ, 主要な論点に絞って検討してきた。それを通じて確認できた諸傾向を総括すれば, 全体として右翼政党に有利な状況が現出しつつあるのは確実とい

---

(34) この点に関しては, さらに Peter Weilemann, Einstellungen zur Europäischen Union nach Maastricht, Sankt Augustin 1992, S. 2, 32 の指摘も参照。
(35) ドイツ人とユダヤ人の関係を特集した本年2月の『シュピーゲル特別号』(Spiegel Spezial, Nr. 2, 1992) に収められた論考やデータには, この点との関連で興味深いものが多い。

えよう。少なくとも国民世論の振子は右に振れつつあり，右翼政党をタブー視する空気が緩む方向にあることは間違いなかろう。

　もっとも，この変化が直ちに選挙での右翼政党の進出につながるとは限らない点には注意を要する。ドイツで選挙に成功し，議会進出を果たすには，他の先進国に比べても厳しい制度面のハードルをクリアしなければならないことは周知のとおりである。一例として5%条項として知られる泡沫政党に対するハードルが右翼政党にとって重い足枷であることを考えただけでも，この点は了解されよう。しかし，議会進出を阻害する要因は制度面にあるだけではない。ドイツの右翼政党を代表するのが REP, DVU, NPD の三つであり，それぞれに党の顔ともいえる指導的人物が存在することに見られるように，組織的な乱立と指導者レベルでの反目が政治的エネルギーを分散させ，有権者への効果的なアピールを損なっていることも重要な阻害要因だといわねばならない。さらに右翼政党がネオナチやスキンヘッドとしばしば同一視されるように，幹部たちが社会的逸脱者と見做され，その主張が道徳的な猜疑の対象とされていることに見られるように，右翼政党に張り付けられたスティグマがなお強固であり，戦後ドイツの政治的アリーナへの道徳的参加資格が疑問視されていることは，進路を塞ぐ厚い壁になっているといえよう。

　それにとどまらない。既成政党の政治的対応も右翼政党の消長を左右する重大な要因となる。現在，政局の焦点になっている庇護権問題を例にとれば，右翼政党の専売特許ともいえたこの問題について主要政党が基本法の庇護権条項改正で足並みを揃えつつあることは，結果的に右翼政党の従来の主張に部分的ではあれ正当性を認める形になり，「外国人排斥を唱える極右の暴力沙汰に屈したという印象[36]」を与えるものの，他方，基本法改正を中心に実効的な措置がとられるならば，この面での国民の不満は緩和され，その支持は右翼政党に流出しないで終わる可能性が存在するからである。しかしその場合には，右翼政党の表面上の進出はみられなくても，政治的配置の重心が右に振れたとの評価は可能であろう[37]。あるいは，CDU や SPD が国民

---

(36) 野田宣雄『歴史に復讐される世紀末』PHP 研究所，1993 年，67 頁。
(37) 戦後ドイツの良心とも呼ばれた庇護権規定の改正に限れば，むしろ現実主義への傾斜とみるのが適切であろう。

政党と呼ばれるように，それらが一枚岩の政党ではなく，様々な傾向の政治的グループを包摂していることを考えれば，それらの党内に右翼的傾向のグループが登場した場合には，有権者の支持は右翼政党に流出せず，既成政党に回収される可能性も存在している。REP の創設者が CSU の離党者だったことを想起するなら，政治状況次第では既成政党が右にウィングを伸ばそうと試みることもありえないとはいえないのである。

これらの点を考慮に入れれば，右翼政党が選挙で大きな成果を収めることができるかどうかは，必ずしも右翼問題を考察する際の中心的論点とはならないであろう。同時に，主要政党とは違って固定的支持層の小さい右翼政党の勝敗は各種の条件によって決定づけられる面が大きく，政治状況に依存しているという意味では予測が難しいことも否定できない。その意味で，政党間の勢力関係とは別に，国民心理の次元で右翼に対する寛容度が高まりつつあること，これが本章での検討を通じて得られるとりあえずの結論となる。また中期的な見通しとしては，さしあたり，主要政党が物価上昇や失業率増大にみられる経済情勢の悪化や東西間の不信の拡大を拱手傍観し，難民問題などでも論争を続けるだけで適切な措置をとれない場合，指導的政治家を中心とする政治エリートの統治能力に対する不満や幻滅が広がる可能性が大きい。そしてこれを土壌にして昂進する不信や反感はやがて既存の政党システムに回収できなくなり，抗議と懲罰の欲求を強めて右翼政党傾斜という形で公然と噴き出す公算が大きくなるといえよう。

第6章　統一ドイツの排外暴力と政治不信

―ロストックからメルンまで―

はしがき

　本章は，第5章として本書に収載した論考を1992年11月初旬に書き終えたのに続き，同年の年末から翌93年の年頭にかけて覚書のつもりで書きとめておいたものである。前稿を執筆して一応右翼問題の動向に見通しをつけたつもりでいたところ，11月23日にドイツ北部の小都市メルンで子供を含むトルコ人女性3人が放火により焼死する事件が発生し，燃えさかる排外暴力に対する抗議活動がこれを契機に全国で急速に盛り上がりをみせはじめた。またそれまで有効な対策を講じないままだった政府も声明を発し，排外暴力克服に本気で取り組む構えを示したことで，ヴァイマル末期を連想させる論調も一部に出るほどのボン・デモクラシーの不安定化と政治の緊迫状況にも光が射し始めた感があった。いずれにしても事態は依然極めて流動的で，与党のCDU・CSUと最大野党SPDが合意した難民規制策も効果については未知数の状態であり，ドイツ経済の体質改善という中長期的な課題のほか，増加する失業の抑制，下降をつづける景気の回復，旧東ドイツ地域の経済立直しとそのための財源確保などについて明確な方針を打ち出し，国民のコンセンサスを得るとともに，難民問題でも抜本的な是正措置を講じて実効をあげることができないならば，単にコール政権のみにとどまらず，ボン・デモクラシー自体が危機に陥りかねないという懸念が存在していた。そこでひとまず難民・排外暴力の問題を中心に1992年秋の政治の展開を整理し，政府，与野党が重大課題を前に協力姿勢をとって国民の信頼感回復に努めるにせよ，あるいは党利党略に呪縛されたまま行動能力をますます喪失してボン・デモクラシーを窮地に立たせるにせよ，統一ドイツの政治の基本的枠組みが1992年秋から冬にか

けての政治の展開によって大きく方向づけられるとの予測に立って主要な動きを追跡してみたわけである。このような関心から執筆したものの，現在進行形の事態に殆ど距離をとれないまま書きとめたために整理の不十分さや突っこみの不足が目立つが，現場からの一つの報告と考えていただければよいと思う。なお，そうした性格のものであることを考慮し，文章表現上の補正を行った以外は手を加えないままになっている。従って本文中で本年と表記されているのはすべて 1992年を指している。因みに，補正をしたのは，前章と同じく 1994年 12月である。
(1995年 1月記)

はじめに

　1990年 10月 3日のドイツ統一は，マスメディアが送り届ける映像や活字を通してみるかぎりでは恰も漸く一つになった国民のすべてが西と東で歓喜に包まれていたかのように映ったが，公式行事の行われたベルリンから眼を地方都市に向けてみると，実態は必ずしも喜悦一色ではなかった。そして統一の翌年 1991年には早くも差別的用語が新たに造られ，「ヴェッシー」と「オッシー」の語がドイツ語協会によって年の言葉に選ばれるまでになったことにみられるように，旧西独と旧東独の間には不信と反目という目にみえない溝が生じていた。とくに旧東独地域では旧西独の様々な制度が移植され，なかでも中央指令経済から市場経済への移行は，国営企業の民営化と生産性の低い企業の閉鎖によって大量の失業を生みだしつつ強行されたが，こうしたプロセスは生活不安を社会に沈澱させると同時に，新しい制度や思考様式に適応しえない人々に一種の社会的脱落者のスタンプを押し，依拠すべき価値観を失ったままいわば方向感覚喪失状態に取り残すことになった。
　このような中で冷戦構造が崩れて貧しい地域から豊かな地域への人の移動が大規模に発生し，多くの経済難民が庇護申請者の名目でドイツに押し寄せるようになった時，不安と失意から攻撃的ポテンシャルを強めていた心理には難民が恰好の標的に映り，鬱積していた不満を捌き出す対象とされたのは決して不思議ではなかった。こうして 1991年には旧東独地域を中心にして難民やその収容施設，さらには社会主義時代に友好国から送りこまれていた契約労働者をはじめとする難民以外の外国人に対する暴力事件が頻発するようになるが，これらの排外暴力を一挙に拡大し，外国人憎悪の炎をひときわ高く燃えあがらせることになったのは，ザクセン州の小都市ホイヤースヴェ

ルダで9月18日に発生したスキンヘッドたちによる難民収容施設襲撃事件である。この事件では再発を恐れた州当局が難民を他の場所に移したため暴力行為がそれなりの効果をもつ形になり，結果的に排外暴力を煽るに至った一面があることは否定できない。いずれにせよ，それまでは多くても月間100件程度までだった排外的な犯罪はホイヤースヴェルダ事件を契機に激増し，9月の314件は10月には961件に一挙に高まり，ドイツは平和裡の統一から一年にして排外暴力によってシンボライズされる国へと様相を大きく変えることになったのである（図6−1参照）。

ところで，ホイヤースヴェルダ以降燃えさかった外国人憎悪の炎も翌1992年を迎える頃にはひとまず鎮まった。またホイヤースヴェルダ以前に比べると高水準ながら，排外的犯罪も1992年8月までは200件台で推移した。それには暴力に対する世論の厳しい批判のほか，統一に伴う困難が旧西独地域の強靱な経済力を支えにして乗り切ることができるという希望が生き続けていたことなど種々の原因や事情が作用していたと思われる。しかしながら，旧西独地域でさえ主力企業が人員削減計画を相次いで発表するなどして国際競争力強化のために背水の陣を敷かねばならない状況にあることが明

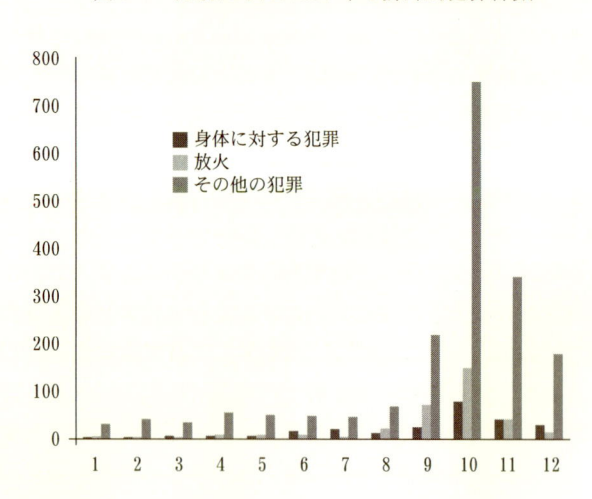

図6-1　月別にみた1991年の排外的犯罪件数

（出典）Bundeskriminalamt (Abteilung Staatsschutz), Jahreslagebericht 1991, Bonn 1992.

るみに出る一方，経済成長の落ちこみと失業増加のもとで旧東独地域の経済再建の予想を大幅に超える困難さをいかにして打開するかが政治の主要テーマになってくると，ドイツの地を覆う空気は一段と重苦しさを加えるに至った。同時にホイヤースヴェルダ事件で焦点に据えられた難民も，その流入の勢いは衰えをみせるどころか，ますます加速がついた。その結果，一般市民の生活空間に出現する難民収容施設は日々の暮らしの中に見慣れぬ光景を持ち込み，いやが上にも緊張感とストレスを強めないではおかなかった。

　こうしてドイツ経済が全般的に下降線を辿る中，景気の浮揚と経済の体質強化をはじめ，統一に絡む様々な問題や特に旧東独地域の経済立直しの方策と負担の問題，急増しつづける難民への対処の問題などをめぐって政治に寄せられる期待が強まり，その責務が重くなっていったが，それにもかかわらず政府，与野党がコンセンサスを得られる指針を示そうとはせず，悪化する情勢を拱手傍観している観を呈したことは，それまでにも募る傾向にあった政治不信の波を急速に高める結果になった。このような状況下で再び大規模な難民攻撃が始まり，野火のように全国に燃え広がっていった時，1991年秋と同じように政治が無策のままに終始したならば，ボンはヴァイマルではないとの声にもかかわらず，ヴァイマル末期の混乱の悪夢が蘇ってきても決して不思議ではないであろう。その意味で本年8月下旬以降の排外暴力のうねりは，ボン・デモクラシーが深刻な危機に陥っているという診断や，一部で囁かれるドイツ政治の右傾化の危惧に対してそれなりの説得力を与えていることは間違いない。では真実のところはどうなのであろうか。以下ではこの点を考える材料として，ロストックからメルンに至る排外暴力事件の展開とこれに対抗する動きを主として新聞報道に拠りながらスケッチしておくことにしたい。

1．ロストック事件後の社会的状況

　本年8月21日付『ツァイト』紙には「右からの暴力」と題するB．グリルの論説が掲載されたが[1]，そのなかで彼は公表されたばかりの連邦憲法擁護庁の1991年度年次報告書を論評しつつ，排外的な右翼暴力の増加に警鐘を鳴らしている。グリルの認識では，極右勢力の温床となる難民問題や

---

(1) Bartholomus Grill, Gewalt von rechts, in: Die Zeit vom 21. 8. 1992.

失業問題が解決されないかぎり、外国人敵視の風潮が広がり、右翼勢力への共感が増すのは必然である。しかもこの点ではドイツは決して「特殊事例」ではない。難民の流入につれて「ヨーロッパのどこでも異邦化すること(Überfremdung)への不安がはびこる」ようになってきており、ドイツではそれが「何よりも先にドイツを」という標語に集約されていると見られるからである。もちろん、このような現象は、それがドイツで起こっている以上、過去の負の記憶を呼びさまさざるをえないし、他国を遥かに上回る大量の難民流入と政治の無策が一般市民の間にかつてない深刻な不安感を引き起こしたのは避けがたかった。このような指摘に続いて彼は現下の焦点を次のように絞りこんで注意を喚起している。「今のところはまだ極右の野蛮行為は例外的であって、社会の周縁の問題といえる。しかし右からの暴力を奨励するような感情と態度が今や社会の中心にも巣食っている。」こう述べて彼は東ベルリンの元外国人問題特別代表Ａ．カハーネの「戦闘的ではない人種主義というものが存在する。それは行動しないこと、意見表明しないこと、助けないことによって表現される人種主義である」という言葉を引用した上で、「沈黙を守る者は罪を共に背負うことになる」と警告している。

このようにグリルは右翼暴力を危険視するだけでなく、社会に浸潤する排外暴力容認の空気に憂慮の念を示したが、これが単なる杞憂でなかったことは彼の論説が『ツァイト』に載った翌日に早くも証明される形になった。8月22日にバルト海に面する旧東独地域のかつてのハンザ都市ロストックで一週間にわたる難民収容施設への襲撃が始まり、これに拍手喝采を送る一般市民の姿がテレビ画面に連日映し出されることになったからである。

この事件自体については9月4日付『ツァイト』紙にクルーゼとシュヴェリーエンが共同で詳細な報道をしており[2]、また同日付『フランクフルター・ルントシャウ』紙にもＪ．シュライバーのルポが掲載されるなど[3]、マスメディアで事件のかなりの輪郭を知ることができる。例えばクルーゼとシュヴェリーエンの記事の中には次のような記述がみられる。「ドイツはポグロ

---

(2) Kuno Kruse und Michael Schwelien, Brandstifter und Biedermänner, in: Die Zeit vom 4. 9. 1992.
(3) Jürgen Schreiber, Von jenseits des Horizonts noch keine Rettung, in: Frankfurter Rundschau vom 4. 9. 1992.

ムを体験した―それも商店の屋上から生中継で。全世界が目撃した。燃えさかる住宅，ツルツルに剃りあげた頭の下には脂ぎり怒りで歪んだ顔，ヒトラー式敬礼で空中に突き上げられた入墨をした腕，大きく開かれた口から叫ばれる『外国人は出ていけ，ドイツをドイツ人の手に』を。」なお1991年秋のホイヤースヴェルダ事件以後，ロストックで騒乱が始まるまでに生じた排外暴力事件については簡略なクロノロジーが本年8月26日付『ジュートドイッチェ』，同日付『ヴェルト』のほか，8月31日付『シュピーゲル』に掲載されているので[4]，ここではロストック事件開始以後の注目される事件に限定して手短にまとめておこう。

8月22日　ロストックで難民収容施設に対する襲撃，150人のスキンヘッドが中心で，群衆1,200人。

8月23日　暴徒200人に増加，これを取巻く群衆は1,000人以上。

8月24日　暴徒600人に増加。

8月25日　暴徒1,000人に増加，警察の対応のまずさに対する批判が出る。

8月26日　暴徒さらに1,200人に増大。

8月29日　難民収容施設攻撃は，コトブス（200人），アイゼンヒュッテンシュタット（80人），ライプツィヒ等に拡大。合計1,000人が襲撃に参加。他方，全独各地で外国人襲撃に対する左翼を中心とする抗議デモが展開され，約15,000人が参加。

8月31日　コトブス（150人），アイゼンヒュッテンシュタット（60人）で難民収容施設襲撃。

9月 1日　ブランデンブルク，リュプツに難民襲撃拡大。

9月 2日　ケムニッツ（200人）でも難民収容施設に対する襲撃事件。

9月 3日　ケツィンに拡大。

9月 4日　アイゼンヒュッテンシュタットで難民施設襲撃再発。

9月 5日　ロストック以後最大規模の難民収容施設襲撃がブランデンブルクで発生。参加者数百名。

---

(4) Von Hoyerswerda bis Rostock, in: Süddeutsche Zeitung vom 26. 8. 1992; Eine Chronologie des Hasses gegen alles Fremde, in: Die Welt vom 26. 8. 1992; Alle drei Wochen ein Toter, in: Der Spiegel vom 31. 8. 1992. なお本年前半の排外暴力の件数，犯罪形態などについては，本年9月4日付『フランクフルター・アルゲマイネ』紙のE．フーアの記事を参照。

9月8日　クヴェドリンブルクその他で外国人攻撃発生。

　ロストックで騒乱の火の手があがってから2週間ほどのクロノロジーをみれば、難民施設攻撃を中心とした排外暴力事件が瞬く間に旧東独地域を中心に全国に連鎖反応的に拡大していったことがわかる。連邦刑事庁（**BKA**）の発表によれば、本年7月に220件だった排外犯罪件数はロストック事件のあった8月には倍増して461件を数えたのみでなく、9月になると連鎖反応の結果、史上最多の1,163件にも達した。事件数は10月にはやや鎮静して816件に下がったものの、11月には再び増大し、9月に並ぶ1,158件を記録して現在に至っている（図6－2参照）。

　このように排外暴力が野火のように広がっていく中で、8月30日、連邦憲法擁護庁長官E.ヴェアテバッハ（**CDU**）はドイツ・ラジオのインタビューで極右勢力による暴力行動は新しい性質を帯びるようになったと指摘したが、そのことはグリルが注意を促したように、暴力を容認するムードが社会に漂うようになっていたことからも読みとれよう。つまり、難民襲撃に参加する若者たちは単に自分自身の不満や鬱憤を難民に向かってぶつけているだけではなく、むしろ一般市民の有形無形の支援を得ながら民衆的意思を

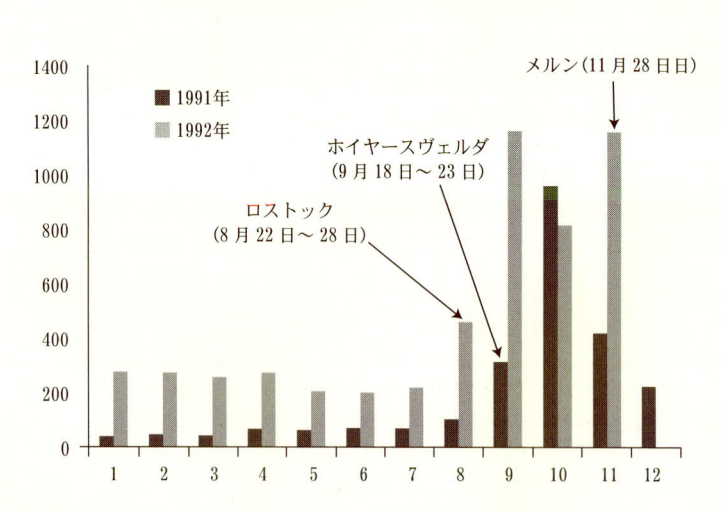

図6-2　月別にみた排外的犯罪件数

(出典) Bundeskriminalamt (Abteilung Staatsschutz), Jahreslagebericht 1991 などから作成。

執行しているという意識をもつことができるようになっていたと考えられるのである。実際，9月初旬に公表された民間研究機関 GEWIS（経験的社会研究協会）の調査によれば，庇護認定手続の徹底的短縮を 52%の市民が望み，難民流入を阻止するために基本法そのものを改正することを 67%の市民が支持しているが，こうした一般市民の態度が排外暴力の正当化に利用される可能性を内包していることは否定しえないところであろう。

ところで，カハーネのいう「行動しないこと，意見表明しないこと，助けないことによって表現される人種主義」の虜になる人々が増大する機運が強まっていることに関しては，マスメディアによる一種の煽りを問題視する指摘がある。例えば『ターゲスツァイトゥンク』に掲載された U．ゲアハルトの論文によれば，大衆紙『ビルト』をはじめ，『フランクフルター・アルゲマイネ』や『ヴェルト』のような新聞や週刊誌『シュピーゲル』でも漫画や写真，表紙などで難民がドイツに押し寄せる怒涛のように描かれる一方，その奔流の前で立ちすくむ政治家や国境警備隊員の無力な姿が強調されるなど，一般市民の不安感を殊更に掻きたてて防衛心理に走らせるような図柄が頻繁に用いられているといわれる。また難民に関して使われる表現も，文字通り「怒涛」であったり「氾濫」であったりして，物理的に抗しえない力であるかのように難民が描かれ，読者を奈落に突きおとされた心理に引きこむものがみられるという[5]。他方，難民支援グループのグスタフ・ハイネマン・イニシアティブや SPD の青年組織ユーゾー（JUSO）によれば，難民の到来を誇大に映しだす統計上の問題点も存在する。例えば分担難民が他のカテゴリーで二重に数えられたり，ドイツ系帰還者たちに庇護申請をすることが推奨され，難民として数えられる結果になっていることなどである[6]。こうした統計上の操作が難民の数を実数より大きくみせかけ，難民の洪水という光景をつくりだす一因になっていることは否定しがたいといわねばならないであろう。

---

(5) Ute Gerhard, Breiter Strom vom Balkan, in: Die Tageszeitung vom 16. 11. 1992. 同趣旨の指摘は次の論文にもみられる。Rainer Erb, Machen die Medien den Extremismus erst salonfähig? in: Das Parlament vom 11. 12. 1992.

(6) Frankfurter Rundschau vom 13. 11. 1992; Bundesvorstand der Jungsozialistinnen und Jungsozialisten in der SPD, hrsg., Asyl statt Abschreckung, Bonn 1992, S. 11.

それはともあれ、公式発表の数字をみるかぎり、一般市民の間でパニックにも似た心理が広がっていったのは無理もないように思われる。主要新聞の報道を総合すると、ベルリンの壁が崩壊した1989年には1年間に12万3千人の外国人がドイツで庇護を申請したが、その数は1990年には19万3千人に増え、さらに1991年になると89年の2倍以上の25万6千人にも達したのである。それだけではない。本年に入って庇護申請者の数は昨年を凌ぐ勢いで増大しているのが実情であり、8月末までの申請者数は27万4千人で昨年同期14万1千人の約2倍の水準になっている上、8月の1カ月だけで約4万人が新たに庇護を申請しており、このまま推移すればこれまでで最高だった昨年を大幅に上回ることは確実な情勢になっている。他方、8月までの審査件数は14万件であり、庇護権が認定されたのは6,100件だから、認定率は4.4％の低水準にとどまっている。認定率の高低には80年代を通じてかなりの振幅があり、1980年代半ばには20％台にあったのが89年には5.0％、90年4.4％、91年6.9％とドイツ統一前後の時期には低率が続いているので、本年の4.4％はとくに目立つとはいえない。けれども、このような低水準の認定率が、庇護申請者を無差別にすべて「ニセ庇護申請者」と呼んで閉め出しを唱える右翼政党の主張に論拠を提供する結果になっていることは否定しえない。またドイツでは現在約38万人が審査を待って滞在しているほか、庇護権を認められなかった50万人が滞在を認容されている。さらに審査結果を不服として係争中の申請者は13万から15万人とされるが、決着がつくまでには少なくとも数年を要するのは確実とみられている。

こうした庇護申請者の急増と認定率の低さに加え、一般市民を苛立たせているのは、治安の悪化と財政負担の増大である。ここ数年ドイツでは犯罪の増加は重大な社会問題となり、暴力、麻薬、窃盗・強盗の多発は市民を不安に陥れているが、この関連で絶えず問題とされるのが外国人とりわけ難民の犯罪関与である。この点に関しては、犯罪統計をみるかぎりでは確かに外国人の犯罪率が高いのは間違いない。けれども、都市部に多くが暮らしていること、若年層の比率が高いこと、相対的に貧しい家庭が多いことなど様々な特殊事情が存在するので、ドイツ市民と同列に比較するのは誤解を招きやすく、慎重な検討が必要とされる。しかし一般的には外国人を犯罪者扱いする風潮が強まりつつあるのは事実であり、最近のある世論調査でもオランダの52％を筆頭にフランス、アイルランドで49％、ドイツでは37％の市民

が「難民は犯罪を引起こすと思う」と答えているのが実情である（Die Welt vom 1. 12. 1992）。

一方，財政負担に関しては，庇護申請者が急増した結果，SPD が単独で政権を握っているノルトライン＝ヴェストファーレン州やシュレスヴィヒ＝ホルシュタイン州の内務大臣が庇護申請者に対する公的援助の削減を主張するほど厳しい情況を迎えている。例えば集合施設に収容されている庇護申請者には成人の場合，月額 100 マルクの小遣いのほか，社会扶助として 528 マルクが手渡されるといわれ，連邦内務省の発表では，連邦，州，自治体を合わせ庇護申請者 1 人あたり年間約 1 万 5 千マルクの費用を要するとされる[7]。こうした負担は，不況による税収の伸び悩みの中で旧東独経済再建のために巨額の財政移転を迫られている情況下では，市民の肩に重くのしかからざるをえない。事実，最近では各地の自治体から庇護申請者のための財政負担は限界にきているとする悲鳴が度々聞かれるようになってきており[8]，こうしたことも市民の苛立ちや反感を一層募らせる要因になっていると考えられる。

庇護申請者の実態が以上の通りであるとすれば，一般市民の間にパニック的な心理が広がり，これを土壌にして難民収容施設への多発する襲撃に周辺住民が快哉を叫ぶ光景が現出したとみて間違いないであろう。とくに旧東独地域で失業や操業短縮などの雇用不安に戦く多数の市民にとっては，自治体や州政府によって保護された庇護申請者が国境での入国の際に庇護と申し立てるだけで受け入れられ，住居と一定レベルの生活を享受している姿は承服しがたく思われるであろう。なぜなら，彼らには統一以来，旧西独地域の住民に対する二級市民というコンプレックスが刻み込まれているが，これに加え，難民の保護された姿は，ドイツ人でありながら難民ほどにも生活を保障されない三級市民という感情さえ呼び起こすからである。こうしてとくに旧東独では難民は怨嗟の的になりやすいと思われるが，それではこうした事情を背景にして自己を民衆意思の執行者だと感じるスキンヘッドたちが執拗に

---

(7) Gerhard Schmid, Asyl in Deutschland, Bonn 1992, S. 15.
(8) 例えばノルトライン＝ヴェストファーレン州，ヘッセン州南部，シュヴァルツヴァルトの町フィリンゲン＝シュヴェニンゲンに関する次の報道を参照。Frankfurter Allgemeine Zeitung vom 7. 10. 1992; Süddeutsche Zeitung vom 23. 10. 1992.

難民収容施設などに向かって排外的暴力事件を繰り広げるのに対して，政府や政党はいかなる対応をとってきているのだろうか。

2．政党と政治家の反応

　ロストックでの事件発生直後には，閣議でコール首相が近隣諸国にもみられる現象であると発言したと報道されたように，事件を重視する気配は希薄だったといえる。むしろ問題点として指摘されたのは，事前に収集していた情報を治安当局が的確に活かせず，判断に誤りがあったことや，事件鎮圧にあたる警察の首尾一貫せず弱腰ともみえる行動，警官自体の訓練不足，装備の不十分さ，通信体制や連携行動の不備などであり，総じて警察と州当局が批判の的になった観がある。しかし排外暴力が各地に飛び火し，事態の重大さが明らかになるにつれて議論には変化が現れた。すなわち，ロストックで難民施設への攻撃が始まった当日にボン近郊のペータースベルクでSPD指導部は従来の難民政策を転換する方針を打ち出したが，事件の拡大とともに庇護権の存廃と基本法の改正の是非をめぐる議論が一段と高まるとともに，各州間の警察力の連携運用などを含む取締り体制の整備やスキンヘッドを中心とする暴徒に対する取締り強化のための新法制定についての議論も活発化したのである。例えばSPDが示した基本法改正に応じる姿勢については，難民激増の圧力が事件につながっているとの立場から一日も早く実効性のある規制策を実施すべきであるとの主張がCDU・CSUの議員レベルで強く唱えられる一方，SPD内部からも自治体の首長や州当局者の間から負担軽減を一つの狙いとして早急に抑制措置をとることが必要であるとの声が公然と噴き出すに至った。また暴力事件の取締りに関しては，現行法の厳格な適用で十分との指摘もみられるものの，それでは不十分で，新たな法律を制定して暴力事件の未然防止や組織の壊滅などを目指すべきであるとの声が高まりをみせるようになってきている。

　こうした中で連邦議会内務委員会が8月31日に緊急招集され，暴徒に機動的に対応する措置などに関して討議したほか[9]，R．ドレスラーSPD副院内総務（社会政策担当）が各党代表による難民問題の緊急協議を提唱した。さらに難民認定庁の担当官不足が庇護申請処理事務の停滞を招いているところ

---

(9) その詳細については，Das Parlament vom 4.9.1992参照。

から，担当官不足解消を意図的に遅らせ，庇護権問題を政治的に利用しているとして，SPD がザイタース内相の更迭を要求するなど，難民規制の実務的協議の機運が高まる反面では従来通りの政治的思惑を秘めた泥仕合の様相も強まりつつあるのが実情である。なお，コール首相，キンケル外相は 9 月 9 日の連邦議会での予算審議の席上，一連の排外暴力事件はドイツの恥辱であり，国外におけるドイツの威信を損なうものであると述べて憂慮の念を表明したものの，明確な対処方針は示さないままで演説を終えた[10]。こうした点を捉えてジャーナリズムでは，例えば通常は穏健な筆致が特色の『ツァイト』紙にみられるように，「恐るべき政治の無能ぶり」に対する指弾が一段とトーンを高めてきている。

統一 2 周年の記念日が巡ってきたのはこのような雰囲気の中だったから，厳しい現状批判が展開されたのは当然であろう。『ジュートドイッチェ』紙の主筆 D．シュレーダーは統一記念日前日の 10 月 2 日，コール首相在任 10 周年を念頭においた論説で統一宰相コールを指導者ではなく「調整者」と規定した上で，自らは決断を下すことなく，機が熟すのを待つ「コンセンサス政治家」では難局を乗り切ることは困難であるとしつつ，難民問題についてこう指摘している。コール首相は庇護権と外国人敵視をめぐる論議に相変わらず距離をおいているが，この問題においてドイツがどれだけ変わったかが表れていることに気付いていない。彼が庇護権の改定に賛成しているとしても，これを実行する場合には他方でナショナリスティックな潮流の暴走を抑えこむことが必要とされる。しかしこれら二つ課題を同時に実現するのは容易ではなく，断固たる決意と並々ならぬ手腕が求められる。それゆえ真の意味での指導力を欠いたコールでは危ういとみなくてはならないが，現状ではコールに代わりうる指導的人物は与党のみならず，野党 SPD にも存在しない。そればかりか，マスメディアも知識人も意気消沈して決然たる批判をなしうる状態にない点こそ最大の問題なのである[11]。

同様に 10 月 2 日付『ツァイト』紙の付録には「統一の痛み」と題した

---

(10) 両者の演説については，さしあたり Frankfurter Allgemeine Zeitung vom 10. 9. 1992 参照。
(11) Dieter Schröder, Kohl - ein Mann des Systems, in : Süddeutsche Zeitung vom 2. 10. 1992.

K．ランゲ＝ミュラーの記事が載り，路上で炎上する何台もの車の写真の下には「再統一されたドイツの政治的気候は不安と憎しみによって益々強く刻印されている」との解説が付けられているほか[12]，本紙には異邦人憎悪と記したハーケンクロイツのある旗をかざしたスキンヘッドが外国人を踏みつけ，火炎ビンを持った仲間がユダヤ人墓地を荒らしている風刺画と並んで，「誰が民衆に真実を語るか」と題するR．ライヒトの論説が掲載されている。それによれば，社会に漲る不機嫌の根因は「ドイツ人が西でも東でも明らかに自由よりも福利を重視するようになっている」こと，とくに「隣人の自由より自分自身の福利が間違いなく重要」だと考えるようになっている点にある。そして社会の底流にあるこの態度が統一後2年にしてドイツの「陰鬱な像」を内外に生みだすことになった。なぜなら，統一時に人々が抱いた「幻想はますますはっきりと怒りに変わり，心からの喜びは国民相互の疎外と外国人に対する攻撃に変わった」からである。こうした状況に照らすと，「かつてのザクセンハウゼン強制収容所にあるユダヤ人バラックが放火されて初めて，外国での反響の大きさに驚いて政治家たちが大急ぎでシンボリックなジェスチュアをしてみても余りにも遅すぎるというものである」，こうライヒトは断言している[13]。

　ジャーナリズムからこのような政治の現状告発が噴き出したとすれば，ドイツ政治の目付役を自任する人々が憂慮の念を表明したのは当然であろう。既に6月に『ツァイト』紙の編集者との対話の形で公刊した本の中で政治家の基本姿勢を叱責し，これを「権力忘却」と「権力執心」の二語で特徴づけて物議を醸した大統領R.v.ヴァイツゼッカーは，10月3日，排外暴力が最も深刻なメクレンブルク＝フォアポンマーン州の州都シュヴェリーンで行った統一2周年記念式典の演説で政治の怠慢に苦言を呈するとともに，ドイツ国民が今直面しているのは「民主主義的成熟の卒業試験」であるとして次のように排外暴力を断罪した。「ドイツの利益になると称して排外暴力に訴えている者は我々の国民の名を濫用するものである。ドイツというのは弱い者に対して自己主張をしたり，自分の怒りや不安を無防備な者に対してぶつけるためのスローガンでもなければバットでもない。」他方，難民問題にかか

---

(12) Katja Lange-Müller, Einheitsschmerzen, in: Zeit-Magazin vom 2. 10. 1992, S. 16.
(13) Robert Leicht, Wer sagt dem Volk die Wahrheit？ in: Die Zeit vom 2. 10. 1992.

わる政治の現状にも彼は論難の鉾先を向けている。ヴァイツゼッカーによれば,「庇護を求める人々の運命については明確な決定が必要」であり,「我々は今, 適切に機能しない庇護手続の改革とこれに必要な基本法見直しの論議の只中にいる。」これは極めて重要なテーマであるから「決着がつくまで争いは避けられない」が, それでもやはり早急に合意に達することが求められている。このテーマは「事柄に即した真剣な議論」が交わされなければならず,「政党戦術的な地歩拡大に馴染むような分野」では決してない。「我々は先の州議会選挙の際, 争いあうすべての者がこの難しい領域で互いに相手を転倒させようと試みるなら, 誰もが共に敗北するだけであることを充分に学んだのである。」このように彼は難民問題が党利党略の手段になり, 政争の具に供されているように映る現状に批判を浴びせ, 政党を戒めたのである[14]。

さらに『ツァイト』紙を拠点にして言論活動に乗りだしている前首相H.シュミットも統一2周年にあたって同趣旨の発言を行った。病気療養中の元首相W.ブラント（SPD名誉党首）に代わってフランクフルトのパウロ教会で催された式典に臨んだ彼は, 演説の中で, ドイツが直面している問題や課題は必ず解決されるものと信じると表明する反面, 現政府には精神的道徳的指導力が欠けており, 行動面でも無能力をさらけ出していると手厳しく批判している。彼によれば, 失業の増大や東西間の溝を含め情勢は政界内部ですべてを処しえないほど深刻になってきており,「今や政治家が国民に真相を打ち明けなくてはならない時が来ている。」率直に真実を語り, 国民の理解を得ることに努力し, 政治家に対する信頼感を取り戻すことがなによりも肝要であり, 現下の急務といえる。これに成功すれば国民は平静を取戻し, 自分の政権時代に赤軍派を封じこめることに成功したように, 現在焦点になっている極右勢力もまた特別な立法を行わなくても押さえこむことが可能になるに違いない。要するに, シュミットは緊迫度を高めつつある事態の原因を政治家の精神的道徳的指導力の欠如に見出したのであり, 政治的打算

---

(14) 演説の全文は長文ながら次の標題で『フランクフルター・ルントシャウ』紙に掲載されている。 Ende des Kommunismus, aber Anfang wovon ? in: Frankfurter Rundschau vom 7. 10. 1992. なお難民問題が党利党略の具にされているという批判は, 大統領による以前にすでに出てきている。例えば次を参照。 Joachim Fritz-Vannahme, Einer treibt den anderen, in: Die Zeit vom 18. 9. 1992.

で動くために結局排外暴力などに有効な策をとれないでいる政治家の基本姿勢に厳しい警告を発したのである[15]。

このようにドイツ統一2周年を迎えて政治の現状を憂え，あるいは告発する声がジャーナリズムからだけでなく，目付役からも発せられた。しかし，人数が増え続けていたために難民問題が世間を賑わせ，論議の熱は高まっても政治的には無策の状態が続くとともに，ロストックのような騒乱はみられなくなったものの，スキンヘッドを中心とする外国人，難民に対する暴力は相変わらず各地で頻発していた。そうした中，新聞報道でもショック性の関心が薄まり，いわば慣れの作用が現れて紙面への取り上げ方も次第に小さくなってきているように見受けられるが，それでも片隅に小さく載った記事などを丹念に追跡してみると，排外暴力事件にも変化が生じつつあることが窺える。その変化とは，暴力の向けられる対象が難民，その収容施設，外国人から徐々に他のカテゴリーに拡大しつつあることである。ここでその点を簡単に整理しておこう。

まず注目されるのは，ホロコーストの悪夢を呼びさましたため反響が大きかったかつての強制収容所への放火事件である。9月26日，ベルリン近郊のオラーニエンブルクにあるザクセンハウゼン強制収容所に何者かが侵入し，ユダヤ人施設が放火されて焼けおちた。黒々とした焼跡の光景は，1月前のロストックの炎と同じく，テレビで見る者の心を凍らせるのに十分だったように思われる。続いて10月21日には女性を中心に収容したことで知られるラーヴェンスブリュック強制収容所でも放火事件が起こった。

これとの関連ではユダヤ人墓地荒らしが跡を絶たないことも挙げられる。年末の『ヴェルト』紙のまとめによれば（Die Welt vom 2. 12. 1992），1990年には同事件は38件，1991年には40件が発生したが，本年には11月22日までに既に39件生じている。しかもスプレーで墓石にハーケンクロイツが書きつけられるなど極右の犯罪とみられるのは，昨年の10件に対して本年は20件に上っている。このようなことから反ユダヤ主義の再燃が懸念さ

---

(15) 演説要旨は Frankfurter Allgemeine Zeitung vom 5. 10. 1992 にあるが，シュミットはベルリンの帝国議会を会場にして催された SPD 連邦議会議員団主催の「ドイツ統一の2年」と題する集まりでも同旨の演説をしている。Franz Müntefering, hrsg., Zwei Jahre deutsche Einheit, Bonn 1992, S. 44ff.

れているが，そうした中，ロストックでは市参事会員 K.-H. シュミットがドイツ在住ユダヤ人中央評議会議長 I. ブービスに対して「あなたの故郷はイスラエルである」などの発言をしてスキャンダルを引き起こし[16]，他方，『黄色い星を背負って』の邦訳で日本でも知られる I. ドイッチュクローンのもとには反ユダヤ的言辞のいやがらせ電話が頻繁にかかり，「このままの状態が続くなら私はここにもう長くはとどまらない」と発言させるまでになっている (Süddeutsche Zeitung vom 30. 10. 1992)。

さらに見逃すことができないのは，暴力の対象が社会的弱者にも広がっていることである。例えば障害者の施設への放火などの事件がこのところ散発的に生じるようになってきているが，なかでも最大規模のものは 10 月 2 日に起こった事件であり，約 20 人の若者が集団でライプツィヒの障害者施設に火のついたものを投げこんだ由である。また暴力の被害にあうホームレスも増加しつつあるようにみえる。ロストックで外国人憎悪の炎が燃えさかった直後の 8 月 29 日，ベルリンで 58 歳のホームレスが 2 人のスキンヘッドに襲われて重体になったのをはじめ，少し前の 8 月 1 日にはバート・ブライジッヒで 49 歳のホームレスが 2 人のスキンヘッドにナイフで刺されて死亡する事件があった。さらに最近でも 11 月 7 日に 52 歳のホームレスが 3 人の青年に殺された上，ガソリンをかけて焼かれる陰惨な事件も発生している。そのほかに同性愛者がスキンヘッドに襲われる事件も，10 月 10 日に起きたザールブリュッケンのものをはじめとして，それほど人目を引くことのないまま各地で散発的に生じているように見受けられる。

このように排外暴力事件が終熄の気配をみせないどころか，攻撃の対象が拡大しつつある一方，難民規制や暴力取締り対策はかけ声ばかりが賑わしく中空を飛びかうものの，一向に進捗がみられないといわなければならない。それではこうした状況下にあって一般市民は事態をどのように受けとめているのであろうか。これを各種世論調査の結果を手掛かりにして覗いてみよう。

---

(16) 詳しくは，Das Parlament vom 13. 11. 1992 参照。

3. 世論調査に表れた一般市民の意識

　1992年12月の『ポリトバロメーター』によれば，本年1年間を通じて国民が主要テーマとして挙げたのは図6－3に示される通りである。旧西独地域では庇護権・外国人問題が，旧東独地域では経済立直しの困難さを反映して失業がそれぞれ首位であった。しかし同時に注目されるのは，9月になって両地域とも庇護権・外国人問題が急に比重を増している点である。これは明らかにロストック事件の影響によるものであり，以後，年末まで高い関心が継続していることが図6－3から読みとれる。

　同じことは『シュピーゲル』10月26日号に掲載されたEMNIDの調査結果からも分かる。設問項目の表現にやや相違があるものの，同調査では旧西独地域で最も重要なテーマと見做されたのはやはり外国人の問題であり，青少年を麻薬から守ること，失業を克服することがこれに続いている。他方，旧東独地域については失業の克服が最重要テーマであり，そのあと，旧東独の経済を躍進させることに続いて第3位に外国人問題が位置づけられている（Der Spiegel vom 26. 10. 1992）。また設問形式は異なるが，アレンスバッハ研究所の調査でも現状への不安感の第1の要因は旧西独地域では難民流入であり，これに暴力事件増加，極右勢力拡大が続いている。他方，旧東独地域でトップに立っているのは経済面での懸念になっている（Frankfurter Allgemeine Zeitung vom 8. 10. 1992）。

　このように失業克服もしくは経済再建問題が旧東独地域では関心の焦点になっているとはいえ，全国的にみれば難民・外国人問題はとりわけロストック事件以降，最大の国民的テーマになっているといってよい。しかしながら，それへの一般市民の姿勢を点検してみると，多くの人が屈折した心境にあることが浮かび上がってくる。

　まず多数の外国人がドイツに居住していることの是非については，「問題なし」と答える人は旧西独では本年9月，10月とも60％だったが，旧東独はこれより低く9月には34％，10月でも40％にとどまっていた（Süddeutsche Zeitung vom 17. 10. 1992）。また，とくに焦点になっている難民に関しては，政治的迫害を受けた者に対して庇護権を認める立場が一貫して多数を占め，9月，10月ともマンハイム選挙研究グループの調査では84％で，11月には

図6-3 主要テーマの推移

旧西独地域

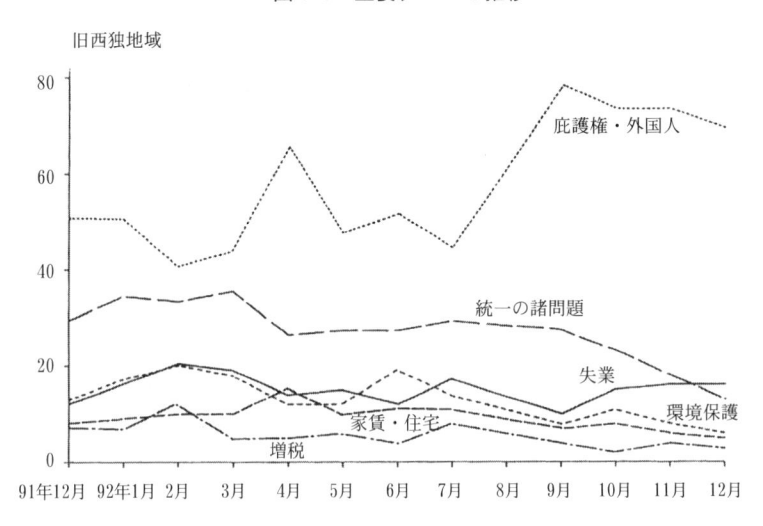

旧東独地域

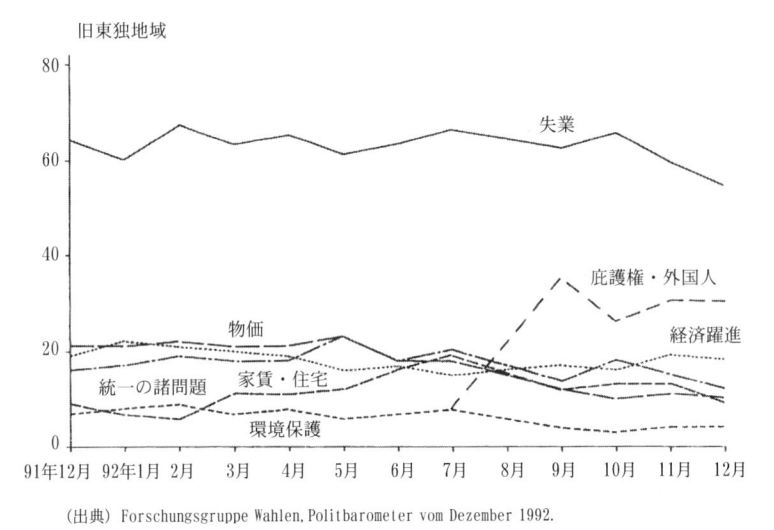

(出典) Forschungsgruppe Wahlen, Politbarometer vom Dezember 1992.

87％に上っている[17]。けれどもその反面で，庇護権が濫用されていると考え

---

(17) Forschungsgruppe Wahlen e. V., Mannheim, Politbarometer von Sept. Okt. u.

る市民が多い事実を看過することはできない。同グループの調査では,濫用との見方をとる市民は表6－1が示すように過半数を優に超す状態が続いており,他の調査機関によってもこの点は裏付けられている。このことは,庇護権そのものの原則的な正当性を承認しながらも,その運用実態を問題視する市民が多いことを示している。換言すれば,庇護権運用のあり方を改め,本来の趣旨に合致した状態に戻すことを望む市民が多く,そこからは明らかに政治の主導的役割が期待されていることが読みとれるのである。

これに加え,難民の大量流入に伴って収容施設などへの襲撃が相次いでいる中で,今や自分自身が暮らす地域でもロストックのような騒乱が起きる可能性を排除しない市民が増えてきているのが実情であり,一般市民の不安感と無力感の大きさや政治への失望感の深さを物語っている点で注目に値する。EMNIDによれば,「あなたの住む町もしくは郡でロストックのような出来事が起こるでしょうか」との設問に旧西独では38％が「はい」と答え,「いいえ」と応じているのは30％でわからないが32％になっているが,旧東独では58％もの人が「はい」と答え,「いいえ」と言っているのは僅か10％にすぎない。その上,「あなたの目の前でドイツ人が外国人に乱暴を働いているとしたらあなたはどのように行動しますか」という問いには,「関わりをもたないように立ち去る」との答えが旧西独と旧東独で各々56％と65％にも達し,「できるものなら助ける」はそれぞれ31％と22％にとどまっている。さらに「介入しないで見続ける」という答えも9％と8％あった。総合的にみるとこれらの数字は,排外暴力に対する社会的歯止めが失われ,事態がとめどなく悪化する可能性さえ示唆している点で無気味なものといえよう(Der Spiegel vom 26. 10. 1992)。

実際,アレンスバッハ研究所などが実施した調査からは,難民に対する暴力行為への理解が社会で広がりつつあることが明らかになっている。例えば難民収容施設襲撃を理解できるとの回答は本

表6-1 庇護権濫用の有無

(単位：％)

	1991年11月	1992年4月	1992年9月	1992年10月	1992年11月
濫用されている	69	70	75	77	73
濫用されていない	28	28	22	22	24

(出典) Forschungsgruppe Wahlen, Politbarometer von 11/1991, 4, 9, 10, 11/1992.

Nov. 1992.

年10月には1年前に比べ旧西独では12％から16％に増え，旧東独でも11％から15％に増加している。これに対し理解をもたないと答える人は1年間に前者で77％から70％に，後者では80％から69％に縮小している（Frankfurter Allgemeine Zeitung vom 12. 11. 1992）。同様に，マンハイム選挙研究グループの調査結果をみても，10月のデータでは旧西独で12％，旧東独で17％が難民に対する暴力を理解できると答えたのである（Politbarometer vom Okt. 1992）。

以上でみたように，危険な徴候が現れている一般市民の意識を考慮するなら，庇護権濫用の是正などが政治の急務になってきていることは明白といえよう。だが，多くの市民の不満や失望を募らせ，苛立たしくしているのは，まさに政府，与野党の行動能力喪失ともいうべき現状にほかならない。

難民に対する暴力に理解を示す空気が広がってきている背景として，アレンスバッハ研究所のR．ケッヒャーは，「経済の後退への不安が与野党とも党利党略から難民問題をエスカレートさせているという印象と結合している」ことを指摘している[18]。事実，同研究所の11月の調査によれば，「政治家は難民問題解決に真剣に取り組んでいると思いますか」との質問に67％が否と答えているほか，「政治家は外国人排斥問題についてデモと演説をするだけで行動しない」との見方を50％が支持すると回答している。さらにこの関連で連邦議会と議員につき，「連邦議会の活動は良好と思いますか。良好でないと思いますか」という設問では，「良好」15％に対し「良好でない」が46％にもなったのをはじめ，議員に関し「国全体のことよりも自己の権力と威信を重視している」62％，「殆ど決定を下すことをしないまま議論ばかりしている」53％などの回答が出ている。もっとも，アレンスバッハ研究所が同時に提示した「ドイツに存在する民主主義は最良の国家形態であると思いますか」との質問では，「いいえ」の9％を圧倒的に上回る71％の回答者が「はい」と答えていて，民主主義の評価が高かったことも見落とせない。こうした点を捉えて所長のE．ネレ＝ノイマンは，総合的にみて「現在試練に晒さされているのは民主主義の原理ではなく，政党，連邦議会，

---

(18) Renate Köcher, Die Einstellung zur Gewalt ändert sich, in : Frankfurter Allgemeine Zeitung vom 12. 11. 1992.

政治家に対する信頼感なのである」とコメントしているが[19]，この指摘は正鵠を射ているといえよう。

4．排外暴力に対する抗議行動

　ここまで種々のデータを使って確認したように，ドイツでは政治の動きが鈍い中，排外暴力に鎮静化する徴候が現れないばかりでなく，障害者やユダヤ人墓地などにも攻撃対象が広がっていくと同時に，世論調査結果にみられるように，多くの市民の間でも暴力に理解をみせたり，そこまでいかなくても黙認したりする傾向が認められるようになってきている。そうだとするなら，心ある市民の間で事態を憂慮し，極右勢力の台頭や難民に対する暴力などに抗議する機運が高まってきたのは，けだし当然の成行きだったといえよう。これを象徴するのは，11月8日と14日にベルリンとボンで相次いで行われた予想を上回る規模のデモと集会である。とくに前者は文字通り党派を超えた幅広い行動であったから，ここではその様子や評価などを記しておこう[20]。

　ベルリンでのデモには主催者の予想を大幅に上回る30万人もの参加があった。一部ではヴァイツゼッカー大統領の発意で実施されたと伝えられているが，事実は難民襲撃や反外国人感情が高まる中，ベルリン市議会が超党派で「人間の尊厳は不可侵」をテーマにベルリンでデモを行うことを提唱したものである。これに大統領，連邦政府，議会，各州が賛意を示し，広く一般市民に参加が呼びかけられた結果，排外暴力に反対する機運の広がりとも連動する形になり，当初の予想を超える大規模なデモとなった。ただCSUのシュトライブル・バイエルン州首相や同党首のヴァイゲル蔵相は，デモは問題解決に役立たない等の理由で参加を拒否し，批判を浴びた。そのため，いわばこの時の失点を埋めあわせる狙いで，12月17日付『ジュートドイッチェ』紙に「過激主義に反対する」と題したバイエルン州政府の名の一面全部の意見広告とシュトライブル首相の市民への呼びかけが掲載された。

---

(19) Elisabeth Noelle-Neumann, Wie belastbar ist die deutsche Demokratie ? in: Frankfurter Allgemeine Zeitung vom 16. 12. 1992.
(20) ボンのデモにも10万人の参加者があったが，その様子については，とりあえず Die Tageszeitung vom 16. 11. 1992 とボンの地元紙 Generalanzeiger vom 16. 11. 1992 参照。

それはともあれ、デモにはヴァイツゼッカー大統領のほか、コール首相、エングホルム SPD 党首（シュレスヴィヒ＝ホルシュタイン州首相）、各州首相ら与野党政界要人、財界、教会、労働組合、芸術、文化各界の著名人、および全国各地から一般市民 30 万人以上が参加した。当初、主催者側は 8 万人の参加を予想していたといわれていることに照らしても、規模が例をみないほど大きかったこと、またこれだけの幅広い分野の人々がひとつのデモに結集するのは異例であるのがとくに注目される点である。なお、政界からデモに参加した主要人物としては、ジュースムート連邦議会議長（CDU）、ラフォンテーヌ連邦参議院議長（ザールラント州首相、SPD）、ラムスドルフ FDP 党首、ゲンシャー前外相（FDP）、メレマン経済相（FDP）、ディープゲン・ベルリン市長（CDU）などが挙げられる。

デモは 8 日昼頃、ベルリンの西側はカイザー・ヴィルヘルム記念教会から、東側はゲツェマニー教会（プレンツラウアーベルク地区）から行進を開始し、ルストガルテン広場（旧東ベルリン市街の中心部）に集結したあと、ヴァイツゼッカー大統領が演説を行った。大統領は演説の中で、基本法第 1 条が不可侵としているのはドイツ人の尊厳ではなくて人間の尊厳である点などを力説し、寛容を訴えた[21]。しかしながら、演説の途中に演壇の大統領に向かって石や卵が投げつけられ、警官隊が演壇前を楯をもって取囲み、大統領は野次と怒号の中を警官隊に埋もれるような形で演説を続ける事態となった。さらに偽善的な官製デモへの反対を呼号する黒覆面の極左グループ 300 人ほどが演壇に押しかけ、これを阻止しようとした警官隊と衝突した。デモが解散した同日夜にも、アレクサンダー広場で約 400 人の群衆が暴れる騒ぎがあったほか、フォーゲル前 SPD 党首（元西ベルリン市長）が群衆に詰め寄られ、警官隊が間に入って 3 発の威嚇射撃を行うなどの騒ぎの中で同前党首が地面に倒れる光景がみられるなど、このデモでは一部で暴力沙汰が発生し、夜までに 14 人の逮捕者が出る結果になった。当局側は当日警官隊約 3,000 人を投入して不測の事態に備えたものの、デモはこうして主催者側の意図に必ずしも沿わない形で終わったのである。

ドイツ国民の善意や民主主義の健在ぶりを示す狙いから企画されたデモがこのような結果になったことは、内外ともにショッキングであった。とくに

---

(21) 演説の骨子と抜粋は、Das Parlament vom 13.11.1992 に掲載されている。

演説中の大統領に対する投石などの事件は，一握りの若者の挑発的な行動にすぎないとはいえ，これまでこの種の事件とは縁遠く，いわば国家の権威と良心の象徴といえるヴァイツゼッカー大統領自らが被害に遭った点で衝撃は大きかった。ベルリン市当局の集会準備体制や迅速な対応の問題は別としても，警官隊に守られ，更にはFDP名誉党首であるゲンシャー前外相，ティールゼSPD副党首（旧東独出身）たちが大統領を守る形で演説が行われた光景は，あたかもドイツの民主主義とこれを破壊する勢力との衝突であるかのような形でテレビに写し出され，本来ドイツの善意を内外にアピールするはずの集会が逆の効果をもたらした側面があるのは否めないところであろう。

　こうしたことからジャーナリズムでもベルリンでのデモと集会に関する評価は大きく分かれた[22]。例えばこれを大失敗と評価する保守系紙『ヴェルト』は，今回の出来事ではドイツという国家，国家元首，圧倒的多数派が少数派によるテロを被ったのであり，権力手段を行使しないことにより国家が文字通り無力であることが露呈したと評している。またリベラルな傾向で知られる『ジュートドイッチェ』紙も，デモは本来街頭を利用するもので代表制民主主義の原理に反しているとした上で，たとえ多くの参加者が得られたにしてもそれだけで成功と評価することはできないし，暴力沙汰が発生し，これに内外の関心が集まったことからしても，政治的に成功と呼ぶことはできないと指摘している。他方，『フランクフルター・アルゲマイネ』紙は「ベルリンはヴァイマルではない」と述べ，左右の対立で動揺したヴァイマル時代末期の状況と現在のドイツを類比するのは正しくないとするとともに，今回のデモで圧倒的多数のドイツ人がデモの側に立っていることが内外に向けて証明されたと述べて，デモの意義を評価し弁護する姿勢をみせている。これらの評価のいずれが正しいかは別としても，ロストックでの騒乱以来頻発する排外暴力事件に反対する一般市民の意見が多数の参加者の存在によって示されたことは確かであり，そのことの意義は適切に評価されるべきであろう。だが同時にその反面で，大統領に対する投石などによってドイツ社会に深い亀裂が存在し，それは国家のシンボルである大統領への暴力による挑戦にまで達しているとの印象を与えたことも間違いない。多発する排外暴力は既にドイツの威信を傷つけ，ドイツ外交にとって一つの障害になってきてい

---

(22) 以下はいずれも11月9日付各紙の社説による。

るが，ヴァイマル末期への回帰は論外としても，少なくとも欧州情勢の観点からみてドイツの民主主義が不安定化しているのではないかとの不安自体が周辺諸国に与える心理的影響には見過ごせないものがある。

5．メルン事件の衝撃と政治不信の拡大

　そうした周辺諸国の不安は一つの事件によって格段に強められた。また，ドイツ国内でも深刻な動揺が生じ，緊迫した事態になった。北部ドイツの小都市メルンで3人の痛ましい排外暴力犠牲者が出たからである。

　まず1992年11月19日と22日にザイタース内相とシュミットバウアー首相府情報機関担当国務相がそれぞれ排外暴力事件数を発表して，その増加を警告した。それによれば，右翼過激派のメンバーは37,700人に増加する一方で，暴力化も一段と進み，本年中のこれまでの暴力事件は1991年の1,483件を既に上回る1,760件に達し，その中で明らかに排外暴力事件とみられるのは1,566件に上っている。また地域別ではノルトライン＝ヴェストファーレン州の338件を最高に，バーデン＝ヴュルテンベルク州170件，メクレンブルク＝フォアポンマーン州151件であり，さらに死亡11人，放火・爆弾事件186件，傷害事件423件，物損事件740件などとなっている。事件が最多のノルトライン＝ヴェストファーレン州に関しては，22日，バウマン同州憲法擁護局長が新聞発表を行い，反外国人事件数はロストック事件が始まった8月22日から11月8日までだけで同州では522件を記録し，主要都市はボーフム，ケルン，レヴァークーゼン，ヴッパータールなどであることを明らかにして，事件の拡大を警告した[23]。

　そうした矢先の11月23日，シュレスヴィヒ＝ホルシュタイン州ラウエンブルク郡メルン市（人口約1万7千人）で右翼過激派によると思われるトルコ人住宅への放火があり，ドイツ生まれの10歳の子供を含むトルコ人3人が焼死し，9人が重軽傷を負う事件が発生した。この事件では長らくドイツで暮らしているトルコ人が犠牲になったことと並び，これまでの非組織的で偶発的な性格の強い排外暴力事件とは異なる様相が認められ，極右グループの組織化と民主主義的法治国家体制に対するテロ化の恐れがみられる点で，

---

(23) 以上は主に当該日のドイツ通信（dpa）の配信による。

政府，与野党を問わず，一般市民に至るまで大きな衝撃が走った[24]。

衝撃の大きさと事件の重大さは，連邦検察庁の迅速な対応からも窺える。すなわち，フォン・シュタール連邦検事総長は事件より前の11月2日には，反外国人暴力事件に対して何故捜査権を行使しないのかとの質問に対し，「自分は立法者の意向により，テロ組織の犯罪行為が対象となる政治的に動機づけられた犯罪を一義的に所管する。庇護申請者に対する襲撃との関連ではこのような点は確認されなかった」と述べ，捜査権行使に慎重な構えを示していた。ところがメルンでの事件が起こると彼は即座に指揮権を発動し，連邦検察庁が直接事件解明に当たることになった。その理由として挙げられたのは，火災発生直後，警察と消防署に火災の事実を告げる匿名の電話が寄せられ，最後に「ハイル・ヒトラー」と叫んだことである。この電話は，連邦検察庁によれば，事件が単なる偶発的なものではなくて，組織だった十分準備された犯罪である可能性を示すにとどまらず，「本殺人・放火犯人はドイツ国内の治安に影響を与えるか，又は基本法の基本原則を除去しようとしている。これは，この犯罪行為によってドイツにおいて国家社会主義的独裁体制の復活を意図したことを示唆する」（11月23日，フォン・シュタール連邦検事総長）と位置づけられたのである。もっとも，連邦検察庁が憲法秩序に対するテロ行為もしくはその可能性があるという理由で捜査の初期段階に直接指揮権を発動することは従来にもあり，そのこと自体は通常裁判所構成法に基づく連邦検察庁と各州最高検察庁の所管区分に従っている。しかし今回目新しいのは，左右のテロの捜査指揮にあたる連邦検察庁がその指揮権発動に際して明示的に極右テロの可能性を挙げ，迅速に対処したことは，極左テロのケースを除くと殆ど例がない点である。法的な所管区分を厳格に遵守する連邦検察庁が，事件が政治犯罪ではない可能性があるにもかかわらず，このように明示的に極右テロ化の恐れについてシグナルを発したことは，刑事政策上の意義づけは別として，政治的に大きな意味を有していることが特筆されねばならない。なぜなら，これまで議論の応酬を繰り返すだ

---

(24) この点は関係当局の狼狽ぶりやテレビ報道，主要紙の11月24日付社説などをみれば一目瞭然になる。連邦政府からは犠牲者の故国トルコでの埋葬に外相など2名の閣僚が立会ったが，こうした過剰ともみえる心配り自体，衝撃の大きさを物語っていよう。

けで実効的な措置をとるに至らなかった政府，与野党に対し，連邦検察庁のこの対応が右翼過激派やスキンヘッド対策に本腰を入れさせるインパクトになるのは確実だからである。

一方，連邦憲法擁護庁も既に極右グループの憲法秩序に対する脅威を警告していたが，メルン事件の報が届いた23日，ヴェアテバッハ長官は次のような談話を発表して連邦検察庁の行動を側面支援する形になった。「極右暴力事件は本年既に16人の死亡者を出している。メルン放火殺人事件は偶発的に生じたのではなく，明らかに計画され，打ち合わされ慎重に準備されたものであり，質的に新たなものである。2つの放火は40分の間隔をおいて二軒の住宅に対して行われたもので，警察がこうした外国人住宅を保護することは難民収容所保護より遥かに困難である。組織犯罪化の傾向は一段と濃厚になってきており，多くの事件において既にテロ組織形成の疑いを理由とした捜査手続が行われている。」(dpa vom 23. 11. 1992）

ところで，事件の社会的背景については，ロストック以降の諸事件についてと同じく以下の点が指摘できよう。外形面の統一を果たしたドイツの内的統一を巡る予期せぬ困難と失業などに代表される不安感や見通しの欠如，戦後のドイツという能力主義社会に対応できないでドロップアウトする青少年の増大，個人の権利や享楽的生活を余りにも重視する快楽主義的風潮，既成の権威を認めず個人の自己実現と自立を一面的に強調する反権威主義的な教育などがそれである。これらに経済不況が重なったところに醸成される社会不安が土壌となり，暴力に対する心理的抑制が弛緩してきた結果が排外暴力や右翼への傾倒であるといえる。大都市ハンブルクに近い小さな町メルンでも，本年4月のシュレスヴィヒ＝ホルシュタイン州議会選挙では極右政党のドイツ民族同盟（DVU）に8.1％（州全体の平均は6.3％），共和党（REP）に2.2％投票しており，これは投票所に赴いた町の有権者の10人に1人以上に相当する。また9月にも無人の家が放火され，ネオナチ的なスローガンが書き残されていたことを考えても，決して今回の重大犯罪が生じる素地がなかったとはいえず，まして難民収容施設を重点保護対象としていた警察の失態によるものではないことは明白であろう。そしてメルンのように比較的裕福な町ですらこのような状態であることは，青少年層を中心にいかに根深い社会不安が底流として存在するかを浮き彫りにしているといえよう。

そうだとすれば，国外において事件への反響が巻き起こったのは少しも不

思議ではない。しかも長く続いた一連の排外暴力がドイツ在住トルコ人を対象にした放火殺人にまでエスカレートしたのであるから，それだけ反響が大きかったのは当然であろう。国外におけるドイツのイメージの悪化はロストック事件の頃から既に懸念されていたところであり，とくにドイツ製品の不買運動が起きたり，旧東独地域への投資計画を外国企業が撤回したりすることは，ドイツで現在景気が下降線上にあるだけに経済界を中心に危惧されていた。そうした背景から，メルン事件後の12月8日に主要国特派員の報告をまとめた国外での動きに関する特集が『フランクフルター・アルゲマイネ』紙に掲載され，同じ企画の特集が14日付『ヴェルト』紙にも現れた。また「醜いドイツ人」と題するK.キスター執筆のアメリカ・メディアにおけるドイツ像に関する長大な記事が12月16日付『ジュートドイッチェ』紙に載せられた[25]。それらの内容は，不買運動はさしあたり大規模な形では認められず，投資計画の凍結なども少数にとどまることを伝えており，おしなべて政財界を安堵させるものだったが，『ヴェルト』アメリカ特派員が報じているように，アメリカでは「昨今ほどドイツのイメージが恐怖に満ちたものになったことは戦争後これまでに一度もなかった。ドイツ人のイメージは3年前には統一時の感情的な善意で彩られていたのに今や最低点に達した」のであり，他の主要国でも傾向は同一であった。

しかし，国外でのこうしたイメージ悪化よりもむしろ興味深いのは，これに関するドイツ側の危惧であろう。『フランクフルター・アルゲマイネ』紙の特集に付けられた導入の文章はこれをよく表している。「庇護申請者，トルコ人その他の外国人に対する，またドイツにあるユダヤ人墓地に対する極右グループの暴力行為と憎悪に満ちた長広舌に関する映像や報道は世界中に

---

(25) Gewalt von rechts — Wie das Ausland reagiert, in: Frankfurter Allgemeine Zeitung vom 8. 12. 1992; Deutschland trotzt dem Terror — Wie sieht es das Ausland ?, in: Die Welt vom 14. 12. 1992; Kurt Kister, Der häßliche Deutsche - wie gehaßt ! in: Süddeutsche Zeitung vom 16. 12. 1992. なお，11月27日にフンボルト大学で講演した際にエリ・ヴィーゼルは「ドイツは今や再び世界中で酷評を受けている」と指摘するとともに，11月19日にコール首相がアメリカ・ユダヤ委員会に送った書簡をとりあげ，その中に「小さなネオナチ・グループと極右の暴徒の恥辱的行為への嫌悪」と記されていることを紹介しつつ，政府の無策を慨嘆している。Süddeutsche Zeitung vom 28. 11. 1992.

行き渡っている。それらは到るところで恐るべき印象を生みだしている。外国人がもはや生命の安全を保障されない国，国家による保護が無力になっている国としてそれらはドイツを映し出している。この印象は経済的影響をも伴いうる。外国人がドイツに投資しなくなること，ドイツへの投資計画を凍結もしくは白紙に戻すこと，ドイツへは旅行しなくなること，抗議の気持ちを表すためドイツ製品を買わなくなること，ドイツに積み立ててある預金を引揚げることが考えられる。このような反応が外国では既に目立ちはじめているのだろうか。」さらにドイツ第2テレビ（ZDF）もメルン事件直後の26日夜のニュース解説番組で外国人襲撃事件のドイツ経済に対する影響を取り上げ，例えばアメリカ系のゼロックス・ドイツ社の社長とのインタビューで，同社が極右的言動を行った社員は即刻解雇する内規を設けたことや，外国人排斥運動がドイツの対外経済活動に悪影響を及ぼすと同社長が語る場面が流された。またこれと並んで，在デュッセルドルフ日本総領事が，ドイツに展開している日本企業にさしあたり投資活動を手控えるなどの目立った動きは出てきていないものの，現在の事態に懸念が広がっているとインタビューに答える場面なども放映された。これらマスメディアの取組みは，一連の排外暴力に続くメルン事件を境にドイツ国民が自国の対外イメージの悪化に著しく神経質になってきていることを示しているが，そればかりでなく，自己自身についてのイメージすら揺らぎだし，不安を感じはじめていることを物語っているとも考えられる。

　一方，事件の衝撃を契機にして外国人敵視に対抗する様々な動きが急速に活発化したことも見逃せない。まず各種の機関や団体を通じて配布されたステッカーやポスターが街の中に溢れるようになった。「外国人憎悪に反対」や「すべての人間は殆どどこにおいても外国人である」などと記したステッカーをカバンに貼りつけた子供たちの姿が目立つようになり，同種のステッカーを貼った車やタクシーが街を行きかうようになった。学校でも授業でこのテーマを討論する光景が増え，それに合わせて連邦政治教育センターが作成した青少年用のパンフレットが国内の隅々まで届けられた[26]。さらに地域

---

(26) 連邦政治教育センターの刊行物では，本年7月発行の少年向け冊子『PZ』69号が「外国のパスポートを持つ隣人」と題して外国人を特集しており，ドイツに居住する外国人の状態と庇護申請者が生じる事情をわかりやすく解説してい

社会でもこれまで交流が乏しかった地域住民と外国人との交流の場が設けられ、相互理解を深める努力がみられるようになった。このような動きの一端を 12 月 2 日付『ヴェルト』紙の特集が伝えている[27]。それによると、例えばマンハイムでは以前には襲撃事件も起こった難民収容施設の周辺住民が、地区行政機関、教会、小学校の父母団体と協力して外国人との親睦を図る一方、排外暴力追放に立ち上がり、平静な状態が戻りつつあるとのことである。またドルトムントでは金属産業労働者が労働組合のイニシアティブで電話ネットワークを開設し、24 時間体制の外国人救援システムをつくると同時に、排外的言動を行う者に対する解雇要求の運動を始めているという。なお同じドルトムントでは 11 月 27 日に 1 万人以上の生徒が「今や 12 時 5 分前」というスローガンの下、外国人敵視反対デモを行ったことも付け加えておこう (Das Parlament vom 4. 12. 1992)。

　地域レベルのこれらの比較的地味な運動に比べて目立つのは、新聞や雑誌に度々意見広告が載るようになったことであろう。まず事件直後に早速意見広告を出したのは旅行会社であり、そこではメルンで死亡した 3 人のトルコ人に哀悼の意を表すと同時に、ドイツで暮らすすべての外国人に対する連帯の意思が表明されている。これを皮切りに著名な企業や各種の業界団体などが次々と意見広告を出すようになったが、その頂点をなすのはドイツ財界の総本山ドイツ産業全国連盟 (BDI) のそれであろう。BDI 会長 T．ネッカーは事件に素早く反応し、ドイツの対外イメージの悪化が経済活動に撥ね返ることを懸念して事件から数日のうちに傘下の企業に対し、従業員に右翼過激派に対する闘争の重要な意義を理解させてこれに貢献するよう指導するとと

るほか、外国人のドイツ経済への貢献を具体的数字を挙げて説明したりして差別や反感に取組む生徒指導の際に使いやすい形になっている。同じく同センターが年 4 回発行している中等学校高学年から一般向けの『政治教育インフォメーション』では、本年最後の号にあたる 237 号が外国人をテーマにしており、多面的でバランスのとれた叙述は偏見のつけこむ余地を残さないものになっている。なお前者の部数は不明だが、後者は 130 万部発行されており、この数字だけからでも連邦内務省の管轄下にある同センターが事態をいかに重視しているかが伝わってこよう。

(27) Deutsche und Ausländer–Signale gegen den Haß, in: Die Welt vom 2. 12. 1992.

もに，外国人を敵視する言動のある者は即刻解雇するように呼びかけた[28]。その延長上で同連盟は次のような大々的な新聞広告を掲載することになったのである。「ドイツは開かれた国である。我々は異なる文化，肌の色，宗教の人達と交流していることを誇りとしている。何百万もの外国人がドイツに数十年来暮らしてきた。我々は外国人を必要としている。我々は外国人に対して敬意を払う。外国人は我々の仲間である」（Frankfurter Allgemeine Zeitung vom 1. 12. 1992）。

このような一般市民や経済界，労働団体などの排外暴力と外国人敵視反対の様々な動きを一つの形にしたのは，12月6日夜にミュンヘンで行われた光の鎖と呼ばれるデモである。同夜，家族連れだって，あるいは友人が互いに誘いあってローソクや懐中電灯を手にし，外国人憎悪に抗議して静かに長く伸びる光の鎖がつくられた光景は，国内に沈鬱なムードが漂っていただけに多くの人々に強い感銘を与えないではおかなかった。その発起人となったのは『ジュートドイッチェ』紙の論説委員など民間人ばかりであり，当初はさほどの規模にはならないと予想されていた。けれども，実施してみると子供を含め40万人もの一般市民がこれに参加し，ベルリン・デモの際に生じたような騒乱もなく，互いに排外暴力で危機に晒された民主主義を守る意思を確かめあう形になった。これを起点にして光の鎖は直ちに国内の主要都市に波及した。13日にはハンブルクで30万人以上が参加したことに見られるように，ベルリンなどその他の大都市でも夕闇の中で大規模な抗議行動が展開されることになったのである。さらにフランクフルトでは同じ13日に15万人もの若者が集まって外国人憎悪反対のロック・コンサートが開かれた。このようにして，それまで多くは沈黙を守ってきた市井の市民が静かな行動へ動き出したのである。

無論，一般市民がこうして行動を始めた背景には，事件の衝撃によって生じた全般的な気流の変化が存在していた。メルン事件の直前と直後にEMNIDが実施した世論調査結果の比較からその変化の様子を垣間見ることができる（Der Spiegel vom 7. 12. 1992）。それによれば，「外国人出ていけ！」のスローガンに対する賛否は，メルン事件前には断固賛成5％，賛成27％で

---

(28) Christine Skowronowski, Rechtsextremismus-Problembewußtsein in den Unternehmen wächst, in: Frankfurter Rundschau vom 28. 11. 1992.

あったが，事件後には各々4％と15％とほぼ半減した。一方，このスローガンに対する反対は，事件前には反対24％，断固反対43％であったのが，事件の後にはそれぞれ8％と69％になり，断固反対の急増が顕著で3分の2以上の回答者を占めるに至っている。また「外国人問題ゆえに極右的傾向に理解をもつ」との回答は事件を境に33％から12％に急減するとともに，「庇護権は人権である」との立場をとるという回答は逆に39％から61％へ急上昇する結果となった。さらに庇護申請者に関しても変化が生じ，コメンテーターの言葉を借りれば，スキンヘッドなどの攻撃の的になっている，既にドイツに入国している「何十万という庇護申請者に対する多数の連邦市民の態度が〔よりポジティブなものに〕変わりつつあると結論づけるのをメルン事件への最初の反応は許す」ものになっている。

　ホイヤースヴェルダ事件の場合のように，これが一過性の変化に終わるのか否かは予断を許さないが，それはともかく，少なくともメルン事件を境に一般市民の間で外国人敵視や難民に対する反感が急速にすぼんだことが以上の数字から明らかであろう。しかし，それと同時に政治に対する見方にも変化が起こっていることを見逃してはならない。調査によると，10月には外国人問題に関し約半数の人々がCDU・CSUもしくはSPDに解決能力があると考え，その行動力で排外暴力などが収束に向かうことを期待していた。ところがメルン事件後の11月末には大政党に対する幻滅感が広がり，調査結果も一変することになる。すなわち，この段階ではCDU・CSUに外国人問題解決の能力があると答える人は僅か18％，SPDにその力量ありとみる人は14％しかなく，FDP1％，緑の党2％を加えても有権者の35％だけが既成政党による問題解決を期待するのみとなった。そしてその反面では，どの政党にも解決能力なしと答える割合が約半数の49％にも膨らみ，回答せずの13％と合わせるなら62％もの多数が政党に失望している計算になり，10月の27％から驚くべき激増を記録したのである。しかも同じ期間に共和党（REP）に対する支持が低下の兆しを示し，外国人問題を同党が解決しうると考える人々も10月の16％から11月末には3％へ大幅に落ちこんでいることも調査結果に示されている。

　これらの点を考慮すれば，REPが掲げるような「外国人出ていけ」というスローガンでは問題解決にならないことや，またそのような解決方法が望ましくないという立場の人々がとくにメルン事件以後に急増したものの，に

もかかわらず既成政党がいずれも多数の市民の期待に応えられる状態にないか，あるいは少なくとも応える能力を欠いていると見做されていることになる。いずれにせよ，世論調査に照らすかぎり，メルン事件が与えた衝撃やそれまでに続発した排外的犯罪によってREPから離反する動きが出てくると同時に，他方では既成政党に対する失望感が急拡大しつつあるのが現状であり，排外暴力や外国人問題において政党はますます一般市民から見放される形になってきているといえよう[29]。

6．政治的取り組みの本格化－極右団体の禁止

ここまで見てきたように，メルン事件を転機にして一般市民の間で外国人憎悪に対する反対行動の輪が広がり，経済界からもドイツ産業への打撃を憂える声が聞かれるようになった。しかし，それに加えて上記のような世論調査結果が出てきたことや，治安対策面で連邦検察庁が指揮権を発動して従来にない対応をとったことが，それまで議論の応酬ばかりを繰り返してきた政府，与野党に対する大きな政治的圧力になったのは当然だった。メルン事件が起こるまでは排外暴力対策としては既存法令の厳格な適用で十分であり，これ以上の逮捕処罰法令の強化には反対との立場をとってきたSPDとFDPの内部に事件後変化がみられ，新法制定を唱えるCDUに歩み寄る気配が現れてきたことは，このような圧力の結果であると考えられる。この点からみれば，メルン事件はドイツの治安政策史上に一つの画期をもたらす可能性があると思われる。そしてこのことは連邦内務省が各州内相と諮って極右団体禁止措置をとったことによって現実味を増してくるのである。

周知のように，戦後西ドイツの建国以来，ドイツは戦う民主主義を国是の一つにしている。右翼運動の戦後第1波の中心である社会主義帝国党（SRP）が1952年に禁止・解散となったのも，1956年に連邦憲法裁判所がドイツ共産党違憲判決を下したのもその表れである。政党法上の政党の地位をもつ政治団体とその他の政治結社では法的な取扱いは異なるが，民主的憲法秩序の破壊を目指す勢力が禁圧の対象になっている点は同じである。政党の地位を有しない結社の場合，基本法第9条2項の定めに基づき連邦内相の決定に

---

(29) 以上でみた変化の一端は，11月と12月の『ポリトバロメーター』を比較することによっても看取できる。

よって禁止することが可能であり，これまでに既に数件の右翼過激派団体禁止の先例がある。1970年代のホフマン防衛スポーツクラブをはじめ，1982年のドイツ民族社会主義運動・労働党，83年の国家社会主義者活動戦線およびロック・グループのヘルス・エンジェルスなどに対する禁止措置がそれであり，これらはいずれも連邦行政裁判所によってその妥当性が裏付けられている。

こうした前例があることから，今回の極右団体禁止の決定は以前から予測されており，決して意表を衝いたものではない。現にメルン事件が発生する2日前の『ジュートドイッチェ』紙にもノルトライン＝ヴェストファーレン州で極右団体に対して禁止措置をとることが考慮されている旨の報道がなされており，他の州でも検討事項になっていたものと推察される。それゆえメルン事件が与えた作用は，決定寸前まできていた禁止措置に最後の一押しを与え，連邦レベルでの禁止として連邦内相の権限発動に踏み切らせたことであろう。実際，事件の翌日11月24日朝のドイツ第2テレビ（ZDF）の番組モルゲンマガツィンでのインタビューでレップレ連邦・各州内相会議議長（ザールラント州内相，SPD）は，「今週中にも右翼過激派グループの団体禁止を決定する見込みであり，この点でザイタース連邦内相とも見解の一致をみている。これまで国は右からの危険を十分には認識せず，青少年の軽率な行動であると瑣末視してきた。しかし実際は犯行者は民主主義的国家を破壊しようとする右翼活動家なのである」と述べ，禁止措置がいわば既定方針になっていたことを臭わせている（Frankfurter Allgemeine Zeitung vom 26. 11. 1992）。

こうして極右団体禁止の決定が下るのはもはや時間の問題になっていたが，その第1弾として11月27日に禁止対象に指定されたのは，ノルトライン＝ヴェストファーレン州に拠点をおく「民族主義戦線（NF）」であった。続いて排外暴力に関する政府声明と連邦議会の集中審議が行われた12月10日には，ここに示された決意を実践するかのように第2弾として「ドイツの選択（DA）」が禁止対象になり，さらに12月22日には「民族的攻勢（NO）」が禁止された。こうしてメルン事件後の1カ月間に3つの極右団体が解散に追いこまれたのである。なお12月21日付『右への眼差し』によれば，これらの禁止と並行して基本法第18条に基づき「ドイツ・ヘッセン」の指導者でM．キューネン直系のH．ライスツとドイツ国民党の指導者T．ディーネ

ルの基本権剥奪の請求が憲法裁判所に出されたほか，共和党（REP）が情報機関の監視対象に組みこまれたことも付け加えておこう[30]。

　もとより今後も引き続き極右団体が禁止措置を受けることになるかのか否かは予測の限りではない。仮にメルン事件のような殺人が再発すれば禁止対象が拡大することが考えられるし，逆に経済情勢や難民問題などに好転の兆しが現れ，それを受けて排外暴力も鎮静の方向に進めば，拡大しても僅かにとどまることがありうるからである。それはともかく，連邦憲法擁護庁の年次報告書によれば，1991年には76の極右団体が存在していた。同庁が把握していたのは1989年に70，1990年に69団体だったから1991年に団体数が増加しており，本年には社会情勢を考えるとさらに増えている公算が大きい。そうだとするなら，今回禁止になった3団体は極右全体のうちではほんの一部にすぎないし，解散で組織を失ったメンバーが他の団体に流れこむことは十分に考えられる。それゆえ，3団体禁止は強い国家意思の表明というシンボリックな意義をもつことはできても，さしあたり実効のほどには大いに疑問が残るといわなければならない。現に1991年にエイズで死亡したネオナチの理論的指導者M．キューネンの影響下にいくつもの極右団体が各地で結成されており，それらは事実上一体と見做すことができるので，メンバー相互の乗り入れには殆ど支障がなく，その意味で一部の団体が禁止されることはさしたる打撃になるとは考えにくいのである。なお，ここで禁止された3団体のプロフィルを簡単に描いておこう[31]。

(1) 民族主義戦線（NF）

　NFの結成は1985年。指導者はM．シェーンボルンでメンバーは約130人。拠点はノルトライン＝ヴェストファーレン州のほか，ベルリン，バイエルン，ブレーメンの各州で，ブランデンブルク，テューリンゲン，ザクセン州にも勢力を伸ばしつつある。NFが模範と仰ぐのはナチ左派のシュトラッサー兄弟で，中心的理念は社会主義的民族共同体を土台とした国民国家の再

---

(30) Blick nach rechts vom 21. 12. 1992. 因みに，既に11月25日付『フランクフルター・ルントシャウ』紙に上記3団体が禁止対象として考慮されていることが報道されている。
(31) 以下の記述は1991年度の連邦憲法擁護庁年次報告書による。Der Bundesminister des Innern, hrsg., Verfassungsschutzbericht 1991, Bonn 1992, S. 92ff.

建。重点的スローガンは，生産者の協同体的自己組織化，主要産業の国有化と大資本の収用，利子奴隷制の打破と中産者層及び農民の強化。但し最新の『右への眼差し』によると，NF では本年内紛が起こり，シェーンボルンに代わってA．ポールが党首になったが，党員数は減少して勢力は下降線上にある[32]。

(2) ドイツの選択（DA）

　DA が結成されたのは 1989 年で，M．キューネンが率いる新戦線同志団（GdNF）の政党政治面での一組織という性格をもつ。メンバーは約 300 人であり，指導者は 26 歳の青年 F．ヒュープナー。拠点は旧東独の都市コトブスであり，ここに 250 人が集まっているが，ブランデンブルク，ザクセン，ベルリンにも影響圏を拡大している。民族共同体と協同体主義に基づく国民経済の編成や人種法制定，発生学的基礎に立つ保健・人種保全などを唱える GdNF と基本的主張は同一であり，スローガンには「人種混合は民族の死」，「ドイツ人の異邦化は死の危険」など強烈な人種主義がみられる。因みに連邦憲法擁護庁のジッペルの最近の報告によれば，キューネンの影響下の極右団体では彼の死後A．キュッセルが指導者になったものの，信望を欠いている上にオーストリア人の彼に対しては連邦内務省によって入国禁止措置がとられている。一方，この系統の団体では禁止を警戒して州をまたぐ組織を地域ごとに独立させる動きがみられる由である[33]。

(3) 民族的攻勢（NO）

　NO は F．ブッセが率いる自由労働党（FAP）から分かれたメンバーが主体になって 1990 年 7 月に結成された。バイエルン州が拠点で FAP の前バイエルン州委員長M．シュヴィアチェク（31 歳）が党首であるが，メンバーは 150 人で DA など他組織に比べて少ない。しかし NO の活動家は今では新連邦州にも存在するといわれる。NO は自己を政治権力の獲得を目指す真に革命的な同志的戦闘団と規定しており，現在，反外国人路線を前面に押し出し

---

(32) Blick nach rechts vom 7. 12. 1992 u. 21. 12. 1992.
(33) Heinrich Sippel, Aktuelles Lagebild des Rechtsextremismus im vereinten Deutschland, in: Extremismus und Fremdenfeindlichkeit, Bd. 1, Bonn 1992, S. 14.

ている。最近の NO のスローガンとしては，「外国人流入停止と故国への外国人の送還」，「文化混合は民族殺し」などが知られ，外国人排斥の先頭に立とうとしている。

ところで，これら3団体の禁止措置にみられるように，メルン事件を契機にして政府，政党の側からの排外暴力との取組みが漸く本格化する気配が濃くなってきている。それには上述した一般市民の間からの外国人敵視反対行動の高まりや，外国におけるドイツのイメージの悪化と信頼低下，さらにはドイツ経済に対する悪影響の懸念の広がりなど政治的圧力が格段に強まってきたことが背景にある。既に連邦議会ではロストック事件の直後の1991年9月8日，CDU の開明派で知られるR．ジュースムート議長が逸早く議長声明を出し，「暴力は問題を解決するのではなく，ますます先鋭化する」ものであることや，「ドイツは決して外国人に敵対的な国ではない」ことなどを強調していた[34]。また連邦議会も10月8日に連邦政府外国人問題特別代表C．シュマルツ＝ヤコブセン（元 FDP 幹事長）も加わった論議のあと，全会一致で次のような内容の決議を行った。「ドイツ連邦議会は外国人同胞と庇護申請者に対する暴力行為並びに人種主義的反ユダヤ主義的襲撃を厳しく糾弾する。それらは国内の平和と自由な法治国家に対する攻撃である。」さらに連邦参議院でも10月にドレスデンで開かれた州首相会議の決定を受け，11月6日に全会一致で同趣旨の決議をしている[35]。

しかしながら，これらの決議や声明はいわば道徳的要請とも呼ぶべき内容をもつにとどまり，排外暴力克服の具体的措置を含むものではなかった。それどころか，排外暴力反対の姿勢を示すことでそれらは政治家に具体的行動をとらないことに対する弁明に道を開き，その意味で一種の道徳的アリバイづくりになっている観すら呈した。事実，連邦議会や連邦参議院の決議などにもかかわらず，難民施設襲撃などの事件は鎮静化の兆しさえ見せなかったのであり，その点からみれば，決議や声明はかえって政治の無力を浮き彫りにするのに役立っただけといっても決して誇張ではないと思われる。

このようにみてくると，12月10日にコール首相が発表した政府声明は，

---

(34) 声明全文は，Das Parlament vom 18. 9. 1992 に掲載されている。
(35) これらの決議とその際の議論の詳細については，Das Parlament von 16.10, 23. 10, 13.11. und 27.11. 1992 参照。

メルン事件後の世論の風圧の強まりと民主主義が脅威を受けているという緊迫感に支えられていただけに，それまでの決議とは異なる重みがあった。声明は冒頭でメルンでは無防備の市民が犯罪の犠牲になり，「我々はすべてが現在，ドイツ連邦共和国における暴力行為の恐るべき増加の生き証人になっている」と指摘した上で，本年中に既に右翼過激派の犯罪は 2,000 件以上に達し，17 人の死者が出ているなど犯罪の具体的な数字を列挙するとともに，「あらゆる形式の外国人憎悪，人種主義，過激主義，暴力に対する反対の意思を公然と示すために 100 万人を大きく上回る人々が街頭に出た」と述べている。そして「左右の過激主義に対する闘いは民主的法治国家にとって重要な課題」であり，「法をもはや貫徹できない国家は市民の信頼を喪失」し，「市民の安全が脅かされるところでは必ず自由も危険に晒される」ことを確認したあと，可能なあらゆる手段を尽くして排外暴力克服を目指すと表明している[36]。

こうしてコール政権は内外の圧力に押された結果であるにせよ，排外暴力に対する闘いを宣言し，外国人を含む市民の安全確保を約束して強い決意を明示した。そのことは，裏側に次の事情があったことを示唆していると思われる。すなわち，排外暴力がドイツ在住トルコ人の殺害にまでエスカレートして事態が切迫していることから，実効のある対策を打ち出さなければこの問題が政権の死命を制する結果になりかねないという危機感が政権と与党の内部で広がってきたことである。もちろん，万全の策を講じることを約束した背景には一政権の命運に尽きないより高次の判断が働いていたとも考えられよう。それは，このままの状態が続くと外国からさしあたり民間レベルで経済制裁を受ける危険が強まるばかりか，中長期的には統一で高まったドイツの国際的威信が地に堕ちて回復不可能になり，戦後長い時間と労力を費やして培ってきた周辺国との友好関係に亀裂が生じかねないという配慮である[37]。この点の真相がどうであれ，情勢がこのまま進行するならば，各種の

---

(36) 政府声明の全文は，連邦新聞情報庁が発行している Bulletin vom 11. 12. 1992 に収録されている。
(37) 当然ながら，この点に関する緑の党の見方は手厳しい。12 月に同党が発行したパンフレットには次のように記されている。「メルンでの殺人についての CDU・CSU の政治家たちの驚愕はドイツのイメージが損なわれることへの驚愕である。イメージをめぐる，つまり『タイムズ』や『フィガロ』での論評につ

要因から政治不信が高まっている状況下であるだけに，コール政権が窮地に追いこまれることは避けられないだけでなく，与野党を問わず既成政党全体が有権者の信頼を大幅に失い，安定を誇ってきたボン・デモクラシーそのものが重大な岐路に立たされる可能性も排除しえないところであろう。

ところで，排外暴力克服を内外に向かって約束し，空手形に終われば政権の浮沈に関わるような決意表明がなされた背景には，既に指摘した強い政治的圧力だけでなく，それなりの成算があったように思われる。排外暴力の激化の契機になった難民急増を前にして，従来，与野党間では対処策に関して論争だけが繰り返されて政治不信を強める一因となっていたが，政府声明が出される直前の 12 月 6 日に漸く与党と SPD との間で基本方針について合意に達したからである。ここでは合意の内容やそこに至る経緯，その評価などに詳しく立ち入る必要はない。ただ一つだけ記しておきたいのは，ロストックで事件が始まった日に SPD 党首 B. エングホルムが就任以来初めて指導力を発揮する形でペータースベルク決議がなされたことである。これに続き，エングホルムは党内の激しい対立と 11 月 16 日のボン臨時党大会における薄氷を踏むリスクを乗り切り，結果として，SPD が与党に歩み寄る恰好で重大テーマについて合意に漕ぎつけることができた。これにより，ようやく問題解決の道筋が見出されるに至った意義は極めて大きい。合意自体には不明確な点があり，詰めの作業が行われていつ基本法の改正がなされることになるかは明らかではない。また最終的にどの程度の効果が予定される改正によって生じることになるのかも不明だとはいえ，少なくとも現状のような激増に歯止めがかかるものになるのは間違いない。この点からみれば，SPDは結果的にコール政権の延命に手を貸したという評価も可能であろうし，逆に難民規制の障害になっていた SPD が現実化し，自己への有権者の信頼をつなぎとめようとしたとの見方もできなくはない。けれども，このような政党のレベルを離れて眺めた場合，少なくとも政治指導者が党利よりも問題自体の重大さを優先させ，行動能力を国民の前に示し始めたことは確かであろ

いての不安，外国の企業が投資を撤回することへの恐怖が極右の暴力行為者に対して遂に彼らに行動を起こさせた。庇護を求める人々の住居が攻撃されても，余りにも長い間，何もしないで傍観されてきたのである。」このような見方は政治論争の場では有用に違いないが，無論，それは当否とは別問題である。 Die Grünen, hrsg., Statt Haß und Gewalt: Gleiche Rechte für alle, Bornheim 1992.

う。各種の世論調査を通じて、外国人敵視に反対する市民も難民の流入を放置することを必ずしも是認しているわけではないことが明らかになっているが、この点を考慮するなら、今回の合意は広範な国民の理解を得て、政治への信頼感を回復するのに寄与しうるかもしれないのである。

結び

　1992年が戦後ドイツの治安史上、最悪の年となることはほぼ間違いない。一般犯罪が大幅に増大して市民の不安感を強めているだけでなく、排外暴力事件が前年に比べてさえ大きく増加しているからである。年末の12月29日付『ヴェルト』紙に掲載された特集によれば、本年11月22日までに極右的動機を有するか、あるいは有すると推定される暴力行為は1,912件を数え、10年前の88件の20倍以上、昨年1年間と比べても400件以上も上回っている。また月別でみると、連邦刑事庁の調べでは排外暴力事件はロストック事件後の9月に激増して536件に上り、11月でも344件を数えている。さらに暴力以外の犯罪も含む排外的な犯罪の総数では、1991年に2,426件だったのが本年は11月までに5,306件を記録し、11月時点で既に前年の2.2倍に達しているばかりでなく、月別でも7月まで200件台だったのが8月に461件に倍増し、9月からは1,000件前後の水準にも及んでいるのである。これらのデータから、1992年が治安面で最悪となった主要な原因の一つは、ロストックでの騒乱によって解き放たれた外国人憎悪がドイツ全土に燃え広がった点にあることがわかる。その意味で、ロストックからメルンに広がり、いまだに収束したとはいえない憎悪の嵐は、統一ドイツの現実の一面をよく表しているといえるだけでなく、それが拡大していくプロセスは同時にドイツの政治と社会が抱える構造的問題を浮き彫りにしているとも考えられるのである。

　それはさておき、ロストックで生じた衝撃が市民の間に右翼の脅威に対する警戒と懸念を広げたにもかかわらず、政府、与野党の動きが極めて鈍いままであったことは否定しがたい事実である。暴力がメルン事件にまでエスカレートし、ドイツ在住トルコ人の死が再び強烈な衝撃となって政界を揺り動かすまで政治が論争に明け暮れて無策に終始したことは、一般市民と政界との距離がいかに大きくなっているかを雄弁に示すものであろう。その点で、ロストックからメルンに至る事態の展開は、統一ドイツで一つのうね

りとなってきた政治不信のまことに悲劇的な例証であるともいえよう。大統領や首相など政界の要人がこぞって参加したベルリンでのデモが予想を大きく上回る市民の参加を得たことは，それ自体，先頭に並ぶ政治家たちへの警鐘だったと見做しうるが，しかしそのことを政治家の多くは理解できなかった。政治が漸く動き出したのは，メルン事件が国外でドイツのイメージを悪化させ，経済活動への支障が懸念されるようになって経済界からも外国人敵視反対の声があがるとともに，各地で始まった排外暴力反対の市民活動が光の鎖となり，夕闇のように暗黒の雲に蔽われてきたドイツの地に一条の光を放つ段階になってからだったのである[38]。

　最後にメルン事件後の新局面について一言しておくなら，今回，与党とSPDの間で合意された難民流入規制策が早い時点で具体化し，しかもある程度実効のある形で実施に移されれば，排外暴力の直接的原因が除去されることになるので，外国人敵視や暴力行為が幾分かは鎮静することが期待されよう。もちろん，難民の大量流入だけが排外暴力の原因ではなく，とくに旧東独地域で暮らす生活の展望を描けない若者の存在や，全ドイツで増え続ける失業などが暴力の底流となっていることを考慮すれば，規制強化だけで暴力事件が解消されるわけではないであろう。とはいえ，それによって，一般市民の間近に全く異なる生活様式をもつ難民の収容施設が存在することから発する心理的ストレスのほか，財政負担増大への危惧などが多少とも緩和されるに違いない。他方，メルン事件の前後から極右やスキンヘッドの跳梁を憂慮する一般市民が各地で自主的に始めた外国人憎悪反対の様々な活動や，あるいは光の鎖のように無言であるだけにかえって見る者の心に浸みわたる行動は，少なくとも民衆の意思の執行者という極右の若者やスキンヘッドの自負を打ち砕き，自分の背後には物言わぬ多数派が控えているという感覚の虚偽性をみせつけることになろう。そしてこのことは排外暴力の実行者から道徳的権利を奪い，個人的鬱憤の爆発という排外暴力の真実の姿を明るみに出すことによって，暴力行為者を心理的に孤立させる効果をもちえよう。換

---

(38) この関連では，メルン事件後，事態の深刻さの認識からジャーナリズムでドイツの排外暴力や極右勢力の脅威の大きさを他国と比較して伝える特集があったことも記憶されてよい。Frankfurter Allgemeine Zeitung vom 3. 12. 1992; Die Welt vom 26. 11. 1992.

言すれば,付和雷同型の暴力行為に対しては,市民による反対運動の広がりは抑制効果をもつ可能性があると思われるのである。

　上述したように,11月末からザイタース連邦内相は相次いで極右団体に対し禁止措置をとった。しかしこれは国家意思のシンボリックな表現ではあっても,力の政策である以上,今後更に禁止団体が増えても排外暴力克服に大きな成果をもたらすとは考えにくい。それどころか,このような強権行使が度重なること自体,ボン・デモクラシーの成熟と安定に対する懐疑を引起こしかねない点で,禁止措置は両刃の剣というべきであろう。さらに現在**FDP**と**SPD**に軟化の徴候が現れているところから話題になりつつある取締り法令の新設にしても,排外暴力と闘う断固たる決意の政治的表現になる反面,市民的自由に対する制限と監視の強化という負の側面を伴わざるをえない。このように考えれば,経済情勢や東西の溝などの問題をさしあたり度外視すると,排外暴力の克服は国民的コンセンサスをつくりながら各党間の難民流入規制合意を具体化していく政党サイドの努力と,自然発生的で多様な形態の抗議行動を地域,職場,学校などそれぞれの生活の場で定着させていく一般市民の地道な努力に懸かっているといえよう。そしてもしこれらの努力が実を結ばない場合,有権者の既成政党離れと分極化が加速してボン・デモクラシーの基盤はひび割れ,ドイツ型政党国家は政治不信の高波に呑みこまれる危険が強まる一方,外国人憎悪の熱が冷却し,暴力事件が減少に向かうなら,試練に耐えたボン・デモクラシーはより鍛練されたものとして堅固さをみせるようになるかもしれない。いずれにせよ,ロストックからメルンに至る排外暴力の拡大を通じ,統一から2年にしてボン・デモクラシーが正念場に立たされていることは確かである。

第7章　統一ドイツにおける極左勢力の動向

－自律派を中心に－

はじめに

　東西ドイツが統一する前後から州レベルの選挙で右翼政党が躍進して注目を浴びる一方，ドイツに殺到する難民の急増のために排外暴力事件が頻発するようになったことはよく知られている。その結果，統一したばかりのドイツにおける民主主義の不安定化や右傾化に内外から警鐘が鳴らされ，治安問題といえば右翼問題であるかのような錯覚さえ生じるに至った。これらの点に関しては本書第5章で論じたとおりである。けれども，その陰では極左勢力による暴力事件などが依然として続いていた事実を看過すべきではないであろう。そればかりか，統一以前の1980年代には治安問題といえば何よりも赤軍派（RAF）のテロをはじめとする極左問題が思い浮かべられていたことを忘れるわけにはいかない。実際，このことを反映してそれまでは左翼系知識人の間から繰り返し治安機関の「右目は盲目である」として，取締りが右に甘く，左に対して厳しいという非難の声が上げられていたのである。

　もちろん，極左勢力の存在が極右のそれの後景に退いた観を呈したことにはそれなりの理由がある。ここでは差し当たりソ連・東欧圏における「現実に存在する社会主義」の相次ぐ崩壊によって社会主義の破綻が明白になり，その激震の直撃を極左勢力が受ける形になったことを指摘しておけば足りよう。そのために極左勢力の下では運動から離脱する人々が続出し，1980年代には極右に比べて極左が数の上では圧倒的に優勢だったのに，1990年代になると形勢が逆転するに至ったのである。

　しかしながら，このように後退して注目度が下がったとはいえ，極左勢力

が無視して構わないほどに弱体になったわけではない。また極左勢力として一括する前にその内部の潮流を覗いてみるなら、衰退や凋落の一語では片付けられない動きが見出されるのに気付く。事実、冷戦体制の崩壊とともに衰退に向かった潮流が存在する傍らでは、逆に統一を境にして勢いを増した潮流も認められるのが現実である。そして本章で検討の俎上に載せようと思うのは、この後者、すなわち一般にいう自律派（Autonome）にほかならない。

もっとも、極右に関してはこれまでに夥しい論文や著作が公表されているのに反し、自律派についてはもちろん、極左勢力全般に関しても研究文献が極めて少ないのが実情と言わねばならない。こうした状況が現出したことについては、極右勢力の拡大がナチスの悪夢を想起させるのに反し、極左主義には連想する歴史的記憶が乏しいことが理由として考えられる。また自律派に限れば、進んで孤立の道を選び、メディアの手すら容易に届かない閉ざされた世界を形成していることも著述が少ない理由に数えられよう[1]。無論、これら以外にも民主的な政治秩序にとっての現実的な脅威の強弱など様々な原因が考えられるが、それはともかく、以下では一気に極左全体に射程を伸ばすのではなく、とりあえず自律派に照準を定めて統一ドイツにおける極左勢力の一面を照射することにしたい。このように対象を限定するのは主として資料面の制約による。すなわち信頼するに足ると考えられる文献が存在するのは管見の限りでは自律派に関してのみであり、自律派以外の潮流については現在でも詳細は不明な部分が極めて大きい状態が続いているといわなくてはならないのである。もとより自律派に関しても存在している文献は限られており、治安機関である連邦憲法擁護庁と各州の憲法擁護局が公表した年次報告書とそのいくつかが作成した自律派に関する文書を除くと自律派を対象にした研究は数えるほどしか見当たらない。それゆえ本章ではかなり治安機関の文書に依拠するのを避けることはできない。こうした事情のために以下の叙述が治安機関サイドの見方に偏する虞がないとはいえないが、治安機関以外の若干の研究はもとより、新聞や雑誌などの報道にも目配りすることによって可能な限りその弊から脱するように努めたいと思う[2]。

---

(1) Armin Pfahl-Traughber, Die Autonomen: Portrait einer linksextremistischen Subkultur, in: Aus Politik und Zeitgeschichte, B9-10, 1998, S.36.
(2) 自律派に関して比較的まとまった叙述をしている最新の論考としては、注(1)

1. 極左勢力の現況

　自律派に関する検討を始める前に，まずもって今日における極左勢力の全般的状況を簡単に眺めておこう。

　最初に極左すなわち左翼過激主義（Linksextremismus）の概念に関して一言しておこう。これを確定するには左翼および過激主義の2点の検討が必要になるのは指摘するまでもない。以下では主として憲法擁護機関の報告書を用いて議論を進めるが，その立場からすると重視されるのは，右であれ左であれボン基本法に定められた自由で民主主義的な基本秩序を破壊しようとする過激主義である。これについての憲法擁護機関の捉え方は連邦と各州のそれとで必ずしも同一ではないものの，その大枠は連邦憲法裁判所の判決と連邦憲法擁護法に見出される。というのは，とりわけ後者には基本法に具体化された人権の尊重，国民主権，司法の独立など7つの基本原則が守られるべき価値として明示されているからである。したがって，治安機関の立場から見て，これらの原則を侵害することがとりもなおさず過激主義と見做されることになる[3]。この意味での過激主義は，より馴染みのある表現を用いれば，反体制と言い換えることもできよう。けれども，反体制という場合，通常は体制の概念が曖昧であることを勘案すれば，過激主義という語の方が内容が限定されていて明確であるのは確かであろう。こうした過激主義の把握については，無論，学問的見地からは議論の余地がある。しかし民主主義的基本価値を否定する勢力もしくは思想として過激主義を捉えるアプローチは，ド

　　に挙げたA.プァール＝トラウクバーの論文と Patrick Moreau und Jürgen Lang, Linksextremismus, Bonn 1996, S.366ff. がある。前者は極右に関する優れた研究を発表し，現在は連邦憲法擁護庁で研究活動している著者の手になるものであるが，文字通り素描に終始していて主要な論点の立ち入った検討や独自の視点は見出せない。一方，後者は民主社会党（PDS）については詳細な議論を展開しているものの，自律派に関しては憲法擁護機関の報告書さえ十分に消化しているとはいいがたく，書名から期待される極左主義の概観としてはバランスを欠く憾みがあるばかりでなく，自律派についても新たな知見を付け加えるには至っていない。これらのことは，極右に関する研究の隆盛に比べ極左主義研究の著しい立ち遅れを如実に示している。

(3) 拙稿「統一ドイツの右翼団体と極右犯罪の現状－連邦憲法擁護庁と連邦刑事庁の年次報告書をもとに」『社会科学論集』35号, 1996年, 163頁以下参照。

イツの文脈でみる限り，代表的な研究者であるE. イェッセなどによっても支持されており，有力な見方であることは間違いないといえよう[4]。

ところで，監視対象とするところから過激主義については憲法擁護機関の文書に輪郭を見出すことができても，左翼はそれ自体としては問題にならないために言及は見当たらない。そればかりか，連邦をはじめ州の憲法擁護局のほとんどの報告書には左翼過激主義がいかなる勢力を指すかの詳しい説明が見出せないのが通例といってよい。ただ一部には例外があり，バイエルン州の憲法擁護報告書には，「たとえしばしば公然とは表明されていなくても極左が目指しているもの」として，「社会主義革命，階級闘争と階級支配，プロレタリアートの独裁」の三つが挙げられており，マルクス主義に引き寄せた理解をしていることを窺わせている[5]。一方，ハンブルクのそれでは，「左からの政治的過激主義は極右とは違い，人種主義的感情やナショナリズムのイデオロギーや生物学的優越の妄想から生じているのではなく，むしろ弁証法的合理性で武装している」としたうえで，「教条的な極左主義者たちは政治的目標を科学的に証明されたとされる信条から導き出している」と指摘し，極右との対比で合理的側面に力点を置く形になっている[6]。

こうした把握に対し，E. イェッセとU. バッケスは，差し当たり，「極左主義の教義は人間の根本的平等を強調する点で民主主義的立憲国家の理念と一致している」ことを確認している。この点は民族の価値の不平等から出発する極右と違って重要な意義を有するが，しかし，彼らはすぐに続けて，極左主義が「この倫理的な根本原理から考えうるかぎりの極端な帰結を引き出している」点で民主主義国家と対立するとして，「すべての社会的（政治的，経済的，文化的）な強制からの人間のトータルな解放を唱え，自由かつ平等な人々からなる支配のない秩序の建設が原理的に実現可能と見做す」ところ

---

(4) Vgl.Uwe Backes und Eckhard Jesse, Politischer Extremismus in der Bundesrepublik Deutschland, Berlin 1993, S.40ff. なお，過激主義（Extremismus）の類似語に急進主義（Radikalismus）があり，ドイツでも使われるが，ここではその異同は問わないことにする。

(5) Bayerisches Staatsministerium des Innern, hrsg., Verfassungsschutzbericht 1995, München 1996, S.65.

(6) Behörde für Inneres Hamburg, hrsg., Verfassungsschutzbericht Hamburg 1995, Hamburg 1996, S.148.

に，共産主義であれアナーキズムであれ，極左主義の共通項があると捉えている[7]。以下で憲法擁護機関の報告書を用いることを考えあわせ，ここではひとまずこうしたイェッセらの理解に従い，支配のない平等な社会の実現を目指す立場からボン基本法の定める民主主義的秩序を搾取と抑圧のシステムと位置づけ，これを覆そうとする政治勢力として左翼過激派を括っておくことにしたい。

それではこのように規定される極左主義は，統一後のドイツでどれほどの勢力を擁しているのであろうか。

連邦憲法擁護庁のある文書はこの点に関して次のように記している。「東のブロックの社会主義国家世界が崩壊した後，極左主義者が理性に目覚め，これまでの行いが無意味で誤った道であったことを見抜くようになると考えた人は失望を味わうことになった。確かに多くの極左主義者には方向感覚の喪失とショックの時期が訪れ，極左の政党と集団は重大な危機に陥った。とくにかつてSEDと同盟していた共産主義者は党員とシンパをかなり失った。しかし極左主義者は改めて現実を飛び越し，立ち直り始めている。……支持者を動員するために彼らは新しいテーマを前面に押し出しているのである[8]。」

このような文章にも示されているように，ソ連・東欧圏における社会主義の崩壊とDDRの消滅は極左勢力に深刻な衝撃を与えたのは事実であり，それによって「アイデンティティの危機」さえ生じたことも間違いない[9]。そのことは数字からも明瞭に看取される。表7-1は1982年以降の極左勢力の数の推移を見たものである。1991年以後は旧東ドイツ地域を含んでいる

表7-1　極左主義の構成人員の推移

(単位：100人)

年度	1982	1983	1984	1985	1986	1987	1988	1989	1990	1991	1992	1993	1994	1995
人数	602	610	612	613	630	620	560	410	295	265	335	338	337	350

(出典) Der Bundesminister des Innern, hrsg., Verfassungsschutzbericht 1991 Bonn 1992, S. 19 および Verfassungsschutzbericht 1995, Bonn 1996, S. 23 より作成。

---

(7) Backes u.a., op.cit., S.53f. Vgl.Moreau u.a., op.cit., S.19.
(8) Bundesamt für Verfassungsschutz, Aktiv gegen den Linksextremismus, Köln o.J.
(9) Der Innenminister des Landes Schleswig-Holstein, hrsg., Verfassungsschutzbericht 1993, Kiel 1994, S.37.

ことと，1992年からは PDS 内の約5,000人の共産主義プラットフォームを加えていることに留意するなら，東欧諸国で変革の波が高まっていた1989年に極左の数が急減し，その後も低下したままの状態が続いていることは明白であろう。実際，1980年代後半には5万人を越すレベルにあったのが，1990年代には共産主義プラットフォームを除くと3万人のレベルにまで下降したのであり，社会主義崩壊の直撃の跡が鮮明に浮き彫りになっているといえよう。

　もっとも，その衝撃は極左勢力にとって必ずしも一様ではなく，壊滅的な打撃を受けた潮流がある一方では，ほとんど影響を被らなかった勢力も存在することを看過してはならない。この観点から見るとき，極左勢力を一括りにするのが不適切であり，政治的傾向に応じた分類が必要であることが分かる。この点を念頭に置いて振り返ると，これまでに種々の区別が行われてきていることに気付く。その代表的な例が新左翼と旧左翼，あるいは教条的か非教条的かということによる区別である。そうした分類がソ連・東欧で社会主義が健在だった時期には有効だったことは確かだとしても，それらが姿を消した現在では有効性が大幅に減じていることは否みがたい。こうした状況を反映してその分類がなお確立されていないことは，研究者の議論をとりあげるまでもなく，憲法擁護機関の報告書での扱いが不統一である点に表出している。例えばベルリンのそれは極左暴力グループとマルクス・レーニン主義及びその他の革命的マルクス主義グループに大別して前者に赤軍派 (**RAF**) とともに自律派をいれており，これとほぼ同様にハンブルクの報告書では極左暴力と教義に基づくか教条的傾向を有する極左主義に二分されている[10]。一方，バーデン゠ヴュルテンベルク州やラインラント゠ファルツ州などのそれではマルクス・レーニン主義及びその他の革命的マルクス主義，極左テロリズム，自律派及びその他のアナーキズムの三分類が行われ，さらにノルトライン゠ヴェストファーレン州やニーダーザクセン州のそれになると，分類を加えないまま主要な団体の動静についての個別の説明が並べられる形に

---

(10) Landesamt für Verfassungsschutz Berlin, Verfassungsschutzbericht Berlin 1994, Berlin 1995, S.25ff.; Behörde für Inneres Hamburg, hrsg., Verfassungsschutzbericht Hamburg 1994, Hamburg 1995, S.153ff.

なっている[11]。

このような状況は，現実に存在した社会主義が崩壊したあとの極左主義の混迷の反映とも見做すことができよう。それはとにかく，極左勢力に関し分類を断念することも古い二分法に固執したり焼き直すことも適切ではないとすれば，バーデン＝ヴュルテンベルク州憲法擁護局のある文書が指摘するように，主要な傾向に即した第二の三分類をとるのが当面は最適の方法であると思われる[12]。この視点から眺めた場合，後に詳述する自律派を除き，マルクス・レーニン主義グループとテロリズム・グループについてここで論及しておくことが好便であろう。

まずマルクス・レーニン主義及びその他の革命的マルクス主義グループと呼ばれるのは，その名のとおりマルクス・レーニン主義もしくはトロツキズムなどを柱とする政治集団であり，数のうえでは極左勢力の中心に位置している。けれども，表7－2が示すように，ソ連・東欧ブロックの崩壊とDDR消滅を境にその数は大幅に落ち込んでおり，衝撃の大きさが窺える。その中で最大の組織であるドイツ共産党（DKP）を例にとれば，後述する学生運動やAPOが盛り上がった1968年に結成された同党はモスクワに忠実なマルクス・レーニン主義の党であり，DDRの支配政党である社会主義統

表7-2 マルクス・レーニン主義団体の人員の推移

(単位：100人)

年度	1982	1983	1984	1985	1986	1987	1988	1989	1990	1991	1992	1993	1994	1995
人数	582	590	593	590	599	582	525	370	254	222	270	274	273	284

(出典) Der Bundesminister des Innern, Verfassungsschutzbericht 1991, S.19 および Verfassungsschutzbericht 1995, S.23 より作成。

---

(11) Innenministerium Baden-Württemberg, hrsg., Verfassungsschutzbericht Baden-Württemberg 1995, Stuttgart 1996, S.92ff.; Ministerium des Innern und für Sport, hrsg., Tätigkeitsbericht 1995 des rheinland-pfälzischen Verfassungsschutzes, Mainz 1996, S.30ff.; Innenministerium des Landes Nordrhein-Westfalen, hrsg., Verfassungsschutzbericht des Landes Nordrhein-Westfalen über das Jahr 1995, Düsseldorf 1996, S.179ff.; Niedersächsisches Innenministerium, hrsg., Verfassungsschutzbericht 1995, Hannover 1996, S.69ff.
(12) Landesamt für Verfassungsschutz Baden-Württemberg, Linksextremismus in der Bundesrepublik Deutschland, Stuttgart 1996, S.12.

表 7-3　ドイツ共産党（DKP）の党員数の推移

(単位：100 人)

年度	1982	1983	1984	1985	1986	1987	1988	1989	1990	1991	1992	1993	1994	1995
人数	400	400	400	400	400	380	350	220	110	80	70	60	60	60

(出典) Der Bundesminister des Innern, Verfassungsschutzbericht 1990, S. 21 および Verfassungsschutzbericht 1995, S. 23 より作成。

一党（SED）とも結びつきが深く，1956年に禁止されたドイツ共産党（KPD）の後継組織として自己を位置づけていた。そしてこの立場から東西対立の中でNATOの軍備増強や新兵器の西ドイツへの配備などに反対する平和運動に力を注ぎ，表7－3にみるように，党員も1980年代末までは4万人を数える勢いを誇っていたのである。しかし，それだけに1980年代後半に始まるソ連の変化とこれに端を発する社会主義崩壊の衝撃は深刻であり，イデオロギー面のみならず財政面でもそれまで潤沢だった資金の流入が途絶えた結果，党組織とともに活動の大幅な縮小を余儀なくされた。こうした事情からDKPは他の極左組織との連帯行動を重視するようになり，そのために反ファシズムをますます前面に押し出すようになっているといわれる。また1993年以降は急激だった党員の減少にブレーキがかかったが，これを受けて同年にマンハイムで開かれた党大会では科学的社会主義の学説を基礎とすることを改めて明記した新規約が決定された。こうしてDKPはペレストロイカの開始が党内にもたらした対立を清算するとともに，統一以前の面影は失われたもののマルクス・レーニン主義の旗を掲げつつ，依然として極左勢力の中では大組織の地位を維持している[13]。さらにDKPの党員の減少との関連では，基本的立場が類似し友党と呼べる民主社会党（PDS）が旧西ドイツ地域でも組織建設に取り組んでおり，僅かではあるが党員を獲得していることも付け加えておくべきであろう。

なお，DKPのほかにマルクス・レーニン主義のグループに属す組織としては，1980年に西ドイツ共産同盟（KBW）が分裂してできた西ドイツ共産

---

(13) 実際，「SEDの没落はDKPを単独では行動能力のない集団に押し下げた」とさえいわれる。Moreau u.a., op.cit., S.419. なおドイツ統一以後のDKPについては，同書 S.248ff. のほか，「方向感覚喪失」を強調している Peter Schütt, Lechts und rinks sind zu velwechsern, in: Frankfurter Allgemeine Zeitung vom 17.12.1992 参照。

主義者同盟（BWK），毛沢東主義を標榜するドイツ・マルクス・レーニン主義党（MLPD），学生運動の中から生まれ新左翼に数えられたマルクス主義集団（MG）などがある。そのうちで最後に挙げたマルクス主義集団に関しては連邦憲法擁護庁が 1996 年に文書を作成しており，それを通じて，1991 年に解散宣言を出したにもかかわらず今でも 1 万人以上のメンバーを擁していることや，衰退した DKP に代わって極左勢力中の最大組織になっていることなど，その実像の一端が知られるようになっている[14]。けれども，依然として不明な部分が大きいことは否定すべくもない。

　次に極左テロリズムのグループに視線を転じると，連邦検事総長 S. ブーバック，ドレスナー銀行会長 J. ポント，ドイツ使用者連盟会長 M. シュライヤーなど 1977 年に起きた政財界要人の一連の殺害によってその名が知れ渡った赤軍派（RAF）が代表的であろう。そのほかには反帝国主義細胞（AIZ）や革命細胞（RZ）などが知られている。これらのテロ組織には地下に潜っている実行グループとそれを助ける支援グループがあり，さらに RAF の場合には収監されている獄中グループも無視できない影響力をもっている。これらの組織が行うテロは世人の耳目を引き付けてきたが，しかし数の面から見れば地下グループは僅かであり，支援グループの人数も限られていると推定されている。

　最も著名な RAF を例にとれば，その中心人物の名前をとってバーダー＝マインホフ・グループとも呼ばれる RAF もまた，「60 年代後半の学生運動の解体が残した最も過激な産物」と評されるように，学生運動を起点にしている[15]。テロリスト第一世代といわれる A. バーダーや G. エンスリンが武力闘争に踏み切ったのは，学生運動が分解していく中でベトナム戦争を推進するアメリカとこれに協力する帝国主義西ドイツとの戦いを続けるためだった。ヨルダンのパレスティナ人キャンプで軍事訓練を受けた彼らは，帰国するとフランクフルトとハイデルベルクのアメリカ軍司令部やハンブルクにある出版王国シュプリンガー・ビルを襲撃し，表 7 － 4 の犯行件数に見るように，1972 年だけで 4 人の死者と 57 人の負傷者を出した。さらに「ドイツの

---

(14) Bundesamt für Verfassungsschutz, Marxistische Gruppe: Ideologie, Ziele und Arbeitsmethoden eines kommunistischen Geheimbundes, Köln 1996.
(15) Landesamt für Verfassungsschutz Baden-Württemberg, op.cit., S.32.

表7-4 赤軍派（RAF）の犯行の件数

年 度	1970	1971	1972	1973	1974	1975	1976	1977	1978	1979	1980	1981	1982
件 数	1		4			1		3		1		2	
死 者	0		4			2		10		0		0	
負傷者	1		57			7		0		2		15	

年 度	1983	1984	1985	1986	1987	1988	1989	1990	1991	1992	1993	1994	合計
件 数		1	3	2		1	1	1	1		2		24
死 者			4	3			1		1		1		26
負傷者			11	0			1		0		0		93

(出典) Landesamt für Verfassungsschutz Berlin, Deutscher gewaltorientierter Linksextremismus in Berlin: Der deutsche linksextremistisch motivierte Terrorismus, Berlin 1995, S. 40.

秋」と命名されることになった1977年には上述のように政財界要人が標的にされ，この年だけで10人がテロによって死亡した。こうしたテロ活動には学生運動を経験し市民社会のルーティンに戻るのを拒む人々が物心両面で援助したが，その反面，連邦刑事庁の膨張が端的に示すように取締り体制が強化され，1972年にバーダー，エンスリン，マインホフが逮捕されたのをはじめ，1977年と1982年にも幹部クラスの多くが治安当局に拘束された[16]。こうした打撃とテロが招いた社会的孤立に加え，コンタクトをもっていた東ドイツ（DDR）など社会主義諸国の崩壊はRAFにも重大な危機を生み，1992年4月にRAFはそれまでの路線を自己批判すると同時に，武力闘争を当分中止し，左翼内部で下からの対抗力を強めることに方向転換することを宣言するに至ったのである。もっともこの路線の変更には十分な合意はなく，かえって新路線の支持グループと従来の路線に固執する者との亀裂を生み，内部対立を深める結果になったことも見逃せない[17]。いずれにせよ，生き残りを賭けた路線転換が分裂と混迷を招き，今なお克服されていないこと自体，社会主義の崩壊の直撃によって加速されたRAFの衰退とこれに代表されるテロリズムの孤立化をよく伝えているといってよい。それと同時に，RAFの失敗の教訓を踏まえた形で革命細胞（RZ）などが現れていることを

(16) Landesamt für Verfassubgsschutz Berlin, Deutscher gewaltorientierter Linksextremismus in Berlin: Der deutsche linksextremistisch motivierte Terrorismus, Berlin 1995, S.12,20. なおRAFの活動の軌跡と現状に関しては，同書S.10ffのほか，Moreau u.a., op.cit., S.329ff. が詳しい。

(17) Ibid.,S.29ff.

考慮するなら，全般的孤立化の下で「ドイツのテロリズムは新たな構造化の局面に入っている」ということもできよう[18]。

2．自律派の形成と発展

以上で極左勢力の定義とともに，これを三分類する視点から，自律派を除く二つのグループの状況をそれぞれの代表格である DKP と RAF の発展と現状に即して眺めてきた。次に自律派に焦点を移し，最初にその生成と発展の軌跡を辿ってみよう。

1960年代後半の西ドイツでは学生を中心にした抗議運動の嵐が吹き荒れ，のちに68年世代という言葉が使われるようになったのは周知のとおりだが，RAFのようにテロリズムに走るようになった極左集団と同様に自律派の起源もまたこの運動に求められる。

しばしば指摘されるように，1960年代後半の西ドイツは，今日から見ると，種々の点で戦後史における重要な転機であった。戦後復興を逸速く達成し，経済の奇跡と呼ばれる高度成長の下に順調な経済発展を遂げてきた西ドイツに戦後初めて深刻な不況が訪れたこと，ボン・デモクラシーの正統性がいまだ確立しない中で CDU・CSU と SPD が異例の大連立に踏み切ったことに照らしただけでそのことは了解されよう。さらに学生運動の高揚との関連では，1961年のベルリンの壁の構築とキューバ危機で東西対立が緊張の頂点に達し，最前線に位置する西ドイツを深刻に揺さぶった後，次第に緊張が緩んできたことや，民族解放闘争として理解されたベトナム戦争がエスカレートし，西側の盟主として自他ともに許し民主主義の大義を掲げるアメリカが介入を深めていったことなどの国際情勢の変化に注目する必要がある。また同時に，アイヒマン裁判とこれに続く一連のナチス裁判の衝撃によって国内ではナチスの過去に口を閉ざす風潮に批判の目が向けられるようになり，特にナチスと戦争の記憶をもたない若者の世代がその中心として登場してきたことや，にもかかわらずナチスを想い起こさせる極右運動が台頭し，

---

(18) Moreau u.a., op.cit., S.424. なお RAF は1998年4月に通信社に解散声明文を送り，テレビ・ニュースでも大きく取り上げられたが，真偽の程は不明であり，連邦検察庁が実際に RAF が解散したか否かの確認を急いでいる。Frankfurter Rundschau vom 21.4.1998.

国家民主党（NPD）が州議会選挙で議席を手中に収めるなど躍進の勢いを見せるようになっていたことなどが想起されるべきであろう[19]。

学生を中心とする抗議運動の底流をなす「マルクス主義とアナーキズムの観念のルネッサンス」が起こったのは，このような戦後史の転機を背景にしていた。敗戦後の荒廃とは無縁で復興期の労苦も知らない学生たちにとって，高度成長の果実である豊かな社会はいわば所与の自明なものだった。また甚大な人的物的喪失をもたらしたナチスの罪業は親の世代が背負うべきものであって，それに批判を加えて清算することが若者の課題であった。しかも民主主義の建前にもかかわらず，政治の世界では宰相民主主義とも呼ばれたアデナウアーの君臨する体制は政治的決定過程から若者を締め出していた上，大学ではナチス時代の行動を沈黙で覆い隠したまま，旧態依然の権威を振りかざす教授たちが闊歩していたし，家庭では父親のパターナリズムが広範に存続し，男女の同権や子供の自主性は概して顧みられないままだったから，これらとの対決は勢いトータルでラディカルな性格を帯びざるをえなかった。その意味で学生の抗議運動はそのテーマが政治的だったとしても全体としては文化革命的な色彩を伴うことになったのであり，既成のものとの全面的対決に発展するそうした運動が自己の理論的表現として見出したのがマルクス主義やアナーキズムだったのである。

これらのイデオロギーを下敷きにしたとき，西ドイツの体制は独占資本の支配するそれとして，あるいは立場によってはファシズムと捉えられ，民族解放を抑圧するアメリカ帝国主義の協力者もしくは共犯者として同罪と見做されることになった。そしてこのような不正な体制に対する闘争においては暴力の行使も許容されるとする立場も現れ，漸進的な改革路線は真剣に議論されないまま，盛り上がる議会外反対派（APO）によってボン・デモクラシーに対し宣戦布告が突き付けられた。また他面ではブルジョア的な生活様式からの脱却が唱えられ，新しい生活スタイルを模索するさまざまな動きがベルリン，フランクフルト，ミュンヘン，ハイデルベルクなどの大学で学ぶ学生の間で広がった。肩までかかる長髪やラフな服装はそのシンボルで

---

(19) H.K. ルップ，深谷満雄訳『現代ドイツ政治史』有斐閣，1986 年，229 頁以下，Hans Georg Lehmann, Deutschland-Chronik 1945 bis 1995, Bonn 1996, S.164ff. 参照。

あり，ブルジョア的価値に対する挑戦にほかならなかった。そしてその中から，政治面でのラディカリズムと並び，既成のモラルを否定する生活共同体など男女関係や家族形態の多様化のような今日につながる変化が始動したのである[20]。

ところで，学生運動について語る場合，社会主義ドイツ学生同盟（SDS）の存在を忘れることはできない。なぜならSDSこそ学生運動の推進力であると同時に，理論面での影響力を通じてそれを急進化させたからである。SDSが学生運動で指導的役割を演じるようになったのは，1967年6月2日に行われた，イランの独裁者パーレビ国王の訪独反対デモの際に警官の発砲で学生B. オーネゾルクが死亡した事件以後である。そしてSDSが特に注目を浴びたのは，1968年2月にベルリン工科大学でベトナム問題に関する国際会議を開き，最大でも2,000人にとどまっていたメンバーを大きく上回る5,000人を超す参加者を集めて動員力を実証したことによる。

1959年に採択されたゴーデスベルク綱領でマルクス主義と絶縁し，階級政党から国民政党の路線に転じたSPDは，この転換に従う学生をSDSから引き離して1960年5月に社会民主学生同盟（SHB）に組織すると同時に，1961年11月にSPDへの所属とSDSへのそれとは両立しえないことを宣言して鬼子SDSと訣別した。こうしてSPDから排除されたSDSは独力で西ドイツの資本主義に真っ向から対決を挑むことになったが，その姿勢は例えば議会主義に対するオルタナティブとしてレーテ・デモクラシーを掲げていたことに明瞭に示されている。けれどもSDSが基本としていたのは二重戦略であり，のちに「制度による長征」として語られるように，既成の組織に食い込み，その内部で改革のための闘争を繰り広げることを戦略の一環に位置づけていたことを見落としてはならない。もちろん，それはあくまで支配層の力を揺るがす目的のための手段であって，他方でSDSが暴力を原則的には否定せず，戦術的理由からのみ拒否していたにすぎないことにも注意を

---

(20) この点に関しては，「68年世代の革命」と題したK.-H. ヤンツェンの連載記事が示唆深い。Karl-Heinz Janszen, Die Revolution der '68er, in: Zeit-Magazin, Nr. 24, 25 u.26, 1992. 68年世代の位置づけはいまだに論争的なテーマであり，その一端は厳しい批判者として知られるK. ゾントハイマーや68年世代の一人であるC. レッゲヴィーなどが寄稿している1993年春の『ツァイト』紙のシリーズ「68年世代 Die 68er」に見ることができる。

払う必要がある。実際，SDS は人に対するテロに訴えはしなかったものの，限られた範囲で非合法な闘争手段を肯定していたのであり，その意味では合法性を絶対視してはいなかったのである。

　SDS の理論的指導者としては R. ドチュケ，B. ラベール，H.-J. クラールの三人が知られているが，中でも代表格だったのはドチュケである。DDR 出身の彼は再軍備反対や兵役拒否のゆえに DDR では大学に進学できなかったため，1960 年に西ドイツに逃亡してベルリン自由大学で社会学を専攻する学生になった。しかし強い信念を漲らせていた彼は，天賦のカリスマ性と弁舌能力のゆえに間もなく SDS の寵児になったのである。そのドチュケに対して 1968 年 4 月 11 日に右翼青年によって打ち込まれた弾丸は瀕死の重傷を負わせ，後遺症のために彼は 1979 年に死亡したが，この暗殺未遂事件を契機に多数の都市で激しい抗議と騒乱が巻き起こった。特にドチュケに対する反感を煽ったシュプリンガー系の出版に対する妨害行動が展開されたほか，折から連邦議会で審議されていた非常事態法に対する反対と重なって運動の輪が一層拡大することになった。事実，5 月 11 日にボンで行われた非常事態法反対デモは 6 万人が参加する空前の規模になったのである。しかし議会外での激しい反対にもかかわらず非常事態法が連邦議会で可決されると，労働者が革命的スローガンを唱える SDS に距離を置いていたことや過激な闘争から SDS を離れる者が続出したことなどのために SDS は分解しはじめ，さらに公約として「より多くの民主主義を」のキャッチ・フレーズを掲げる SPD のブラントを首班とする政権が 1969 年に登場した影響も加わって，1970 年 3 月に SDS は正式に解散するに至ったのである[21]。

　SDS が姿を消すとともに APO による激しかったプロテスト運動も下火になった。そして活動家の中には政治生活そのものから退場する者が出る一方では，既存の政党に活動の場を見出す者も存在した。SDS 消滅後の活動家たちの人生の航跡については 120 人余りの現在の職業や境遇を調べた『フォークス』の調査が極めて興味深い結果を示している。それによれば約

---

(21) 今日から SDS を振り返った理論的指導者の一人 B. ラベールの論文は極めて興味深い。Bernd Rabehl, Die inszenierte Rebellion, in: Frankfurter Allgemeine Zeitung vom 4.9.1996. 銃撃がもとで死亡したドチュケについては，夫人の筆になる伝記の抜粋が『シュピーゲル』に連載されており，当時の雰囲気を窺うことができる。Der Spiegel, Nr.34 u.35, 1996.

20％は大学で教鞭を執っており，約35％は出版人，作家，ジャーナリストなどとしてメディアの世界で働いているという。また「1980年代初頭以降緑の党が政治的受け皿になった」と指摘されるように，政治活動を続けている人々の中では緑の党に所属する者が多いことも明らかになっている[22]。しかしながら，ここでの関心から重要になるのは，政治からの引退者や既成政党に入った人々と並んで議会制民主主義を拒否するグループが現れたことであろう。というのも，このグループの中にテロリズムに傾斜していく人々とともに，自律派の母体になる，革命的暴力を肯定するシュポンティスと呼ばれる反権威主義的な自発主義グループが含まれていたからである[23]。

1970年にSDSが解散し，APOの抗議運動が退潮してからしばらくの間は，アナーキズム的傾向の出版物などが現れたことを除けば極左集団の世界では目立った動きは認められず，デモや集会の高波に洗われた大学のキャンパスも平穏を取り戻したといえる。その意味では，新たな動きが感知されるようになったのは，1970年代も後半を迎えてからだといってよい。すなわち，1975年以降大学に特定の教条に縛られない極左的傾向の小グループが次々に現れ，その多くは短期間に再び消滅する現象が見られるようになったのである。これらの小グループの特色は非ドグマ性すなわち教条をもたず抑圧的な権威を否定することにあり，とりわけ前衛党という形のエリートの優越を認め，自己ではなく労働者に変革主体を求めるマルクス・レーニン主義的な観念を拒否していた点で際立っていた。そうしたドグマや権威の代わりにそれらが唱道したのは自律性である。すなわち抑圧された者の自己組織化，自分自身の感情表現の自発性，「頭脳から」よりは「腹から」生じる自発的行動，これらがシュポンティスと呼ばれた小グループが重視したものにほかならない。

シュポンティスは徹底して自己を中心に据え，大学や居住地区など草の根に密着するとともに，ユートピアンとしか思われないほどに自発性を賛美する主張やこれを実践する奇抜な行動によって，その主張を支持しない学生か

---

(22) Was aus den 68ern geworden ist, in: Focus, Nr.36, 1996, S.66ff.
(23) U. バッケスはSDSをテロリズムの「精神的培養器」だったと規定し，その役割を重視している。Uwe Backes, Geistige Wurzeln des Linksterrorismus in Deutschland, in: Aus Politik und Zeitgeschichte, B3-4, 1992, S.41-44.

らさえ共感を獲得したといわれる。そして1960年代後半の過剰なまでの政治の季節が過ぎて非政治化しつつあった大学では侮りがたい勢力に発展したのである。そのことは1979年にドイツ各地の大学の学生会議で合計150以上の席を占め、SPD系の青年社会主義者すなわちユーゾー（JUSO）大学グループに匹敵する状態にあった事実が証明している。そうしたシュポンティスの運動が頂点に達したのは1978年1月27日から29日までベルリンで開かれた全国抵抗会議である。この会議には6,000人の参加者があり、当時のシュミット政権が西ドイツの輝かしい成果として喧伝する「モデル・ドイツ」といかにして闘うかが論議された。同時に、彼らが目指す自律性とは「自分自身の欲求と全体を変えたいという願望から出発し、日常や主体性を最優先させる」ことを意味することも確認された[24]。

　自己と草の根に密着し、ドグマと権威による束縛を拒否するこのようなシュポンティスの運動は、政治的というよりは文化革命的と形容されるべきであり、学生を担い手とする若者の対抗文化創出の試みとして理解されるべきであろう。また今日から見れば、その運動は、一方で1980年代初頭以降の建物占拠運動に発展するとともに、他方で反原発運動や緑の党の形成につながっている点で、新しい価値観や生活観の母体になったともいうことができよう[25]。しかし同時に見過ごせないのは、1980年代を迎えるとシュポンティスの活動形態に変化が現れ、これに対応するかのように呼称も自律派が一般的になっていったことである。その変化とは、暴力的傾向が強まったことである。

　この点に関して連邦憲法擁護庁の文書はこう記している。「自律派という概念は80年代初頭以後次第にポピュラーになったが、同時に自律派の戦闘性への傾斜も深まった。戦闘性とは国家に対する非和解性の表れであり、彼らの憤怒と体制を覆す断固たる決意の表現であるとされたのである[26]。」事

---

(24) Landesamt für Verfassungsschutz Berlin, Deutscher gewaltorientierter Linksextremismus in Berlin: Die militante autonome Bewegung, Berlin 1995, S.12.
(25) この点を踏まえれば、シュポンティスの発展である自律派に関し、「自律派とは特定の組織のことではなく、社会の周縁に形成された若者のサブカルチャーである」という規定は正鵠を射ているといえよう。Wolfgang Rudzio, Autonome Gewalt und Antifaschismus, in: Extremismus und Gewalt, Bd.3, Bonn 1994, S.38.
(26) Bundesamt für Verfassungsschutz, Militante Autonome: Charakteristika,

実，シュポンティスを特徴づけた生活の場への密着には1980年を境にして社会的抗議の新たな形態が表れた。彼らは多くの都市で暴力を用いて自分たちのための自由な空間を獲得しようと試みるようになり，国家の暴力装置との公然たる対決を唱えるようになった。そしてデモの際には警官隊に投石するだけでなく，火炎ビンをも投げるに至り，路上の車を破壊したり，商店，銀行，事務所などのガラスを割ったりして，これを体制に対する抵抗と位置づけるようになったのである。連邦憲法擁護庁の年次報告書に自律派の名が登場するようになるのは1980年からであり，それに関する記述が載るのは翌81年以降であるが，例えば比較的初期の1983年度の報告書で，「放火やサボタージュの犯行声明で自分を"自律的反帝国主義者"，"自律的細胞"，"自律的革命細胞"と呼ぶ人間たち」の出現に注目しつつ，「"支配的な法律"と"この体制による強制"の外部の"自由空間"での生存すなわち"自律"への要求に書き直された漠然としたアナーキズム的な観念が非教条的な過激派グループの間で支配的である」と記されているのは，シュポンティスからのこうした変化を反映するものといえよう[27]。

ところで，自律派の語は1960年代の北イタリアでの極左勢力の運動に由来しているが，これと対比すると重要な相違が存在するのに気付く。それは，西ドイツの自律派にはイタリアで見られたような学生と青年労働者とのつながりが欠落していることである。その意味では西ドイツの自律派の社会的基盤は狭く，名称が示唆するイタリアとの関係は主として戦闘的行動形態の輸入という面にあると言ってよいであろう。

それはともあれ，シュポンティスから自律派への発展はフランクフルトやハンブルクでも見られたが，最も鮮明に現出したのは東ドイツに浮かぶ陸の孤島として特殊な条件の下にあった西ベルリンである。同市では1980年から暴力を伴った自律派の抗議運動が活発化し，その矛先は都市再開発とこれに関連する建物の解体に向けられた。自律派にとってこの行動は，経済成長にだけ価値をおき分業によって人間を断片化する産業社会のモラルに対する闘争であり，占拠した建物に築かれる生活共同体は人間の自発性を窒息させ

Strukturen, Aktionsfelder, Köln 1996, S.4.
(27) Der Bundesminister des Innern, Verfassungsschutzbericht 1980, Bonn 1981, S.100 ; 1981, S.111f. ; 1983, S.90.

る産業社会への対抗モデルにほかならなかった。

　西ベルリンで住居の占拠が始まった1980年は、若者が両親の家から離れて自立するのがますます早くなっていた時期であり、また西ベルリン市内の大学が進学熱の高まりのために学生で溢れかえり、住宅事情が逼迫するとともに、投機的思惑による空き部屋が目立った時期でもあった。占拠者の中には学生ばかりでなく、豊かな社会の消費指向に背を向け、学歴を途中で放棄した者も含まれており、社会が繁栄を謳歌しているのとは対照的にノー・フューチュアすなわち自分たちには未来はないという閉塞感が共通項になっていた。彼らが占拠した建物はブルジョア社会の秩序や因習に縛られない自由な空間であり、情報交換の場であるとともにブルジョア社会に対する闘争のための拠点でもあった。建物占拠闘争の過程で彼らが発表した宣言文などは自律派の出版物に掲載されたが、そこには豊かさだけを追求し人間の自発性を押し潰す社会と国家の拒否ばかりでなく、それを支える規範や価値観の否定が宣明されていたといわれる。

　自律派の発展を示す第二の里程標は、1981年8月25日に開かれた国際会議である。これにはオランダ、スイス、フランス、デンマークのシュポンティスが参加したほか、国内では反原発活動家、建物占拠者、フェミニスト、ヒッピー、同性愛者、パンカーなど「自由のために闘っているすべての人」が招請された。そして参加者総数は2,500人を数えて自律派の運動の社会的底辺の広がりが内外に示される一方では、同日に警官隊との衝突が起こり、支配体制に対する戦闘的姿勢が誇示される結果にもなった。また一カ月後の9月22日には警察が8カ所の建物から占拠者を排除しようとした際の争いで一人の若者が死亡する事件が生じたが、1万人が参加した追悼デモの終了後に6千人が警官隊と激突し、ショーウィンドウが破られ商店が荒らされたほか、路上にはバリケードが築かれて火がつけられるなどの騒乱に発展した。

　建物占拠の第三のピークは1982年6月11日の暴力的行動である。アメリカ大統領レーガンがベルリンを訪れたこの日、建物占拠グループを中心とする極左勢力2千人が当局のデモ禁止を無視して空港のあるシェーネベルクの一角に結集した。そして用意した道具でバリケードを作るとともに、これを排除しようとした警官隊に火炎ビンなどが投げつけられ、付近の商店や路上の自動車が破壊された。また警察車両80台と消防車5台が投石と放火で損

傷し，92人の警官が負傷した。この事件は極左集団の内部では国家権力に対する勝利として評価されたものの，自律派は無法な暴力集団というイメージが広がると同時に，占拠している建物からの排除の強行を招く結果になった。すなわち，この事件以降，建物占拠闘争は収束に向かい，1984年夏までにほぼ鎮静するに至ったのである[28]。

もちろん，このことは自律派の運動が低迷したことを直ちに意味するわけではない。1983年2月にはハノーファーで各地から250人が集まって自律派の最初の全国会合が開かれ，これを機に極左勢力の中で自律派は主要な勢力として当局によって認知されるようになったし，他面ではやはり学生運動に起源をもち，マルクス・レーニン主義を標榜する中央集権的な構造のKグループと呼ばれる諸組織が衰退し，自律派の比重が相対的に高まる結果になったのである。この点を考えれば，建物占拠闘争の収束はむしろ取り組むテーマが多様化し，建物占拠の重要性が低下したことの帰結だったと解せよう。

事実，1980年暮れのNATOの二重決定を背景に1980年代初期に盛り上がった戦域核兵器配備に反対する平和運動の影響で反軍国主義闘争の重みが増し，これと並行して反原発闘争に重心をおくグループも登場するようになって主軸が分化する傾向が現れたのは，重要な変化だったといえる。その一方では，南アフリカのアパルトヘイト問題がクローズアップされた際の1985年秋のデモや，リビアへのアメリカの空爆に抗議する翌1986年春のデモのように，政治的出来事に応じた行動では共同歩調がとられたのであり，動員力も低下していなかったのは見落とされてはならない。さらにゴアレーベンをはじめとする反原発闘争やヴァッカースドルフの再処理施設建設反対闘争，フランクフルト空港拡張反対闘争などが盛りあがった事実も併せて想起されるべきであろう。けれどもその反面では，自律派を束ねる共通項が希

---

(28) ベルリン市内務局が1983年にまとめた『ベルリンにおける住居占拠と住居占拠者』と題する調査に基づき，建物占拠闘争を数字で眺めるなら，276棟の建物が326件の占拠闘争の標的にされた。また229件の建物占拠は当局の妨害によるか，あるいは自発的な立ち退きや正式な賃貸契約の締結によって解決したと言われる。さらに建物占拠者として警察は4,213人を特定し，7,865件の刑法犯罪についてこれらの人物が関わっているものと見て捜査を行っている。Landesamt für Verfassungsschutz Berlin, Die militante autonome Bewegung, S.16.

薄化したことが各種の闘争の成果の乏しさと相俟って失望感を生み，自律派の内部に危機感が高まったのも否みがたい事実といえよう。その際，自律派を構成する小グループの多くが短命であることや，自ら設定した目標ではなく，外部で作り出された問題への取り組みによって運動が成り立っている点などが弱点として重視され，これに対応して明確なコンセプトを確立し，これを外部に訴え，若者に働きかけることの必要性が主張された。こうして教条を拒否し自発性を重んじる自律派の間にイデオロギー化の傾向が現れるようになり，自律派の出版物で彼らの目指す革命の性格やそれに向けての運動に関する議論が活発化したのである。

　ところで，1980年代後半から1990年に至る間にはソ連でペレストロイカが始まり，東欧諸国での変革の波を受けて遂にはベルリンの壁が崩壊し，DDRは地上から消滅した。この流れの中で実現した1990年のドイツ統一が政治にとどまらず，社会や経済にいかに重大な影響を与えたかはいまさら指摘するまでもないが，とりわけ極左団体の下でその衝撃が強烈だったことは，正統的な共産主義を奉じる極左集団が凋落した事実に表出している。けれども，ドイツ共産党（DKP）の急激な没落に代表される極左における全般的衰退傾向に反し，自律派は弱体化するどころか，かえって勢力を拡大するようにさえなったのである。自律派のある文書はこれをルネッサンスとさえ形容しているが[29]，その適否はともあれ，このように自律派がマルクス・レーニン主義を公定教義とする東欧圏やDDRの崩壊の激震に直撃されないで済んだことは，特定の教条に立脚していない自律派の特性をよく示している。そればかりでなく，冷戦の終焉のような政治的激動すら打撃にならなかった事実は，自律派がたんなる政治的な集団ではなく，西ドイツの社会構造に根差し，若者文化の一面を体現する存在であることをも証明しているといえよう[30]。

---

(29) Niedersächsisches Innenministerium, Verfassungsschutzbericht 1995, Hannover 1996, S.84.
(30) この点から見れば，B. ヴァーグナーのように自律派に関しても「壁の崩壊とDDRの没落に伴って今日まで続く解体過程が始まった」とするのは自律派の特性を見誤るものといえよう。Bernd Wagner, Skinheads-Faschos-Autonome, in: Eckard Jesse, hrsg., Politischer Extremismus in Deutschland und Europa, München 1993, S.95.

それでは1960年代の学生運動に起源をもつ自律派は近年ではどれほどの勢力に発展してきているのであろうか。またその行動で目立つ暴力は何を目指すものであり，いかなる組織構造が自律派には見出されるのであろうか。以上の歴史的概観を踏まえ，これらの問題を次に考えてみよう。

3．自律派のイデオロギー的傾向と組織構造

(1) イデオロギー的傾向

　まずイデオロギー面を検討しよう。

　最初に注意しなければならないのは，自律派は一括してこの名称で呼ばれているものの，実態は統一的な組織をもつ集団ではなく，類似した傾向を有する小グループの総称である点である。また既に指摘したように，特定の教条を土台にして目標を導き出すのではなく，逆に自由な生活を追求し，これに対して産業社会が課す束縛や圧迫を打破することを目指すところから，首尾一貫した理論や共通したイデオロギーが欠落していることに自律派の特徴がある点にも注意が払われなければならない。これらの点を踏まえれば，自律派には統一的なイデオロギーは存在せず，あるのは異なる淵源を有する思想の寄せ集めでしかなく，したがって体系性や無矛盾性は自律派にとっては重大な関心事ではないことが推察できる。この点に関し，1990年度の憲法擁護報告書は次のように書いている。「自律派はいかなる統一的なイデオロギー的観念も有しない。彼らの間にはアナーキズム的，社会革命的，反資本主義的，反ファシズム的，反帝国主義的な観念が存在しているのである[31]。」

　後述するように，自律派にとって反ファシズムは重要な標語であって，極右組織などのような暴力的攻撃の対象に対してはファシストのレッテルが貼りつけられることが多い。また反帝国主義もしばしば唱えられる自律派の合言葉の一つになっている。けれども何を基準にしてファシストや帝国主義者という判定が下され，さらにはそれらに対する反対闘争によって何が目指されているのかは明確とは言いがたく，したがって，自律派の思想を捉えるには否定形の形容では極めて不十分といわねばならない。このように見ていくとアナーキズムが重要な手掛かりになるが，しかしその場合でもアナーキズ

---

(31) Der Bundesminister des Innern, hrsg., Verfassungsschutzbericht 1990, Bonn 1990, S.42.

ムの峰をなすプルードン、シュティルナー、クロポトキンなどの社会思想や哲学的立場が自律派によって摂取され影響を及ぼしているかのように考えるなら、誤認を犯すことになる。なぜなら、自律派においては体系だったイデオロギーは問題にならず、アナーキズムという場合にもそれを貫流している心情が焦点になるからである。現に自律派のある出版物では、自律派は共通の生活感情によって最もよく定義されると述べられているが、別の出版物で表明されているように、搾取、抑圧、強制のない自己決定的な共同生活こそ自律派の追求する価値であり、自律の語に値する主体的な自律とこれを可能にする自由の渇望こそ自律派に共通する心情であるといえよう[32]。

　人間を断片化し束縛する国家と社会に対する憎悪に自律派を駆り立てているのはこうした心情だが、それが自律派の核心をなしていることは、1981年8月に自律派の雑誌『ラディカル』に掲載されたテーゼがよく示している。それによれば、自律派の立脚点は「漠然としたアナーキズム」であり、彼らが左翼に属すのは、「国家に対してはっきりと敵対する立場をとっている限りにおいてだけ」である。と同時に、この限定は、マルクス主義、社会主義、共産主義が原理上国家を肯定している点で自律派によって拒否されることを意味する。なぜなら、国家とはいかなる種類のものであれ抑圧と強制の組織にほかならず、自己決定に対立するからである。

　このように見るなら、自律派のイデオロギー的特性の輪郭は1992・93年度のザクセン＝アンハルト州の年次報告書に見出される次の文章に簡潔に描かれていると見做せよう。「統一的な集団的構造がほとんど確認されないのと同様に、自律派の下では互いに一致する動機や目標はほとんど存在しない」と前置きした上で、しかし「自律派の多くにはしばしば漠然としてはいるけれどもいくつかの観念が共通している」として、報告書はこう整理している。すなわち、共通するのは、「(1) あらゆる形態の国家的秩序の拒絶とこの秩序を除去するという目標、(2) アナーキーの追求、(3) 市民社会とその規範ならびに生活形態に対する激しい憎悪、(4) 暴力の弁護および行使」であり、自律派の政治的立場は「反資本主義的、反帝国主義的、反家父長主義的、反人種主義的」と特徴づけられるというのがそれである[33]。

---

(32) Pfahl-Traughber, op.cit., S.39f.
(33) Ministerium des Innern des Landes Sachsen-Anhalt, hrsg., Verfassungsschutz-

ところで,自己決定に対する外部からの拘束に敵対することは,自律派にとっては自律のための闘争が他者のためではなく,何よりもまず自己自身のための闘争であることを意味している。この点に関し,テーゼにはこう記されている。「我々が闘うのは自分のためであって,我々はいかなる代理戦争も行わない。一切はおのれ自身の関与の下に行われなくてはならない。我々はイデオロギーのため,プロレタリアートのため,人民のために闘うのではない。我々が自由でありうるのは他者がみな自由である場合だけであることを把握した上で,我々はすべての領域における自己決定的な生のために闘うのである[34]。」

このような立場から自律派では闘争手段として暴力が肯定され,国家による抑圧,資本主義の搾取,社会的不正,極右の行動などに対する対抗手段として暴力が位置づけられている[35]。しかし同時にその暴力は,自律派の場合,「革命の全体的構想の枠組みに組み入れられている」というよりは,むしろ「自己実現の手段」であり,「自分が組み込まれたくない現存する社会的諸関係に対する怒りと憎しみの解除反応」という性格が濃厚である点も見落としてはならない[36]。また他面では,厳密にいえば自律派の中にも「国家と社会に対する非暴力の抗議によって自分たちの独自の文化を生きようとする」グループが存在しており,その意味で自律派が暴力一色で染め抜かれているわけではないことも看過できない。ただその場合,憲法擁護機関では治安を担当する立場上,自律派の概念を狭くとり,暴力的に行動したり暴力を弁護する集団にだけこの語を用いる傾向があるので,後者のグループが軽視されがちな点にも注意を払うべきであろう[37]。

それはともかく,近年では暴力に対する抑制が緩む傾向が見出され,その

---

bericht des Landes Sachsen-Anhalt 1992/1993, Magdeburg 1993, S.26f.
(34) Zit.nach: Landesamt für Verfassungsschutz Berlin, Die militante autonome Bewegung, S.23.
(35) Rudzio, op.cit., S.38-40.
(36) Ministerium des Innern und für Sport Rheinland-Pfalz, Autonome, Mainz 1994, S.9.
(37) Innenministerium des Landes Schleswig-Holstein, hrsg., Verfassungsschutzbericht 1995, Kiel 1996, S.43; Ministerium des Innern des Landes Brandenburg, hrsg., Verfassungsschutzbericht 1993, Potsdam 1994, S.59.

ために自律派の暴力的行動は「ここ 10 年間に由々しい治安問題に発展している」と指摘されている[38]。確かに以前はモノに対する暴力とヒトに対するそれとが区別され，後者については抑制的な姿勢が認められた。ところが近年では両者の境界は不分明になり，対人暴力が無制限に正当化される傾向が強まってきている。

　このような「身体を傷つけ，死をも厭わない暴力の脱タブー化の鍵となった出来事」は，1991 年に建物占拠闘争で憎悪を買ったベルリン市建設局の幹部が郵便爆弾で殺害された事件だった。これを機に暴力の是非に関する活発な議論が展開されるとともに，抑制が後退して暴力がエスカレートする結果になったのである[39]。例えば自律派の代表的な組織であるゲッティンゲンの自律的アンティファが 1993 年に作った文書には，「非暴力は自律派の政治と全面的に対立するイデオロギー的概念である。非暴力は政治的自殺に等しいから自律的アンティファが非暴力の政治に乗り入れることは決してないだろう」と明記されている[40]。さらに自律派の月刊誌『RAZZ』1993 年 3 月号にも「我々の闘いで我々はモノに対する暴力とヒトに対するそれとを区別しない。我々が区別するのは関係者か関係者でないかということなのである」と記されているばかりでなく，自律派の中心的週刊誌『過渡期』も 1995 年 8 月に次のように唱えて，正当とされる暴力の範囲の拡大と暴力への傾斜の深まりを示している。「我々は戦闘的で非合法な行動を支配関係に対する抗議と抵抗の不可欠な部分であると考える。我々は暴力の行使を一定の前提の下で単に正当であるばかりでなく，不可欠であると見做す。我々は国家が定めた抗議と抵抗の合法的枠組みに縛られない。というのは，その場合には我々はコントロールされ，行動を計算され，支配されてしまうからであ

---

(38) Ministerium des Innern und für Sport Rheinland-Pfalz, Autonome, S.9.
(39) Behörde für Inneres Hamburg, Verfassungsschutzbericht Hamburg 1995, Hamburg 1996, S.188. プァール＝トラウクバーによれば，暴力論議のきっかけになったのは，1987 年のフランクフルト空港離陸用滑走路建設反対デモの際に二人の警官が射殺された事件と 1992 年にベルリンで極右の活動家が襲われ殺害された事件である。Pfahl-Traughber, op.cit., S.44.
(40) Zit.nach: Niedersächsisches Innenministerium, Verfassungsschutzbericht 1994, S.71.

る[41]。」こうした文章にも一端が窺えるように，暴力がエスカレートしてきているのが現状だが，それにもかかわらず，暴力を巡る論理は粗雑なままであり，全体的には暴力に関して，「ありうべき反論に耐えられる，よく推敲されて納得のいく理論的考察が自律派に欠落している」のは否定しがたいように思われる[42]。逆に言えば，自律派ではあらゆる抑圧と束縛を打破し，自己決定的な生活を実現するという，アナーキズムに通じる心情が原点になり，それが活動のエネルギー源になっているものの，暴力を正当化する緻密な論理を欠落したまま，搾取や支配のような構造的暴力に対する対抗手段として暴力が肯定され，実践に移されているといえるのである[43]。

(2) 組織構造と出版・コミュニケーション活動

次に自律派の組織構造に目を向けよう。

あらゆる束縛を忌避する心情を土台にしていることに対応して，ヒエラルヒー的な組織や中央からの統制と規律には馴染まない点に組織面から見た自律派の特色が存在する。そして具体的にはこのことは，明文化された規約やメンバーの権利・義務の定めがなく，さらに相対的に独立した決定機関や機能的に分化した機関をもたない緩やかで未分化な構造の小グループが自律派の標準的な組織形態であることを意味している。このような形態は，自発性を重んじる反面で，特定の教条に基づいて組織として目指すべき目標を立て

---

(41) Zit.nach: Bayerisches Staatsministerium des Innern, op.cit., S.98.
(42) Landesamt für Verfassungsschutz Berlin, Die militante autonome Bewegung, S.76.
(43) それにとどまらず，M. ブルムリークは，1988 年初秋に自律派の溜まり場になっているフランクフルトの居酒屋で入手したビラを検討し，自律派における暴力を「互いを結び付ける生活感情」の表現と解釈しているが，こうした把握の原型は，「暴力行使を多くの自律派は政治闘争の手段としてだけではなく，自分たちのフィーリングの支えと見ている」という 1986 年度の憲法擁護報告書の指摘に見出せる。Micha Brumlik, Autonome: Gewaltbereitschaft als verbindendes Lebensgefühl, in: Wilhelm Heitmeyer, Kurt Möller u.Heinz Sünker, hrsg., Jugend - Staat - Gewalt, 2.Aufl., Weinheim 1992, S.175ff.; Der Bundesminister des Innern, Verfassungsschutzbericht 1986, Bonn 1987, S.111. この解釈が正しければ，自律派の暴力はスキンヘッドのそれと通底するという理解が成り立つ。この点については，本書第 5 章参照。

ないことにも照応している。またこの点とも関連して，自律派では通常の政治組織のように勢力拡大に向けて支持者を増やし，新たなメンバーをリクルートするための系統立った努力は行われていないといわれる。さらにメンバーに対しても特別な訓練や政治学習などは課されておらず，加入を希望する者に対してもそれほど厳格な審査は行わないで，メンバーによる保証があれば受け入れるのが一般的であるという。

　こうした小グループでの意思決定の具体的な方式は明らかではないが，デモへの参加のような行動の決定については合議で決められていると見られる。また多くのグループが参加する地域的もしくは全国レベルの規模の大きな行動の場合には，事前に準備会合や集会が開かれて取り決めが行われる。しかしその場合でも行動の細部までは予め決められないだけでなく，投票によって決定を下したり，参加グループに対して拘束力のある決定をすることは稀であるとされている。そうした決定は自律派が重視する自主性を損なうことになるからであり，逆に言えば，実際の行動の際に参加者が状況に応じて自発的な判断を下すことが尊重されているためである[44]。

　もちろん，自律派では緩やかな小グループが一般的だとしても，それだけでは動静が治安機関に伝わる危険が大きく，暴力的行動の用意さえ整えることができないのは当然であろう。この点を考慮すれば，自律派の組織形態が均一でないことは容易に推察できる。ベルリン市憲法擁護局の文書によれば，行動形態の観点から見た場合に自律派の組織は三つに区別できるという。一つは開かれたグループであり，そこではメンバーとそれ以外の人々との間に画然とした境界がないだけでなく，メンバーに対する拘束も弱く，集合場所も比較的オープンで秘密にされていない。けれどもそれだけに治安当局によって簡単に捕捉されることになりやすい。第二は半ば開かれたグループである。ここではメンバーが確定され，会合への参加資格が定められるとともに，会合自体が秘密にされる。しかしその一方で公然活動を行うところから治安当局によってある程度までは把握される。第三は閉ざされたグループであるが，その特色は組織自体に関する情報をできるだけ外部に洩らさない点にある。すなわち会合の日時，場所，内容などがすべて秘匿されるのは

---

(44) Innenministerium Mecklenburg-Vorpommern, hrsg., Die Autonomen, Schwerin 1996, S.15.

もとより，メンバーの選抜も厳格に行われ，メンバー間の信頼と相互支援が重視される[45]。

これらのタイプのうち第二，第三のそれがどれほど存在するかは定かではないが，それはともかく，ルーズなグループが多数を占め，相互の連携が悪いのが従来の通例であり，そうしたところから，1990年代に入ると，自律派のグループ相互の「無拘束性」が自律派全体の発展を阻み，ゲットー的存在の殻を破れない原因であるとする自己批判の声が高まるようになった。そしてこの反省の声を背景にして連携の強化と組織化の動きが起こり，ゲッティンゲンの自律的アンティファが中心になって1992年7月末にヴッパータールに設立されたのが，反ファシズム行動・全国組織（AA/BO）である[46]。内部文書によれば，「過去の自律派の構造上の欠陥」を克服し，戦闘的抵抗運動を定着させるための「合法的な屋根」を提供することがAA/BO設立の狙いであり，これによって「革命的な反ファシズム暴力の増大」が期待された。しかし現実には自律派の全国的組織化の試みは内部対立によって空中分解し，1994年末でも11都市の14組織が加入しているにとどまっていた。その後も停滞が続き，1996年末には加盟グループの数はボン，ベルリン，ビーレフェルト，ゲッティンゲンなどの10組織程度に減少していることが確認されている[47]。またこれと並行して，地域を越えた情報交換と行動の連携に向けてAA/BOよりも緩やかな全国アンティファ会合（B.A.T.）が1993年にスタートしており，そのほかに同年11月にはハンブルクにAA/BOと同じ意図から青年層に的を絞った反ファシズム青年団・全国連合（AJ/BZ）が結成され，ベルリン，ブラウンシュヴァイク，シュトゥットガルト，ハンブルクなどの15の組織がこれに名を連ねている[48]。

このように本来組織や規律に馴染まない自律派の小グループを全国的に組織化する動きが表立ってきてはいるものの，成功と呼ぶには程遠いのが現状といえよう。そうだとすれば，組織面でのこうした欠陥を補うものとして，

---

(45) Landesamt für Verfassungsschutz Berlin, Die militante autonome Bewegung, S.28.
(46) Moreau u.a., op.cit., S.383ff.
(47) Innenministerium Mecklenburg-Vorpommern, hrsg., VerfassungsschutzJahresbericht 1995, Schwerin 1996, S.8.
(48) Bundesamt für Verfassungsschutz, Militante Autonome, S.11.

出版物をはじめ近年進歩が目覚ましいコミュニケーション手段の利用の有する意義が大きくなるのは当然であろう。自律派には彼らの間だけで通用する隠語がいくつもあるが，それらを散りばめた自律派の新聞類は 30 種類ほど存在している。またその一部は取り締まりをかいくぐるために秘密の場所で印刷され，地下ルートで配布されているといわれる。それらのうちで最も重要なのはベルリンで発行されている週刊誌『過渡期』である。1988 年 4 月に創刊された同誌の発行部数は 2,000 部程度と推定され，2.5 マルクで売られているが，創刊号に載った発刊の趣旨には「ラディカルで非教条的なベルリンの左翼の新しい潮流の側に立つ」ことが表明されており，情報の欠如を埋めることを目的とすることが明示されている。またこの方針に沿って，その後の誌上には各地の自律派の活動に関する情報やビラなどが転載されているほか，赤軍派（RAF）や革命細胞（RZ）のようなテロリスト集団が行った暴力的攻撃の犯行声明なども掲載されている。そして今では『過渡期』は自律派にとって不可欠な「討論の場」となり，「ほとんど制度的な性格を有する出版物にまで発展している」と評されるほどに中心的位置を占めるに至っている[49]。

このような『過渡期』と並ぶ主要な出版物には，ドイツ国外で編集・印刷されている不定期の雑誌『ラディカル』がある。自律派の情報交換の場といわれるこの地下雑誌は 1976 年にやはりベルリンで創刊されたが，編集者に対する犯罪煽動容疑などで幾度も捜索を受けた後，1984 年に一旦は姿を消した。そして以後は拠点を国外に移し，絶えず変更される虚偽の送り主名と住所を使って郵送されたり，地下ルートで人から人へと直接に手渡されたりしているといわれる。同誌には『過渡期』と同様に度々テロの犯行声明が掲載されており，発行部数は 2,500 部と推定されている[50]。

これらが全国規模の出版物だとすると，他方にはより地域に密着したそれが存在している。そのうちで代表的なのものとしては，ケルンの『アギタレ・ベネ』，ニュルンベルクの『もっと先へ』，ドルトムントの『ルール地区

---

(49) Landesamt für Verfassungsschutz Berlin, Die militante autonome Bewegung, S.33ff.
(50) Innenministerium des Landes Nordrhein-Westfalen, Verfassungsschutzbericht 1995, S.206ff.

インフォ』が知られている。一例としてニーダーザクセン州に目を向けると，同州憲法擁護局が把握しているところでは，州内で発行されているものだけで5種類の存在が確認されている。全国的にも知られている『RAZZ』など3種類の月刊誌に加え，週刊誌『ゲッティンゲン印刷物』と不定期に出される『体面の泥』がそれである。またラインラント＝ファルツ州の場合には同州憲法擁護局によってカイザースラオターンで発行されている『K-BUTT』など3種類の出版物の存在が確かめられている[51]。

　自律派のコミュニケーション手段としてはこれらの出版物以外にも近年ではパソコン通信などが重要性を増している。今日では既に古いタイプに属す感のある情報ショップに最初に触れておくなら，多様な機能を果たしている点で重要性は少しも失われていない。全容は不透明であるものの，1994年現在で情報ショップは全国に100程度存在するとみられており，ノルトライン＝ヴェストファーレン州では，憲法擁護局の調べによると，アーヘン，ビーレフェルト，ボーフムなど14都市に自律派の情報ショップが存在していた。そこでは自律派のビラや出版物が並べられているだけではなく，各地での行動を伝える情報や今後の活動予定などが分かるようになっている[52]。しかし情報ショップの機能はそうした情報交換の域を遥かに超えていると見られる。というのは，情報ショップは自律派グループに接触する窓口にもなり，しばしば行動を計画・準備し，動員をかけるセンターの役割をも果たしているからである。

　これと並んで重要なのは，1991年に開始されたコンピュータ・ネットワークの構築である。クモの巣と名付けられたこのネットワークは，当初はライン・マイン地区の情報ショップの協力体制を作ることが目的だったが，その後，全国的な情報交換の場に発展し，自律派にとどまらず極左集団の間で広く利用され，組織化を進めるために用いられているといわれる。またヨーロッパ・カウンター・ネットワーク（ECN）とも接続し，今では国外の極左勢力とのつながりができていることや，さらに国際カウンター・ネット

---

(51) Innenministerium Mecklenburg-Vorpommern, Die Autonomen, S.15f; Niedersächsisches Innenministerium, Verfassungsschutzbericht 1995, S.83; Ministerium des Innern und für Sport Rheinland-Pfalz, Autonome, S.22.

(52) Ministerium des Innern und für Sport Rheinland-Pfalz, Autonome, S.7; Innenministerium des Landes Nordrhein-Westfalen, op.cit., S.201.

ワーク作りが進められていることも治安機関が注目している点である[53]。

(3) 自律派の規模と社会的特性

　自律派のイデオロギー的傾向や組織構造，コミュニケーションなどについては以上で瞥見したように不十分ながらある程度まで明らかになっている。しかし，これに反してそのメンバーの出自や職業，社会的地位などに関しては不明な部分が大きい。これまでに把握されている限りでいえば，まず年齢面では自律派の圧倒的多数は18歳から28歳までの若者であり，自律派が若者文化の一面であること裏付けている。これに対応して，社会的地位の面では生徒，学生，職業訓練生など職業生活に入る以前の段階にある者が多い。また学業を中途で放棄した若者が少なくないことも，学校が産業社会の主要な制度であることを考えるなら，束縛や規律化を嫌う自律派の一つの特色になっている。さらに親元を離れて独り立ちしている者については，失業者の比率が高くて生計扶助などの社会給付で暮らしを立てている者の存在が目立つという。なお国籍の面では圧倒的多数がドイツ人であり，自律派に加わる外国人青年は少ないようである[54]。

　通常の政治組織とは異なり，自律派の場合，いったんメンバーになっても数年で離脱する者が多いことも特色の一つに数えられる。その動機は，暴力を肯定する過激な活動に対する失望のほか，主張と現実とのギャップに気付き，自律派が語る意味での自由な生活が幻想であることに思い至ったことなどが挙げられる。また暴力が招く社会的孤立や自律派内部の世代間の争い，絶えざる不毛な論争などが嫌気を広げ，私生活への退却の要因になっていることも忘れてはならない。いずれにせよ，自律派の場合，一人一人に即してみると活動期間が短いことが際立った特徴になっているが，そのことは確固たるイデオロギーや堅固な組織が欠けており，不定形な心情に依拠して運動が成り立っていることの帰結と見做せよう。

　無論，このようにして短期間に離脱していくメンバーが多数に上っている反面では，新規に自律派に加わる若者がこれを上回る規模で存在してい

---

(53) Landesamt für Verfassungsschutz Berlin, Die militante autonome Bewegung, S.39ff.
(54) Ibid., S.29.

とを忘れてはならない。事実,東欧諸国の変革や東ドイツ消滅の激動の大波を受け,既成の極左組織の多くが凋落していく中にあって自律派は例外的位置を占め,ルネッサンスが語られさえするように勢力を伸ばしてきているのが実情である。明確な組織を有する極左や極右の団体に比べると,スキンヘッドのケースと同様に,自律派についてはメンバーの基準が曖昧なことやグループの離合集散が頻繁なために実数の把握は難しい。その点を考慮した上で参考までに連邦と各州の憲法擁護機関が把握している数字を示しておくと,表7－5の通りになる。一見しただけで統一以降の増大ぶりが明白であろう。実際,1990年まで2千人強を数えるにすぎなかった総数が5年後には3倍に拡大しているのである。

この急増には種々の原因が考えられるが,少なくとも統一によって旧東ドイツ地域が加わったことが増大の原因ではない点には注意が払われるべきであろう。というのは,旧東ドイツ地域には統一後も自律派は依然として乏しいのが実態であり,この点を考えれば,増大は主に旧西ドイツ地域で生じているといっても誇張ではないからである。同時に統一の年やその翌年ではなく,統一の翌々年に急増が認められることにも留意する必要がある。なぜなら,この事実は,統一そのものというよりは統一後に起こったさまざまな変化が重要であることを示唆しているからである。この点を踏まえて考えるなら,統一以後,自律派がファシストの烙印を押して最も敵視する極右勢力の急速な台頭が生じ,社会の関心を集めたことが若者の危機感を強め,自律派への加入の主要な原因になったことが察知できよう。その意味では極左の自律派と極右とは隠れた相互依存関係にあるといってよい。

ところで,自律派は各州に平均的に分布しているのではなく,かなりの地域的な偏りが見出される。この点に関し,例えばメクレンブルク＝フォアポ

表7-5 自律派の構成人員の推移

(単位：人)

年度	1985	1986	1987	1988	1989	1990	1991	1992	1993	1994	1995
全国	2,000	2,000	2,000	2,000	2,100	2,300	2,700	5,000	5,000	5,000	6,000
ベルリン	150	200	500	500	500	700	1,000	1,200	1,200	1,200	1,200

(出典) Landesamt für Verfassungsschutz Berlin, Die militante autonome Bewegung, Berlin 1995, S. 30 および Der Bundesminister des Innern, Verfassungsschutzbericht 1995, S. 43; Landesamt für Verfassungsschutz Berlin, Verfassungsschutzbericht Berlin 1995, S. 25 より作成。

ンマーン州の報告書は，1995年には同州では200人の自律派が数えられるだけであり，そのうちで固い核となっているのは50人にとどまることを確認している。そのうえで同報告書は，「農村的な色彩の濃いメクレンブルク＝フォアポンマーン州は特にベルリンやハンブルクのような大都市と比較すると自律派にとって決して好ましい活動地域ではない」と記している[55]。ここに指摘されているように，自律派の活動の主たる舞台は都市部であり，なかでも牙城と目されるのは大都市ベルリンである。同市については東ベルリンが加わったという特殊事情を忘れるわけにはいかないが，そのことを考慮に入れても，同市憲法擁護局の調査では自律派の数は前掲の表7－5に併せて示されているように推移しているのであり，全国レベルの場合ほどではなくてもやはり統一を境にしてかなり顕著な増加が認められるといえる。またベルリンに次ぐもう一つの拠点であり，港湾地区での激しい闘争で知られるハンブルクでは，1995年の自律派の総数は410人であった。これに対し全州のうちで人口が最大のノルトライン＝ヴェストファーレン州における同年の自律派の数は前年と同じ950人であり，人口が第2位のバイエルン州では500人にとどまっている。しかしその一方で拠点であるゲッティンゲンを抱えるニーダーザクセン州では人口はバイエルン州をかなり下回るにもかかわらず1994年，95年とも550人を数え，地域的分布の偏りを明瞭に示している[56]。フランクフルトのような国際金融都市やフライブルクのような大学都市もまた自律派の拠点であることを重ね合わせるなら，このような結果は大都市と拠点になる大学が存在する地方都市に自律派が固まる傾向を反映するものであろう。このことは，視点を変えれば，自律派が若者文化の表現であると同時に，産業化が作り出した都市社会の産物でもあることを物語っているといえよう。

　他方，東西比較の観点から見ると，絶対数では旧東ドイツ地域の自律派が少ないにもかかわらず，人口比の面ではむしろ旧西ドイツ地域を上回ってい

---

(55) Innenministerium Mecklenburg-Vorpommern, Verfassungsschutz-Jahresbericht 1995, S.20.

(56) Behörde für Inneres Hamburg, Verfassungsschutzbericht 1995, S.23; Innenministerium des Landes Nordrhein-Westfalen, op.cit., S.188; Bayerisches Staatsministerium des Innern, op.cit., S.111; Niedersächsisches Innenministerium, Verfassungsschutzbericht 1995, S.83.

るのが注目される。しかもザクセン゠アンハルト州の報告書が言うように，「政治的に行動する自律派は東ドイツでは本質的には内部国境の開放以後に発展した」ことを考え合わせるなら[57]，この事実には一層注意が向けられるべきであろう。現に 1995 年度の各州の報告書によれば，上述のメクレンブルク゠フォアポンマーン州の 200 人をはじめとして憲法擁護局が把握している自律派の数はブランデンブルク州 350 人，ザクセン゠アンハルト州 350 人，ザクセン州 500 人，テューリンゲン州 250 人であった[58]。したがってかなりの自律派が西から移り住んだと言われる東ベルリンを除いても，五つの新連邦州で 1,650 人が数えられたことになり，総数 6,000 人の 4 分の 1 強を占めているのが現状である。また同時に，統一以後に出現したこれら旧東ドイツ地域の自律派が単なる西のそれのコピーではないことも看過してはならない。これまで東の自律派は「傲慢なヴェッシーによる精神的占領と見られるあらゆる試みに反対」しており，「西ドイツの自律派の定型化した行動パターンや議論のスタイルをすべての点では真似ず，ある程度の自立性を確保することを重視している」からである[59]。事実，東の自律派の活動は西とは違って地域の問題に強く結び付いており，地域を越えたテーマやキャンペーンはあまり取り上げず，西ほど熱心ではないといわれる[60]。ただこうした相違も時とともに薄まる傾向にあり，特に全国的行動の際の接触の深まりが東西の均質化を加速していることも見逃してはならないであろう。

4．自律派の活動領域

それでは自律派はどのような問題領域でいかなる活動を展開しているのであろうか。自律派が取り組むテーマは多様だが，以下では主要な問題領域に

---

(57) Ministerium des Innern des Landes Sachsen-Anhalt, Verfassungsschutzbericht des Landes Sachsen-Anhalt 1995, Magdeburg 1996, S.76.
(58) Ministerium des Innern des Landes Brandenburg, Verfassungsschutzbericht 1995, Potsdam 1996, S.95; Ministerium des Innern des Landes Sachsen-Anhalt, op. cit., S.112; Sächsisches Staatsministerium des Innern, Verfassungsschutzbericht 1995, Dresden 1996, S.63; Thüringer Innenministerium, Verfassungsschutzbericht 1995, Erfurt 1996, S.54.
(59) Ministerium des Innern des Landes Brandenburg, op.cit., S.98.
(60) Vgl. Bundesamt für Verfassungsschutz, Militante Autonome, S.6; Ministerium des Innern des Landes Sachsen-Anhalt, op.cit., S.76.

分けて，それぞれについて眺めてみよう。

　既述のように，シュポンティスから自律派に呼称が代わり，この表現が定着するようになった1980年代初期には，自律派の活動の重心は建物の占拠におかれていた。しかし1980年代半ばに占拠闘争が下火になるのと並行して次第に活動分野が広がる傾向が現れた。そのことはレーガン・アメリカ大統領訪独の際の騒乱に発展した抗議デモをはじめ，原子力発電所や核物質再処理施設の建設反対闘争がよく示している。今日から振り返ると都市再開発に対する反対にとどまらず，EC首脳会議開催と域内市場構築に対する反対や極右勢力の集まりへの攻撃，「DDRの売りつくし」に等しいとされたドイツ統一に対する反対，難民急増で浮上した庇護権条項改正への反対など様々なテーマをとりあげて自律派がしばしば暴力を伴う抗議行動を展開してきていることが分かる。このように多彩なテーマに取り組んでいること自体，明確な政治的目標と戦略をもたない自律派の基本的性格の表れであり，その状況対応的ないしは場当たり的な体質の帰結であると見做すことができるが，他面では，自律派の行動を貫く幾筋かの基本的志向を読み取ることができるように思われる。また同時に，ある文書が指摘するように，「国内の人種主義に暴力的に反対する自律派の人間は国家による抑圧に対する暴力的闘争にも動員されうる」ことを考慮するなら，問題領域が何であれ，自律派のどの行動にも自由を圧迫すると感じられる現存の体制に対する拒否と憎悪が底流にあることも看過してはならないであろう[61]。

　ところで，多岐にわたる自律派の活動領域をどのように把握するかに関する憲法擁護機関の見解にはかなりの相違が見られ，統一的見方からは程遠いのが実情といえる。領域を区別して自律派の行動を整理し詳しく伝えているのは連邦憲法擁護庁が1995年に作成した『暴力的姿勢の自律派』であり，大判で100ページ以上に及ぶ記述があるが，そこでは反ファシズム・反人種主義，反帝国主義・反植民地主義，構造変革に対する闘争の三つの領域に分類されている。しかし同庁が1997年2月にその事実上の改訂版として公表した『戦闘的自律派』では変更が行われ，一括されていた反ファシズムと反人種主義が二つに分けられているのをはじめ，ドイツ連邦共和国の大国的役割に対する闘争，核エネルギーと核廃棄物輸送に対する闘争，社会国家解体

---

(61) Innenministerium Mecklenburg-Vorpommern, Die Autonomen, S.19.

に対する闘争など合計で七つの活動領域が並べられている。けれども，このように分類の仕方を修正した理由に関しては説明が加えられておらず，この間に重大な変化が生じたわけではないことを考えると疑問も残る。他方，州レベルの憲法擁護機関に目を向けると，例えば多数の自律派を抱えるベルリンの報告書では，反ファシズムと構造変革の二つが区分されているだけで，種々の行動がそのどちらかに配される形になっているのが目につく。この二分法は独自の整理といえなくないものの，単純化が行き過ぎているという印象を生んでいるのも否定できない。

　分類の仕方に見られるこのような錯綜は，自律派の活動領域が拡大してきており，その重点も状況対応的に変動していることの帰結という面がある。しかし他面では，その分類自体に自律派の捉え方の微妙な相違が映し出されているのも確かなように思われる。というのは，例えば自律派における反ファシズムの意味内容と重みの見方は，ナチズム克服の上に建国されたと豪語し，アンティファを国家としての正統性の柱にしていた東ドイツとの共通性や距離の把握に直結するからである。しかしここはそうした問題を正面から論じるべき場ではない。また連邦憲法擁護庁の七つの領域区分には自律派の一貫した重心である反ファシズムの重要性を希釈する虞がある一方，ベルリンのそれは同市の事情に密着しすぎていて全体を眺望するのに適していないように考えられる。こうした認識に基づき，以下では連邦憲法擁護庁の従来の見方に従って主要領域を三つに分けることとし，これに収まらないものは個別に補足することにしよう。

(1) 反ファシズム・反人種主義

　まず反ファシズム・反人種主義の領域での活動から眺めよう。

　これについては，自律派の代表的な組織であるゲッティンゲンのグループの名称が自律的アンティファである事実に象徴されるように，反ファシズムが自律派の一貫して重視するテーマであることがまずもって銘記されねばならない。けれども同時に，たとえ空疎な建国神話だったと批判されるにせよ，消滅した旧東ドイツが反ファシズムを国是にしていたことに示されるように，反ファシズムすなわちアンティファが自律派の専売特許ではなく，いわば極左勢力の共有財産になっていることにも注意を払う必要がある。それだけではない。「概念の不明瞭さのゆえに反ファシズムは統合イデオロギー

として特に適していた」と指摘されるように,「様々な立場を統合する手段として反ファシズムが道具化されていた」事実も忘れるわけにはいかない。なぜなら,「反ファシズムのどの敵対者も自分がファシストではないことの証明を行うという正当化の強制を受ける形になるために,反ファシズムは自己の立場をタブー化する」ことができるからである。これに加え,次の事実にも留意が必要であろう。すなわち,反ファシズムは,反共主義への対抗に由来する社会主義との親近性ゆえに,現実に存在する社会主義の終焉に伴って意義を喪失したかのように見えながら,実は「種々の社会的ユートピアの逃避点」として「社会主義の一種の代用品」の役割を果たし,影響力を維持していることである[62]。

　反ファシズムのこうした独特の性格を念頭に置いた上で,自律派との関連に目を向けよう。

　改めて指摘するまでもなく,正統的なマルクス・レーニン主義の立場から見るなら,かつての西ドイツおよび今日の統一ドイツは社会的市場経済という名で粉飾された独占資本主義の体制にほかならない。そして独占資本が支配している限り,民主主義は形骸に終わるだけでなく,その民主主義は条件によっては公然たるファシズムに転化する可能性を常に孕んでいると見做される。また旧東ドイツが西ドイツについて,ナチズムを清算するどころか,これを温存し継承している国家と規定する一方,ファシズムを真に克服しうるのは社会主義だけとの立場をとりつつ,反ファシズム闘争を呼びかけてきたのは周知の事柄に属する。

　しかしながら,この種の厳密な理論的規定をもたない自律派の場合に特徴的なのは,ファシズムの外延が拡張されると同時に,現状が既にファシズムそのものと捉えられるか,あるいはその一歩手前と位置づけられていることである。このことは,自律派のプロパガンダで,連邦共和国が「ナチスの下で発展し利用された構造,方法,イデオロギーの継承者」と規定されており,「ファシズムは連邦共和国でますます発展し,完全なものになっている」と弾劾され,あるいは連邦共和国が「ファッショ化しつつある」と指弾

---

(62) Hans-Helmuth Knütter, Antifaschismus und Intellektuelle, in: Extremismus und Demokratie, 4.Jg., 1992, S.59, 65.

されているのを見れば分かる[63]。そして戦う民主主義の立場から左右の過激主義を取り締まる治安体制に関しても，右に対して甘いことが非難され，極右が台頭しているのは体制が既にファッショ化している証明であって，ファシズム勢力が支配的地位を占めているために極左グループが弾圧を受けているとされるのである。こうして反ファシズム闘争は極左勢力全体にとっての共通課題に据えられるとともに，中でもあらゆる抑圧や束縛に憎悪を向ける自律派にとっては，「ファシズムに対しては暴力のみが有効である」との標語が示すように，この闘争はファッショ勢力に対する容赦ない暴力的闘争を意味することになる。また他方では，ファシズムの罪悪が明白であり，従ってこれに鉄槌を下す行為の正当性も自明視されるところから，反ファシズムは「シンパを行動に引き込むのに理想的な分野」になっているとも指摘されている[64]。

　自律派による反ファシズム闘争の標的になるのは，ファシズムを担い，推進していると目される勢力である。けれども，ファシズム概念の不確定性を反映して，近年ではその範囲が拡張されると同時に，中でも勢いを増した極右グループやその出版機関が攻撃の的に据えられるようになっている。自律派の出版物では極右のメンバーの写真や住所に加え，車のナンバー，日頃の集合場所，印刷所の所在地などが掲載され，「反ファシズム自力救済」の名の下に実力による反撃が呼びかけられるとともに，「ファシストに出合ったらどこでも打ちのめせ」というスローガンが掲げられており，例えば1994年4月の『アギタレ・ベネ』にはケルンの共和党員110人の名前と住所のリストが載せられ，ブランデンブルクでは264人の極右の情報を満載した冊子が編集された[65]。そしてこれらは「ファシストから安らぎを奪う」という目的のとおり，襲撃に利用されているのが現実である。

　実際，極右に対する暴力事件はこのところ枚挙に暇がないほどである。若干の例を挙げれば[66]，1991年10月にゲッティンゲン近郊で自律派のシンボルである黒い覆面をした60人ほどの集団が極右グループを襲い，15人の負

---

(63) Innenministerium des Landes Nordrhein-Westfalen, Autonome in Nordrhein-Westfalen, Düsseldorf 1992, S.23.
(64) Rudzio, op.cit., S.42.
(65) Bundesamt für Verfassungsschutz, Gewaltbereite Autonome, Köln 1995, S.39.
(66) その詳細に関しては，ibid., S.53ff. 参照。

傷者が出た事件があり，翌92年9月にはハーナウで100人のアンティファがスキンヘッドの溜まり場を攻撃し，棒で叩きのめすだけでなく照明弾で撃つ事件とケルンで150人が8人の極右をピストルなどで脅して暴行を加える事件が起きた。さらに1993年には6月にライプツィヒで見本市に関連して極右の雑誌が展示してある飲食店に25人の覆面集団が押し入り，店内を破壊した事件のほか，10月にはケルンで3人の共和党員が30人のアンティファによって重傷を負わされる事件が発生している。また極右団体の中では規模の大きい自由ドイツ労働党（FAP）の党首 F. ブッセが覆面し拳鍔をつけた者を含むグループに打ちのめされて，頭部をかなり負傷する事件が11月にボンで起こっている。これらの一連の攻撃のうち自律派の内部で注目されたのは，1992年4月に民族と故郷のためのドイツ連盟の活動家が殺害された事件である。この事件は極右に対する殺人の是非に関する議論を呼び，意図的な殺人は政治的モラルに反するという意見があったものの，結果的に死亡するのはやむを得ないとされ，殺害に対する連帯が各地の自律派グループから表明された[67]。

　こうして反ファシズム闘争の掛け声の下に暴力のエスカレートが見られたが，これに対して極右の側で反撃態勢の構築が唱えられたのは当然だったであろう。すなわち，1991年度の年次報告書が指摘するように，従来，「極左と極右との衝突では暴力はいつも極左の側から発していた」が[68]，1993年以降ベルリンのネオナチを中心にして反アンティファを呼号する組織が形成されるとともに，攻撃を仕掛けるべく主要な極左メンバーの住所と写真が出版物に載せられ，同年には極右による極左襲撃事件が頻発するようになったのである[69]。

　反ファシズム闘争に一括できるこれらの事件については，警察に被害届が出されることが期待しにくい。そのため，連邦憲法擁護庁の文書も指摘する

---

(67) Ibid., S.44ff.
(68) Der Bundesminister des Innern, hrsg., Verfassungsschutzbericht 1991, Bonn 1992, S.43.
(69) 前掲拙稿「統一ドイツの右翼団体と極右犯罪の現状」184頁以下および Helmut Rannacher, Eine neue Dimension der Gewalt?: Das Aufschaukeln von Rechts- und Linksextremisten, in: Extremismus und Gewalt, Bd.1, Bonn 1993, S.66-73 参照。

ように,発生件数に関しては,治安機関が把握していない暗数が大きいと考えなければならない。

そのことを踏まえた上で統計を見るなら,極右勢力に対する暴力事件の件数の推移は表7－6に示した結果になる。ここには極左勢力によることが確認されたか,あるいはそう推定される事件が数えられており,必ずしも自律派によるものばかりではないが,しかしその圧倒的多数は自律派に帰されると考えられている。そのことを念頭に置けば,極右による排外暴力事件が多発した1992年に反ファシズム闘争が活発化し,排外暴力の波が収まるのに伴って事件数が減少していることが明白であり,その意味で極右の動向と反ファシズム闘争が連動していることが読み取れよう。また犯罪の種類については,これまでのところ殺人は1992年の上述の1件のみで,再発が懸念されたものの辛うじて自制が保たれているように見受けられる。さらに凶悪犯罪とされる放火も1992年をピークに減ってきており,1992年に一気に凶悪化し激増した極右に対する攻撃は,1994年以降凶悪さも薄まってきている。こうして全体としてみれば,表7－6から浮かぶ変化には,反ファシズムが自律派の一貫した主軸であるとしても,活動面でそれが高揚するか否かは外部の情勢による面が大きいことが浮き彫りになっているといえるのである。

ところで,ナチズムを思い浮かべ人種主義がファシズムの一環をなすという理解に立つなら,反人種主義の闘争はアンティファの構成部分として組み入れられることになる。そしてこの方面での主たるテーマになってきたのは,大量の難民が庇護申請者の名目でドイツに殺到したのを受けて問題になった基本法第16条の庇護権の改廃と難民の本国送還措置である。

自律派の見方によれば,庇護権の制限もしくは廃止や難民の締め出しは「国家によって指令された人種主義」を意味するものであり,ナチスが行った大量殺戮の悪夢の再来に等しかった。庇護権の条項がナチスの反省を表す「ドイツの良心」と見做されてきた経緯を考慮するなら,その見方は全く的外れとは言えず,一理があった。けれども,自律派の場合にはそうした把握が極端化され,難民締め出しに関与する人々は「自らは手を下さない殺人者」と捉えられたのである。その結果,改正に関係する政党,官

表7-6 極右に対する極左暴力事件

1991年	1992年	1993年	1994年	1995年
132	390	349	230	75

(出典) Bundesamt für Verfassungsschutz, Gewaltbereite Autonome, Köln 1995, S. 78 および Der Bundesminister des Innern, Verfassungsschutzbericht 1995, S. 32 より作成。

庁，ジャーナリズムなどで働く人々とその施設が攻撃の標的に据えられることになった。例えばベルリンでは反人種主義集団と称するグループが1991年10月17日に難民移送用のバスに放火し，被害額が400万マルクに達する事件が起き，11月には自治体の難民担当者の住宅が襲われ，自動車が破壊された。この面で国内のみならず国外からも注目を浴びたのは，排外暴力が燃えさかった1992年11月8日にベルリンで行われたデモであろう。基本法第1条の「人間の尊厳は不可侵である」を合言葉とするこのデモでは呼びかけ人であるヴァイツゼッカー大統領が先頭に立ち，政府，与野党の幹部のほかに各界の著名人が参加しただけでなく，予想を大きく上回る30万人を超す一般市民も加わって排外暴力反対と民主主義擁護を訴えた。しかしデモに続く集会では大統領が演壇に立った際，口先だけで外国人との連帯を唱える欺瞞性を暴く目的で数百人の自律派グループが演壇に押し寄せ，大統領めがけて投石する騒ぎになった。この時，近くにいた主要な政治家たちが大統領を守り，これを警官隊が取り巻いて保護する形になったので，多数の一般市民から成る集会参加者の前で権力と警察の一体性が浮き彫りになる構図が現出した。ともあれ，ドイツの指導層と一般市民の善意を内外にアピールするはずの集会は混乱のうちに終わり，結果として，外国人に対して横行する暴力のみならず，極左の暴力によっても国内の分裂が際立つ形になったのである[70]。

　そうした反人種主義闘争が頂点に達したのは，連邦議会で基本法の庇護権規定が改正された1993年5月26日である。この日，各地から首都のボンに集結したのは約5万人の市民だった。その中には1,500人余りの自律派と1,000人ほどのその他の極左勢力が含まれていたが，彼らは突出した行動に走り，議会の開会を阻止するために実力で議会周辺の交通を妨害する挙に出たのである。これに対し警察が実力で規制したため，市内各所で激しい衝突が起こり，多数の負傷者が出たのはもちろん，議員たちはライン河畔にある議会に船やヘリコプターを使って辿りつくという前代未聞の光景が現出した。また自律派がXデーと呼んでいたこの日の前後にはベルリンをはじめ，フランクフルト，ドルトムントなど確認されているだけで17の都市で政党の事務所や議員の住居が襲われた。これらに加え，極左以外の勢力による抗

---

(70) 本書322頁以下参照。

議行動が各地で大規模に繰り広げられ，ドイツ国内は騒然とした空気に包まれたのである[71]。

　庇護権の改廃を巡る自律派のこうした反人種主義闘争は，難民の強制送還についても展開されている。その若干の例を拾えば，1994年12月にロイトリンゲンで庇護申請者収容施設の警備を担当している民間警備会社が難民送還の一翼を担っているという理由で襲われ，1996年5月にもフランクフルトで同種の事件が起きている。またハンブルクでは1995年3月にハンブルク自律派細胞と名乗るグループが司法長官をはじめ，難民認定に当たる裁判所関係者や警備会社の車などに連続して放火する事件があった。さらに同年2月1日に送還が行われるフランクフルト空港で複数の通信ケーブルが切断されて数百万マルクの被害が生じたが，犯行声明を出したグループは送還阻止を理由に挙げており，またこれとは別に空港内で作業車が破壊される事件も起こっている。そのほか，やはり同年5月7日に送還のための施設があるビューレンに極左を中心とする1,200人が集まって警官隊と激突し，その際，施設に乱入した一団が管理部門の建物に放火する事件も発生している。これらの例に見られるように，自律派の反人種主義闘争は，極右に対する場合のように人身を狙わない代わりに幅広い対象が標的になっている点に特徴があるといえよう[72]。

(2) 反帝国主義・反植民地主義

　次に反帝国主義・反植民地主義の領域での活動に目を向けよう。

　自律派のある文書には，「ファシズムに対する闘いは帝国主義体制に対する闘いを意味するという標語は，反ファシズムのラディカルな，すなわち社会的根源に達する反ファシズムの理解を示す」と記されている[73]。この文言から窺えるように，帝国主義はファシズムと一体をなす攻撃対象として位置づけられている。自律派の理解では，発達した資本主義は条件次第でファシズムに発展するが，ファシズムであれその前段階であれ，経済面では独占資本の支配は新たな市場の獲得と植民帝国の建設を必然的な帰結として

---

(71) Frankfurter Rundschau vom 27. 5. 1993; Bundesamt für Verfassungsschutz, Gewaltbereite Autonome, S.82.
(72) Bundesamt für Verfassungsscutz, Militante Autonome, S.24ff.
(73) Zit.nach: ibid., S.18.

いる。同時に、その意味でもファシズムは帝国主義の産物にほかならない。こうした見地から反帝国主義闘争として自律派が取り組んできたものには、1991年の湾岸戦争に対する抗議、翌92年にミュンヘンで開催されたサミットへの反対、1994年末のエッセンにおけるEU首脳会議反対、1995年に決定された旧ユーゴスラヴィアへの連邦軍派遣で本格化したドイツ連邦軍のNATO域外派遣と軍事大国化に対する反対などがある。

まず湾岸戦争について言えば、統一したばかりのドイツ国内では戦争への参加の是非を巡り国論は大きく二つに割れた。一つはアメリカ、イギリスが行う戦争を統一支持への見返りとして、またNATOの加盟国として可能な限り支援することを唱える立場であり、もう一つは参戦に消極的もしくは戦争自体を不正として反対する立場である。当時、後者の立場からする大規模な運動が盛り上がり、戦争参加国から非難を浴びてドイツ政府は国際的に苦境に立たされたが、この戦争を帝国主義戦争と規定して過激な反戦運動を行ったのが自律派である。自律派はこの戦争の背後には国際石油資本を筆頭とする巨大コンツェルンの利害が隠されているとし、戦争反対の行動を独占資本に対する攻撃として展開した。すなわち、戦争から利益を引き出し、戦争に責任を負う独占資本はドイツ国内にもあるという立場からダイムラー、ジーメンス、ヘキスト、バイエルなどを名指し、国内で50以上の放火事件を起こしたほか、企業、官庁、連邦軍施設などに対して200件以上の器物破壊を行ったのである。また開戦直後にはベルリンで300人が騒乱を起こし、投石や火炎瓶などで44人の警察官が負傷したほか、商店や車が壊されたのである[74]。

1992年7月にミュンヘンで開催された先進国サミットの際にも、これを帝国主義の世界支配のための政治ボスによる協議と断じる多数の自律派が集結した。そしてサミット自体は予定通り終了したものの、市内では規制に当たる警察との衝突が繰り返された。その結果、テレビや新聞ではその騒乱がサミットと同列に報じられ、会議が混乱に包まれたという印象が生じるほどだったことも否定できない[75]。さらにサミット期間中にミュンヘン市内にあるジーメンスの建物とドイツ銀行の支店が「大ドイツ主義的な家父長的資本

---

(74) Bundesamt für Verfassungsschutz, Gewaltbereite Autonome, S.87ff.
(75) Süddeutsche Zeitung vom 6.7.1992.

主義的体制の攻撃点」として放火され，数十万マルクに上る多大の被害が出たほか，アシャッフェンブルク，カッセルなど国内各地でメルセデス＝ベンツをはじめとする主要企業が攻撃を受けた。またフランクフルトとゲッティンゲンではそれぞれ覆面をした 200 人と 60 人の集団がサミット粉砕を叫んで市内を荒らし，銀行や商店などに多くの損害が生じた。その結果，サミット期間中に全体では 94 件の暴力的行動が確認され，損害は総額で 100 万マルクにも達したのである[76]。

旧ユーゴスラヴィアへの連邦軍派遣に関しては，既述の AA/BO に所属する組織が連邦議会のこの決定に賛成した議員リストを載せた「動員令」と題したポスターを作ったが，そこに記された文章が自律派の認識をよく伝えている。「国外でのドイツ兵の最後の戦闘行為から 50 年がたった今，6 月 30 日の連邦議会の決定によってドイツ兵が再び手に武器を携えてドイツの大国主義的意図のために国外に派遣される。ドイツ資本の手先たちは再び公然と世界分割に加わろうとしているのである[77]。」1995 年にはこうした立場からアデナウアー時代の再軍備で発足してから 40 周年を迎えた連邦軍の記念式典を中心に抗議行動が繰り返され，10 月 26 日に 1,000 人が参加してボンで開かれた集会では「あらゆる形態のナショナリズムと軍国主義」に対する抗議が表明された。またこれと併せてドイツの大国主義化に対する反対闘争が展開された。例えば 10 月 3 日にデュッセルドルフで行われた統一記念式典の際には 3,000 人が統一を大国主義化の一環と位置づけて反対デモを展開し，その中の覆面をした 300 人が路上に鉄菱などを撒き散らして混乱を引き起こした。同じく前年のブレーメンにおける統一記念式典でも，覆面をした一団が商店を壊し車に火をつけて騒乱を起こしたために 274 人が検挙された[78]。さらに故郷の日をはじめとする追放民同盟の催しについても，これをナチスの罪悪を忘れた膨張主義と報復主義の典型と見做して非難するプロパガンダを繰り広げている。

---

(76) Der Bundesminister des Innern, Verfassungsschutzbericht 1992, S.42f.; Ministerium des Innern und für Sport Rheinland-Pfalz, Autonome, S.12
(77) Zit.nach: Bundesamt für Verfassungsschutz, Militante Autonome, S.17.
(78) Innenministerium des Landes Nordrhein-Westfalen, Verfassungsschutzbericht 1995, S.196ff.; Niedersächsisches Innenministerium, Verfassungsschutzbericht 1994, S.81.

一方，反植民地主義闘争については，自律派がマルクス・レーニン主義の系譜に連なるクルド労働党（PKK）を支援している例を挙げれば足りよう。別の機会に論じたように，1980年代からPKKはクルド人の独立国家建設を目指してトルコでゲリラ的な武力闘争を続けているが，ドイツ国内ではトルコ施設への襲撃やアウトバーン占拠などの過激な行動のために1993年11月に連邦内務大臣によって禁止された。しかし自律派から見れば，武器供与などによってドイツに支援されたトルコ政府と軍部のクルド人住民に対する弾圧は，民族解放運動に対するトルコ支配層の敵対ばかりでなく，これと結託したドイツの植民地主義を如実に示すものであった。またドイツ国内で政府がとったPKK禁止措置も民族解放を抑圧するドイツの姿勢の表現にほかならないと見做された。こうした見地から自律派はドイツをクルド人に対する「戦争当事者」と決めつけるとともに，PKKに対する連帯を表明し，禁止後も様々な形で支援を続けている。自律派は実質的なPKKの集会の名目上の主催者になり，しばしば警察との衝突に発展するクルド人のデモに参加しているほか，PKKの実力行動を正当化するプロパガンダを行っているが，これらは自律派が唱える反植民地主義闘争の一環であり，同時にインターナショナリズムの実践として位置づけられているのである[79]。

(3) 構造変革に対する闘争

　それでは三番目の構造変革に対する闘争はどうであろうか。
　この闘争で問題になるのは，主として建物占拠闘争以来の自律派が取り組んできた都市再開発である。というのは，彼らのいう構造変革が含意するのは，「自律派自身が含まれる抑圧された住民層の不利益になる形での都市住宅地区の近代化，開発，改造」だからである[80]。そしてそこで標的に据えられるのは，社会の底辺で生きる貧困層を追い出し，家賃や地価を吊り上げて暴利を狙う住宅・建設資本であり，またその利害に結び付いた自治体上層部

---

(79) Innenministerium Baden-Württemberg, Verfassungsschutzbericht Baden-Württemberg 1995, Stuttgart 1996, S.109; Innenministerium Nordrhein-Westfalen, op. cit., S.224f. なお拙稿「ドイツにおける外国人過激派の実情－クルド労働党（PKK）の禁止問題を例に」『社会科学論集』37号，1998年参照。
(80) Der Innenminister des Landes Mecklenburg-Vorpommern, hrsg., Verfassungsschutzbericht des Landes Mecklenburg-Vorpommern 1992, Schwerin 1993, S.77.

である。この闘争の中心舞台になっているのはベルリンだが，そこでは公務員であれ民間人であれ再開発に関与している人々に対する攻撃が執拗に続けられている。同時にその一方では，金満家が闊歩する町に改造されつつあるとの立場から高級車が無差別に破壊される事件も相次いでいる。こうした事件は枚挙に暇がない。若干の事例を挙げれば，1992年5月と6月にクロイツベルクで二人のSPDの自治体政治家と建築家の車が焼かれ，7月，10月，12月には同じクロイツベルクで再開発とは無関係の市民のポルシェ，ロールスロイス，ベンツの最高クラスの500SELが放火される事件が発生した。これらの破壊行為はその後も跡を絶たず，1993年以後にも建設会社の車や一般人の高級車が狙われる事件が断続的に起きている。その実情に関しては，自律派の週刊誌『過渡期』に一年間の戦果として日付と車種などがその他の暴力的行動と並べて一覧表にまとめられており，真偽は明らかではないものの，頻発ぶりが推し量れる[81]。

このように日常化した闘争のほかに特定の問題を巡っても闘争が展開されている。その代表的なものは，ベルリンが誘致しようとしたオリンピックとボンからの首都の移転である。前者に関しては自律派の中に反オリンピック委員会（AOK）が組織され，2000年のベルリン・オリンピック開催を都市再開発の梃子にしようとする市当局に挑戦状が突き付けられた。AOKによれば，オリンピック自体が「資本主義的な業績と競争の思想の表れ」であると同時に，建設業，不動産業，金融業など種々の分野の資本の利益の結節点でもあった。従ってAOKの戦略ペーパーではオリンピックの利害関係者ばかりでなく，国際オリンピック委員会（IOC）も攻撃目標に据えられ，ヘルティー，ベルリン銀行，ダイムラー＝ベンツなど誘致運動のスポンサー企業を含む幅広い対象への攻撃と誘致に向けた様々な催しの妨害が予告された。そして実際に1993年4月にヘルティーの二つのデパートが放火されて100万マルク以上の損害が生じたのをはじめ，テレコムなどのスポンサー企業の建物や車が頻繁に攻撃される事態になり，警察が把握しているところでは反オリンピックに絡む犯罪行為は630件を数えたのである[82]。

---

(81) Bundesamt für Verfassungsschutz, Gewaltbereite Autonome, S.110ff.
(82) Ibid., S.126; Landesamt für Verfassungsschutz Berlin, Die militante autonome Bewegung, S.68ff.

もっとも，反オリンピック闘争は2000年の開催地に立候補したベルリンがシドニーに敗れたことで収束した。これに代わって前面に押し出されるようになったのが，首都移転に対する反対である。1994年に『過渡期』は首都移転の公共工事を受注した企業や地価と家賃の高騰で利益を得た投機家たちを攻撃することを宣言したが，その言葉どおり，建築中の建物に対する破壊や建設機材と車両への攻撃が行われた。とくに「階級対階級」と名乗る組織の破壊活動は際立っており，ベルリン市憲法擁護局の1994年度報告書は特別テーマとしてこの組織の記述に紙数を割いているほどである。というのも，同年9月に前市長 W. モンパー（SPD）の車が燃やされる事件が起こったほか，同じ9月に投機家の車に爆弾が投げ込まれる事件さえ発生したが，これらは「階級対階級」の犯行と見られるからである[83]。なお，これらに加えて最近では2000年にハノーファーで開催予定の万国博覧会に対する反対闘争が進められていることも付け加えておこう。自律派の見方では，万博は大国ドイツと国際的資本の力を誇示するイベントであるだけではない。そのプロジェクトのために莫大な費用が無益に費消される反面で，社会的支出が削られ，予定地一帯の開発によって貧しい人々がこれまでの住居を奪われ追い立てられる結果を招いていることも自律派が唱える反対理由である[84]。ここにも資本の利益のための都市再開発と生活の場の破壊に対する自律派の抵抗姿勢が表出しているといえよう。

(4) 反原発闘争

　以上で三つの主要な問題領域での自律派の活動を概観してきたが，これらのほかに自律派が長期的に取り組んでいる個別問題すなわち反原発闘争にも触れておこう。
　原子力発電所の建設を巡ってはどの先進国にも多かれ少なかれ紛争がある。たしかに石油エネルギーへの依存については環境への負荷や安定供給の不確実性など反省と懸念が広く社会に浸透しているが，他方で原子力については危険性に対する不安が根強いからである。この不安は1986年に発生し

---

(83) Landesamt für Verfassungsschutz Berlin, Verfassungsschutzbericht Berlin 1994, S.74ff.; Der Bundesminister des Innern, Verfassungsschutzbericht 1994, S.47.
(84) Bundesamt für Verfassungsschutz, Militante Autonome, S.35.

たチェルノブイリ原発事故で一気に高まった。同年にドイツで連邦環境省が設置され，翌1987年に環境問題の専門家K.テップァー（CDU）が連邦環境相に任命されたのはその帰結といえよう。こうして環境問題の中でも原発問題は大きな位置を占めるようになったが，そうした状況でこの問題領域に本格的に参入してきたのが自律派である。

それでは自律派はどのような立場から原子力発電に反対しているのだろうか。

連邦憲法擁護庁の文書が指摘するように，自律派を含む極左勢力においてはほぼ共通して，核エネルギーの利用は軍事面のみならず民生面のそれも含めて「人間を支配し搾取する国家システムの表現」と見做されており，「原子力国家と原子力プログラムに対する闘争」はこの「システムの破壊すなわち支配のない社会に至る道の一歩」として位置づけられている。そのことは，例えば『過渡期』に原子力が「家父長制的資本主義的システムの一部」と規定され，社会革命によってのみこれを除去しうると明記されていることからも看取できる[85]。そしてこの立場から自律派を先頭にして近年反原発闘争で力点が置かれているのが核廃棄物の輸送阻止にほかならない。そのことは，ニーダーザクセン州憲法擁護局の1995年度報告書が「ニーダーザクセン州のゴアレーベンへの核廃棄物輸送に対する暴力的抵抗が1995年にドイツの戦闘的自律派の中心テーマになった」と記しているとおりである[86]。

この闘争の際に戦術的目標とされるのは，「核廃棄物輸送のための保安措置に要する費用を経済的に引き合わないほどに吊り上げ，その結果，政治的にも正当化できなくなるようにする」ことである[87]。この観点から様々な手段による輸送妨害が行われるとともに，警官隊との衝突が繰り返されている。主要な例を挙げれば，1994年11月14日には各地の原子力発電所から中間処理施設のあるゴアレーベンに通じる鉄道の7路線で架線が切断され，機関車がかなりの損傷を受ける事件が起きた。翌95年8月22日にはゴアレーベン周辺で同時多発的な破壊活動があり，核廃棄物の積み込み用クレー

---

(85) Bundesamt für Verfassungsschutz, Linksextremistische/militante Bestrebungen im Rahmen der Anti-CASTOR-Kampagne, Köln 1996, S.2f.,10.
(86) Niedersächsisches Innenministerium, Verfassungsschutzbericht 1995, S.86.
(87) Bundesamt für Verfassungsschutz, Linksextremistische/militante Bestrebungen, S.3.

ンが破損し送電線が切断されたほか、敷地内に侵入した覆面の20人によって施設の一部が破壊された。さらに10月24日にも二つの路線の架線が切られ、複数の機関車の電気系統が壊されると同時に別の路線で鉄道の信号機が外されて一時的に運行が麻痺状態に陥った[88]。同種の事件は1996年2月にも発生しているが、特に危険が大きかったのはザクセン＝アンハルト州のヴィッテンベルグ近くで2mにわたってレールが外され、旅客列車が非常ブレーキをかけなければ大惨事になった事件と、ブランデンブルク州のゴルツ近郊で複数の高圧送電塔の基礎部分のボルトが外され、送電塔が倒壊した事件である[89]。またこれらの事件と並び、これまでに度々輸送反対派と警察との間で衝突が生じているのも見逃せない。反対派のすべてが自律派と足並みを揃えているわけではないとしても、1997年2月には多数の反対派がゴアレーベンに集結し、警官隊と連日ぶつかりあう光景がテレビや新聞で大々的に報道されたことや、輸送妨害から貨車を守るために全国で27,000人もの警察官が投入されるまでになったことは、自律派の実力闘争とその影響力を当局が真剣に憂慮していることを物語っているといえよう。事実、1995年4月に最初の核廃棄物輸送が実施された際にもかなりの規模の衝突があり、世人の注視を浴びたが、そのときに動員された警察官の数が14,000人だったことに比べても反対運動の拡大が推察される[90]。しかもその折ですら5,500万マルクの輸送費用がかかったと伝えられることからすれば、1997年2月にはこれを上回る膨大な経費を要したことは確実であり、その意味では自律派の戦術は成功を収めていると考えられよう。

このように1990年代に入ってからの主要な活動を見てくれば、これまでに自律派が極めて多様な問題と取り組んできているのは明白であろう。同時に、その点から1970年代にシュポンティスと呼ばれていた頃とは大きく様変わりしていることも容易に了解できよう。とはいえ、活動領域のこのような拡大の基底で抑圧や束縛を拒否する自律派の基調が一貫していることを見逃してはならない。別言すれば、時代の変化と状況対応的な行動様式が取り組むテーマの拡張をもたらしているのであって、自律派の基本的性格までが

---

(88) Niedersächsisches Innenministerium, Verfassungsschutzbericht 1995, S.83-88.
(89) Ministerium des Innern des Landes Sachsen-Anhalt, op.cit., S.80; Ministerium des Innern des Landes Brandenburg, op.cit., S.87.
(90) Frankfurter Rundschau vom 27,2,1997; Der Spiegel, Nr.15, 1996, S.16.

それとともに変わってきていると考えるのは核心を逸すると言わねばならないのである。いずれにせよ，近年では自律派に数えられるグループを束ね，組織化しようとする動きが出てきている一方では，テーマの多様化とともに各々のグループが重点を置くテーマに相違が現れてきており，それだけ自律派の全容を見渡すことは難しくなってきているように思われる。しかし同時に，全体像が描きにくくなってきている分だけ自律派が勢力を広げている事実も看過してはならないのである。

結び

　以上で極左勢力の現状を概観した後，自律派の発展の軌跡，イデオロギー的傾向，組織構造，活動領域などについて検討してきた。最後にこれらの検討を通じて確認される若干の重要な点について考えてみよう。

　最初に指摘できるのは，1960年代後半の学生運動を起点とする成立の経緯から言っても，現在の構成メンバーの年齢から見ても，自律派が一つの若者文化を表していることである。それと同時に，固定した教条体系をもたず，市民社会の束縛に反抗して支配のない社会を求め，しかもその際に自発性を重んじ自己決定を根幹に据えるところに他の極左勢力から区別される自律派の特性があり，反権威主義の語で一括できる，1960年代を境に形成された新しい若者文化の特徴が刻み込まれているといえる。冷戦体制の終焉と東ドイツの崩壊によってドイツ共産党（DKP）を筆頭にマルクス・レーニン主義を土台にする組織や赤軍派（RAF）のようなテロ・グループが深刻な打撃を受け，凋落していったのに反し，自律派がその衝撃に耐えたばかりか，勢力を拡張してきているのは既述のとおりだが，これが可能だったのは，若者文化に根を張った特性のゆえだと考えられる。

　第二に確認されるのは，それにもかかわらず全体的に見れば自律派の勢力が依然として弱小であることは否定すべくもないことである。確かに上述した反オリンピック闘争や核廃棄物輸送阻止闘争などはマスコミの注目を集め，自律派の存在を社会に印象づけているのは間違いない。けれども，実態は暴力的行動が目立つにとどまり，支持者が広範に存在するという意味での影響力の大きさはほとんど問題にさえならないのが実情といってよい。そのことの一端は，組織構造や構成メンバーの面から説明できるように思われる。

一つは，既に指摘したように，メンバーの平均的活動期間が数年間と短い点に特色があり，影響範囲を広げるだけの組織的な前提が欠けていることである。その原因は種々考えられるが，確固たる教義をもたない自律派では束縛のない自己決定的な生活の夢は一時的に若者を引き付けることができても，短期間のうちに幻影であることが露呈せざるをえないことがとくに重要な原因であるのは間違いないであろう。また既存の社会から遮断することで自由な空間を確保しようとするために，外部に向かって自己を閉ざす閉鎖的な組織構造が自律派の特色の一つになっているが，影響圏の狭さがそのことに起因しているのも見逃せない。

　二つ目は，自律派は主に学業を中途で放棄した若者をリクルートしているが，学歴のより低いスキンヘッドの場合と同様に，リクルート源となるこうした若者自体が社会全体から見れば少数派であることである。たしかにその存在は無視できないし，基幹学校を修了できない生徒や実科学校を終えても職業訓練ポストの欠如のために職業資格を取得できない若者の増大が社会問題化しているのは周知のとおりである。とはいえ，圧倒的多数の若者が全般的高学歴化とともに競争社会としての色彩を一段と強めつつある社会に制度としての学校を通じて送り出されていることに変わりはない。その意味では教育システムは問題を抱えながらも機能しているのであり，この点に照らせば，現在でも自律派の主たる社会的基盤は狭小といえるのである。

　三つ目は，趨勢として若者の政治に対するコミットが近年希薄化しつつあり，自律派が訴えるテーマが広範な反響を呼びにくくなっていることである。若者の政治意識については調査機関 IPOS が継続的調査を行っているが，学生運動が盛んだった 1960 年代後半から 1970 年代にかけての時期とは違い，若者の間で政治離れが進行していることは調査結果によっても立証されている。一例として 1995 年の旧西ドイツ地域の調査で，「政治に非常に強い，もしくは強い関心がある」と答えた青年が 27％にとどまった反面，「ある程度関心がある」43％，「殆どもしくは全く関心がない」30％という結果になったが，これらを見ただけでもその点は歴然としている。そればかりか，様々な分野の社会的活動への参加が全般的に低調になり，多くの団体で若手の人材不足が近年では深刻な問題になっているのが現実である[91]。

---

(91) IPOS, Jugendliche und junge Erwachsene in Deutschland, Mannheim 1995, S.79.

これらの事実を総合すれば，極左勢力の中では伸長が目立つものの，社会全体の観点から見た場合，自律派の存在はそれほど重大視するには値しないといってよいように思われる。確かに「自律派の潜在的な暴力への構えは今後もなお治安にとっての深刻な危険である」というバイエルン州の報告書の指摘は誤りとまではいえず，その危険を軽視するのは適切さを欠くといわねばならない[92]。けれども危険を誇張し，脅威感を煽るのも同様に不適切というべきであろう。現に連邦憲法擁護庁副長官 P. フリッシュは1995年3月にハンス＝ザイデル財団が主催した極左主義に関する専門家会議で，「現在のところ連邦共和国の民主主義的基本秩序にとって極左主義は危険ではない」と明言しているが，自律派を含むこの評価は，従来の経緯を知る者には決して的外れとは思われないのである[93]。無論，このように自律派が及ぼす危険が限られているとしても，他面でその行動が間接的に招き寄せる民主主義的秩序にとってのもう一つの危険を見落とすわけにはいかない。それは，政治的目的のために暴力を行使する行動様式がその反動として種々の政治的自由に対する圧迫を招く危険である。そしてこれが確認さるべき第三点をなす。

　民族差別を含む偏狭なナショナリズムを鼓吹する極右や，しばしば存在感の充足のために暴力を自己目的化するスキンヘッドとは違い，自律派の場合には政治的暴力が人道主義的関心と結合しているところに独特の矛盾があるといわれる[94]。確かに支配と抑圧のないユートピアを追求するだけでなく，内容を別にすれば反ファシズムを呼号し，帝国主義，人種主義，植民地主義などに敵対を宣言する姿勢の根底には搾取や差別を否定する心情があるのは間違いない。その意味では，自律派の行動が社会的不正を憎み自由を勝ち取るという動機に発している点は軽視さるべきではない。けれども，資本主義の社会的束縛と国家が独占する暴力に対する対抗手段として暴力を是認し，これを対抗暴力として正当化するとき，ファシストと見做された人物の殺害が容認されたように，ルールを欠如した暴力には歯止めがかからず，暴走する危険が顕在化するようになったのは否定しがたい。しかも論議を通じた多数派形成の道を最初から放棄し，自己の立場のみを正しいとする独善に陥る

---

(92) Bayerisches Staatsministerium des Innern, op.cit., S.107.
(93) Steffen Kalitz,Linksradikalismus und Linksextremismus in Deutschland, in: Deutschland Archiv, H.6, 1995, S.645; Pfahl-Traughber, op.cit., S.46.
(94) Innenministerium Mecklenburg-Vorpommern, Die Autonomen, S.29.

ことは，客観的には他者の自由の侵害を意味し，本来の人道主義的志向の自己否定につながることは見やすいところであろう。

　そればかりではない。デモや集会が度々騒乱に終わり，出版物で暴力が呼びかけられている以上，これを取り締まるために治安当局によって政治的自由が制限される危険が高まる可能性があり，これを杞憂として片付けることはできないであろう。現に騒乱を予防する名目で集会に参加する者に対するチェックはこれまでにしばしば実施されているが，それだけでなく，336人の検挙者を出して終わった1997年5月1日のベルリンでの騒ぎの際には50人の覆面捜査官が紛れ込んでいたと伝えられるように，デモや集会への覆面捜査官の投入が既に実施されていることも確実視されている[95]。その上，1997年2月にマグデブルクで生じた市街戦さながらの騒乱を目撃したある人物は，「その場に居合わせた多くの人には何が問題になっているのかは全く分からなかった。この若者たちは私たちが話しかけたりできるような相手ではなかった。彼らとのコンタクトは全くなかった」と語っているが[96]，この言葉に象徴されるように，多数の市民は黒い覆面をして公共の場に登場する自律派を単なる無法集団や逸脱グループと見做すようになっているのが現実にほかならない。

　そうした実情に照らすなら，自律派は傾聴すべき政治的主張を有する存在ではなく，治安対策の対象にすぎなくなりつつあるといえよう。換言すれば，政治的テロを実行して社会を震撼させた赤軍派が先細って転進せざるをえないところまで社会的に孤立したように，一般市民の政治的自由を危険に晒しつつ自律派も暴力を繰り返しているために，結局は対話の回路を自ら閉ざす形になり，共感の輪を社会に広げることには成功していないといわねばならない。つまり，自律派はなるほどボン基本法下の民主主義を脅かす極左勢力の間で勢力を伸ばしていても，巨視的に見て支持を広げる可能性は乏しく，むしろ長期的には孤立化への道を歩んでいるのが現在の姿といってよいと思われるのである。

---

(95) Frankfurter Rundschau vom 3.5.1997.
(96) Stephan Hebel, Ein Haß, der sich keiner Regieanweisung beugt, in: Frankfurter Rundschau vom 24.2.1997.

終章　ドイツ現代政治研究の課題

1. 現代政治研究と現代史

　本書で我々は様々なトピックを切り口にして今日のドイツ政治を多角的に考察してきた。相次ぐ党首交代が象徴している，国民政党としての存亡すら危惧される SPD の危機，戦後合意と呼ばれる福祉国家の再編・縮小を巡る新たな対抗，重い課題であり続けた過去の克服の軽量化，イスラムを中心にした異文化受け入れに対する地域での抵抗，民主主義の成熟を疑問視させる右翼ポピュリズムの台頭と反民主主義的な極左勢力の存在などである。それらを振り返れば，現代のドイツが一口では捉えられない多面的で複雑な相貌を呈していることが明らかになるであろう。同時にまた，それを把握するためには多様な接近方法や視座が求められることも明白であろう。そこで，この問題を中心に据え，いくつかの章への補足も兼ねつつ，ドイツ現代史と現代政治研究の関係に関する若干の考察を行って本書を締めくくることにしよう。

　一例として第 2 章で検討素材としたハルツ改革に即して言えば，それを巡って現出した「月曜デモ」に集約される新たな対抗関係は，他の先進国にも共通する新自由主義的色彩の改革路線の是非が中心軸になっている。それゆえ，この対抗軸の形成については，比較政治経済学で開発された諸理論を用い，福祉国家の保守主義モデルとして位置づけられてきたドイツが自由主義モデルにシフトしつつある結果として解釈する見解が成り立つ[1]。個別性

---

(1) その代表例として，Peter Bleses and Martin Seeleib-Kaiser, The dual transfor-

よりは共通性を重視し，先進国政治の変化の基調を抉り出すこのようなアプローチが「月曜デモ」を考察する際にも重要であることは多言を要しない。けれども，その場合に注意しなければならないのは，ドイツでは対抗関係のシフトの過程で社会民主党の左の政治的空間を新たな勢力が占め，同党の凋落を尻目に選挙で躍進するようになった事実である。この点は，東ドイツ地域を地盤とする民主社会党（PDS）ないしその後継としての左翼党という，消滅した東ドイツ（DDR）の独裁政党に淵源を有する政党とその歴史的背景を抜きにしては説明できない。DDRでは社会主義統一党（SED）が事実上の一党独裁体制を敷いたが，DDR崩壊後も中核的党員はPDSにそのまま残り，今日でも党員の大きな部分を占めている。同党の党員の平均年齢が高いのはその帰結であり，選挙で得票を伸ばしているにもかかわらず党員が減少しているのも，そこに主たる原因がある[2]。さらに東ドイツの地域レベルでは左翼党が各地で市政の責任を担い，共産主義のイデオロギーを部分的に引きずりながら，現実には社会民主党に類似した改良主義政党の役割を演じているのも見落とせない。わが国の福祉政治研究者の間では，「グローバル化と脱工業化の結果として各国に共通する社会構造変容がすすんでいる」との認識に基づき，これを背景にして進行している福祉国家再編の政治を説明する理論枠組みとして「言説政治」が提起されているが[3]，傾聴に値する提言だとはいえ，ドイツの場合，こうした分析視角には限界がある。つまり，福祉国家縮小を巡る新たな対抗関係を正確に把握するためには先進諸国を横断する構造的な分析だけでは不十分であり，ドイツ現代史の文脈に即した検討が不可欠といわねばならないのである。

　歴史的な観点が重要であることは，とりわけ重いテーマである過去の克服の問題に集中的に表れているのは改めて指摘するまでもあるまい。本書ではエティンガー失言問題に即してこれを取り上げたが，ドイツ敗戦40周年に当たる1985年にヴァイツゼッカー大統領が行った有名な演説がわが国でも深い感銘を与えたことに見られるように，過去の克服の点でドイツは広くわ

---

　　mation of the German welfare state, Basingstoke 2004 がある。
(2) 民主社会党（PDS）とその後継政党である左翼党については，差し当たり，Tim Spier u.a., hrsg., Die Linkspartei, Wiesbaden 2007 が参考になる。
(3) 宮本太郎「福祉国家の再編と言説政治」同編『比較福祉政治』所収，早稲田大学出版部，2006年，82頁。

が国の模範と見做されてきた。事実，アンティファすなわち反ファシズムという建国神話の上に安住し，正面から過去に向き合うのを怠ったDDRに比べれば，統一以前の西ドイツでナチスの過去の克服に多大のエネルギーが傾注されてきたのは間違いない。というのも，冷戦が厳しかった影響でなるほど1950年代が「ナチの過去についての相対的沈黙と否定の時期」だったとしても，1960年代と1970年代を経るなかでナチの過去との関係を巡る議論が「西ドイツ人の自己理解にとっての中心的要素」になっていったからである[4]。けれども，統一後の政治大国化と「普通の国」への変貌と連動して社会に広くプチ・ナショナリズムが浸透している現状や，過去についての知識が青年層で希薄になっている現実に照らすと，もはや模範という位置づけは自明な事柄ではなくなってきているように思われる。実際，ナチスの過去を風化させるなという言説が社会規範化し，逸脱を許さない一種の常套句として定着した裏側で，記憶の空洞化が進行しているのは否定すべくもないといえよう。そしてこの変化を確認するためには，失言問題のようなテーマで現出する記憶のポリティックスを分析するだけではなく，さらに進んで「特殊な国」から「普通の国」への変貌やそれに伴う国民意識の変容という現代史の文脈に沿った考究が不可欠になるであろう。

　この点との関連では，極右勢力の存在が他国以上にドイツで重大視され，ある意味で過敏ともいえる反応が見られるのは，ナチスの影の清算が国是とも言うべき位置を占め，優先度の高い政治的テーマになっているという事情があるからにほかならない。この問題には第5章と第6章で論及したが，ナチス・ドイツの侵略を受け，甚大な被害に苦しんだ近隣諸国の立場から見た場合，ナチスを連想させる勢力の存在は無気味に映るだけではない。そうした勢力の台頭は，ドイツ自体にとってもこれまで続けてきた補償と謝罪のほか，多年にわたる和解のための努力を無に帰す危険さえ孕んでいるといえよう。右翼の排外暴力に抗議するデモが予想を遙かに超える一般市民の参加を得たことは，確かに民主主義を守る強い意思を内外に示す結果となり，その

---

(4) ユルゲン・コッカ，松葉正文・山井敏章訳『市民社会と独裁制』岩波書店，2011年，81, 85頁。なお，Katrin Hammerstein, Deutsche Geschichtsbilder vom Nationalsozialismus, in: Aus Politik und Zeitgeschichte, 3/2007, S.24ff. 参照。

成熟を感じさせるものだった[5]。その意味で,排外暴力が内外に与えた衝撃だけでなく,市民が作りだした光の鎖が刻んだ感銘も同様に重視されなくてはならない。

　けれども,他面でデモの盛り上がりがもう一つの事柄を印象づけたのも事実である。それは,民主主義的価値の定着については今なお自国民を十全には信用できず,だからこそ民主主義を擁護するために進んで行動しなければならないという意識が働いていたことである。というのは,例えば前記のヴァイツゼッカーの自伝の原題が『4つの時代』と銘打っていることに示唆されているように[6],20世紀のドイツは帝制,ヴァイマル共和制,ナチ体制,連邦共和国と社会主義の名の独裁制など互いに相容れない政治体制と正統性原理を受け入れてきたのであり,ドイツ国民にとって民主主義が唯一の正統性原理とはいえないからである。それどころか,正統性原理の度重なる転変は,いかなる原理にも順応する自国民に対する不信感もしくは懐疑心を植え付けたのであり,この問題の微妙さは歴史的背景を抜きにしては説明できない。

　もちろん,戦後ドイツの民主主義に関しては,政治文化の面で1960年代にG.A. アーモンドたちが「市民型」と区別して「臣民型」と特徴づけたのは周知のとおりであり,1968年を頂点とする若者による一種の文化革命を突破口にして,討論,異議申し立て,参加の文化が定着し,「臣民型」政治文化から脱却したという見方が今では一般的になっていることは付言しておかなくてはならない。ドイツの代表的歴史家であるJ. コッカが「市民社会の諸原理ははじめて西ドイツ社会で安定的なものとなり,効果的に機能し,しっかりと定着した」と記し,K. ヤーラウシュが「人権のような諸価値が憲法に明記され政治的実践で広く尊重されているので,1945年と比べたドイツ人のポジティブな変化は感銘を与える」と書いているのも[7]同じことを

---

(5) この問題に関しては,拙稿「戦後ドイツの街頭政治について」『社会科学論集』44号,2006年参照。

(6) 邦訳書の標題は原題とは異なっている。リヒャルト・フォン・ヴァイツゼッカー,永井清彦訳『ヴァイツゼッカー回顧録』岩波書店,1998年,とくに「はじめに」参照。

(7) コッカ,前掲書,33頁。Konrad Jarausch, Die Umkehr: Deutsche Wandlungen 1945-1995, München 2004, S.368.

指している。同時にこれに関連して，例えば 2010 年にシュトゥットガルトで中央駅周辺の再開発に反対する市民の大規模な抗議行動が展開され，警察の実力行使で負傷者が出たことも手伝って全国的に注目を浴びたことや，これを特集した『シュピーゲル』が伝えるように，類似の運動がドイツ各地で続いている現実も見過ごすことはできない[8]。というのは，それらの反対運動は，戦後ドイツで安定を重視して設計された制度としての民主主義が，直接民主主義的方式に否定的で一般市民に開かれた参加の回路が狭いために「民主主義の赤字」状態を呈していることを露わにしているからである。その意味では，現在では制度としての民主主義が活性化を求められ，下からの充実に向けた改革を必要としている現状にも注意が払われるべきであろう[9]。

第 4 章で触れた移民ないし異文化との共生に関しても同様の指摘ができる。今日のドイツで移民にかかわる主要な課題になっているのは，トルコ系の人々を中心とするムスリムとの共生である。このことは，2010 年に大統領に就任した Ch. ヴルフが最初の就任演説でドイツを異なる文化の人々がともに生活する「多色の共和国」と呼び，統一 20 周年記念式典での演説では「イスラムはドイツの一部である」と明言して国民に寛容を訴えたことからも窺えよう。しかし，どこまでも交わらない平行社会の出現が危惧されていることが示すように，外来の人々の受入れに関しては楽観的な見通しを語る声は乏しい。序章で触れたザラツィンの新著が人種主義の再来という非難を浴びながら爆発的な売れ行きで話題になったのにはそうした背景がある。それだけにドイツが閉ざされた国民国家ではなく，むしろ移動の国であることを再確認しておくことの意義は大きい。人種主義を否定しながらも，他方でドイツが均質な国民からなる国民国家だという前提から出発する議論が今日も根強い。けれども，移民史研究をリードする K. バーデが力説するように，近代ドイツ史は大規模な人の移動によって彩られており，移民は一時的なエピソードではなくてノーマルな現象というべきなのである。そのわかりやす

---

(8) Der Spiegel, Nr.35, 2010, S.64ff. これに加え，Detlef Grumbach, Ruhe im Karton?: Planfeststellungsverfahren und Bürgerbeteiligung, in: Deutschlandfunk-Hintergrund vom 7.3.2011 参照。
(9) 拙著『統一ドイツの政治的展開』木鐸社，2004 年，191 頁以下参照。この関連で，「デモクラシーの民主化」に関する議論が注目される。野田昌吾「『1968 年』研究序説」『法学雑誌』57 巻 1 号，2010 年，9 頁以下。

い例証は，アメリカで暮らすドイツ系移民とその子孫の大規模な存在である。この視点に立って振り返ると，第二次世界大戦後に限定しても，ドイツは異文化の集団とまでは言えなくても追放民やアオスジードラーなど外部からの人々を大量に受け入れて社会に編入してきた実績があることが分かる。したがって，モスク建設紛争をはじめとするイスラムとの摩擦と共生の可能性を考察する場合にも，ドイツが近代史を通じて積み重ねてきた経験を想起し，社会的統合の歴史的な成功例にも注意を払うことが必要とされよう。また同時に，ムスリムの異質な生活習慣や価値観ばかりを強調するのではなく，一例として食生活を見ただけでも，ファストフードとしてケバブが大都市を中心に広く定着し，寿司レストランなどとともにドイツ市民に愛好されるようになっている現実にも目を向けるべきであろう。その意味で，イスラムを巡る紛争を考える場合，ドイツにおける多様な外来民の歴史に関する一通りの知識が必要とされ，歴史的なパースペクティブが求められるのである[10]。

　ここまでドイツ現代政治の主要なテーマを論じるに当たっては歴史的な視座が重要になることを指摘してきた。ドイツをフィールドにしつつ，そうした点をあえて強調したのは，わが国での研究状況に気懸かりな問題が生じているためである。それは，政治学と歴史学の間でかつては密度の濃い交流が行われていたのに，昨今では距離が開き，互いに疎遠になる傾向が見出されることである。以前は交流というよりはむしろ政治学が歴史学の世界に埋没していた感があり，その点の反省に立つなら，埋没状態から脱却して政治学的研究がサイエンスを目指そうとするのは十分な理由がある。けれども，そのことは，歴史学が重視する個別的事実を軽んじたり，一般化や抽象化の名目で排除したりすることが望ましいことまで意味するわけではない。それどころか，政治学もまた生身の人間が生活を営んでいる歴史的世界の中から研究に値する主題を見つけ出す以外にないし，どの研究対象も歴史的規定性を帯びていることを明確にすることによって，研究成果にもむしろ厚みが増すはずであろう。

　無論，あらゆるケースで歴史的観点が不可欠になると主張するつもりはな

---

(10) 多様なカテゴリーからなるドイツの外来民については，拙著『統一ドイツの外国人問題―外来民問題の文脈で』木鐸社，2002年参照。

い。近年の新制度論的な立場に基づく研究がもたらした成果が大きく，従来は印象論的な記述に終始していた領域に仮説と実証の明確な手法を適用することによって得られた知見は広大といえるからである。とりわけ福祉国家に照準を定めた先進各国の政治経済システムとそのパフォーマンスの比較研究は，労使関係や福祉レジームにとどまらず金融レジームなどをも射程に取り込み，制度間の相互作用や因果関係を解明することによって視界を拡大するとともに，見通しにくいメカニズムに関する貴重な認識をもたらした。ただ先進諸国の各々の政治経済システムをいくつかの指標によるパフォーマンスの比較考量に基づいて類型化することが必要だとしても，それぞれの政治経済システム自体が形成され，今日の姿に発展してきたことにはある種の歴史的な必然性があり，任意に選択し取り換えることができないことも見落とすことはできない。換言すれば，所与のシステムの内部で起こる変化を説明する方法や理論だけではシステム自体の変容を総体として説明することは困難だし，後者については経路依存をはじめとする分析手段では解明できないように思われるのである。この点を考慮するなら，政治経済システムとその諸制度の分析を推し進めるのと同時に，それと並行して，文化的要因のようなシステムの基底を構成する要素にも射程を伸ばし，その研究を深めることが必要とされよう。つまり，政治的諸制度とそのシステムの分析は自己完結するのではなく，基盤となる政治的共同体ないし政治社会にも視線を向けることが求められるのであり，歴史的な観点からは，とりわけ広い意味での政治社会学的な研究によって補完されることが望まれるのである。

2．ドイツ現代政治研究の課題と研究手法

それはさておき，本書では取り上げられなかったものの，ドイツ現代政治を論じるためには一考を要する重要な論点が数多く存在している。一例として，前述した過去の克服に引き付けて言うなら，統一が実現した今日では，崩壊した東ドイツで繰り広げられた人権抑圧の事実はよく知られるようになっている。したがって，社会主義統一党（SED）による独裁の実態解明ばかりでなく，その「楯と剣」を自任していた国家保安省（通称シュタージ）が行った人権抑圧の全容を明らかにすることが重い課題になっている[11]。同

---

(11) 東ドイツ（DDR）における抑圧を犠牲者の側から検討した研究として，拙著

時にその一環として，非公式協力者（略称 IM）として友人・知人や同僚の監視と密告の任に当たり，「監視国家」を支えた大量の市民を含め，シュタージが行った数知れない政治的犯罪の責任追及が課題として浮上しており，過去の克服の要石に位置づけられるに至っている。その上，東ドイツの建国初期に社会主義建設の名による政治的暴力が吹き荒れ，その被害者や関係者が今では高齢に達していることを勘案すると，追及のために残された時間は少なくなってきている。こうして今日のドイツでは，従来から進められてきたナチスの負の遺産との取り組みと合わせ，二重の過去の克服が問われるようになっているが，これらの課題がドイツ現代史に直結していることから，それを論じるには歴史的なパースペクティブが必須とされるのは多言を要しないであろう。

　こうした例が示すように，解明の手を待つ重要な問題はいくつも存在している。そのうちでも喫緊だと思われる若干の主題を列記してみると，統一後に大きな変貌を遂げてきたドイツ現代政治にアプローチする際，政党政治のレベルでは第1章で取り上げた社会民主党だけではなく，多年にわたって政権を担当してきたCDU・CSUに検討の鋤を入れることが不可欠であろう。それと同時に，1970年代までの西ドイツの3党制が緑の党を加えた4党制を経て統一後に事実上の5党制へと移行してきた経緯の検証とその力学の解明も必要とされよう。またそれを国民との関係を見据えて分析しようとするなら，メディアクラシーともいわれる昨今の現実を踏まえ，マスメディアや世論の政治的機能の変化に目を向けるとともに，政治倦厭の行方やポピュリズムの可能性などについて問うことも不可欠になる。さらに個別の政治分野に目を向ければ，脱原発や温暖化対策のようなエコロジーを巡るトピックをはじめ，ワーク・ライフ・バランスをはじめとした家族支援や女性の社会参加のようなニュー・ポリティックスの諸テーマのほか，グローバル化とヨーロッパ化の二重の圧力を受けた労働政治と福祉政治の多面的変化などを検討するという重い課題がある。これらの一部はわが国でも以前から研究が進められてきているが，いまだ満足できる域に達したとはいえない。他方，等閑に付されがちな外交・安全保障面での政治過程を分析し，いかなる対立軸が存在するかを洗い出すことは，ドイツが「普通の国」としての信認を内外で

『東ドイツ（DDR）の実像－独裁と抵抗』木鐸社，2010年参照。

固め，EU の牽引車としてばかりでなく，国際社会における政治・経済大国としてのプレゼンスを拡大してきたプロセスの解明と併せ，追究すべき重要な課題であろう。その場合，例えば憲法条約の批准やギリシャ危機への対応のような EU 統合の深化に関わる論点や，連邦軍派遣を軸にした軍事面に重心のある国際貢献の是非など，国内的にも賛否の割れるテーマが恰好の素材になると思われる。これらの点が肝要になるのは，ドイツについては統一に伴う「諸困難を克服した後，歴史上みられる強引さを再び示すようになるのではないかという懸念[12]」が今日に至っても完全に払拭されたとはいえないからである。

　以上，著者が日頃重要だと考えている主題のうちのいくつかを思いつくままに書き並べてみた。これらの諸点を考慮に入れるなら，本書が標題に掲げ，実際に照明を当てることのできた「焦点」は，数あるテーマのなかの一部にすぎないのは明白といわねばならない。また，個別の主題から離れ，歴史学との疎隔を問題視した政治学の世界で政治経済システムの比較政治学的研究が主流になっている趨勢との絡みでみれば，政治経済システムが成立している基盤としての政治社会ないし政治的共同体の変容に関わる検討が必須になっていることは，ドイツのみならず先進各国で共通して移民問題が重みを増し，ホスト社会と移民との亀裂が顕在化してきている現状に照らしただけでも一目瞭然になる。とくにドイツの場合，東西の統一という政治的共同体の再編成が行われたものの，東西の溝が依然として埋まらないことに鑑みれば，その重要性は一層明瞭になる。だが，本書では移民問題に限定した上で，モスク建設紛争や右翼問題に即してその一端に触れたにとどまっている[13]。その意味では，本書はドイツ現代政治を論じるためのささやかな一歩でしかなく，光の届いている範囲は狭いといわねばならない。それに加え，社会民主党から失言問題などを経て極左に至るまで本書で取り組んだ主題が

---

(12) 高坂正堯『平和と危機の構造』日本放送出版協会，1995 年，118 頁。野田宣雄も 1993 年の評論で同旨の指摘をしている。同『歴史に復讐される世紀末』PHP 研究所，1993 年，74 頁。
(13) この問題の一部は，拙著『移民国としてのドイツ』木鐸社，2007 年で考察した。また統一による政治的共同体の再編成については，東西間の心の壁に即して検討したことがある。拙著『統一ドイツの変容』木鐸社，1998 年，第 1 章参照。

多岐に亙っているため，それぞれの分析や意義づけに掘り下げの不足など不十分な面が残っているのも間違いない．けれども，何らかの理論的フレームワークに依拠していきなり研究対象の輪郭を描くという手法をとり，理論的図式に合致しない事象を切り捨てたり，あるいは不分明な部分を想像力で埋めていくのを避けようとするのであれば，一つ一つの主題について資料を集め，多面的な検討を加えて実証する努力を積み重ねる以外に近道が存在しないのも確かであろう[14]．今日では種々の原因により研究が細分化の域を越えて断片化の傾向すら呈すようになり，相互のつながりが見通しにくくなっているとしても，基本はドイツ政治に関心を有する者が個別のテーマに即して着実に成果を積み上げ，蓄積を豊かにしていくところにあることに変わりはないのである．

　最後に本書で用いた手法についても一言しておこう．

　既に触れたように，本書では新聞や雑誌の記事が多数用いられている．その主たる理由は，いうまでもなく，時事的な動向を把握する上でそれらが不可欠だからという点にある．しかし理由はそれだけではない．ドイツの全国紙には経済紙も含めて11種類あるが，『読売新聞』を筆頭に数百万部の発行部数を誇るわが国の主要全国紙に比べて驚くほどそれらの発行部数は少ない．例えばドイツの全国紙の代表格と目される『フランクフルター・アルゲマイネ』紙でも発行部数は40万部程度で100万部には到底届かず，『ジュートドイッチェ』紙や『フランクフルター・ルントシャウ』紙などもこれと同等か，さらに下回っている．これらはどれもいわゆるクオリティー・ペーパーに属しており，購読する読者も高学歴層が中心で世論形成をリードしている．これらの新聞は政治面や外報面が大きく，社会面が小さいことなどに特徴があるが，その対極には，ローカル・ニュースと生活情報に重心を置き，地域に密着する形で全国各地に数多くの地方紙が存在していて，クオリティー・ペーパーとの間で一種の棲み分けが行われている[15]．日刊紙の世界

---

(14) こうした問題については，『レヴァイアサン』49号，2011年所収のインタビュー「現代ドイツの実像を求めて」参照．
(15) 主要紙と『シュピーゲル』に代表される週刊誌の発行部数や購読者の階層などが示されていない欠点があるが，テレビ，ラジオも含めたドイツのマスメディア全体の概要としては，差し当たり，Gerhard Vowe, Massenmedien, in: Uwe Andersen und Wichard Woyke, hrsg., Handwörterbuch des politischen Systems der

のこうした特性に照応して，ドイツの全国紙のジャーナリスト養成システムは専門性を重視する点に特色があり，大学新卒者を採用して地方の支局に配属することから始まるジェネラリスト主体のわが国とは大きく異なっている。そのため，ドイツの全国紙は情報としての密度が総じて濃厚といえる[16]。さらに主な日刊紙に加えて『シュピーゲル』に代表される週刊誌にも共通する重要な特色は，いわゆる客観報道が中心で単発やこま切れが多いわが国に比べて報道に継続性があるだけではなく，同時に批評性が高いところにある。それゆえ，日々の動きにとどまらず，過去にまで遡って社会的事象を広いパースペクティブで把握し，立体的な理解を深めるためにも参考になる面が多い。これに加え，政治報道に限ると，政局中心ともいうべき傾向のあるわが国の報道と違い，政策の具体的内容とそれをめぐる論議を重視したニュースや解説が多いのもドイツの特色として指摘できよう[17]。また，各紙の政治的傾向がかなり明確なので，その点を意識して接すれば，むしろ異なる見方の突き合わせによって一層多角的に対象に迫ることが可能になると考えられる。その上，多くの記事や論評が署名入りなので，ベテラン・ジャーナリストが執筆したものをフォローすることによって解釈のパターンを読み取ることも比較的容易い。その代表例としては，『フランクフルター・アルゲマイネ』紙のG. バナス，『ジュートドイッチェ』紙のH. プラントル，『ヴェルト』紙のD.F. シュトルム，『ツァイト』紙のM. シュリーベンなどが挙げられよう。

　けれども他方で，それらをどのようにして学術的研究に活用するかとなると，種々の難問が現れてくるので，熟慮を要するのも否定しがたい。例えばあるメディアでポジティブに意味づけされている出来事が他では正反対の取り上げ方をされることはしばしば見受けられる。また一方で大きく扱われる

　Bundesrepublik Deutschland, 6.Aufl., Wiesbaden 2009, S.418ff. 参照。
(16) わが国のジャーナリストのキャリア・パスを含むマスメディアの問題点については，一例として，田勢康弘『政治ジャーナリズムの罪と罰』新潮社，1994年参照。
(17) 政局の動向が中心というわが国のマスメディアの問題点は，発行部数や視聴率を偏重する報道機関の体質に起因するだけではなく，権力の一元性が希薄な統治構造の反映でもあると考えられる。飯尾潤『政局から政策へ』NTT出版，2008年参照。

事柄が他のメディアでは片隅で触れられるにとどまるか、あるいは黙殺されることも決して珍しくはない。とはいえ、現代に取り組もうとする場合、それらを無視して済ますのは、インターネットなどの情報手段が発達した今日ではもはや論外であるのも確かであろう。無論、マスメディアの情報は文字通り日々洪水のように押し寄せているので、それらの中から読むに値するものを取捨選別し、受け手の自由になる限りある時間のうちに消化することは容易ではない。同様に、重要な主題を扱っているものでも見過ごしたり、予備知識の不足のために誤認したりする可能性も小さくない。そればかりか、入手した多彩な情報を系統的に整理し、他の様々な情報とつなぎ合わせて相互の連関や現実の推移を再構成することは、多大の労力を要する困難な作業になるであろう。

　そうした実情を踏まえるなら、限られた情報に基づいて個別のトピックについて論じた本書の方法には綱渡りに似た危うさがあり、一面性や見落とし、先入観による歪みなどの問題点が付きまとっている虞が残る。しかし、同時進行に近い形で現実を分析しようとする限り、いかに慎重を期したとしても、この種の危険性は原理的に回避不可能なものであろう。そうした問題意識に立って現代政治研究を見渡すとき、手堅い研究実績のある専門家が公表する学術論文や時事的な論説などは一種の羅針盤としての効用があり、解釈の手がかりやバランスの是正に役立つことが多いように思われる。例えばSPD研究で著名なゲッティンゲン大学のF.ヴァルターや歴史家のH.-U.ヴェーラーが『シュピーゲル』や『ツァイト』などに公表する寄稿はその筆頭といえるが、連邦政治教育センターが週刊新聞『パーラメント』の付録として発行する『政治と現代史から』に掲載される多方面の専門家の論考などにも同様の価値がある。ともあれ、本書で特定の新聞・雑誌の情報に依拠するのを避け、ラジオやテレビのニュースと解説などにも目配りして、できるだけ幅広いメディアから情報を集めるように心がけたのは、無意識的に自己のバイアスや選好に合致した情報に偏しないようにするためであり、同時に広い視野の中で主題を多角的に考察する意図に発している。それが成功しているか否かの判断は読者に委ねなければならないが、本書でとった方法がドイツのマスメディアに関する著者なりの認識とそれに基づく工夫に支えられていることを最後に指摘しておきたい。

あとがき

　ドイツが統一して20年以上が経過した。一人の人間の生涯で測れば20年という歳月は長いが，一国の歴史でみれば短くもある。しかし，ドイツに限っては個人の人生だけでなく，一国単位でみても長かったように感じられる。というのも，この間に政治や社会に起こった変化が大きかったからである。

　20年の長さを個人に即していえば，ドイツ統一の立役者であり，1990年10月3日の統一記念式典の壇上に並んだコール，ゲンシャー，ヴァイツゼッカーなど当時の指導的立場の政治家たちがその功績により20周年の式典にも臨席したが，すでに老境に入り，完全に政界から退場しているところに変化の大きさが示されている。しかし，著者がその長さをより強く印象づけられたのは，ドイツ統一の起点となったベルリンの壁崩壊の日すなわち1989年11月9日に誕生した子供たちが18歳を迎えて成人し，社会に巣立ち始めたことを伝える2007年45号の『シュピーゲル』の特集に接した時だった。いまやドイツには分断の記憶を持たないポスト統一世代が登場しているのであり，これから増大していくことを思えば，20年はやはり長いといえよう。

　一方，一国的に眺めた場合でも統一後のドイツの20年が長かったことは，統一以前に見られなかった数々の変化が現れていることから感知できる。統一以降の変化の大きさは，当初の熱気や感激が今では雲散霧消していることに端的に表れている。その背景には，戦争による荒廃から蘇生して経済大国へと昇りつめ，世界経済を牽引するまでになったドイツが，統一を境にして経済の長い停滞を経験し，それまで自明とされていた右肩上がりの経済成長が終焉したという巨大な変化がある。近年では「ドイツ病」という診断すら一部で見られるが，これによって右肩上がりの経済的成功で強めた自信が大きく揺らぎ，「今日よりは豊かな明日」という長く当然視されていた夢が失業などの高波によって砕けて，将来への不安と現状に対する不満が社会に立ちこめたのである。

無論，変化は東ドイツの市民の場合，文字通り大津波として経験された。壁や内部国境とともにシュタージによる監視網が撤去されて自由に呼吸できるようになったものの，他面で生活の土台だった経済システムが一変し，今日でも西の2倍近い失業率と各種の社会給付で暮らしている市民が多いことに見られるように，安全と安心の支えが失われたのである。同様に，無血革命を成功させたにもかかわらず，その誇りが尊重されないばかりか，東ドイツ時代の人生に無の烙印を押されたことへの憤懣などを土壌にして，東ドイツ時代を懐かしむオスタルギーと呼ばれる心情が浸透している事実もまた，変化の巨大さを伝えている。

　本書が対象としたドイツ現代政治には，統一以降に起こった社会と経済のこうした変化が反映されている。もちろん，政治の変化と経済や社会におけるそれは異なるレベルの問題だから，直接的な対応関係や因果連関があるわけではない。個人的な経験に即していえば，ドイツ政治の変調を痛切に感じたのは，統一直後の排外暴力の蔓延だった。率直に言って，著者は統一までの西ドイツにおける民主主義の安定と成熟を高く評価し，さらに統一に至る急激で困難な政治過程で見せた指導者たちの力量も感嘆の思いで眺めていた。それだけに，各地で頻発する難民や外国人を標的にした暴力の嵐は大きな驚きであり，与野党の主要な政治家たちが党利党略に走って事態を鎮静化できないまま，政治が混迷の度合いを深めていく光景を見るにつけ，ドイツの民主主義は強固という自分の認識の浅さを思い知らされた。本書に収めた第5章と第6章はそうした反省をこめながら書き記したものである。

　また社会民主党に関しては，ドイツ現代政治の中心的アクターという現実を踏まえて光を当てたが，それ以外にも個人的な事情がないわけではない。実は著者はドイツ第2帝政期の研究からスタートした関係で，創立期以降の同党の歩みに長く親しんできた。講壇社会主義や様々な社会主義批判を主題とする論考を若い頃に書いたのも，同党がドイツ近現代史の主要なアクターだという認識に基づいていた。そうした関心から今日の社会民主党がいかなる面で以前の同党と異質なのかを確認することは個人的にも重要だった。幸運にも著者は幾度か党大会を傍聴する機会に恵まれ，加えてキリスト教民主同盟などのそれも観察することができたが，強く脳裏に焼きついたのは，緑の党を除き，社会民主党はその他の政党と大差がないということだった。わが国では長く55年体制下のイデオロギー対立の影響が強く，それを投影し

て社会民主党の行動を理解しようとする傾向があったので，主流とは大きく違った見方をしていたことになる。いずれにせよ，2009年の連邦議会選挙で社会民主党が大敗したことは意外な結果ではなく，そのことは選挙前に執筆した本書第1章からも読み取れるはずである。同時に，社会民主党が陥っている危機自体にも，ドイツ現代政治全体の大きな変化が映し出されているといえよう。

　このように本書に収録した論考のそれぞれには著者なりの個人的な思い出や反省がこもっている。しかし，個人的な事情は別として，大切なのは，各々の章が統一以前とは区別されるドイツの現代を扱っていることである。ナチスの過去に関するエティンガーの失言は，統一以前の自己抑制の効いていた時期であれば，そして大国意識が定着してプチ・ナショナリズムが浸潤した今日的な状況がなかったならば，辞任に追い込まれた公算が大きい。また外国人問題の面でも，従来のように移民の側が控えめで自己主張せず，他方で異文化に対してホスト社会が脅威を感じていなかった統一以前の時期ならば，モスク建設紛争はそもそも存在しえなかったといってよい。上述した排外暴力や右翼の問題にしても，統一までの時期であれば，社会的共鳴板が乏しく，単なる周縁的な現象として片付けることができたであろうし，社会国家についても拡充が論じられることはあっても，縮小が主題とされることはなかったであろう。このような文脈でいえば，本書で実際に的を絞っているのは，統一以前と比べたドイツ現代政治の変容ということになるかもしれない。1998年に著者は『統一ドイツの変容』と題した一書を公刊したが，この標題は本書にも当てはまると思っている。その意味では，本書は政治の平面に絞った形での前著の姉妹編といってもよい。また統一以後のドイツ政治の流れに関しては，『統一ドイツの政治的展開』（2004年）で概観したことがある。それとの関係では，本書はそこで示した大筋を個別テーマに即して肉付けする形になっている。本書と併せて参照していただくと理解が深まると思う。

　ところで，序章と終章を除き，本書の各章は既発表の論考ばかりである。すべて愛知教育大学発行の『社会科学論集』に掲載された。初出の号数と発表年を記しておこう。第1章は47号，2009年，第2章は44号，2006年，第3章は46号，2008年，第4章は47号，2009年，第5章と第6章は34号，1995年，第7章は37号，1998年である。このうち発表年の古い第5章，第

6章，第7章については生硬な表現が目につくので訂正した。また今からみると不正確な文章や説明不足の個所が散見されるため一部を補正したが、論旨を含め大幅な修正は加えていない。ただ原題は全体の構成に合うように変えた章もある。

それぞれの論考をまとめるに当たっては、様々な発行主体の資料を多用した。提供していただいた連邦と州の政府機関や自治体、各地の研究・調査機関や社会団体などの関係各位に改めて深謝したい。また新聞や週刊誌も頻繁に利用したので、含蓄のある記事やレポートを執筆しているジャーナリストの方々にも感謝しなければならない。さらに本書に限らずこれまでの研究の過程では多くの研究者のお世話になったが、それ以外にも各地の広場、教会、カフェなどで多数の見知らぬ方々から話を聞かせていただいた。その言葉を明示的に引用はしていないものの、テーマを深める手掛かりとして有益だったことが多く、今もいろいろな言葉が耳の底に残っている。異国から来た者に率直かつ誠実に応対していただいたことにこの場を借りて篤くお礼申し上げたい。

社会科学の世界ではドイツ研究は絶滅種だという友人がいるが、一笑に付せる段階はすでに通り越したように思われる。実際、学生諸君の関心の希薄さをはじめ、ドイツの存在感が薄れた昨今の実情を見るにつけ、異を唱えるのは難しい。そうした現状はそれ自体が社会科学的研究に値しよう。それにもかかわらず、今回もまた本書の出版に当たって木鐸社の坂口節子氏の後押しを受けることができた。学術書の出版が困難を極める中で、とりわけ危殆に瀕しているドイツ政治研究という絶滅種に属す本書の出版を快諾していただき、お礼の言葉もない。本書の完成までには長い時間を要したが、その間にいろいろな場で本書に関連した報告を行った。そうした機会に得られたコメントなどがどこまで活かせたかは心許ないが、批判を含む有形無形の研究仲間からの励ましにも感謝しなければならない。

研究の場としての大学は地盤沈下が進行していて、研究環境は悪化の一途を辿っているといわれる。著者の所属する単科の教員養成系大学ではこれは紛れもない現実である。そればかりか、他と比べても事態はかなり深刻であり、そのために心残りのことも少なくない。なかでも残念に思われるのは、もともと図書などが貧弱なうえに会議や書類に時間を取られ、研究に集中しにくかったことである。また若い頃に努力を傾けた思想史研究に出版助成が

得られず、著作として結実しないままになったのも悔やまれることの一つである。今でもそれが著者本来の仕事だと感じているので、それを完成させることを今後の宿題の一つにしたいと考えている。

　いつものことではあるが、出版に漕ぎつけるたびに研究の途次を振り返り、家族の支えの大きさを噛みしめている。今回その思いがひとしお深いのは、今年の3月に著者が定年を迎えたためであろう。本書をまとめようと思いたったのも、これを機に研究に区切りをつけたいと考えたからである。日々手元に集めた文献や資料との格闘に専念しているうちに歳月が流れ、羞無く定年まで辿り着いたが、それが可能だったのはひとえに妻・和子の尽力による。彼女の辛抱強い協力がなかったなら、これまでの著作を仕上げることはもとより、大学での職務を全うすることも覚束なかっただろう。また3人の息子たちが健やかに成長し、書斎での父親の孤軍奮闘をそれとなく応援してくれたのも心強かった。まだ前方には目指すべき高い峰が聳えているが、事情が許す限り、これからも妻と二人三脚を組んで一歩ずつ着実に高度を稼いでいきたいと念じている。

2011年4月6日
近藤潤三

人名索引

ア行

アイト, U. 77
アイヒェル, H. 91
アデナウアー, K. 354
アクギュン, L. 215
アネン, N. 104
アーモンド, G. 398
アレマン, U. 34, 75
イェッセ, E. 346-347
イェンクナー, C. 213
イプジランティ, A. 49
ヴァイゲル, T. 322
ヴァイツゼッカー, R. 314-315, 322-324, 382, 396, 398, 407
ヴァルザー, M. 175
ヴァルター, F. 22, 33, 59, 64, 69, 79, 185, 406
ヴィーチョレク=ツォイル, H. 35,
ヴィンクラー, H.-A. 50, 181, 183
ヴェアテバッハ, E. 308, 327
ヴェセルス, B. 77
ヴェッテ, W. 161, 178-179
ヴェーナー, H. 44, 59
ヴェーラー, H.-U. 50, 177, 181, 183, 406
ヴェルツァー, H. 177
ウッカーマン, J. 212, 218-219
ヴルフ, Ch. 8, 184-185, 399
エアハルト, L. 33
エアホルト, A. 101
エアラー, G. 103
エティンガー, G. 14, 144-185, 396, 409
エプラー, E. 148, 153
エルツェン, A.-K. 52
エルドアン, R.T. 197
エングホルム, B. 32-35, 42, 323, 339
エンスリン, G. 351-352
オーネゾルグ, B. 355
オーバーロイター, H. 77

カ行

ガイス, M. 96, 134
カイリッツ, S. 79

カウダー, V. 106
カハーネ, A. 306, 309
ガリンスキー, H. 152, 175
河崎健 78
カンデル, J. 226
ギジ, G. 112
キージンガー, G. 28, 147
久間章生 144
キューネン, M. 251, 334-336
キルヒハイマー, O. 66
キンケル, K. 313
クノーブロッホ, C. 151, 162
クライナート, H. 75
グラウマン, D. 150-151
クラーゼン, M. 248
グラニツカ, W. 209
クラーマー, S. 161-162
クラール, H.-J. 356
クリッパー, K.J. 219
グリル, B. 305, 308
クルーゼ, K. 306
クレッチュマン, W. 160, 164
グレーフェン, L. 79-80, 158
クレメント, W. 43, 50, 91, 98, 104, 106
グローテヴォール, O. 30
クロポトキン, P.A. 364
クーン, F. 152, 155
ゲァテマカー, M. 22-23, 55
ゲアハルト, U. 309
ケッヒャー, R. 86, 116, 321
ゲプハルト, U. 103. 107
ケーラー, H. 7
ゲルミス, C. 142
ケレク, N. 208
ゲンシャー, H.-D. 323-324, 407
高坂正堯 187
コッカ, J. 398
コッホ, R. 159, 195-196
コール, H. 32-33, 35, 37, 53, 148, 167, 170-172, 174, 188, 197, 313, 337, 407
コルテ, K.-R. 92

サ行

ザイタース , R. 236, 313, 325, 334, 342
ザイルス , C. 71
ザッター , M. 29
ザラツィン , Th. 8, 399
シェップス , J. 151
シェーンフーバー , F. 240-243
シェーンホーフェン , K. 62
シェーンボーム , J. 168-169
シェーンボルン , M. 252, 335
ジモーニス , H. 34
シャーピング , R. 35-36, 43, 48, 53-54, 64
シュヴァイチェク , M. 252, 336
シュヴェニッケ , Ch. 42
シュヴェリーエン , M. 306
ジュースムート , R. 323, 337
シュタインマイヤー , F.-W. 29, 49-50, 57-58, 85
シュタール , A. 326
シュティルナー , M. 364
シュテッカー , A. 238
シュトイバー , E. 73, 171, 182, 184
シュトライブル , M. 322
シュトラウス , F.J. 185, 240
シュトルツベッヒャー , D. 261
シュトルト , T. 216
シュトルペ , M. 99
シュトルム , D.F. 405
シュナイダー , J. 166
シュピーゲル , P. 175
シュペート , L. 148
シューマッヒャー , K. 41, 46
シュマルツ゠ヤコブセン , C. 337
シュミット , H. 42, 44, 59, 315
シュミット , M.G. 66
シュモルト , H. 107
シュライアー , M. 351
シュライナー , O. 41, 65, 112
シュランマ , F. 201-202, 214, 216-217, 219, 222
シュリーベン , M. 81, 405
シュリーラー , R. 242-243
シュレーダー , D. 313
シュレーダー , G. 27-29, 35, 37-46, 49, 54-57, 60-61, 64, 87, 91, 104-105, 107-108, 110, 112, 136, 139, 172, 184
シュレーダー , W. 74
ショイヒ , U. 78
ショイブレ , W. 53, 197, 233, 290
ジョルダーノ , R. 151-152, 174-175, 193, 197, 206-209, 211, 214, 218, 229
シラク , J. 171
シルダー , P. 219
ゼダー , M. 184
ゼーホーファー , H. 184-185
ゾルト , R. 89, 149, 166
ゾンマー , M. 92, 106
ゾンマー , T. 181, 183
ゾンマーフェルト , F. 194, 213-214

タ行

ダウゼント , P. 94
ツァストロウ , V. 71
ティーフェンゼー , W. 111
ディープゲン , E. 323
ティールゼ , W. 104, 155, 190, 222, 324
テッパー , K. 389
デリゲツ , E. 193, 208
デリース , B. 166
ドイッチュクローン , I. 317
ドチュケ , R. 356
トリティン , J. 18
ドレスラー , R. 312
ドロビンスキ , M. 194, 207
ドレッガー , A. 185

ナ行

ナハトヴェイ , O. 27, 69,
ナーレス , A. 45-46, 49, 111
ニッチュマン , J. 212
ネッカー , T. 330
ネレ゠ノイマン , E. 257, 321
ノイバウアー , H. 241
野中恵子 16
ノル , U. 165
ノルテ , P. 177

ハ行

ハイトマイヤー , W. 22, 266
ハイル , H. 46, 155, 159
バウ , P. 115
ハッケ , J. 183
バッケス , U. 346

パツェルト, W. 100
バーデ, K. 399
バナス, G. 67, 71-72, 405
ハルツ, P. 87, 101
バルツェル, R. 169
ハルバウアー, W. 105, 115
ビスキィ, L. 103, 115
ビュティコーファー, R. 99, 160
ヒュープナー, F. 251, 336
ヒューラー, C. 99
ビルトラー, M. 260
フィッシャー, J. 18, 79, 184
フィルビンガー, H. 145-151, 156-161, 163, 172, 177-178, 185
フェーン, H.-J. 64
フォークト, U. 152, 155, 164
フォークマン, D. 52
フォーゲル, H.-J. 31-33, 168, 179-180, 323
ブジルスケ, P. 114
ブッセ, F. 251, 336, 380
ブーバック, S. 351
ブービス, I. 152, 175, 317
フライ, G. 247-248
フライ, P. 173
プラツェク, M. 29, 46-48, 57, 90, 104
フランク, J. 210
ブラント, W. 31-32, 41-42, 44, 50, 58-60, 81-82, 184, 196, 240, 288, 315, 356
プラントル, H. 67, 178, 405
フリゲリ, K. 209
フリッシュ, P. 393
プルードン, P.-J. 364
ブレア, T. 38, 53, 171
フレーフェルト, U. 176
ブレンナー, M. 175
ブローダー, H. 222
ヘッカー, B. 58
ベック, K. 29, 48, 57, 65-66, 81, 85, 155, 159, 163, 197
ベッケル, O. 290
ペータース, J. 106
ベッツ, H.-G. 234
ベーマー, M. 222
ベネター, K.U. 159
ベルシェ, J. 223
ヘルビッヒ, W. 108-109

ヘルマン, E. 169
ボイスト, O. 108
ホーエンタール, C. 133
ポファラ, R. 70-71, 155, 158
ホッホフート, R. 147, 160
ホーマン, M. 173-174
ボンメス, M. 22

マ行

マイヤー＝フォアフェルダー, G. 153
マプス, S. 153
ミシュケ, R. 265
ミートケ, N. 265
ミュラー, M. 108
ミュンテフェリング, F. 28-30, 42-46, 49-50, 56-57, 65, 81, 85-86, 102, 104, 108, 112, 141
ミールケ, G. 57
ミルブラート, G. 93
メルケル, A. 28-29, 45-46, 48, 53, 57, 86, 101, 106, 140, 156, 159, 167-168, 170-172, 179, 188, 196
メルケル, W. 51
メルツ, F. 171, 196
メレマン, J. 323
モーア, R. 177
モウラティディス, D. 150
モムゼン, H. 177
モンパー, W. 388

ヤ行

ヤーラウシュ, K. 398
ユルク, T. 108
ユン, U. 27

ラ行

ライナルツ, W. 215
ライヒェル, P. 183
ライヒト, R. 314
ラウ, J. 33, 43-44,
ラウ, M. 185, 194, 207, 228
ラサール, F. 59
ラッシェ, U. 8
ラートケ, J. 16
ラフォンテーヌ, O. 32, 36-38, 44, 46, 54, 56, 64, 107-108, 110-112, 137, 140, 184, 323
ラベール, B. 356

ラムスドルフ, O. 323
ラング, J. 141
リスマン, B. 107
リービッヒ, L. 115
リュトガース, J. 44, 190
リューベル, J. 101, 120
ルフト, D. 89, 121, 125, 129
ルフト, S. 226
ルペン, J.-M. 15, 220

レッゲヴィー, C. 226
レッシェ, P. 27, 52, 62, 64, 75
レスト, T. 211
レングスドルフ, V. 104
レンパー, L.T. 215, 219
ローゼンベルク, H. 290
ローター, R. 143
ロート, C. 152

事項索引

ア行

アイデンティティ・ポリティックス 11, 14, 20, 224
アイヒマン裁判 353
アオスジードラー 287, 400
アジェンダ 2010 40-43, 49, 56-57, 61, 88, 91, 97-98, 102, 119, 139-141, 172
アジェンダ 2010 反対同盟 102
アタック 103, 109, 114
新しい社会運動 89, 135
新しい中道 56, 60
アナーキズム 347-348, 354, 359, 363-364, 367
アレンスバッハ研究所 65, 86, 174, 257, 293, 318, 320-321
アンティファ 377, 380-381, 397
イェニンガー事件 179-180
イスラム化反対会議 193, 220-222, 224
イスラム主義 189, 201, 224
イスラムの可視化 204
イデオロギー・ポリティックス 11, 19
異邦化 14, 306, 336
イマーム 202-203
移民国 8, 26, 38, 224, 243
移民政策 10, 22, 224
移民排斥 15
移民法 14, 26, 78, 130
イラク戦争 39, 188
インタレスト・ポリティックス 11, 14
インフラテスト 116-119, 165
右傾化 235, 288, 305
右翼運動 238-241, 244
右翼ポピュリズム 15-16, 234, 395

応用社会研究所 275
オスタルギー 7, 131, 408

カ行

改革の停滞 37
外国人敵視 286, 306, 313, 329, 332, 340
外国人犯罪 196
街頭政治 89, 132, 138-139
学生運動 355, 361, 363, 391-392
革命細胞 351-352, , 370
過激主義 16, 162, 322, 345-346, 376
過去の克服 11, 13-14, 145, 149, 160, 169, 174-175, 177, 246, 395-397, 401-402
ガストアルバイター 198, 202, 226, 228, 282
価値保守主義 169
カルテル政党 52, 78-79, 83
監視国家 402
記憶のポリティックス 11, 14, 177, 397
議会外反対派 18, 58, 354
帰化テスト 224
強制結婚 224, 228
協約自治 106, 136
共和党 100, 205, 237, 327, 332
金属労組 107, 109, 114-115
クォータ制 58
クオリティー・ペーパー 404
グリーンピース 135
クルド労働党 386
グローバル化 12, 21, 26, 53, 60, 82, 138, 396, 402
経験心理学研究所 263
経験的社会研究協会 309
刑法 218 条 58
経路依存 401

月曜デモ 7, 13, 40, 74, 89, 98-142, 395-396
現実に存在する社会主義 131, 343, 349, 378
言説政治 396
小泉政権 28
抗議運動 40, 90, 112, 116, 133, 140, 359
抗議票 16, 126, 267-269, 287
構造的暴力 367
公務員交通労組 290
国家保安省 7, 401
国民政党 9, 12-13, 20, 26, 42, 60, 62, 64-72, 78-81, 92, 100, 126, 130, 170, 268, 279, 300, 355, 395
国民戦線 15, 220, 234, 244
国民投票 243-244, 246, 250, 286, 298, 306, 329, 332, 340
国民保守主義 169
国籍法 26, 39, 130
個人主義化 52-53, 73, 185, 266
ゴーデスベルク綱領 27, 60, 355
雇用のための同盟 36, 38, 40, 53, 74, 97
コール政権 35-38, 87, 294, 302, 338-339
コンラート・アデナウアー財団付属研究所 271, 275, 280, 297

サ行

最低生活保障 95, 131
最低賃金制度 107
ザクセンハウゼン強制収容所 314, 316
サービス産業労組 107, 109, 114-115
左翼党 13, 49-50, 68, 74, 140-141, 185, 196, 396
産業立地の再構築 26, 35-38, 53
失業手当 II 88, 91-93, 95-96, 102, 112, 117, 124, 131, 138
自分雇用者 112
市民イニシアティブ 73, 135
社会科学研究所 258
社会国家 9-12, 22, 39-40, 50, 54-56, 87-89, 97, 110, 132, 134, 138-142, 376
社会主義帝国党 239, 246, 333
社会主義ドイツ学生同盟 355
社会主義統一党 30, 251, 349, 396, 401
社会的市場経済 9, 26, 35, 378
社会道徳的ミリューの融解 274
社会分析研究所 258, 261
社会民主主義家族 72, 83
シャリーア 228
宗教施設トルコ・イスラム連盟 199

集団的規律化 266
自由ドイツ労働党 251
自由な有権者 73
シュタージ 7, 136, 401-402, 408
主導文化 11, 223
シュポンティス 357-359, 376, 390
シュミット政権 68, 84, 358
シュレーダー政権 12, 18, 37, 39, 41, 43, 46, 50, 55, 66, 68, 87, 91, 97-98, 103, 105-107, 112, 116, 126, 132, 140-141, 172, 184
自律派 17-18, 221, 344, 358-394
自律的アンティファ 366, 369
新戦線同志団 251
シンティ・ロマ 259
スキンヘッド 237-238, 252-256, 258, 261-262, 300, 304, 311-312, 317, 332, 341, 373, 380, 392
政治家不信 278-279
政治倦厭 9, 53, 79, 81, 402
政治的機会構造 133
政治的共同体 19-20, 401, 403
政治の大統領化 84
政治不信 110, 305, 339, 341-342
政党アイデンティフィケーション 76-77, 82
政党国家 9, 64, 80, 341
政党志向の弛緩 267-268, 274
政党支持の流動化 267-268
制度による長征 355
赤軍派 17, 343, 351, 370, 391, 394
積極的労働市場政策 291
ゼーハイマー・クライス 111
選挙研究グループ 116-119, 124-125, 257, 268, 271-273, 318
先進国サミット 17, 171, 188, 384
争点の人格化 82

タ行

対抗文化 358
大国主義 188, 299
第三帝国 169, 176-177, 181
大連立 13, 28-29, 45, 59, 93, 140, 240
多色の共和国 8, 399
戦う民主主義 246, 333, 379
脱物質主義 16, 59, 127-128, 244
建物占拠闘争 358, 360-361, 366, 386
多文化主義 223, 245, 282
懲罰投票 267-268

事項索引　417

直接民主主義 244, 246, 399
追放民同盟 385
テロリズム 213, 348, 349, 352-353, 357
ドイツ系帰還者 287, 309
ドイツ共産党 246, 349-350, 362, 391
ドイツ国家民主党 100, 182, 205, 240, 250, 354
ドイツ在住ユダヤ人中央評議会 150-151, 160, 174, 317
ドイツ産業全国連盟 330
ドイツ統一 7, 9, 15-16, 30-31, 60, 71, 74, 112, 108, 120, 130, 256, 262, 275, 288, 299, 303, 407
ドイツの秋 17, 351
ドイツの選択 251, 334
ドイツ民族同盟 238, 247, 327
ドイツ労働総同盟, 92, 98, 106
党員投票 34-36, 64
統合サミット 14
都市再開発 135, 359, 376, 386-388

ナ行

ナチズム相対化 299
ナチ党 146, 153, 245-246, 251
ナチ・レジーム 146, 148-151, 153, 156, 167, 177
難民認定庁 312
難民問題 278, 286, 301-302, 312, 314-315, 321
西側統合 21, 299
ニュー・ポリティックス 402
ネオナチ 17, 197, 233, 251-252, 300, 327, 380
年金改革 38-39

ハ行

排外暴力 16, 176, 302-304, 314, 317, 320, 324-325, 333, 337-338, 341-343, 381, 397, 408-409
ハイ・ポリティックス 19
バーダー゠マインホフ・グループ 351
バルシェル事件 33
ハルツ委員会 12, 87, 90-91
ハルツ改革 12, 13, 40, 43, 45, 53, 56, 61, 68, 72, 88, 97-98, 100, 104-107, 113, 118, 122, 124-126, 129, 131, 134-139, 142-143, 395
ハルツⅣ法 13, 40, 88, 90, 93-94, 96-98, 101, 103-104, 106-108, 112-113, 115, 117, 121-134, 138-139, 142-143
反オリンピック 386-387, 391
反原発闘争 361, 388-389

反植民地主義 376, 383, 386
反人種主義 376, 381-383
ハンス゠ザイデル財団 393
反帝国主義 376, 383
反ファシズム 350, 363, 376-381, 393, 397
反ユダヤ主義 238, 286, 316
東ドイツ 7, 10, 13, 21, 53, 98, 101, 171, 183, 255, 258, 352, 373, 396, 401, 408
東の躍進 232
光の鎖 331, 341, 398
引出し事件 33
庇護権条項改正 233, 235, 284, 300, 376
非常事態法 356
フィルツ 78
フェミニズム 58
フォルサ 65, 169
不機嫌の政治 53
福祉排外主義 285-286
不正献金疑惑事件 54
プチ・ナショナリズム 14, 20, 180, 182, 184, 186, 188, 397, 409
普通の国 9, 14, 26, 188, 397, 402
ブラントの孫 32-33
不利益分配の政治 13, 53, 131
フーリガン 262
フリードリヒ・エーベルト財団 74, 80, 194
フラームス・ブラング 220
フレーミング 135
プロ・ケルン 205-206, 211, 218-221, 224
プロポルツ 78
ベアテルスマン財団 186
平行社会 229, 399
ペータースベルク決議 233, 339
ベトナム人 258-260
ベルリン共和国 22, 183
ベルリン綱領 59-60
ベルリン社会科学研究センター 120
ホイヤースヴェルダ事件 283, 305, 332
ポスト産業社会 16, 53, 56, 58-60, 82
ポスト・ナショナリズム 181
ポピュリズム 15-16, 20-21, 52, 82, 111, 142, 214, 402
ポリティメント 83
ホロコースト 152, 182, 206, 214
ボン・デモクラシー 21, 302, 305, 339, 342, 353-354

ボン基本法 244, 250

マ行

貧しい人々の党 56, 61, 64, 92
マーストリヒト条約 298
マルクス主義 12, 27, 346, 354-355
マルクス・レーニン主義 348-350, 361-362, 378, 386, 391
ミッリー・ギョルシュ 201
民主社会党 39, 49, 68, 251, 350, 396
民主主義の赤字 399
民主主義の過剰 275
民主主義の不足 275
民族主義戦線 252, 334
民族的攻勢 252, 334
ムスリム 14, 198-201, 219, 224, 226-229, 399-400
名誉殺人 228
メディアクラシー 83, 135, 402
メディア政治 15, 52, 84
メルケル政権 9, 14, 45, 57, 170
メルン事件 325, 327-335, 337-338, 341
モーゼス・メンデルスゾーン・センター 151
モダナイザー 37, 39, 43, 56-57, 60
モデル・ドイツ 358

ヤ行

有権者連合 72-73
ユーゾー 41, 58, 73, 309, 358
陽気な愛国心 181

ラ行

ライプツィヒ・マーケット研究所 80
ライブリー・ポリティックス 19-20
ラーヴェンスブリュック強制収容所 316
ランド研究所 299
歴史認識 144, 173, 176, 179
連帯協約 233
連邦軍 9, 22, 188, 232, 384-385, 403
連邦刑事庁 308, 340
連邦検察庁 326-327, 333
連邦憲法裁判所 333, 345
連邦憲法擁護庁 236, 251, 253, 255, 305, 308, 327, 335-336, 344, 358-359, 376-377, 380, 389
連邦雇用エージェンシー 95, 131
連邦雇用庁 88
連邦政治教育センター 329, 406
労働組合 12-13, 35-36, 45, 54-55, 74, 92, 97, 102, 107, 136-138, 221, 274, 323, 330
労働市場・職業研究所 143
労働者ミリュー 58-60, 64, 83, 92
労働と社会的公正のための選挙オルタナティブ 40, 49, 103, 140
ロストック事件 305, 307, 328, 337, 340

ワ行

ワークフェア 44, 54, 68
ワーク・ライフ・バランス 402

略語一覧

APO（議会外反対派）349, 356-357
DDR（ドイツ民主共和国・東ドイツ）99, 101, 103, 130-131, 141, 266, 347, 349, 356, 362, 376, 396-397
DGB（ドイツ労働総同盟）98, 103, 106-107
DITIB（宗教施設トルコ・イスラム連盟）201-205, 207, 212-217, 219, 223
DKP（ドイツ共産党）350-351, 353
DVU（ドイツ民族同盟）238, 247-250, 273, 280, 300
EC（ヨーロッパ共同体）235, 286, 292, 296-299, 376
EMNID（世論調査機関・エムニド）133, 185-186, 283, 292, 299, 318, 320, 331
EU（欧州連合）171, 188, 197, 384, 403
FORSA（世論調査機関・フォルサ）280, 288
INFAS（世論調査機関・応用社会科学研究所）270, 273, 288, 292
INFRATEST（世論調査機関・インフラテスト）271, 274
IPOS（世論調査機関・応用社会研究所）275, 281, 392
NATO（北大西洋条約機構）9, 232, 235, 299, 350, 361, 384
NPD（ドイツ国民民主党）126, 240, 247, 288, 300

PDS（民主社会党）68, 100, 103, 105, 109, 113, 115-116, 124, 126, 129, 131-132, 137, 140-142, 348, 396
PKK（クルド労働党）386
RAF（赤軍派）351-352, 391
REP（共和党）238, 240, 243-250, 272-288, 300, 332
SDS（社会主義ドイツ学生同盟）355-357
SED（社会主義統一党）49, 98, 100-102, 131, 133, 347, 396, 401
SINUS（世論調査機関・ジーヌス）256-257, 285
SRP（社会主義帝国党）240
Ver.di（サービス産業労組）55
WASG（労働と社会的公正のための選挙オルタナティブ）68, 73, 103, 141

著者略歴

近藤潤三（こんどう　じゅんぞう）

1948年　名古屋市生まれ
1970年　京都大学法学部卒業
1975年　京都大学大学院法学研究科博士課程単位取得
現　在　愛知教育大学特別教授，博士（法学　京都大学）
1991～1994年　外務省専門調査員として在ドイツ連邦共和国日本国大使館に勤務

著　書
『統一ドイツの変容：心の壁・政治倦厭・治安』木鐸社，1998年
『統一ドイツの外国人問題：外来民問題の文脈で』木鐸社，2002年
『統一ドイツの政治的展開』木鐸社，2004年
『移民国としてのドイツ：社会統合と平行社会の行方』木鐸社，2007年
『東ドイツ（DDR）の実像：独裁と抵抗』木鐸社，2010年

訳　書
H.A.ヴィンクラー編『組織された資本主義』（共訳）名古屋大学出版会，1989年

Focuses of Democracy in Germany

ドイツ・デモクラシーの焦点

2011年9月30日第1版第1刷　印刷発行　©

著者との了解により検印省略	著　者　近　藤　潤　三
	発行者　坂　口　節　子
	発行所　㈲　木　鐸　社
	印　刷　フォーネット＋互恵印刷　製　本　高地製本所

〒112-0002　東京都文京区小石川 5-11-15-302
電話 (03) 3814-4195番　FAX (03) 3814-4196番
振替 00100-5-126746　http://www.bokutakusha.com

（乱丁・落丁本はお取替致します）

ISBN978-4-8332-2447-5　C3022

徹底的に事実にこだわる著者の関連書

近藤潤三著
東ドイツ(DDR)の実像 ■独裁と抵抗

ドイツ統一から20年，本書は消滅した東ドイツについて，その暗部を中心に据え，様々なトピックを切り口に検討する。その際にDDRで生きた普通の市民にスポットライトを当て，その行動に密着する視点からDDRに分析のメスを入れる。1990年代後半から使われるようになった「オスタルギー」の感情を巡るドイツの論争も紹介し，全体主義と社会主義についても再考を迫る。
A5判336頁定価：本体4000円＋税

近藤潤三著
移民国としてのドイツ ■社会統合と平行社会のゆくえ

本書は『統一ドイツの外国人問題：外来民問題の文脈で』の続編。第一に，民族的マイノリティを取り上げ，第二に，移民政策に即して実際の政治過程を分析することによってドイツの政治的特質を検証し，同時に二度目の大連立の政治力学を明らかにする。
A5判324頁定価：本体3500円＋税

近藤潤三著
統一ドイツの政治的展開

第二次大戦後，分断国家として再出発したドイツ現代史において，統一は終着点ではなく転換点を意味することがますます明白になっている。本書では政治を中心に統一後のドイツ現代史を鳥瞰することでまとまった全体像を描き出したもの。
A5判250頁定価：本体2800円＋税

近藤潤三著
統一ドイツの外国人問題 ■外来民問題の文脈で

戦後西ドイツは敗戦で喪失した領土からの外来民の流入，外国人労働者の導入，難民受入等多くの課題を抱えた。その特有の社会構造と政策転換の変動に百五十年に及ぶ統一ドイツ国家形成の真の姿を見る
A5判500頁定価：7000円＋税

近藤潤三著
統一ドイツの変容 ■心の壁・政治倦厭・治安
A5判396頁定価：4000円＋税

統一後のドイツでは東西分裂の克服がもたらした東の間の歓喜と陶酔の後に，心に重くのしかかる難問が次々に現れてきた。旧東ドイツ地域の経済再建とその負担，失業者の増大，難民の大波，排外暴力事件の激発等。本書は統一後のドイツの現実を徹底的に一次資料に基づいて追跡し，ボン・デモクラシーの苦悩を解明。

増山幹高著（政策研究大学院大学・慶應義塾大学法学部）
議会制度と日本政治
■議事運営の計量政治学
A5判・300頁・定価：本体4000円＋税（2003年）　ISBN4-8332-2339-2　C3031

既存研究のように，理念的な議会観に基づく国会無能論やマイク・モチヅキに端を発する行動論的アプローチの限界をこえて，日本の民主主義の根幹が議院内閣制という制度に構造化されていることを再認識する。この議会制度という観点から戦後日本の政治・立法過程の分析を体系的・計量的に展開する画期的試み。

森　裕城著（同志社大学法学部）
日本社会党の研究
A5判・260頁・4500円（2002年）　ISBN4-8332-2315-5　C3031
■路線転換の政治過程
序章　本書の課題と構成　1章　社会党研究の共時的視角　2章　社会党の路線問題　3章　飛鳥田時代の社会党　4章　非武装中立の効用　5章　牽制政党化の論理　6章　新党の登場と社会党の衰退　終章　社会党の路線転換と日本の政党政治　あとがき
「社会主義への道」をめぐる日本社会党内の穏健派と過激派による政党内競争・政党間競争の確執を路線転換と有権者の投票行動と対応させつつ追跡。

東大法・蒲島郁夫第1期ゼミ編
「新党」全記録（全3巻）

92年の日本新党の結成以来多くの新党が生まれては消えていった。それら新党の結成の経緯や綱領，人事，組織等，活動の貴重な経過資料を網羅的に収録。混迷する政界再編の時代を記録。

第Ⅰ巻　政治状況と政党　A5判・488頁・8000円（1998年）ISBN4-8332-2264-7

第Ⅱ巻　政党組織　A5判・440頁・8000円（1998年）ISBN4-8332-2265-5

第Ⅲ巻　有権者の中の政党　A5判・420頁・8000円（1998年）ISBN4-8332-2266-3

東大法・蒲島郁夫第2期ゼミ編
現代日本の政治家像（全2巻）

これまで政治学では，政党を分析単位として扱ってきたが，その有効性が著しく弱まってきている。そこで現代日本政治を深く理解するために政治家個人の政治行動を掘り下げる。第1巻は国会議員の政治活動に関わるデータを基に数量分析を行う。第2巻は分析の根拠とした個人別に網羅的に集積したデータを整理し解題を付す。

第Ⅰ巻　分析篇・証言篇　A5判・516頁・8000円（2000年）ISBN4-8332-7292-X

第Ⅱ巻　資料解題篇　A5判・500頁・8000円（2000年）ISBN4-8332-7293-8